EDIÇÕES BESTBOLSO

Uma história íntima da humanidade

Nascido em 1933, o historiador inglês Theodore Zeldin foi considerado pela revista francesa *Magazine Littéraire* um dos cem mais importantes pensadores vivos da atualidade. Zeldin é catedrático do St. Anthony's College, em Oxford, membro da Academia Européia e professor visitante em Harvard e na University of Southern California. Em 1994 o autor se consagrou internacionalmente ao publicar *Uma história íntima da humanidade*. Theodore Zeldin também é autor dos livros *Os franceses* e *Conversação*.

THEODORE ZELDIN

UMA HISTÓRIA ÍNTIMA DA HUMANIDADE

Tradução de
HÉLIO PÓLVORA

CIP-Brasil. Catalogação-na-fonte
Sindicato Nacional dos Editores de Livros, RJ.

Zeldin, Theodore, 1933-
Z51h   Uma história íntima da humanidade / Theodore Zeldin; tradução Hélio
Pólvora. – Rio de Janeiro: BestBolso, 2008.

Tradução de: An Intimate History of Humanity
ISBN 978-85-7799-057-3

1. Antropologia filosófica. I. Título.

	CDD – 128
08-0160	CDU – 128

Uma história íntima da humanidade, de autoria de Theodore Zeldin.
Título número 054 das Edições BestBolso.

Título original norte-americano:
AN INTIMATE HISTORY OF HUMANITY

Copyright © 1994 by Theodore Zeldin.
Publicado mediante acordo com o autor a/c Andrew Nurnberg Associates, Ltd.,
Londres. Copyright da tradução © by Distribuidora Record de Serviços de Imprensa
S.A. Direitos de reprodução da tradução cedidos para Edições BestBolso, um selo
da Editora Best Seller Ltda. Distribuidora Record de Serviços de Imprensa S.A.
e Editora Best Seller Ltda. são empresas do Grupo Editorial Record.

www.edicoesbestbolso.com.br

Ilustração e design de capa: Rafael Nobre

Todos os direitos reservados. Proibida a reprodução, no todo ou em parte, sem
autorização prévia por escrito da editora, sejam quais forem os meios empregados.

Direitos exclusivos de publicação em língua portuguesa para o Brasil em formato
bolso adquiridos pelas Edições BestBolso um selo da Editora Best Seller Ltda.
Rua Argentina 171 – 20921-380 – Rio de Janeiro, RJ – Tel.: 2585-2000
que se reserva a propriedade literária desta tradução.

Impresso no Brasil

ISBN 978-85-7799-057-3

Sumário

Prefácio   7

1. Como os seres humanos continuam a perder as esperanças, e como novos encontros, e um bom par de óculos, as renovam   9
2. Como homens e mulheres aprenderam lentamente a ter conversas interessantes   34
3. Como as pessoas em busca de suas raízes estão começando a enxergar longe e com profundidade   60
4. Como algumas pessoas adquiriram imunidade à solidão   72
5. Como novas formas de amor foram inventadas   92
6. Por que houve mais progresso na culinária do que no sexo   109
7. Como o desejo dos homens pelas mulheres, e por outros homens, mudou ao longo dos séculos   132
8. Como o respeito se tornou mais desejável que o poder   160
9. Como aqueles que não querem dar ordens nem recebê-las podem se tornar intermediários   179
10. Como as pessoas se libertam do medo ao conhecer medos novos   200
11. Como a curiosidade se tornou a chave da liberdade   220

12. Por que está cada vez mais difícil destruir os inimigos — 246
13. Como a arte de fugir dos problemas se desenvolveu, mas não a arte de saber para onde fugir — 266
14. Por que a compaixão floresceu mesmo em chão de pedra — 284
15. Por que a tolerância nunca foi suficiente — 308
16. Por que até os privilegiados são muitas vezes sombrios acerca da vida, mesmo quando podem ter tudo o que a sociedade de consumo lhes oferece e mesmo depois da liberação sexual — 331
17. Como os viajantes estão se tornando a maior nação do mundo, e como aprenderam a não ver apenas aquilo que procuram — 362
18. Por que a amizade entre homens e mulheres ficou tão frágil — 380
19. Como até mesmo os astrólogos resistem ao destino — 406
20. Por que as pessoas são incapazes de encontrar tempo para viver várias vidas — 419
21. Por que pais e filhos estão mudando de opinião acerca do que esperam uns dos outros — 433
22. Por que a crise familiar é apenas um estágio na evolução da generosidade — 453
23. Como as pessoas escolhem um estilo de vida, e como este não as satisfaz plenamente — 478
24. Como os seres humanos se tornaram hospitaleiros — 514
25. O que se torna possível quando almas gêmeas se encontram — 560

Agradecimentos — 571

Prefácio

Nossa imaginação é habitada por fantasmas. Aqui estão os resultados de minhas pesquisas sobre os fantasmas familiares, que nos acalmam, os preguiçosos, que nos tornam obstinados e, acima de tudo, os assustadores, que nos desestimulam. O passado nos assombra, mas de quando em quando é possível mudar de opinião. Quero mostrar como, hoje em dia, as pessoas podem formar uma nova opinião de sua própria história pessoal e de todo o registro da crueldade humana, seus equívocos e alegrias. Para se ter uma visão nova do futuro, é necessário adquirir uma nova visão do passado.

Cada um dos capítulos deste livro começa com o retrato de uma pessoa viva, que tem desejos e decepções, nos quais você talvez se reconheça, mas que também está limitada por atitudes herdadas de origens há muito tempo esquecidas. A mente é um refúgio de idéias que datam de muitos séculos diferentes, tal como as células do corpo têm idades diferentes, renovando-se ou enfraquecendo em ritmos variáveis. Em vez de explicar as peculiaridades dos indivíduos em relação à sua família ou infância, eu olho mais longe: mostro de que maneira eles consideram – ou ignoram – a experiência das gerações anteriores ou até mais distantes, e como dão prosseguimento às lutas de muitas outras comunidades espalhadas pelo mundo, ativas ou extintas, dos astecas e babilônios aos iorubas e zoroastrianos, entre os quais há mais afinidades do que poderiam supor.

Vocês não encontrarão aqui a história catalogada como nos museus, com cada império e período cuidadosamente destacados. Escrevi sobre o que ainda não se sedimentou, sobre o passado que permanece vivo na mente das pessoas. No entanto, antes de explicar o que pretendo fazer com esses fantasmas, gostaria de apresentar-lhes alguns deles.

1
Como os seres humanos continuam a perder as esperanças, e como novos encontros, e um bom par de óculos, as renovam

"Minha vida é um fracasso." Eis o veredicto de Juliette a seu respeito, embora muito raramente o divulgue. Sua vida poderia ter sido diferente? Sim, da mesma forma que a história da humanidade poderia ter sido outra.

Ela se porta com dignidade, observando tudo que acontece ao seu redor, mas guardando suas reações. Somente em raros instantes, e de forma hesitante, revelará um pouco do que pensa – o que faz aos cochichos, como se a verdade fosse frágil demais para sair da embalagem. Um brilho nos seus olhos diz: talvez você me ache estúpida, mas sei que não sou.

Juliette tem 51 anos e é empregada doméstica desde os 16. Dominou a tal ponto a arte de tomar conta de uma casa, de preparar e servir refeições, que todas as mães sobrecarregadas que batem os olhos nela, e podem pagar seus serviços, têm o mesmo pensamento: como posso convencer essa maravilha a trabalhar para mim? Será que Juliette dispõe de algumas horas de folga? Mas, embora seja o ideal de qualquer família, ela tem sido incapaz de administrar sua própria casa. No trabalho, é totalmente confiante, tomando cuidados infindáveis com um simples pormenor; mas em seu próprio lar essas qualidades nunca foram suficientes.

A mãe de Juliette também era empregada doméstica. "Não tenho do que me queixar", diz Juliette. "Ela nos criou muito bem, mesmo quando nos espancava." Tendo enviuvado quando Juliette tinha apenas 7 anos, a mãe saía cedo para o trabalho e voltava tarde. "Nós a víamos pouco." Por isso, Juliette brincava mais do que estudava: "Eu não me dava conta da importância da escola." Não encontrou um aliado que lhe devotasse cuidados especiais, nem um mentor, fora do seu pequeno mundo, capaz de ajudá-la – e ficou sem diploma, sem acesso às oportunidades.

Aos 16 anos, "fiz uma tolice". Casou-se com o pai de seu bebê e teve mais oito crianças. Os filhos eram uma fonte de alegria; gostava de acariciá-los, mas somente quando eram bebês. Uma vez crescidos, "tornavam-se difíceis". Seu marido era um carpinteiro bonitão que prestava serviço militar – e no início era agradável: "Eu estava apaixonada pra valer." Mas logo as coisas começaram a dar errado. Quando sua primeira filha tinha 6 meses, Juliette soube, pelos vizinhos, que o marido tinha uma amante. Daí por diante não houve mais confiança entre eles. O marido saía com freqüência para ver a amante, segundo Juliette suspeitava; depois, começou a beber e trabalhava cada vez menos, alegando que o trabalho o fatigava muito. Começou a espancá-la: "Tenho cicatrizes no corpo inteiro." No entanto, ela não contou a ninguém; estava envergonhada. "Quando via que ele estava chegando em casa, entrava em pânico." Por que não o abandonou? "Eu estava muito assustada. Estava sozinha na cidade dele, onde não conhecia ninguém. Fui afastada da minha família depois do casamento. Fiquei sem ver minhas irmãs durante 14 anos; ele me proibiu de passear, e eram as crianças que faziam as compras. Fui proibida até mesmo de ir ao enterro do meu irmão. Perdi todas as minhas amigas. Saía apenas para trabalhar." E isso, naturalmente, significava que ela não podia cuidar dos filhos, que foram recolhidos por pais adotivos através de serviços sociais. A humilhação deixou Juliette muito sensível. Quando querem insultá-la, as pessoas dizem: "Você nem conseguiu criar os seus filhos..." Ela protesta: "Não deveriam dizer essas barbaridades sem conhecer os fatos."

"Por fim comecei a desafiar o meu marido; deveria ter feito isto antes." Mas demorou até que conseguisse abandoná-lo. Ele morreu um mês depois do divórcio: "Não fiquei triste; ao contrário, ri. Rio até hoje, mas quando estávamos juntos eu não ria." Desde então, Juliette trabalhou com um só objetivo: "Minha finalidade na vida era ter minha própria casa." E, recentemente, ela saldou a hipoteca do seu apartamento, que é a base de seu orgulho, e faz com que se sinta mais forte. Mas tem muito medo de viver sozinha, embora já tenha tentado. Agora tem um homem que vive com ela: "É por segurança, para não ficar totalmente só à noite." Às vezes, preferiria ficar sozinha, e tem certeza absoluta de que não quer se casar com esse homem. "Nisso eu me pareço com uma mocinha de hoje em dia, que já não considera o casamento algo essencial." Continuam juntos porque o homem também é divorciado e "quer paz". Ele cozinha, ela faz as compras; adora percorrer os mercados aos domingos, só para olhar, e se diverte em experimentar roupas novas, o que é como um sonho intocado pela realidade. Ter o seu próprio dinheiro para gastar lhe transmite uma grande sensação de liberdade. Ele comprou sua casa de campo, porque ela deixou bem claro que, se brigarem, ele terá de se mudar. Lembra-lhe com freqüência que o apartamento é dela e diz a ele em tom de desafio: "Posso sair quando quiser, posso visitar um amigo quando me der na veneta."

Não conversam muito. Quando ela chega em casa à noite, seu prazer é descansar, estirar-se na cama, sozinha, no escuro. Nunca lê um livro e raramente assiste à televisão, em vez disso, prefere pensar, com as luzes apagadas, em seu passado: a mãe, o marido, os filhos e o pavor do desemprego. "Se chegar um tempo em que não haja trabalho para as crianças, será um desastre." Fica triste porque a vida deles não será melhor que a sua: "Não é justo." Sua explicação é que há muitos estrangeiros na França tomando os empregos, as casas, e fazendo com que "os franceses pobres fiquem sem nada. Não quero culpar os árabes ou os negros, mas acho injusto. Por causa deles, a vida dos meus filhos é dura". Uma filha trabalha numa fábrica; outra, na delegacia de polícia, uma terceira é doméstica. É como se toda a família estivesse condenada aos piores empregos para sempre.

E o que Juliette pensa no trabalho? "Ora essa, nada. No trabalho não penso, ou então penso nas minhas panelas." O trabalho é um descanso da rotina de casa. Porque, embora tenha organizado sua vida caseira de modo a ter paz, para Juliette as pessoas são agressivos porcos-espinhos, e a convivência requer vigilância permanente. Apesar de sentir-se menos fragilizada agora, ela ainda deixa-se ferir facilmente pelo que os outros dizem a seu respeito. Prefere trabalhar sozinha, como faxineira independente, porque receia os fuxicos dos escritórios e das fábricas: "As pessoas vivem falando sobre a gente, trocando nossas palavras, e às vezes isso pode nos custar muito caro." Não há nada que mais odeie do que ser criticada; qualquer sinal de desaprovação traz uma injúria atrás de outra. Manter a cabeça erguida exige-lhe esforço contínuo, a dignidade requer que ela não se queixe. Jamais contou às irmãs como o marido a tratava. Quando as visita agora, tem o cuidado de não lhes dizer o que pensa da maneira como conduzem suas vidas; e as irmãs, por sua vez, jamais aludem ao passado dela: "Sabem que eu ficaria uma fera." Por exemplo, a irmã mais jovem, cujo marido faleceu, vive agora com um homem com quem não é de fato feliz, e muitas vezes grita para ele: "Arrume as malas e dê o fora." Juliette tem o cuidado de não interferir nas brigas do casal: "O problema é dela." E se, apesar de sua cautela, deixa cair um pingo de crítica, a irmã retruca: "Meta-se com a sua vida." Todas as irmãs de Juliette são tão cuidadosas quanto ela: não demonstram a raiva que sentem.

"Em famílias com crianças sempre há brigas." De seus filhos, talvez quem esteja melhor seja a mais velha, cujo marido também morreu e que passou a viver com um homem que lhe obedece: "É ela quem manda, e ele é um idiota, porque ela joga duro." Mas acrescenta: "Não me interessa a vida particular das minhas filhas. Se brigarem na minha frente, não me meto."

A pessoa mais irritante na vida de Juliette, igual a mosquito que pica e não vai embora, é a filha do seu homem, que tem 17 anos e vive num albergue, pois a mãe se separou após uma segunda união fracassada. Juliette, apesar de sua sabedoria de vida, é a madrasta clássica: "Você não pode vir aqui no Dia das Mães porque não é minha filha. Venha no Dia dos Pais." Ela está convencida de que essa moça é realmente má. Informou-se sobre os problemas de Juliette e vive dizendo: "Você é um fracasso." Juliette se enfurece. "Se fosse minha filha, eu lhe daria uma boa surra." A moça é mimada, maleducada, não ajuda no trabalho caseiro: essa nova geração é muito indolente. A moça ameaça queixar-se ao juiz: "Você vai para a cadeia, ouviu?" – e Juliette tem medo de se envolver com a justiça. Seu homem não interfere nessas disputas: "Ele quer paz." Assim, quando o clima fica insuportável, "saio de casa para um passeio com o meu talão de cheques". O talão é como um passaporte, uma prova que Juliette é uma mulher independente. Ela sente que está fazendo progressos nessa arte de ser independente pela maneira como utiliza o talão de cheques. Há apenas poucos anos, ela teria se livrado dos insultos fazendo despesas elevadas: "Não pensava duas vezes antes de comprar, não comparava preços. Mas agora estou mais equilibrada. Provavelmente, meu amigo me influenciou nesse sentido. Ele é cuidadoso, me tornou mais equilibrada. Eu costumava ser mais nervosa do que sou hoje." A sociedade de consumo age como um tranqüilizante gigantesco para nervos à flor da pele.

Quando jovem, Juliette trabalhava 13 horas por dia; agora, trabalha menos, porém ainda ganha menos que a maioria. Seria possível encontrar trabalho mais bem remunerado, mas ela prefere patrões com quem possa competir em igualdade de condições e compreender, patrões que não vivam a afligi-la com críticas. Para assegurar um equilíbrio adequado, trabalha para várias pessoas, distribuindo as horas como alguém que fizesse dieta. "Seria impossível se eu tivesse um patrão que gritasse comigo o dia inteiro e depois tivesse de voltar para casa e enfrentar um marido que gritasse comigo a noite toda." Uma das mulheres para quem faz faxina chegou a gritar com ela, mas a senhora "tem bom coração". Outra patroa, que é neta de um ex-presidente francês, fica deitada num sofá o dia inteiro, sem fazer nada, sofrendo de várias indisposições: "Se ela não tivesse tanta pena de si mesma, poderia fazer algo de sua vida"; mas é muito gentil. Um terceiro empregador tem problemas com os filhos e com a saúde. "Cuide-se, eu lhe digo." "Sim, preciso ver um médico", ele responde. Um quarto patrão é médico, mas não demonstra interesse quando ela está doente, ao contrário do quinto cliente, que se desdobra em atenções no momento em que Juliette tosse. Ela recorda, como ponto alto de sua vida, que uma vez ele liberou-a mais cedo, dizendo: "Isso aqui não é uma fábrica."

Alguns desses patrões ela considera como "amigos". Para um deles, aliás, disse: "Aconteça o que acontecer, eu não o abandono. Não teria coragem de deixá-lo. Não encontraria outro mais gentil." Trabalha para o médico há vinte anos, apesar das limitações dele, porque lhe aprecia o caráter. "Sei como me relacionar com ele. Fecho a boca quando vejo que está de mau humor." Os pontos baixos ocorrem quando os patrões se queixam do seu trabalho. "Uma patroa não deve insultar o empregado diante dos convidados; melhor fazer isso na cozinha. De outra forma, seria vulgar." Uma vez, num jantar sofisticado, Juliette esqueceu-se de colocar as batatas ao redor da carne, pondo-as, por engano, num prato separado. A patroa chamou-a de "vaca estúpida". Em lágrimas, ela respondeu que ia embora. "O médico pediu desculpas, mas a mulher, não." Juliette ficou. Em outra casa, era chamada de "criadinha". "Não vou tolerar que me chamem assim." Mas depois a raiva diminui: "Devemos procurar nos adaptar a todo mundo. Todo patrão representa problemas. Alguns compreendem a vida de uma diarista; outros, não." E consola-se: "Essa gente confia em mim. Fiquei mais culta, eles me contam coisas. Um deles – um homem educado – fala sobre seus problemas comigo, mas tem o cuidado de advertir: 'Não diga a ninguém.' Fica só entre nós dois."

Talvez a vida de Juliette pudesse ter sido diferente se os encontros que decidiram seu destino tivessem sido menos silenciosos, superficiais ou rotineiros, se mais idéias tivessem sido trocadas, se a humanidade tivesse sido capaz de marcar sua presença. Mas tais encontros foram coibidos pelos fantasmas que continuam a influenciar o que os patrões, os estrangeiros e até mesmo as pessoas que vivem juntas podem, ou não, dizer um ao outro. Juliette insiste em que, "dadas as minhas qualificações", poderia ter tido um emprego melhor, que trabalhar para pessoas idosas lhe agradaria mais e que foi a falta de diplomas que obstruiu seu caminho. Ainda mais trágico é que nenhuma das pessoas influentes para as quais trabalhou se interessou em ajudá-la a abraçar uma carreira mais satisfatória. Sua conclusão é: "Minha vida está liquidada."

HÁ VÁRIAS MANEIRAS de interpretar esta história. Pode-se dizer: a vida é isso aí, e há muitas razões para que assim seja. Ou pode-se esperar que, se os nós com que a humanidade ata a si própria viessem a ser desfeitos, e suas loucas instituições ficassem mais sensíveis, então a vida poderia mudar, e a pobreza poderia ser abolida. Mas isso levaria décadas, talvez séculos. Ou pode-se também odiar a vida por ser tão cruel e tentar suportá-la ridicularizando-a, ou parodiando-a, ou conformando-se com as frustrações, recusando-se a aceitar sugestões para as soluções dos problemas.

Meu propósito é diferente. Por trás dos infortúnios de Juliette, vejo todos aqueles que têm vivido julgando a si próprios como fracassados ou sendo tratados como tal. O pior sentimento de fracasso era concluir que não se vivera em absoluto, não fora visto como um ser humano independente, jamais fora ouvido, nunca fora chamado a opinar, mas fora visto como um bem móvel, como uma propriedade de outrem. Eis o que aconteceu, sem tirar nem pôr, aos escravos. Todos nós descendemos de escravos, ou quase-escravos. Nossas autobiografias, caso retrocedessem o suficiente, começariam por explicar de que forma nossos ancestrais chegaram a ser mais ou menos escravizados, e até que ponto nós nos libertamos dessa herança. Legalmente, é claro, a escravidão foi abolida (e não há muito tempo: a Arábia Saudita foi o último país a fazê-lo, em 1962), mas a escravidão também encerra um significado metafórico e mais amplo: é possível ser um escravo das paixões, do trabalho, de certos hábitos, de um cônjuge que, por vários motivos, não se pode abandonar. O mundo ainda está cheio de pessoas que, embora não sejam escravos reconhecidos, vêem a si mesmas presas a grilhões sem liberdade, pessoas que se sentem à mercê de forças sociais e econômicas incontroláveis e anônimas, ou de suas circunstâncias, ou da sua própria estupidez, e cujas ambições pessoais ficam permanentemente embotadas. O moderno descendente de um escravo chega a ter menos esperanças que um pecador, este pode se arrepender; já o ser humano impotente e preso na armadilha não vê possibilidade de cura iminente. Juliette não é uma escrava, pois ninguém a possui. Não é uma serva, pois ninguém tem direito ao seu trabalho. Mas pensar que a vida acabou, ou que se é um fracasso, significa sofrer do mesmo tipo de desespero que atormentava as pessoas naquele período em que o mundo acreditava que não podia funcionar sem escravos. É importante, por conseguinte, compreender o que significou a escravidão legal.

Os seres humanos tornavam-se escravos no passado por três razões principais. A primeira, foi o medo: não queriam morrer, por maiores que fossem os sofrimentos que a vida lhes infligisse. Concordaram em ser menosprezados por reis, cavalheiros e outros adeptos da violência, que acreditavam que morrer em batalha era a mais elevada honra, e para quem escravizar seres humanos e domesticar animais faziam parte da mesma busca de poder e conforto. Mas os escravos também se submeteram a ser tratados como animais, comprados e vendidos, cabeças rapadas, marcados a fogo, espancados, chamados por nomes desprezíveis (Macaco, Escória, Aleijão, Miserável), porque a opressão parecia ser um ingrediente inevitável da vida para a maior parte das pessoas. Na China da dinastia Han, a palavra "escravo" derivava da palavra "criança", ou "esposa e criança". Uma obediência similarmente inquestionável também era imposta à maioria da humanidade, na maior parte do mundo, fosse essa oficialmente escrava ou não.

Antes de 12 milhões de africanos serem seqüestrados para se tornarem escravos no Novo Mundo, as principais vítimas eram os eslavos, que deram nome à escravidão [*slavs, slaves*]. Caçados pelos romanos, cristãos, muçulmanos, vikings e tártaros, foram exportados para todo o mundo. Eslavo passou a significar estrangeiro; muitas religiões ensinavam que escravizar estrangeiros era inevitável; as crianças britânicas que eram exportadas como escravos – as meninas engordadas para alcançar preços mais altos – acabaram igualadas aos eslavos. Mais recentemente, quando os eslavos se descobriram governados por tiranos e não viram esperança de escapar, concluíram tristemente que devia haver no caráter de seu povo algum traço que os condenava à escravidão. Este é um raciocínio falso: alegar que aquilo que aconteceu tinha mesmo de acontecer. Nenhuma pessoa livre pode acreditar nisso: é um raciocínio imposto aos escravos para induzi-los ao desespero.

O medo quase sempre foi mais poderoso que o desejo de liberdade: os homens não nascem livres. Contudo, o imperador Maurício de Bizâncio (582-602) descobriu uma exceção. Ficou perplexo com três eslavos que capturou, todos desarmados. Levavam somente guitarras e cítaras, enquanto vagabundeavam cantando as alegrias da liberdade de estar em campos abertos, gozando as brisas frescas. Eles lhe disseram: "É normal que pessoas estranhas à guerra se devotem à música com fervor." Suas canções versavam sobre o livre-arbítrio, e eram conhecidos como pessoas de vontade livre. Em 1700 ainda havia gente assim, quando Pedro, o Grande, decretou o seu fim: todos deviam fazer parte de um Estado legal, com deveres preestabelecidos. Mas, 150 anos depois, Tara Sevcenko, um servo ucraniano alforriado, cantava poemas da mesma tradição, lamentando que "a liberdade estivesse adormecida por ordem do czar bêbado", e insistindo que a esperança podia ser encontrada na natureza:

> "Ouça o que diz o mar,
> Interrogue as montanhas negras."

Havia escravidão, antes de tudo, porque os que queriam ser deixados sozinhos não conseguiam manter-se fora do caminho dos que apreciavam a violência. Os violentos têm sido vitoriosos ao longo da história porque administraram o medo com que cada um de nós nasce.

Em segundo lugar, os seres humanos tornaram-se escravos "voluntariamente". No México asteca, a maioria dos escravos preferiu, se esta for a palavra adequada, viver assim, esmagada pela depressão, para escapar às suas responsabilidades – eram, por exemplo, jogadores aposentados de *patolli*, o jogo de bola nacional, arruinados pelo vício ao esporte, ou mulheres cansadas do amor que preferiam a segurança de ter algo para comer: a base do contrato de escravização consistia em que o escravo tinha de ser alimentado; caso contrário, teriam de libertá-lo. Os moscovitas, quando aprenderam a resistir aos seus predadores e passaram a escravizar-se entre si, desenvolveram oito formas diferentes de escravidão, das quais a mais comum era, de longe, a "voluntária". Sua sociedade de fronteira foi estabelecida sem instituições de caridade. Os famintos vendiam seus corpos como escravos. Entre os séculos XV e XVIII, cerca de um décimo dos moscovitas tornou-se escravo, de forma que havia mais escravos do que moradores urbanos, soldados ou sacerdotes. Um historiador americano comparou esses escravos a americanos pobres dependentes do seguro social.

A escravidão na Rússia foi uma espécie de loja de penhores para quem nada tinha a vender, além de sua pessoa. Um terço dos escravos era, normalmente, de foragidos em retirada, que em geral voltavam, frustrados com a liberdade, incapazes de fugir à mentalidade de prisioneiros: "Nem todo escravo sonha com a liberdade. Após alguns anos de total dominação, uma existência independente sujeita à dura realidade torna-se quase inimaginável", afirma o historiador Hellie. Nos Estados Unidos, a fuga era mais difícil: os estados do Sul, provavelmente, cultivaram um dos mais duros sistemas escravocratas do mundo, utilizando os escravos, intencionalmente, para produzir altos lucros na agricultura, enquanto na Rússia e na China usavam-nos principalmente como empregados domésticos. Mas, quaisquer que fossem as exatas condições de tratamento, o fato de haver tantas espécies de escravos, e de cada indivíduo estar sujeito a formas levemente diversas de abusos, significava que cada um podia se julgar detentor de certos privilégios, e que não se situava no patamar mais baixo; a inveja cegava-os para o sofrimento comum. Era possível encontrar nas fazendas americanas escravos africanos chicoteando outros escravos, africanos. Em outras palavras, uma vez estabelecida uma instituição, mesmo os que dela padecem encontram maneiras, por mais sutis que sejam, de explorá-la, e, assim, a ajudam a sobreviver.

O terceiro tipo de escravo foi o ancestral do ambicioso executivo e burocrata de hoje. Possuir escravos dava prestígio; ser um escravo significava trabalhar. Homens livres consideravam indigno trabalhar para outros; aristocratas romanos recusavam-se a ser burocratas do imperador. Por isso, foi inaugurado um serviço civil que utilizava escravos, enquanto os aristocratas empregavam escravos para manter suas propriedades fundiárias. Os escravos não tinham família e não deviam lealdade a ninguém, salvo ao senhor. Resultavam, assim, em oficiais, soldados e secretários particulares dignos da mais alta confiança. Os impérios otomano e chinês foram, freqüentemente, mantidos por escravos, às vezes por escravos eunucos, que ascenderam aos mais altos postos, e, em verdade, alguns deles acabavam como grão-vizires e imperadores; a castração garantia que eles colocassem a lealdade ao Estado acima da lealdade à família. Não existem estatísticas sobre o número de pessoas moralmente castradas por seus empregadores hoje.

A palavra russa para trabalho – *rabota* – deriva da palavra escravo, *rab*. A origem da sociedade de lazer é o sonho de viver como um senhor, com o trabalho feito por robôs – escravos mecânicos. O problema nessa história da escravidão é que, uma vez livres, as pessoas freqüentemente se transformam em robôs, pelo menos em parte de suas vidas. Tem havido grande relutância em se abandonar todas as formas de conduta escrava. "O cúmulo da miséria consiste em depender da vontade de outrem", disse Publilius, um escravo sírio que se tornou artista popular e palhaço na Roma antiga. E, no entanto, as fantasias de amor romântico se baseiam na dependência. O escravo alforriado, muitas vezes, preferia continuar dependente, permanecendo no mesmo trabalho; a cadeia da escravidão levou várias gerações até extinguir-se. Na China e na África, o escravo libertado tornou-se, muitas vezes, uma espécie de parente pobre; na Europa, um cliente. Viver sem a proteção de alguém mais poderoso era aventura por demais assustadora.

A qualidade mais notável dos escravos – principalmente daqueles que não viviam embriagados para esquecer seus tormentos – era a dignidade. Muitos lograram assegurar sua autonomia mesmo sendo forçados a um trabalho desprezível, fingindo aceitar as humilhações, representando um papel, de forma que o senhor vivesse na ilusão de que detinha o comando, embora eles, os escravos, soubessem que ele, o senhor, dependia deles. "Passe por tolo para obter vantagem", era o provérbio favorito do escravo jamaicano. E, ocasionalmente, um proprietário de escravos vinha a perceber que não somente estava sendo tolo, mas que ele era um escravo também: "Usamos os pés de outra pessoa quando saímos, usamos os olhos de outra pessoa para reconhecer as coisas, usamos a memória de outra pessoa para saudar as pessoas, usamos a ajuda de alguém para permanecer vivos – as únicas coisas que guardamos para nós mesmos são os nossos prazeres", escreveu Plínio, o Velho, em 77 d.C. Esse proprietário romano de escravos, autor de uma volumosa obra sobre história natural, morreu ao aproximar-se demais do monte Vesúvio, cuja erupção queria testemunhar. Ele sabia que era um parasita, porque observar a natureza é uma boa maneira de aprender a reconhecer os parasitas.

A solução para a escravidão não está em aboli-la – pelo menos, isso não seria uma solução total, porque novas formas de escravização viriam a ser inventadas, sob outro nome. Os operários das fábricas, que mourejam no ar envenenado do alvorecer ao anoitecer e jamais vêem a luz do dia, exceto aos domingos, obedecendo em silêncio, provavelmente levam vidas ainda piores do que muitos dos antigos escravos. E, hoje, todos aqueles que optam por fazer o que lhes mandam, em vez de ousar por conta própria e assumir as responsabilidades – um terço dos britânicos, segundo pesquisa de opinião pública –, são os herdeiros espirituais dos escravos voluntários da Rússia. É importante lembrar que ser livre é cansativo e doloroso; e em época de empobrecimento o amor pela liberdade sempre diminuiu, não importa o quanto se fale.

A conclusão que eu tiro da história da escravidão é que a liberdade não se resume a uma questão de direitos, a ser venerada pela lei. O direito de expressão ainda nos deixa a necessidade de decidir o que dizer, encontrar alguém para ouvir e fazer com que as palavras pareçam belas; habilidades que precisam ser adquiridas. Tudo o que a lei lhe diz é que você pode dedilhar sua guitarra, se conseguir segurar uma. Assim sendo, declarações de direitos humanos fornecem apenas alguns dos ingredientes de que é feita a liberdade.

Igualmente importantes foram os encontros, quer com pessoas ou lugares, que propiciaram inspiração e coragem para se escapar às rotinas tediosas. Houve um desperdício de oportunidade sempre que um encontro se realizou e nada aconteceu, como ocorreu com Juliette quando nenhum patrão a ajudou a seguir a carreira sonhada. Na maior parte dos encontros, orgulho ou cautela ainda proíbem que se diga o que realmente se sente. O ruído do mundo é feito de silêncios.

Por isso, em vez de começar resumindo a antiga filosofia grega, como é comum sempre que se menciona a liberdade, prefiro usar um único exemplo de uma pessoa que reúne a exata mistura de pessoas e condições, embora isso lhe tenha tomado a vida. Domenicos Theotecopoulos, apelidado El Greco (1541-1614), teria, sem dúvida, permanecido um artista obscuro, sem nenhuma importância, a pintar repetidamente ícones convencionais, aprisionado por formalidades e hábitos, se não tivesse estabelecido vínculos com os outros e aprendido a extrair humanidade daqueles que pareciam não ter nenhuma. Tendo absorvido tudo quanto pôde das tradições assentadas da sua Creta nativa – governada por venezianos, dividida por cristãos ortodoxos e católicos, ancorada no passado pelos refugiados que perpetuavam a arte moribunda de Bizâncio –, El Greco acrescentou novas dimensões à sua herança com viagens ao exterior. Na Itália, encontrou um pintor croata pouco conhecido, chamado Julio Glovio, conhecido como "o Macedônio", que o apresentou a Ticiano, de quem se tornou aluno. Poderia, então, facilmente ter-se acomodado como um retratista pseudo-italiano, que fazia o que lhe solicitavam; no entanto, aspirava muito mais que a imitação. Assim, aos 35 anos, estabeleceu-se em Toledo. Indagado sobre o motivo, respondeu: "Não sou obrigado a responder a essa pergunta." Era perigoso para ele dizer publicamente que ali se sentia livre, que ali não tinha rivais a atropelá-lo, que sua ambição de pintar – conforme dizia –, "mais honesta e decente" do que a de Michelangelo, só poderia ser alcançada numa cidade de fronteira. Toledo reverberava de agitação porque sabia o que significavam tolerância e perseguição; cristãos, muçulmanos e judeus um dia viveram ali lado a lado; um dos seus reis tivera o orgulho de chamar a si próprio de Imperador das Três Religiões, e outro, de ter o epitáfio inscrito na lápide em castelhano, árabe e hebraico. E, no entanto, El Greco testemunhou a mais de mil supostos hereges sendo levados a julgamento perante a Inquisição local. Ali, vivendo no velho quarteirão judaico, ao mesmo tempo solitário e sociável, cercado pelo fervor espiritual da Contra-Reforma e por amigos filósofos, ele foi estimulado a tentar reconciliar o aparentemente irreconciliável, a pintar o divino e o humano entrelaçados, a ter a coragem de pôr suas cores diretamente na tela sem um desenho preliminar, como se o personagem fosse muito fluido para ter fronteiras distintas. Ele viu a pintura como parte da busca do conhecimento e da compreensão do indivíduo.

Foi preciso muito tempo para que os espanhóis o reconhecessem como um dos seus: o catálogo do Museu do Prado ainda o listava como membro da "Escola Italiana". Quando as pessoas têm uma idéia muito limitada de quem são, levam muito tempo para reconhecer suas almas gêmeas. E demorou muito para que os espanhóis percebessem que a contribuição deles para a história da harmonização das incompatibilidades era mais importante que para a história do orgulho, ou apreciar o dito de Alonso de Castrillo, em 1512, segundo o qual as pessoas crescem "fatigadas de obediência" (da mesma forma que, eventualmente, evoluem cansadas de liberdade, se não souberem o que fazer com ela).

Hoje, toda a humanidade pode ver um pouco de si mesma nas pinturas de El Greco, que morreu possuindo apenas um terno extra, duas camisas e uma amada biblioteca com livros sobre todos os assuntos. Por sua causa, todos podem sentir-se, até certo ponto, cidadãos de Toledo. Ele é o exemplo de uma pessoa que descobre o que os seres humanos têm em comum. Eu me aprofundarei nesta questão de como se criam, ou se revelam, os vínculos entre indivíduos aparentemente isolados, até mesmo através dos séculos. Mas, antes, falarei um pouco mais sobre o meu método e meu objetivo.

O CONCEITO QUE FAZEMOS de outras pessoas, bem como aquilo que vemos no espelho quando nos olhamos, depende do que sabemos do mundo, do que acreditamos ser possível, das memórias que guardamos e se nossa lealdade está comprometida com o passado, o presente ou o futuro. Nada influencia tanto nossa capacidade de suportar as dificuldades da existência quanto o contexto em que as vemos; quanto mais contextos à nossa escolha, menos as dificuldades nos parecem inevitáveis e inacessíveis. O fato de o mundo ter se tornado mais repleto de complexidades de toda espécie pode sugerir, a princípio, que está mais difícil encontrar uma saída para nossos dilemas, mas, na realidade, quanto maiores as complexidades, maiores as rachaduras pelas quais podemos nos infiltrar. Estou à procura das brechas que as pessoas não localizaram, das pistas que perderam.

Começo pelo presente e retrocedo, da mesma forma que parto do pessoal para o universal. Sempre que cheguei a um impasse nas aspirações da atualidade, como reveladas nos estudos de casos de pessoas que conheci, busquei uma saída colocando-as contra o pano de fundo de toda a experiência humana em todos os séculos, indagando como se comportariam se, em vez de confiar somente nas suas próprias memórias, tivessem sido capazes de utilizar as memórias de toda a humanidade.

Normalmente, as memórias do mundo estão armazenadas de maneira tal que não é fácil usá-las. Cada civilização, religião, nação, família, profissão, sexo e classe tem sua própria história. Até aqui, seres humanos se interessaram, sobretudo, por suas raízes pessoais, e, portanto, nunca reivindicaram a totalidade da herança com que nasceram, o legado da experiência passada de todos. Cada geração procura somente o que pensa lhe faltar e reconhece apenas o que já conhece. Quero começar resumindo esse legado, mas não avançando pelos feitos dos mortos e sim agindo de modo que os indivíduos possam utilizar aquelas partes do seu legado que afetam aquilo pelo que mais zelam.

No passado, quando as pessoas não sabiam o que queriam, quando perdiam o sentido de direção e tudo parecia desmoronar, em geral encontravam alívio mudando o foco de visão, desviando a atenção. O que um dia pareceu de extrema importância, de repente quase não se percebe mais. Ideais políticos entram em colapso abruptamente e são substituídos pelas preocupações pessoais, o materialismo sucede ao idealismo e, de quando em quando, a religião retorna. Quero mostrar como as prioridades estão mudando hoje em dia, e que tipo de óculos se faz necessário para observá-las. No curso da história, os seres humanos têm trocado repetidamente os óculos através dos quais olham o mundo e a si mesmos.

Em 1662, o início de uma significativa mudança de atenção foi marcado pelo surgimento da Real Sociedade de Londres, que, segundo seus fundadores, era necessária porque as pessoas não sabiam o que buscar ou como buscar. Esses cientistas, e seus sucessores, abriram amplos territórios à exploração e fizeram o mundo parecer bem diferente. Mas a descoberta científica é uma atividade de especialistas; a maioria das pessoas consegue apenas observá-la com reverência, o que não as ajuda a decidir como orientar suas vidas diariamente.

No século XIX, as mudanças de atenção tornaram-se mais freqüentes e, por conseguinte, mais confusas. A jornada de Alexis Tocqueville aos Estados Unidos, em 1831, foi inspirada na convicção de que a América poderia proporcionar uma rápida visão do futuro, onde seria possível descobrir as coisas surpreendentes que poderiam ser feitas com a liberdade; a reforma das instituições políticas, de modo a torná-las mais democráticas, transformou-se, então, no objetivo de quase todos os que se engajavam na busca da felicidade; mas Tocqueville retornou com advertências sobre um assomo de tirania das maiorias, e ainda não há lugar em que as minorias estejam satisfeitas por completo. No mesmo ano, a jornada de Darwin ao seio do reino animal, que os seres humanos até então acreditavam existir para seu benefício, desviou a atenção para a luta pela vida, que passou a ser vista, de forma crescente, como o fator predominante sobre todos os aspectos da existência. Mas o próprio Darwin queixou-se de que suas doutrinas o faziam sentir-se "como um homem que perdeu a visão das cores" e "os mais elevados gostos estéticos", e que sua mente havia se transformado numa "espécie de máquina de triturar leis genéricas de uma grande coleção de fatos", o que provocava uma "perda de felicidade" e um "enfraquecimento da parte emocional de nossa natureza". A jornada de Marx ao fundo dos sofrimentos da classe operária e seu convite à revolução dividiram o mundo por cem anos, embora cedo se tornasse óbvio que as revoluções são incapazes de manter suas promessas, ainda que feitas com sinceridade. Em seguida, nos últimos anos do século XIX, Freud embarcou numa jornada ao inconsciente dos neuróticos de Viena, a qual mudou o que as pessoas viam dentro de si mesmas, aquilo que as preocupava e a quem culpavam, mas a esperança de que perdoariam, uma vez que compreendessem, não se concretizou.

Todos esses pensadores puseram a idéia de conflito no centro de suas visões. O mundo continua a ser assombrado por essa idéia. Mesmo aqueles que querem abolir o conflito usam os métodos do conflito para combatê-lo.

Contudo, a originalidade do nosso tempo é que a atenção está se afastando do conflito para a informação. A nova ambição consiste em evitar os desastres, as doenças e os crimes antes que aconteçam e tratar o planeta como um todo único; a entrada das mulheres na esfera pública está reforçando o desafio à tradição de que a conquista é a meta suprema da existência; dá-se mais atenção à compreensão das emoções de outras pessoas do que a fazer e desfazer instituições.

No entanto, a despeito desses novos anseios, muito do que as pessoas fazem ainda é governado por velhos modos de pensar. Tanto a política quanto a economia têm se revelado ineficazes diante da obstinação de mentalidades arraigadas, que não podem ser modificadas por decreto, pois estão fundamentadas na memória, que é praticamente inextinguível. Mas é possível expandir a memória de uma pessoa alargando seus horizontes; quando isso acontece, há menor probabilidade de que essa pessoa continue a tocar as mesmas melodias antigas para todo o sempre, repetindo, indefinidamente, os mesmos erros.

Quinhentos anos atrás, a Europa passou pela Renascença, em conseqüência de quatro novos encontros, absorvendo quatro novos estimulantes, expandindo seus horizontes. Primeiro, reviveu memórias esquecidas de liberdade e beleza, mas limitou-se aos gregos e aos romanos. Neste livro, tentei abrir o leque da memória de toda a humanidade e utilizá-la para colocar os dilemas do presente numa perspectiva que não estivesse dominada pela idéia de conflito perpétuo. Em segundo lugar, na Renascença, a Europa e a América ficaram noivas, ajudadas pela nova tecnologia; mas foi mais uma descoberta geográfica de um continente do que uma descoberta dos seres humanos entre si; ainda perduram o silêncio e a surdez entre os habitantes do mundo, a despeito da existência de uma tecnologia que os capacita a falar com qualquer um, em qualquer lugar. Investiguei por que os ouvidos continuam bloqueados e de que forma desbloqueá-los. Terceiro, a Renascença fundamentou-se numa idéia nova da importância do indivíduo. Tratava-se, no entanto, de um fundamento frágil, já que os indivíduos dependiam de constante aplauso e admiração para sustentá-los. Existe uma escassez de aplauso no mundo; não se respeita suficientemente a procura. Busquei métodos de incrementar a oferta. Por fim, a Renascença envolveu uma nova idéia do que deveria significar a religião. O objetivo supremo de todas as religiões é aproximar as pessoas, mas, por enquanto, também as tem separado. A história das religiões está inacabada. Fui além de suas divergências e busquei os valores espirituais compartilhados não somente entre os próprios religiosos, mas também entre eles e aqueles que não participam de uma religião considerada verdadeira.

Muito se sabe, muito foi escrito acerca do que divide as pessoas. Meu propósito é investigar o que elas têm em comum. Assim, enfoquei particularmente a maneira como se relacionam. A procura de novos e antigos tipos de relacionamentos, quer íntimos ou distantes, foi, a meu ver, a mais importante preocupação humana ao longo da história, ainda que dissimulada sob muitos nomes e enveredando por caminhos bem diferentes. Encontrar Deus tem sido o alvo supremo de todos aqueles para quem a alma é uma chispa divina. A fascinação por um herói ou guru esteve no cerne da evolução. A vida pessoal vem sendo cada dia mais dominada pela caça à "outra metade". Cada vez mais os pais têm se empenhado em ficar na mesma "sintonia" dos filhos. Boa parte da cultura tem sido o processo pelo qual artistas foram reconhecidos por exprimirem os sentimentos de pessoas que jamais conheceram. Os pensamentos, em sua maioria, não têm passado de flertes com os pensamentos dos outros, mortos ou vivos. Dinheiro e poder, ainda que obsessivos, têm sido, em última instância, os meios de alcançar um objetivo mais íntimo. Investiguei de que maneira a humanidade se tornou confusa acerca de seu objetivo, e como é possível adquirir um novo sentido de direção.

Quando as pessoas olharam além dos limites de suas famílias, quando aprenderam a ler e a viajar, descobriram que muitos indivíduos estranhos compartilhavam suas emoções e interesses. Mas o contato frutífero entre elas foi raro. Bem poucos dos que poderiam ser mutuamente simpáticos ou estimulantes, ou que poderiam embarcar juntos em aventuras que seriam incapazes de empreender sozinhos, chegaram a se conhecer. Agora, que pela primeira vez a comunicação mais eficiente tornou-se uma das principais prioridades da humanidade, vida alguma pode ser considerada plenamente vivida se não tiver se beneficiado de todos os encontros de que é capaz. Hoje, a esperança se sustenta, acima de tudo, pela perspectiva do encontro com novas pessoas.

Na verdade, toda descoberta científica é inspirada por uma busca similar e pelo encontro de idéias que antes nunca se juntaram. O mesmo vale para a arte de fazer a vida significativa e bela, o que envolve a descoberta de conexões entre o que parece não ter conexões, unindo pessoas e lugares, desejos e memórias, através de detalhes cujas implicações passaram despercebidas. A busca de uma alma gêmea, que se ajuste perfeitamente a alguém, ocupa somente parte da vida íntima; os indivíduos estão se tornando cada vez mais multifacetados; por isso, é acerca de almas gêmeas de uma espécie menos total que escrevo, sobre aqueles que possuem alguns elementos de caráter ou atitude capazes de se combinar com elementos de outrem, a fim de produzir mais do que poderiam fazer sozinhos. Assim como a ciência dos materiais inventou muitos confortos novos ao descobrir como as mesmas moléculas vêm a ser encontradas em objetos aparentemente diferentes, como tais moléculas podem ser reagrupadas, como moléculas aparentemente incompatíveis se tornam receptivas entre si, e unidas por laços sutis e múltiplos – também a descoberta de afinidades irreconhecíveis entre seres humanos oferece perspectivas de reconciliações e aventuras que até então pareciam impossíveis. Mas limitar-se a aguardar o reconhecimento mútuo é atitude ineficaz. O sonho dos cosmopolitas, de que os antagonismos se evaporariam naturalmente, era por demais simples e deixou de ser digno de crédito porque subestimou quão diferente e vulnerável cada pessoa – e cada grupo – é. Investiguei como as relações de variados graus de intimidade podem ser estabelecidas além-fronteiras sem que se abandonem as lealdades ou singularidades pessoais.

Pode parecer uma enorme temeridade sequer imaginar a possibilidade de outra Renascença; no entanto, a esperança sempre emergiu de sua hibernação, ainda que exaurida, ainda que lenta para despertar. Claro, ela não pode retornar com sua fé em utopias, já que as utopias causaram demasiadas catástrofes. Para descobrir um novo sentido de direção será necessário incorporar a certeza do malogro, em menor ou maior grau; mas se o malogro é esperado – e estudado –, não deve destruir a coragem.

Em vez de reunir minhas informações em categorias convencionais, o que só viria confirmar que os habituais fatores econômicos, políticos e sociais pesam muito em tudo o que os seres humanos fazem, eu as reagrupei, descobrindo novos pontos de contato entre o comum e o exótico, entre o passado e o presente, de forma a poder endereçar as questões que interessam, sobretudo, à geração atual.

Ocupei-me apenas com um limitado círculo de pessoas, lugares e tópicos porque estou tentando sugerir um método e uma abordagem, e não encaixar todos os fatos em compartimentos, e porque até mesmo várias vidas seriam insuficientes para remediar minha ignorância ou para dar conta de todo o volume de informações disponível. O que fazer com tanta informação, eis o grande enigma da nossa época. Minha solução é olhar os fatos através de duas lentes simultaneamente – por meio de um microscópio, escolhendo pormenores que iluminam a vida naqueles aspectos que tocam as pessoas mais de perto, e por meio de um telescópio, avaliando grandes problemas a uma grande distância. Espero poder demonstrar que os seres humanos têm muito mais opções à frente do que comumente supõem.

A galeria de retratos que coloco no cerne de meu livro diz respeito a indivíduos – e não a uma amostra estatisticamente representativa: estão presentes para estimular a reflexão, não para sugerir generalizações fáceis. Optei por escrever sobre mulheres porque sou homem e porque sempre preferi escrever acerca de assuntos que não me deixem tão arrogante a ponto de acreditar que posso entendê-los por completo, mas, acima de tudo, porque muitas mulheres parecem olhar para a vida com novos olhos, e suas autobiografias, sob vários aspectos, são a parte mais original da literatura contemporânea. Seu choque com as velhas mentalidades é o impasse que torna todos os outros impasses menores; e pensar como resolvê-lo foi o que primeiro me ocorreu. Concluí que tinha de escrever sobre ambos os sexos ao mesmo tempo.

Freud escreveu sobre a humanidade tomando por base entrevistas com pacientes em grande parte do mesmo país, ainda que houvesse forrado seu divã com um tapete oriental. Tive longas conversas com pessoas de 18 nacionalidades diferentes no curso da minha pesquisa, e poderia ter iniciado cada capítulo com testemunhos de uma parte diferente do mundo, mas não quis sugerir que um determinado país pudesse ser, de alguma forma, mais sensível a uma preocupação ou fraqueza em particular. Portanto, a maioria dos personagens também procede de um só país. É um país rico (embora também conheça a pobreza), um país livre (mas em luta contra muitas restrições sutis), favorito dos turistas pela sua devoção à boa vida, atraindo tantos turistas por ano quantos são os seus habitantes –, mas que, ainda assim, não acha que viver seja algo simples; um país, em suma, tão antipatizado quanto admirado por muitos estrangeiros. Desse modo, estou capacitado a indagar o que resta aos humanos fazer, uma vez que conquistaram seu conforto básico e sua liberdade, ou pelo menos certas liberdades.

Conheci a maioria dessas mulheres na França, país que foi um laboratório para mim ao longo da minha vida adulta, uma fonte permanente de inspiração. Todos os meus livros sobre a França foram tentativas de compreender a arte da vida à luz dos fogos de artifício que aquele país envia para o céu no esforço de compreender a si mesmo. Aprecio, em particular, sua tradição de pensar a respeito de seus próprios problemas em termos universais e, embora de modo um pouco autocentrado, de avançar em busca das preocupações que todas as nações têm. A Declaração dos Direitos Humanos foi feita em nome do mundo inteiro. Parece-me que uma nova visão do futuro deve, mais do que nunca, incluir a humanidade, sendo este o motivo por que escrevi desta maneira.

2
Como homens e mulheres aprenderam lentamente a ter conversas interessantes

Cognac (22 mil habitantes) vale uma visita não apenas porque fabrica um licor famoso, que solta a língua, nem porque foi o berço de Jean Monnet, o fundador da Europa, que trocou a guerra pelo debate, nem porque possui um velho castelo, mas sim porque adquiriu consciência de seus silêncios. Ali é possível observar não somente as antigas tradições do bate-papo, como também a *nouvelle cuisine* da conversação.

Na delegacia de polícia, o trabalho do cabo Lydie Rosier, de 27 anos, consiste em ouvir confissões, mas depois que terminamos de conversar ela saiu da sala, ruborizada, dizendo que minhas perguntas tinham sido muito difíceis, que não estava acostumada a responder perguntas, somente a fazê-las. Nunca, até então, tivera tanta oportunidade de falar sobre si mesma: "Nossa profissão não nos permite ser introspectivas. Somos instruídas a ser discretas. Podemos ter opiniões, mas não podemos exprimi-las."

O estilo de falar dos habitantes de Cognac é uma mistura de ecos que datam de diferentes épocas do passado; o de

Lydie, lembra os prudentes e modestos funcionários públicos do século XIX, que se orgulhavam de representar o Estado e tomavam o cuidado de não se comprometer em dizer algo errado. Nela, nada induz a uma conversa ociosa: não fala sobre outro assunto, além de sua concentração nos deveres e no processo de envelhecimento, que pode lhe dar uma terceira divisa nas mangas do uniforme. Sua vida particular está no congelador. O bate-papo da fábrica em que um dia suou a camisa, onde a maioria dos operários era mulher, é uma lembrança desconfortável: as relações pessoais ali eram difíceis, afirma ela, porque "as mulheres são mais reservadas e mais agressivas umas com as outras do que os homens". Ela se preocupa por não poder falar livremente? Não, porque costuma ler um bocado. Acabou de ler um livro sobre... polícia secreta. Contudo, leu, recentemente, a biografia de Marie Curie: "Eu gostaria de ter sido ela. Tinha uma grande força de caráter, uma força de vontade enorme."

Força de vontade é algo em que Lydie acredita, não em palavras: a maior parte dos infortúnios resulta da fraqueza de vontade. Embora seu treinamento não incluísse a discussão das causas do crime, ela tem certeza de que não aceita a loquacidade da psicologia moderna. "Muita gente vive em condições terríveis e nem por isso se torna criminosa. Ninguém é forçado a seguir o caminho errado, ainda que se faça necessário força de caráter para evitá-lo." Mas onde buscar força de caráter? "É uma questão de ambição. Você deve se apoderar da sua vida."

As conversas que Lydie gosta de travar com os transgressores são as em que eles entendem isso. Por exemplo: "Um rapaz de 14 anos roubou um carro. Era sua primeira transgressão. Ele disse: Fiz besteira. Preciso de ajuda. Não consigo me conduzir sozinho. Então, nós lhe dissemos:

'Ok.' Agora, ele quer entrar para o Exército e parou de cometer crimes. Ele tem uma ambição." A televisão não deveria mostrar gente portando armas de fogo como se isso fosse algo normal. Ela, naturalmente, carrega um revólver e "poderia sacá-lo e atirar em alguém". Conversam a esse respeito na delegacia de polícia. Lydie poderia atirar em si mesma. A morte solitária a amedronta, mas ela não conversa ou pensa sobre isso. Se acontecer, tanto pior. Tampouco esquenta a cabeça por causa do futuro: "Eu vivo um dia de cada vez."

"Não há problema sem solução" – eis o lema de Lydie. Seu pai é funcionário dos correios; uma irmã trabalha para a polícia; outra, na prefeitura; uma terceira, numa escola. O universo de jovens funcionários públicos, girando em torno do eixo do próprio funcionalismo, basta para alimentar a conversação no âmbito familiar. Para Lydie, entrar para o serviço público foi uma maneira de escapar à rotina: "Eu sempre quis fazer algo fora do comum." E agora sua ambição é provar, por sua conduta, que as mulheres podem executar o trabalho de segurança tão bem quanto os homens, embora sem o objetivo de tomar-lhes o lugar ou desafiá-los, porque "o lado da profissão que exige força deve ser preservado, e as mulheres não se caracterizam pela força". Ela não discute com misóginos, sejam policiais ou não. Crimes sexuais dão-lhe oportunidade de demonstrar seu valor: "As vítimas acham mais fácil falar a uma mulher."

Lydie Rosier parece muito moderna, vestindo calça comprida e usando seu revólver no quadril; mas decidiu que se sentirá mais à vontade em Réunion, no oceano Índico, que será seu próximo posto; já teve oportunidade de ir até lá e ter uma amostra da Nova Caledônia: ali, diz ela, "vive-se como se vivia cem anos atrás". No entanto, velhos hábitos também sobrevivem em Cognac, onde, para que pudéssemos conversar, ela teve de pedir autorização ao seu capitão, que consultou o coronel, que consultou o general...

OUTROS VELHOS HÁBITOS são encontrados na área rural circunvizinha. Os produtores de uvas de Cognac também são cuidadosos com o que dizem. A família Bellenguez, que tem 16 hectares de vinhas e 30 de terra arável, continua fiel à tradição de não se indispor com as autoridades: "Nunca discutimos política. Vivemos em harmonia com todos. Votamos, sim, mas não divulgamos nosso voto."

No entanto, cada membro da família tem um relacionamento individual com as palavras. A avó é a intelectual. Com 65 anos, costureira por profissão, é famosa por suas leituras variadas, por seu amor aos novos inventos, por ajudar as crianças com os deveres da escola e por fazer anotações enquanto assiste à televisão, cujos programas adora debater. Justificam-lhe o brilho dizendo que ela é do norte, de Pas de Calais. Uma de suas netas é tida como aquela que seguirá seus passos, pois mergulha num livro mal entra em casa.

O chefe de família, que herdou a fazenda do pai, continua a tomar sua sopa e comer patê e salsichas no desjejum, assim como seus antepassados sempre fizeram: conhece todo mundo na região, pratica tiro, lê o jornal e assina a revista semanal conservadora *L'Express*. Mas certos temas de conversa continuam bastante delicados. Não tem filhos homens. Será que lamenta isso? Sua esposa responde: "Ele nunca disse."

A esposa fala com presteza e fluência, mas a conversa é apenas um acompanhamento do trabalho: sente-se mal se não estiver constantemente ocupada e em movimento, cuidando dos animais e da casa, e leva duas horas para preparar a sopa. Nunca lê, nem o jornal, e jamais ajudou as crianças com os deveres de casa: "Confiamos nelas, não somos como os outros pais, que interferem. Crianças devem abrir seu próprio caminho, não adianta forçá-las a obter notas melhores – cada um de acordo com suas capacidades. Eduquei-as para serem econômicas e cuidarem de si mesmas."

Uma filha, que está estudando para ser enfermeira e tem esperança de se tornar parteira, diz que nos velhos tempos havia mais sociabilidade, pelo menos à época da colheita, quando eles costumavam empregar 15 trabalhadores, de todas as nacionalidades: a atmosfera era festiva, e nas noites de sábado servia-se uma bela refeição e dançava-se. Ela aprecia "um ambiente cálido", o que significa ter muitas pessoas em volta. No último domingo, a família não teve convidados: "É estranho quando estamos sozinhos", comentaram. "A casa parece vazia." Mas, outra vez, há coisas de que não falam: "O que não dizemos um ao outro nós escrevemos em cartas." As cartas vão para correspondentes no exterior, na África, Peru, Coréia. A enfermeira envia três ou quatro cartas por semana. Pessoas estranhas são necessárias para que se possa explicar o que se sente e o que se faz.

No CENTRO DE COGNAC também há uma escassez de pessoas com quem conversar. Annette Martineau e o marido têm uma casa de frutas e uma quitanda, com tamanha freguesia que eles só tiram uma semana de férias por ano. Ela desenvolveu uma especialidade artística, a ornamentação de cestas de frutas, que atrai compradores num raio de 70 quilômetros. "Eu gostaria", confessa, "de ser como o Troisgros [o *chef* três estrelas], reconhecida profissionalmente. Eu não sabia que tinha esse dom. Mas o trágico no comércio é que as pessoas nos julgam caixas registradoras. É verdade que vivemos do dinheiro, mas queremos outras coisas também. Quando conhecemos as pessoas, e as ouvimos conversar, elas se tornam interessantes. Saí da escola aos 14 anos; tenho dificuldades em ortografia; e para escrever cartas uso o dicionário. Mas agora tudo me interessa. Sinto uma fome insaciável. Não sou uma pessoa culta, mas gosto de ir a uma livraria, de vez em quando, para folhear um livro ou uma revista. Estou me obrigando a tentar antes de dizer não. A cultura se desenvolveu muito na França... isso significa fazer de tudo, falar sobre tudo; tudo se tornou cultural porque de tudo se aprende. A televisão traz muitas idéias novas e biografias interessantes, e a gente sente vontade de conversar a respeito." Annette não tem complexo de inferioridade acerca de sua precária educação: "Existem pessoas cultas que são estúpidas."

Quando criança, ensinaram-na a não falar à mesa. "Meus pais, aliás, mal se falavam. Minhas amigas dizem que seus maridos tampouco falam. É quase sempre assim. No passado, os maridos não diziam grande coisa porque tudo era tabu e também porque nada tinham a dizer. Em nossos jantares não existe conversa, ou ela é agressiva.

Meu marido se levanta às 3 horas para fazer compras. Está mergulhado até o pescoço no trabalho e não é homem de gastar palavras. Adverti minha filha: 'Você apreciará mais a vida se estiver com um homem com quem possa conversar.' Recentemente, comprei um livro que dizia que as mulheres têm mais interesse em conversar do que em fazer sexo. As amizades começam com conversas acerca de nada, só por divertimento, porém, mais adiante, fala-se da vida, compartilhada. Uma amiga verdadeira é muito raro; ela não repetirá o que eu digo nem distorcerá minhas palavras. Gosto de muitas pessoas, mas amizade é uma palavra bem mais forte.

Ensinei minhas filhas a lutarem, a serem independentes. Tenho conversado com a mais velha sobre assuntos de mulheres. Falo livremente, mas não somos colegas. Sou a mãe. Aconselho-as a trabalhar, amar, respeitar, aprender. Gostaria que fossem mulheres de verdade, ou seja, alguém respeitado e amado, que sabe amar e fazer-se respeitar. Digo-lhes que vivam com toda a liberdade, melhor do que eu vivi, que sejam menos ignorantes.

A mulher precisa de um homem. No passado, os homens não davam apoio às mulheres. Meu pai não dava apoio à minha mãe, e a vida costumava ser mais passiva. Ela não exigia muito e teve muitos filhos. Mas eu preciso de apoio, segurança, afeto de um homem. Por quê? Não sei. A gente precisa se apoiar em alguém.

Um exemplo de homem de verdade foi Yves Montand. Eu não gostaria de me casar com ele, mas homens grandes têm ombros – e uma mulher pode sentir-lhes a força, ser compreendida e apoiada. Apesar da liberação sexual, a amizade entre homens e mulheres continua difícil, sempre há um *arrière pensée*. As mulheres podem falar sobre tudo que os homens falam e assim ampliar as fronteiras do diálogo: elas silenciam, refletem mais; mas não são menos inteligentes. Os relacionamentos estão mudando, apesar de permanecerem difíceis. À medida que os homens envelhecem, quase sempre continuam precisando de uma mãe, ou então querem voltar aos 18 anos: querem continuar provando que são homens. Já a mulher vive cada etapa da sua vida, que tem muitas vidas. Os homens se recusam a isso. Dizem que Montand tornou-se o que era por causa de mulheres – e é verdade.

Em minha loja, sou uma balconista. Aqui, conversando com você, sou eu."

A FILHA DA SRA. MARTINEAU tem 16 anos e considera sua própria conversa limitada sob diferentes aspectos. No passado, diz ela, as moças confiavam apenas nas moças, mas agora é possível fazer amizade com os rapazes, sem sexo, "como um irmão". "Não há diferença entre meninos e meninas, pode-se conversar com qualquer um." No entanto, enquanto "as moças desejam experiências e buscas, os rapazes têm idéias fixas, absorvidos que andam por dinheiro e sucesso". Há uma nova confiança nas moças, confiança que os rapazes não conseguem satisfazer plenamente. Ela admira a mãe que, embora goste do trabalho que faz, "mudaria o trabalho, se pudesse; está interessada em mais coisas e, quando não sabe, sai e descobre". Assim, a filha sonha em deixar Cognac porque "é um lugar somente para pessoas acima dos 35" e porque os filhos dos pobres têm de se fixar em sua própria classe. Mas sua confiança está misturada à desconfiança: "Não gosto de atender fregueses na loja, pois tenho medo de não lhes ser agradável; deixá-los insatisfeitos." O que se passa na cabeça das outras pessoas está se tornando ainda mais enigmático.

PERGUNTO A UMA MULHER de 44 anos: "Com quem trava suas melhores discussões?" Ela responde: "Com meu cachorro. Ele me entende." Ela pertence à geração de 1968, que acreditava que, quando os tabus fossem abolidos, e as pessoas passassem a praticar a franqueza entre si e falassem livremente sobre o que pensavam no íntimo, uma nova era raiaria. Lisa tentou aplicar esta fórmula durante vinte anos; não deu certo! Ela dirige uma clínica de hemodiálise e sente-se orgulhosa de poder oferecer tratamento mais barato do que no hospital. Mas suas colegas não falam com ela da maneira que gostaria, de modo que está desistindo do trabalho. Quando Lisa começou a trabalhar, jovens enfermeiras e médicos tratavam-se em pé de igualdade: formavam uma equipe, e os médicos juravam que quando atingissem o topo de suas carreiras, jamais se comportariam como os velhos especialistas tirânicos, que se julgam Deus. Agora, os jovens médicos chegaram à meia-idade e ficaram poderosos; ausentam-se por conta própria para congressos internacionais e perderam o interesse pelas enfermeiras. Segundo a queixa de Lisa, acham que as enfermeiras experientes, como ela própria, devem limitar-se a cumprir suas obrigações, ganhando pouco mais do que as jovens enfermeiras recém-formadas; ela deseja reconhecimento por sua experiência não necessariamente em dinheiro, mas em respeito. A falta de reconhecimento tornou tudo amargo. Mas os médicos também se queixam que não são respeitados pelos pacientes, que dão mais valor ao técnico de televisão. Ninguém previu a escassez mundial de respeito.

Chegam a Lisa pacientes procedentes do país inteiro; ela passa quatro ou cinco horas com cada um, três vezes por semana, e laços de amizade se estabelecem. Apesar disso, decidiu rebelar-se. Quase sem tomar fôlego, afirma: "Estou farta dos pacientes" e "Sentirei muita falta deles". Pretende tornar-se administradora especializada em higiene hospitalar. O mundo não sabe como recompensar as pessoas pelo que elas são, mas apenas pelo grau que ocupam na hierarquia.

De que maneira os médicos reagiram à exigência de Lisa por mais respeito? "Jamais toquei no assunto com eles." Silêncio outra vez. O orgulho se levanta no caminho. Ela sente que os médicos a tratam com desprezo. Mas é incapaz de lhes pedir reconhecimento. Uma vez, conheceu um maravilhoso professor de farmacologia, em cujo laboratório passou algum tempo. Ele tinha fama mundial e havia trabalhado nos Estados Unidos, mas não conservava um só traço de arrogância, nunca falava de *suas* descobertas, mas sempre de sua "equipe", da qual apenas os prenomes eram pronunciados. Essa atitude é o ideal de Lisa. Ela se esquece de que, para as autoridades mundiais, é fácil ser amável, enquanto os medíocres têm de demonstrar sua importância; do contrário, ninguém adivinharia. Entretanto, Lisa anda em busca de "uma motivação nova". Ela havia posto suas esperanças, acima de tudo, na carreira. Casou-se com um médico que também se ocupava da carreira. "Somos iguais. Não há, lá em casa, tarefas para homem e tarefas para mulher. Sou completamente liberada. Posso fazer o que quiser e não sou criticada se chego em casa tarde. Temos contas bancárias separadas. Eu cuido de mim. Temos distrações diferentes. Os dele são o tênis e o *bridge*. Os meus são o *squash* e a ginástica. Mas aos domingos preparo a comida para a semana inteira, porque cozinhar é minha paixão. Na cozinha, solto minha criatividade: não quero ajuda." Ocupados com seus respectivos trabalhos, não tiveram filhos. Hoje Lisa lamenta isso. E ele? "Não sei. Nunca falamos sobre o assunto. Ele não queria mesmo ter filhos."

Contudo, não era esse o único assunto de que não falavam. Ele a ama? Ela jamais pergunta; ele jamais lhe diz. Ela diz a ele? "É mais fácil para mim dizer-lhe: 'Você me põe nervosa'." Houve períodos em que mal se viam, envolvidos totalmente com seus pacientes. Cerca de cinco anos atrás, ela decidiu que deviam jantar juntos, e sozinhos, todos os sábados, às 20h30. Ela prepara a refeição, como se fossem receber convidados, e eles conversam sobre medicina e pessoas, cuja psicologia o marido é muito bom em dissecar. Aliás, "ele me ensinou a fazer isso". O marido gosta de comer bem, mas diz que ela passa muito tempo cozinhando; e quando recebem convidados, ele diz que a confusão que ela arma significa que a refeição é menos sociável do que ela pensa, porque a mulher põe os convidados em situação de inferioridade. Na verdade, ela pensa nesses grandes jantares com um mês de antecedência.

"Nunca falamos acerca de nós mesmos. Não sei por quê. Penso em mim, mas não sei dizer o que penso. Se eu fosse de fato liberada, falaria a meu respeito com meu marido; mas precisaria de um marido que se libertasse da timidez para me ajudar a perder a minha." Não há solução para essa timidez, a não ser sair e provar a si mesma que é uma pessoa admirável, coisa que nunca a satisfaz inteiramente. "Acho que meu marido sabe que sou excepcional, embora ele não o seja; mas concorda comigo somente para evitar problemas." Lisa aceitou um convite para ensinar numa escola de comércio uma manhã por semana, para onde vai vestindo suas roupas mais vistosas: "Faço o máximo que posso para aparecer bem diante desses adolescentes. Eles prestam atenção ao que visto. Eu crio uma imagem que lhes agrada, para que eles ouçam o que lhes digo. Não quero envelhecer; não quero me comportar como uma senhora de 44 anos; acho as pessoas da minha idade mais velhas do que eu. Sendo mulher que pratica esportes, estou em condições de conversar com os mais jovens." A atividade de Lisa no mundo dos esportes significa conhecer muita gente: "Não me sinto acuada; todo mundo me trata como uma igual, o que é importante para mim."

Há também um amigo que gosta de despejar nela seus problemas, e às vezes saem juntos, inclusive para boates; mas o marido de Lisa se recusa a sentir ciúmes. O prazer dele está no clube de tênis e nos amigos masculinos. "Por que não podemos nos divertir cada um para o seu lado?", pergunta ele. "Por que não juntos?", replica ela. "Se ele está se divertindo, eu gostaria de participar também. Gosto de me distrair, mas temos uma idéia diferente do que significa divertir-se." Lisa o convenceu a ir a um baile a fantasia, para o qual ela se fez completamente irreconhecível, e fantasiou-o de palhaço – e ele realmente se divertiu. "Foi uma das nossas melhores noitadas." Com toda essa independência, ela quer ser amiga íntima do marido, mas o tempo parece tê-los separado, da mesma forma que os médicos se separaram das enfermeiras. Poderia ser diferente se as pessoas pudessem ficar irreconhecíveis com mais freqüência, se pudessem se surpreender mutuamente.

Talvez um homem não possa sustentar tanta conversa assim. Às vezes, Lisa pensa que o ideal seria ter dois homens, que se revezassem. "Não digo que isso jamais pudesse acontecer. Mas não creio que eu tivesse coragem. Não sou aventureira. Não tenho inclinação para riscos." Lisa lhe diz: "Você não me conhece. Não percebe que posso ir muito longe." Mas é somente para assustá-lo: "Ele me exaspera, mas eu não conseguiria viver com um estereótipo vulgar de marido; e não sou de convivência fácil. Talvez ele seja o melhor marido para mim, afinal de contas."

Ouvi muitas queixas sobre maridos em Cognac. Subindo-se a escala social, as queixas contra os maridos aumentam, e a exasperação cresce em relação aos homens que, aos 45 anos, se desesperam em querer provar suas proezas sexuais. Nessa idade, "é muito importante deixá-los pensar que são os chefões". No entanto, nem todas as esposas estão satisfeitas com essa velha estratégia: para aquelas que estudaram, as conversas sobre negócios ficam cansativas para elas. Houve uma época que os maridos se distraíam com obras de caridade. Agora, uns 12 grupos de mulheres se reúnem para discutir literatura e idéias, religião e a Europa. Os encontros religiosos incluem homens, mas as tertúlias literárias só admitem mulheres; nessas, lêem um livro por mês e o discutem em torno de uma refeição. Fundaram uma livraria particular, que adquire os últimos lançamentos, e emprestam livros e publicações a uma taxa de 5 francos, ou 3 francos para livros mais velhos; a livraria tornou-se ponto de encontro permanente para discussões de literatura, e deles têm participado mulheres de todas as classes.

Depois, essas mulheres se juntaram para uma aventura intelectual mais ousada: um festival literário europeu para o qual são convidados escritores de renome internacional, críticos e artistas; o público chega a várias centenas de pessoas; e, como conseqüência do festival, a cidadezinha já tem quatro livrarias. Acho que uma nova espécie de universidade crescerá um dia de tal semente. Oxford, antes de tudo, era uma cidade de apenas 950 casas quando fundaram a universidade. Ela atendia à necessidade de formar sacerdotes, advogados e professores, mas, agora, quando o treinamento profissional já não basta para satisfazer pessoas inteligentes, há espaço para um novo tipo de universidade que não seja um gueto para os jovens, mas um lugar em que todas as gerações possam permutar experiências, cultura e esperanças.

"Meu marido é mandado para o andar de cima durante nossas reuniões de mulheres, e às vezes escuta trechos das conversas e depois me faz perguntas", diz uma das mulheres. "Meu marido se interessa somente por ciência e mecânica", queixa-se outra. "Quando descobriu que eu ficaria fora o dia inteiro durante o festival", comenta uma terceira, "ele ficou uma fera." "Todo mundo tem um jardim secreto", diz uma quarta. "Nós todas aparentamos uma imagem. Se eu me revelasse como sou, ninguém acreditaria. Por isso, reservo meus pensamentos para mim. Não quero jogar a chave fora." "Os homens", conclui outra, "nos sustentam. Nós pensamos por eles."

A conversa entre homens e mulheres mal se iniciou.

É INEVITÁVEL QUE TANTAS conversações resultem infrutíferas? Por que, após séculos de experiência, os seres humanos continuam ineptos, rudes e desatentos na conversa, com cerca de 40% de americanos – educados de forma a considerar o silêncio inamistoso – queixando-se de que são muito tímidos para falar livremente? A resposta é que a conversação ainda está na infância.

A memória do mundo foi entulhada de nomes de generais em vez de conversadores, talvez porque, no passado, as pessoas falassem bem menos do que hoje. "Um homem muito dado a falar, por mais sábio que seja, é incluído no rol dos tolos", disse o príncipe persa Kai Ka'us de Gurgan, e o mundo concordou, a julgar pela maior parte da sua história. O herói ideal de Homero, "o enunciador das palavras" tanto quanto "o autor dos feitos", era uma raridade. A deusa hindu da fala, Sarasvati, habitava apenas "nas línguas dos poetas", e quando os seres humanos comuns falavam, ela os fazia perceber que estavam tentando ser divinamente criativos. Em 1787, um viajante inglês fez observações sobre a taciturnidade dos camponeses franceses, num país cuja elite era famosa por sua elegante verbosidade.

Esse antigo silêncio camponês ainda pode ser ouvido em regiões da Finlândia, considerada, aliás, o mais silencioso país do mundo. "Uma palavra", assevera um provérbio finlandês, "basta para causar uma porção de encrencas." A província de Hame, na Finlândia, é, de todas, a mais silenciosa; ali, os habitantes se orgulham da história do fazendeiro que visita o vizinho e senta-se calmamente por longo tempo, sem dizer uma palavra, antes que seu anfitrião lhe pergunte a que veio. Afinal, ele se força a revelar que sua casa está em chamas. Esses finlandeses costumam viver em casas de fazendas isoladas, não em aldeias, e tolerar o silêncio não é um fardo. Os antropólogos registram a existência de lugares na África Central onde as pessoas "não se julgam na obrigação de conversar numa situação social, porque a fala, não o silêncio, é que cria dificuldades". Outros analisaram o quanto é importante, em Madagascar, ser cuidadoso com o que se diz, porque a informação é um produto raro, que deve ser acumulado, já que concede prestígio, e porque fazer um pronunciamento que resulte falho causará grande perda de prestígio. Mas isso não é privilégio exclusivo de qualquer parte do mundo, é característica de muitas profissões e de muitas situações formais em qualquer outro lugar: há muitas razões para não se falar, acima de tudo o receio de passar por tolo. A poucos quilômetros de Oxford, uma senhora idosa que conheci, viúva de um trabalhador rural, costumava receber visitas de outras senhoras, que se limitavam a "sentar-se em sua companhia", sem dizer virtualmente nada durante uma hora inteira. O que é instrutivo acerca de Madagascar é que os homens estão tão preocupados em perder prestígio ou em ofender outros homens, que deixam todo o discurso às mulheres. Quando desejam criticar, pedem às mulheres que o façam por eles – o que elas fazem na França, mas não na República de Malgaxe. Os homens só recorrem a palavras ásperas quando dão ordens às vacas, mas apenas em francês. E, ainda assim, criticam as mulheres por serem linguarudas.

A liberdade de expressão oral foi um direito vazio até as pessoas se libertarem do sentimento de que não sabiam se exprimir adequadamente; não lhes bastou se reunirem em cidades para aprender a dialogar. Tiveram, antes, de vencer o velho desgosto, nelas profundamente entranhado, de serem interrompidas – o que lhes parecia uma espécie de mutilação. Em seguida, tiveram de ser espicaçadas a falar pela necessidade de discutir acerca do que não tinham certeza, e por não saberem em que acreditar. As línguas foram se soltando apenas quando os cientistas e filósofos começaram a dizer (como faziam na Grécia antiga e como agora repetem) que é impossível conhecer a verdade, que tudo está em mutação constante, múltipla e muito complicada, e que somente o cético conhece a sabedoria. A invenção da democracia, por sua vez, exigiu que as pessoas dissessem o que pensavam e se exprimissem em assembléias públicas. Siracusa, na Sicília, uma cidade de imigrantes gregos – prenunciando os colonos da Nova Inglaterra –, foi a primeira democracia a ter um professor de arte da fala, chamado Corax. Não tardou para que a retórica se tornasse a suprema habilidade do mundo helênico e a mais importante parte da educação. Embora alguns acreditassem que para ser um orador atraente fosse necessário estar familiarizado com todos os ramos do conhecimento, a maioria estava por demais impaciente, e dessa forma inventou curtos atalhos no rumo do êxito: seu roteiro foi reduzido a mero treino em disputa, ou seja, a técnica de falar sobre qualquer assunto, mesmo que o ignorasse por completo. A capacitação para falar de modo persuasivo tornou-se o novo excitamento, o novo jogo intelectual, transformando políticos e tribunais em entretenimentos, com oradores que competiam entre si como atletas, porém com um poder maior, mais mágico, de despertar emoções. O mais famoso professor de retórica, Gorgias, originalmente embaixador de Siracusa em Atenas, considerava-se um mágico, rimando as frases como se elas fossem encantamentos.

Mas isso ainda não era uma conversa. O primeiro comunicador conhecido foi Sócrates, que trocou essa guerra de palavras pelo diálogo. Talvez ele não tenha inventado o diálogo, que foi originalmente uma peça burlesca ou teatro de marionetes siciliano, mas introduziu a idéia de que os indivíduos não podiam ser inteligentes por seu próprio esforço, precisavam que alguém os estimulasse. Antes de Sócrates, o modelo para todo discurso era o monólogo: o homem sábio ou o deus falava, e os demais escutavam. Mas Sócrates havia passado pelo trauma de estudar ciências e ficara com a sensação de que jamais saberia em que acreditar.

Sua brilhante idéia consistiu em formular que se dois indivíduos inseguros se reunissem, poderiam conseguir o que não conseguiriam separados: poderiam descobrir a verdade, sua própria verdade. Ao questionarem um ao outro e examinarem seus preconceitos, dividindo cada um deles em muitas partes, encontrando as falhas, jamais se atacando ou insultando, mas buscando sempre pontos de concordância, e avançando a passos curtos de um acordo para outro, aprenderiam gradualmente qual era o objetivo da vida. Perambulando por Atenas, pelos mercados e pontos de encontro, Sócrates demonstrou como o diálogo funcionava, dirigindo-se a artesãos, políticos e pessoas de todas as camadas para perguntar-lhes sobre seu trabalho e suas opiniões. O que quer que estivessem fazendo no momento, deviam ter um motivo, deviam achar que sua atividade era correta, justa ou bela; e desse modo Sócrates conduzia a discussão para o que aquelas palavras significavam. Ele argumentava que era inadequado simplesmente repetir o que os outros diziam, tomar crenças de empréstimo. Era imperioso trabalhá-las em benefício próprio. Sócrates foi um professor como nunca houvera antes: recusava-se a ensinar, recusava-se a ser pago. Insistia em proclamar-se tão ignorante quanto o aluno e dizia que a maneira de encontrar uma razão para a vida era entabular uma conversa.

Sócrates era muitíssimo feio, de aparência quase grotesca, e, no entanto, mostrou como dois indivíduos podiam se tornar belos, um para o outro, pela maneira como conversavam. "Aqueles que freqüentam minha companhia pela primeira vez parecem, alguns pelo menos, bem ignaros, mas, à medida que avançamos em nossas discussões, os favorecidos pelo céu podem progredir em um ritmo surpreendente para os outros e para eles mesmos, embora fique claro que jamais aprenderam qualquer coisa de mim.

As muitas verdades admiráveis que trouxeram do berço, eles as descobrem sozinhos, tiram de dentro de si mesmos. Mas a enunciação é obra do céu e minha." A mãe de Sócrates tinha sido parteira, e assim ele também se via. Para que as idéias nasçam, é preciso um parteiro. Esta foi uma das maiores descobertas.

Contudo, alguns achavam Sócrates excêntrico, irritante, subversivo, "um raio mordaz". Não o impressionava que essa opinião fosse compartilhada por todos, ele ainda se dispunha a questioná-la. Era de uma ironia desconcertante, porque parecia aludir a duas coisas opostas a um só tempo. Escarneceu também da democracia e preferiu ser condenado à morte a provar que esse sistema podia ser injusto. Uma vida que não se questiona, disse a seus perseguidores, não vale a pena ser vivida.

Mas uma conversa não se constitui somente de perguntas. Sócrates inventou apenas metade da conversa. Outra rebelião ainda se impunha, e veio com a Renascença. Dessa vez, foi uma rebelião de mulheres.

Enquanto o êxito na vida dependia da força militar, do berço nobre ou de se ter um padrinho, "conversar" passou a significar "viver com, freqüentar, pertencer ao círculo de alguém poderoso", sem necessidade de falar além da proclamação de obediência e lealdade. Os livros de etiqueta para cortesãos aconselhava-os a se concentrarem em defender sua reputação, usando metáforas militares para guiá-los na fortificação do seu orgulho: formem alianças, utilizem as palavras como armas e os insultos como munição contra seus rivais, mostrem sua força pela presteza em aceitar os confrontos, iniciar uma briga, blefar. A linguagem dos cortesãos permaneceu por muito tempo áspera; sua conduta, ostentatória; seu modelo, o de galos de briga. Mas, então, as senhoras das cortes cansaram-se dessa rotina e, primeiro na

Itália, depois na França e na Inglaterra, finalmente por toda a Europa e além, inventou-se um novo ideal de comportamento para o ser humano, exigindo deste o oposto – polidez, sutileza, tato e cultura. O modelo que todo mundo viria a copiar foi o de Madame de Rambouillet (*née* Pisani, ela era meio italiana). Tal como Marilyn Monroe ensinou a uma geração inteira o que significava ser sensual, Madame de Rambouillet mostrou o que significava ser sociável da mais refinada forma, de modo que já não importava tanto o quanto se era rico, bem-nascido ou fisicamente belo, desde que se soubesse participar de uma conversa.

Ela organizou a conversa de uma maneira inteiramente nova. Um salão era o oposto do grande anfiteatro real ou baronial; sua característica era a intimidade, talvez uma dúzia de pessoas, duas dúzias, se muito; algumas vezes chamado de alcova, era presidido por uma senhora com um talento especial para extrair o melhor de pessoas talentosas, a quem convidava não por causa de sua posição social, mas porque tinham coisas interessantes a dizer, e porque em sua companhia a conversa parecia fluir melhor. Sócrates inventou o dueto conversacional. Madame de Rambouillet não tentou criar uma orquestra de câmara da conversação, pois cada um enunciava suas próprias palavras; ela proporcionou, isto sim, um teatro em que cada qual pudesse julgar o efeito daquelas palavras e acolher uma reação. Pessoas de todas as classes e nacionalidades encontravam-se em seu salão – e em muitos outros que a imitavam – para conversações que tratavam da vida com a mesma distância favorecida por Sócrates, mas, em vez de se torturarem com questionamentos pessoais, se concentravam em expressar seus pensamentos com elegância.

Os salões fizeram pela conversa o que a atuação de Garrick fez por Shakespeare. Foram mediadores, conforme salientou Madame Necker, ajudando "os sentimentos a transmigrarem de uma alma para outras almas". Horace Walpole, que tinha horror à espécie de pessoas que freqüentava os salões ("livres-pensadores, sábios, o hipócrita Rousseau, o zombeteiro Voltaire [...] para mim, todos impostores, em maior ou menor grau"), tornou-se, no entanto, membro devotado do salão de Madame Geoffrin, descobrindo que, apesar de muitos homens detestarem a presunção dos outros homens, a presença de mulheres inteligentes, às quais eles queriam agradar, normalmente transformava os constrangedores encontros em divertidas reuniões. "Nunca vi ninguém no meu tempo", escreveu acerca de sua anfitriã, "que identificasse uma falta e convencesse o faltoso com tanta facilidade. Jamais gostei de ser paparicado [...] Faço dela meu confessor e diretor. Da próxima vez em que a vir, acredito que lhe direi: Ah, Bom Senso, faça o favor de sentar-se; andei pensando nisto e naquilo. Isso não é absurdo?"

Misturar mulheres e homens inteligentes levou o sexo e o intelecto a um relacionamento diferente. "Amizades cálidas, profundas, ocasionalmente apaixonada se formaram, mas eram quase sempre mais platônicas do que domésticas em sua expressão." Homens e mulheres aprenderam a se avaliar mais pelo seu caráter do que por sua aparência, administrando suas diferenças de modo a tentarem compreender a si mesmos e uns aos outros. Seus encontros fizeram nascer epigramas, versos, máximas, retratos, panegíricos, música e jogos, que foram discutidos com extraordinária profundidade mas sem rancor, pois predominava a regra de que os participantes tinham de ser cordiais. Havia um esforço deliberado para que se mantivessem a par de tudo que era novo em literatura, ciências, arte, política e boas maneiras, mas as mulheres que dirigiam tais salões não eram especialistas em nenhuma dessas matérias. Sua façanha era desobrigar os homens do grosseiro legado acadêmico que lhes pesava, segundo o qual o propósito da discussão era esmagar os outros com o peso do saber. Assim agindo, impregnaram a prosa do século XVIII de lucidez, elegância e universalidade, "filtrando as idéias através de outras mentes", encorajando a seriedade a ser também despreocupada, a razão a lembrar-se da emoção, a polidez a se juntar à sinceridade. A Sra. Katherine Philips, que inaugurou um salão em Londres e de quem mais se teria ouvido se não tivesse falecido em 1664, aos 34 anos, descreveu-o como "uma Sociedade da Amizade, na qual homens e mulheres eram admitidos, e onde a poesia, a religião e o coração humano constituíam os temas de discussão".

No entanto, grupos pequenos freqüentemente limitam a individualidade de seus participantes e reduzem sua capacidade de se aventurar para o mundo exterior. O discernimento que os salões cultivavam facilmente tornava-se tirânico, a ponto de não poderem se tolerar. Embora tentassem ensinar a si mesmos a "apreciar o contato com os outros" e a valorizar o que Montaigne chamou de "a diversidade e discordância da natureza", muitas vezes acabavam por adorar seu próprio brilho, ou sua imitação de brilho, e mergulhavam em conversações que, na verdade, não passavam de imitações. Quando o salão se tornou tão tedioso quanto uma corte real, a solução foi recuar para um *tête-à-tête*. Na medida em que cresceu o anseio por mais conversa íntima e a obsessão pela sinceridade se tornou mais absoluta, somente as cartas pareciam refúgio adequado à troca ponderada de pensamentos íntimos.

O DESEJO DE DIALOGAR não basta para manter uma conversa viva. A Espanha do século XVIII, por exemplo, desenvolveu a arte de cochichar (*chichisveo*), em que uma mulher concedia a um homem, que não o seu marido, o privilégio de falar-lhe a sós. Os cavalheiros medievais realizaram grandes façanhas por suas damas: agora, dava-se aos homens a oportunidade de mostrar sua perícia no campo das palavras. Os maridos não se opunham porque se tratava de uma relação platônica, mas também porque era dever do admirador desempenhar uma comédia de escravização, de se devotar a uma mulher que não poderia possuir; e, com efeito, ele a servia quase como um criado, aparecendo pela manhã para oferecer-lhe o chocolate na cama, opinar sobre o que vestir, escoltá-la em seus passeios, enviar-lhe flores. Mas quando nenhum dos dois tinha muito a dizer, a conversa não ultrapassava o fuxico e as queixas acerca dos criados. "Uma senhora capaz de falar de chapéus, cabriolés, arreios e ferraduras acha que atingiu o cume da sabedoria e que pode imprimir o tom à conversa. E certos homens, para agradá-las, aprendem no mesmo dicionário e tornam-se ridículos." Esse falso início ocorreu também na Itália e, sem dúvida, em outros lugares: "Nós, maridos genoveses", escreveu um deles em 1753, "andamos muito ocupados, enquanto nossas esposas não se ocupam o suficiente e ficam entediadas em suas atividades. Precisam de um galanteador, de um cão ou de um mico."

Faltava um fator crucial: educação. Maria de Zayas y Sotomayor denunciou a ignorância em que a maioria das mulheres era mantida até, pelo menos, 1637, mas não era fácil se rebelarem enquanto consideravam os homens apenas como pretendentes em potencial. A Igreja censurava a idéia de mulheres conversarem com homens, como, por exemplo, no ensaio de Gabriel Quijano sobre *O mal das reuniões sociais: os excessos e prejuízos da conversação, também conhecida como cortejo* (Madri, 1784). O *chichisveo* ou *cortejo* poderia ter sido o início de algo novo (o que desenvolverei no capítulo 18), porém deteriorou-se numa série de "atenções, galanteios e rapapés tão rígidos e obrigatórios que perderam sua tintura inicial de paixão e acabaram codificados – tão tediosos e formais quanto o casamento".

A dificuldade de conversar revelou-se com particular força na Inglaterra. O Dr. Johnson é o rei da conversação na Inglaterra, e assim permanecerá até um biógrafo melhor do que Boswell derrotá-lo com a oferta de uma alternativa. Mas a conversa era uma nuvem de pó que ele soprava ao seu redor para ocultar os terrores, os males e as tristezas que constantemente o assaltavam, e que considerava a própria essência da vida, a ponto de se zangar com alguém que negasse ser a vida necessariamente infeliz. Não valia a pena combater tais pensamentos, insistia o Dr. Johnson; melhor afastá-los, dirigindo o espírito para outros assuntos; de maneira que o Dr. Johnson invejava as mulheres que tricotavam e faziam laçarotes, e tentou aprender tricô e música, em vão. Conversar era seu prazer supremo, porque lhe trazia alívio, mas sua fala não era uma conversação legítima, não era uma troca. Seu talento resumia-se em enunciar opiniões bem formuladas, em prosa imaculada acerca de qualquer tema. A divergência não o interessava, porque, segundo acreditava, findava com uma das partes vitoriosa, e ele lutava ferozmente para assegurar sempre o primeiro lugar. O Dr. Johnson jamais descobriu o valor de ser contestado. O público o admirava porque ele podia resumir um problema num epigrama, porém o resultado era encerrar a conversa, não iniciá-la. Seus julgamentos sentenciosos – por exemplo, de que "quando um homem está farto de Londres está farto da vida, pois Londres tem tudo o que a vida pode oferecer", ou, então, de que os "franceses são gente rude, malcriada e inculta" – desmentem sua declaração mais interessante: "Eu me considero perdido todos os dias em que não travo um novo conhecimento." O Dr. Johnson, apesar das suas numerosas e admiráveis qualidades, representa um beco sem saída. Ele foi imitado por personalidades oxfordianas igualmente tristes e igualmente brilhantes que conheci; a conversa deles não diminuiu sua tristeza.

Os salões incitavam conversações entre grandes inteligências, mas não podiam ensinar como conversar com estranhos, ou com aqueles que não alimentassem pretensões intelectuais. A história da conversação inglesa mostra como a obsessão com as distinções de classe foi perpetuada pela conversa elitista, deixando diferentes segmentos da população na glória da sua incompreensibilidade mútua. Em 1908, uma médica escreveu que duvidava da possibilidade de "qualquer conversa verdadeira entre membros de duas classes. Todas as conversações com meus pacientes e seus amigos têm tido um aspecto exclusivamente unilateral (...) em certos casos eu falei, e em outros casos eles falaram, mas nunca praticamos algo parecido com um diálogo. Uma pergunta, uma sombra de surpresa, a mais leve discordância de suas opiniões ou a falta de aprovação constante em geral bastavam para silenciá-los e, em muitos exemplos, forçá-los a mudar de rumo subitamente, expondo, então, pontos de vista em contraste direto com os que já tinham manifestado".

Devotou-se enorme esforço a obstruir o desenvolvimento de uma língua comum entre as pessoas. "Todos aqueles que têm mantido relacionamento com as classes trabalhadoras", escreveu aquela mesma doutora, "bem sabem com que dificuldade eles compreendem palavras que não tenham origem saxônica; e freqüentemente as palestras que lhes são ministradas se tornam ininteligíveis pelo uso contínuo de termos de derivação latina ou grega." Foi precisamente por essa via que a recém-educada classe média tentou distinguir-se, ou seja, "falando como um livro", o mais polissilabicamente possível – um estilo que hoje sobrevive em caricaturas da língua oficial da polícia. E as classes mais altas adotam um jargão próprio, distinguindo o U do não-U, a fim de demonstrar sua superioridade. O objetivo do esnobismo é restringir a conversação. Disraeli descreveu de que forma isso era feito, mediante o uso de clichês em moda: "O inglês é uma língua expressiva, mas que não é difícil de dominar. Tem um alcance limitado. Consiste, até onde se pode observar, em quatro palavras: *nice* (bonito, agradável), *jolly* (divertido), *charming* (encantador) e *bore* (enfadonho) – e alguns gramáticos acrescentam *fond* (apaixonado)."

Os Estados Unidos não parecem ter escapado a obstáculos idênticos à conversação, exacerbados por diferenças de etnia e de origem nacional. Mais grave ainda, parecem ter perdido a esperança de que mulheres e homens sejam capazes de falar a mesma língua. Após uma vida dedicada à pesquisa, Deborah Tannen conclui que eles não podem compreender um ao outro, que valorizam coisas muito diferentes quando falam, que as mulheres querem simpatia daqueles com quem conversam, enquanto os homens procuram soluções para problemas. As mulheres, declara, lamentam-se para reforçar o sentimento comunitário e fuxicam porque, como crianças, acreditam que contar segredos seja a maneira de fazer amigos; assim, dispõem-se a ouvir as lamentações das outras, já que o objetivo fundamental é não se sentirem solitárias. Os homens, ao contrário, não gostam de ouvir, porque "isto faz com que se sintam subordinados"; deles sempre se espera que manobrem as rédeas pela supremacia e que não tenham tempo para demonstrar simpatias pessoais. Não adianta simplesmente dizer às pessoas que mudem de conduta, diz Tannen. Segundo ela, todos deveriam estudar sociolingüística, a fim de se convencerem de que os sexos "usam jogos diferentes", de que as insatisfações não se devem a defeitos pessoais, mas às "diferenças de sexo". Os dois sexos foram educados em "culturas diferentes" e têm de compreender que são como estrangeiros que jamais se comunicarão de modo adequado; devem aceitar o fato de falarem línguas diferentes. Ela deduz que eles sequer tentam conversar, citando a triste estatística segundo a qual homens e mulheres americanos casados gastam, em média, apenas meia hora por semana "conversando". Não acredito no mito de que os Estados Unidos sejam a terra da multidão solitária, mas muitos americanos já se convenceram que isso é uma verdade, porque sonham que as conversações deviam ser mais maravilhosas do que normalmente são.

SERÁ QUE NADA MUDOU em dois mil anos? Han Fei Tzu conheceu esse problema no século III a.C. Não conseguia fazer com que o ouvissem. Era sempre mal interpretado; se tentasse ser espirituoso, acusavam-no de frívolo; se emitisse queixas, parecia falso; se falasse fora de hora, era punido; diferentes pessoas consideravam-no alternadamente inepto, presunçoso, arrogante, covarde e bajulador. Era de admirar, indagou, que ele fosse desconfiado acerca de se expressar e preocupado quando o fazia? E, no entanto, ele gostava de conversar e de dar sua opinião, o que, por fim, valeu-lhe uma sentença de morte. Han Fei deixou um livro de ensaios acerca da "Indignação solitária" e das "Dificuldades no caminho da persuasão", nos quais demonstra que sabia o que devia ter feito, mas não pôde fazê-lo: o obstáculo à conversação consistia em "não conhecer o coração" da pessoa com quem falava, "para assim adequar meu modo de falar". E concluiu que o problema era que os seres humanos são um mistério.

E por isso, naturalmente, se tornam interessantes e vale a pena tentar falar-lhes. Se fossem previsíveis, não haveria razão maior para a conversa, que retira sua inspiração exatamente das diferenças entre os seres humanos. A conversação é bem diferente da confissão ou de suas variantes secularizadas, bem diferente da prática de despejar problemas em quem escuta, pagando-lhe para escutar, se necessário. O médico que escuta tem por objetivo encerrar a confissão, mediante a busca de uma explicação, muitas vezes fundamentada em uma experiência da infância ou de ordem sexual, ou em um bode expiatório qualquer. A conversação, ao contrário, demanda igualdade entre os participantes. Na verdade, é um dos mais importantes meios de estabelecer-se a igualdade.

Os inimigos da conversa são a retórica, a competição, o jargão e as linguagens particulares, ou o desespero de não ser ouvido e não ser compreendido. Para florescer, precisa da ajuda de parteiros dos dois sexos: em geral, as mulheres têm demonstrado mais arte nessa tarefa, mas há períodos na história do feminismo em que algumas desistiram da conversação e apostaram na persuasão. Somente quando aprendem a conversar as pessoas começam a ser iguais.

3
Como as pessoas em busca de suas raízes estão começando a enxergar longe e com profundidade

Um homem grisalho e uma moça estão dançando. Ele é inglês e lhe diz: "Você tem um rostinho adorável. É pena que fale com sotaque."

O rosto dela é meio japonês e meio europeu, talvez alemão, eslavo ou francês... a moça tem que lhe explicar.

Seu sotaque é americano. Ela não acha que seu par tenha o direito de sentir pena; ao contrário, acha que nasceu no século certo, pois não pertence inteiramente nem ao Oriente nem ao Ocidente.

Educada numa escola para moças em Tóquio, copiou disciplinadamente o que os professores escreveram no quadro-negro; na idade de 15 anos, "tive de aprender a ser japonesa". Não de todo, pois, quando desobedecia, suas colegas evitavam-na e chamavam-na de americana. Por isso, foi para os Estados Unidos, descobrir a civilização do pai e estudar música, país em que as origens não importam. Contudo, não estava convencida de ter talento suficiente para se tornar membro efetivo da nação sem fronteiras dos artistas. Em vez disso, obteve seu diploma universitário em relações internacionais, em Washington, e especializou-se em assuntos sobre a China. Dois anos em Taiwan fizeram-na se apaixonar por um inglês. Ela se considera uma cidadã do mundo, embora não veja razão para gritar isso em alto e bom som. Assume que jamais será uma grande artista ou uma personalidade, mas acha que encontrou um papel alternativo.

Em Londres, descobriu que os cidadãos do mundo não são, necessariamente, bem-vindos. A futura sogra decepcionou-se não apenas com seu sotaque, mas, principalmente, com o seu distanciamento, e não concebia de que maneira a família poderia absorvê-la. Seis anos depois, seu namorado ainda não havia decidido se aquela união daria certo. Que tipo de mulher moderna não se ajusta adequadamente a um espaço à sua disposição? Que mulher moderna se ajusta a esse espaço?

De todas as cidades do mundo, Maya acabou por escolher Paris para viver – Paris, onde "tudo que faço está correto; na França, tudo dá certo". Mas isso ocorre, naturalmente, porque ela não tentou se tornar francesa. "Gosto de me considerar uma cigana... Sinto que sou feita de cores diferentes, não sei dizer qual a parte que predomina em mim – se a americana ou a japonesa. Sou a soma, o total." Agora ela é apresentadora na televisão japonesa. Quando entrevista um ocidental em inglês, ela é completamente ocidental; mas quando faz o seu *make-up* e apresenta a entrevista em japonês, na NHK, seus olhos luzem de maneira diferente, a língua transforma-lhe as expressões faciais e ela parece outra pessoa. "Sou um camaleão", comenta. A vantagem disso é que pode se sentir à vontade num círculo mais amplo de pessoas famosas. Entrevistou os aspirantes a reis da Europa sem esforço, "porque todos eles têm sofrido", e caminhou sozinha pelas áreas mais violentas de Washington, "porque também faço parte de uma minoria".

Maya vive só, como metade dos habitantes de Paris, a cidade dos pensamentos solitários. "Sou uma pessoa distante", diz. "Quando tenho problemas, fecho a porta e penso neles. Não os discuto." Seu caminho para a independência é simples: ela põe a culpa por seus infortúnios em si mesma e encontra uma sensação relaxante, porque isso significa esperança: terá de mudar apenas uma pessoa, ela mesma. Mudar outras pessoas é muito difícil. "Concluí que aparando minhas arestas tenho uma base sobre a qual trabalhar." Sua mãe ensinou-lhe que se ela conseguisse ter pena dos que a irritam, estaria a meio caminho do controle. Seguir esta regra faz com que seja livre, acredita Maya. Ela também busca a liberdade tentando não acumular objetos numerosos à sua volta; diz que não está presa a coisas materiais. Quando alguém quebra seu bule de chá favorito, sente raiva por dois minutos, mas depois diz, com seus botões: "Tudo tem uma vida, tudo tem um fim." Ela não quer possuir o lugar que a cerca, mas ser por ele estimulada, e isso significa que seu meio ambiente tem de mudar sempre.

A filosofia, atualmente popular nos Estados Unidos, segundo a qual os sentimentos individuais importam mais que tudo, são sagrados, invioláveis e precisam de proteção, não sensibiliza Maya. Ao contrário, ficava deprimida, quando criança, por não poder formar uma opinião firme, por poder avistar os dois lados da questão. Ela não consegue imitar a sabedoria da avó budista, que parece saber sem vacilações o que é certo fazer. A escola cristã dominical que freqüentou na infância falhou nas respostas às suas perguntas. Ser capaz de exprimir suas opiniões não é prioridade absoluta para Maya, primeiro porque suas opiniões talvez não estejam certas e, segundo, porque ela pode mudar de opinião. Os fanáticos fazem-na sentir-se engaiolada e forçada a dizer: "Vocês estão enganados." "Odeio dizer que detesto essa gente." Atropelar os outros, intencionalmente, de caso pensado, constitui para ela "o pior crime". Dessa forma, sua ambição não é reunir poder nem forçar os outros a fazer tudo quanto lhes diz. "Prefiro ficar de lado e fazer aquilo no que sou boa, que é aproximar pessoas."

Ela é uma pessoa intermediária, e as pessoas intermediárias "não podem ser grandes". Mas, "por não estar em nenhum lado, posso ficar entre pessoas que professam opiniões diferentes e persuadi-las a falar". Sua irmã, educada de maneira idêntica, não teve nenhum dos seus problemas; depois de concluir o mestrado em literatura nos Estados Unidos, retornou ao Japão e trabalha em um banco. A princípio Maya também acreditou que fosse mais japonesa do que americana, porque no Japão havia descoberto a vida, mas depois decidiu que já não poderia viver lá, porque "uma parte de mim teria de morrer. No Japão eu sou muito alta, muito extrovertida, me sinto enclausurada; as casas são muito pequenas". Mas qualquer país talvez seja pequeno demais para ela.

Às vezes, a existência solitária lhe dói. Se adoece, sente falta de uma pessoa que cuide dela; outras vezes, lamenta não ter ninguém com quem se aconselhar; e outras vezes, ainda, ela quer dividir suas alegrias. Embora aprecie muito passear sozinha pelas vizinhanças familiares, viagens distantes são menos fáceis: ela aspira andar pelo Oriente Médio, acrescentar outro continente à sua pátria. Se ao menos fosse homem, desenvolveria seu lado aventureiro até o limite máximo. Vencer seus medos é um objetivo constante. Por isso, aprendeu a velejar, porque o mar sempre a assustou, desde o tempo em que, criança, vivia sobre um rochedo e tinha pesadelos em que as vagas engoliam a casa. Sonha em tomar lições de vôo e promete a si mesma que passará a se levantar mais cedo de manhã e colocará mais desafios na agenda do dia.

Apesar de todo o seu êxito, sente que falta alguma coisa em sua vida (como acontece a quem possui ideais). Se pelo menos tivesse uma obsessão, uma paixão, como aquelas que os artistas têm (que dão a falsa impressão de que sabem para onde estão indo, e que não têm dúvidas)... Se pelo menos não houvesse tantas brechas no seu conhecimento de si mesma... Por que a mãe do seu namorado detestou-a tanto? Mas ela não assumirá compromisso algum que não ofereça a esperança de combinar seus ideais tanto no amor quanto no trabalho. "Sou muito voraz." Seu homem ideal, descreve, não é deste mundo: deve encontrar alegria nas mesmas coisas que a deixam alegre, ser totalmente calmo e demonstrar isso na maneira como come. Na maneira de comer está o sinal que nos permite reconhecer a beleza interior de uma pessoa. Odeia presenciar japoneses fazendo ruídos de sucção quando comem espaguete, mas gosta de vê-los tomar sua sopa. Até agora, só conheceu um pequeno número de pessoas que sabem comer admiravelmente, que fazem disso uma arte. Ela gosta dos que tratam a vida com arte. E a pergunta é: embora se possa admirar a arte de outra pessoa, cada indivíduo tem sua própria arte?

QUANDO AS PESSOAS NARRAM a história de suas vidas, a maneira de começar revela de imediato a medida em que se consideram livres e em que proporção se sentem ajustadas no mundo. Até recentemente, ser o pai de alguém era o fato mais importante a considerar. O ideal humano assemelhava-se a um carvalho, que se enraíza com firmeza no solo natal. Viver no mesmo pedaço de chão dos ancestrais conferia respeito e transmitia prestígio, por mais odioso que alguém fosse, de forma que os aristocratas, tendo mais raízes do que os outros, diziam-se possuidores tanto do presente quanto do passado. No entanto, não há mais necessidade de imitar os aristocratas. Existe outra maneira de encontrar um lugar na história geral da humanidade.

Quais são as raízes dos prazeres e das emoções? São raízes bem diferentes, de espécies mais profundas, que retroagem além da genealogia da própria família, e só podem ser descobertas numa busca pelos continentes através de todos os séculos. O vínculo com os dias em que os seres humanos eram exploradores saindo das florestas da África e da Ásia é um lembrete de que eles estiveram em movimento tanto quanto fixados. Hoje em dia, mais e mais pessoas têm um olho chinês, que olha para a natureza como se esta tivesse vida própria, mais bela quando irregular e indomada; a primeira pessoa a demonstrar semelhante visão, e a ser chamada de artista, foi Ko Shou, a irmã do imperador Shun, dois mil anos antes de Cristo. Cresce o número dos que têm coração árabe e persa, pois foi do Oriente Médio que o amor romântico emergiu. Os europeus preferiram esquecer não só que sua língua se origina da Índia, mas também que foi lá que se concebeu a maior parte da moderna visão dos prazeres sexuais. A cada dia, mais ocidentais estão descobrindo emoções comuns através da música e dança africanas. À medida que as viagens e fugas constantes da poluição urbana se tornam indispensáveis ao seu senso de liberdade, as imaginações dos ocidentais registram ecos nas fantasias dos nômades mongóis e citas que uma vez zombaram dos habitantes das cidades pequenas. Podemos nos sentir isolados em nossa própria cidadezinha, mas temos ancestrais espalhados pelo mundo todo.

No entanto, a história ensinada nas escolas não enfatiza tais vínculos nem tem a intenção de revelar quais as memórias que mais interessam ao presente. Se fosse feito um filme condensando tudo isso em um par de horas, que estivesse de acordo com tudo que os livros didáticos supõem ter acontecido, com metade de um século passando na tela a cada minuto, o mundo se pareceria com a lua, cinzento e desolado, digno de nota somente por causa de algumas crateras. As crateras são as civilizações – 34 grandes civilizações até agora –, cada qual explodindo e morrendo após iluminar por breve instante partes do globo, mas nunca o globo inteiro; algumas que duraram poucas centenas de anos; outras, uns dois mil anos. Nesse ínterim, em toda a volta das crateras, dunas de poeira cinzenta estendem-se até onde a vista alcança: são as pessoas não mencionadas nos livros de história, por quem as civilizações nunca se empenharam, cujas vidas foram, em grande parte, um sofrimento sem sentido. Alguns vulcões continuam em erupção, mas não há qualquer dúvida sobre o que acontecerá a seguir: eles silenciarão, mais cedo ou mais tarde; todas as civilizações, até aqui, decaíram e morreram, por mais esplendorosas que tenham sido em sua glória, por mais difícil que seja acreditar que possam desaparecer e ser substituídas pelo deserto ou pela selva.

Maya não pode esperar o papel de heroína num filme assim, ou ser considerada adequada a outro papel que não o de uma pessoa perdida entre duas civilizações, uma criança problemática, alguém anormal. No entanto, um número cada vez maior de pessoas tende a se tornar anormal, não se ajustando de modo algum a uma só civilização. O filme sugere que as pessoas normais deveriam se orgulhar da civilização em que nasceram, porque precisam de raízes e amor-próprio. Todavia, a ação dramática deriva do desapontamento daqueles que não testaram pessoalmente as delícias plenas de sua civilização, que não vêem possibilidade de influenciar-lhe a evolução, cuja família, retrocedendo até onde é possível, foi excluída da maior parte das ofertas da civilização, devido à pobreza – financeira, cultural ou espiritual –, e se queixam que admirar as grandes personalidades de sua civilização não adianta muito para lhes garantir uma realização plena. Essas pessoas podem aprender o que são suas raízes, mas não como se tornar parte da paisagem, nem como deixar os ramos crescerem e a planta florescer. Maya, sendo uma mulher educada, provavelmente se sentiria constrangida, mesmo se tivesse raízes perfeitamente comuns.

Por mais maravilhosas que as civilizações tenham sido, não falta tristeza em sua história: sua felicidade é das mais breves. Não estou escrevendo este livro para espalhar tristezas, nem para encorajar a crítica e o ceticismo, que a nada conduzem, tampouco para contar histórias de declínio e decadência. Rejeito a obsessão pela morte e pela memória, que não passa de argamassa para fendas de sepulturas. Outro cenário é possível, o que não leve Maya a parecer alguém perdido ou sem valor. O filme poderia compor-se de quadros diferentes.

Se o passado é repetido bem depressa, a vida parece fútil e a humanidade se assemelha à água fluindo de uma torneira diretamente para o ralo. Um filme de história feito hoje precisa ser passado em câmera lenta, mostrando cada pessoa que já viveu como uma estrela, embora pouco visível num céu noturno, como um mistério ainda inexplorado. O foco se moveria em *close-up* para revelar o volume de medo que há nos olhos de cada um, e quanto do mundo pode-se encarar sem terror. As pessoas fariam incidir suas luzes sobre o espaço em que se sentem à vontade, revelando assim os limites reais de sua civilização pessoal e privada. Nesse palco, o que elas têm em comum depende menos de quando ou onde nasceram do que da sua atitude em relação ao próximo. Você pertence ao círculo daquelas pessoas com quem pode simpatizar, qualquer que seja o país em que tenham vivido, não importa em que civilização. Tal filme criaria surpresas colocando lado a lado pessoas que se julgavam estranhas, mas não o eram.

Há encontros interessantes a serem realizados. Por exemplo, os camponeses de Bigouden, na Bretanha, no ano de 1920, ignoram que há um mar a apenas 10 quilômetros de distância; o mundo é negro além de suas aldeias, cheio de demônios e perigos; suas vidas são velas fracas e trêmulas. Em 1950, as três mil pessoas que vivem numa colina que se eleva além do vale de Argenton, em Bressuire, ainda podem enrolar seus horizontes em volta de si mesmas como um cálido cobertor: um quarto dos habitantes com menos de 30 anos nunca visitou a cidade de Niort, a capital, a 55 quilômetros de distância, onde poderiam encontrar a majestade da civilização francesa na forma de escola secundária, casernas, cadeia, coletor de impostos e farmacêutico, considerado o intelectual da localidade.

Em contraste, um mercador veneziano do século XIII, capaz de falar persa e mongol, escreve suas memórias em francês para descrever suas viagens à Índia e ao Japão. Ele é tão apreciado por Kublai Khan que é nomeado vice-governador de uma cidade na China. Marco Polo possui tamanha curiosidade que esquece o medo. A diversidade dos seres humanos o diverte mais do que assusta, embora não consiga se livrar de toda a escuridão – ninguém jamais o conseguiu. Perdura o enigma que não se consegue decifrar, o espectro informe que automaticamente faz os cabelos se eriçarem. A Veneza da qual ele procede é a maior cidade da Europa, com 160 mil habitantes, mas Hangchow, na China, tem, na mesma época, uma população de seis milhões de habitantes; os moradores urbanos de hoje têm mais em comum com a cidade chinesa do que com Veneza.

Em cada vida há um elemento de vitória sobre o medo, que precisa ser buscado, ainda que possa resultar em uma falsa vitória. Muitas vezes, pessoas aparentemente inteligentes destilam desprezo para se protegerem daquilo que não podem entender, como os animais defendem seu território com cheiros repugnantes. A liberdade conquistada é regularmente perdida. Ou então as pessoas estão se tornando tão tolerantes que não sabem para onde vão.

Eis o que a pesquisa moderna indaga: para onde seguir? Já existem muitos livros de louvor aos mortos, ou de congratulações aos vivos por saberem mais do que seus ancestrais, ou dizendo-lhes por que são o que são. Agora, as pedras da história precisam ser reutilizadas para construir estradas que conduzam aonde se quiser ir. Isso significa renunciar à ilusão de que os seres humanos podem ser compreendidos simplesmente como exemplos de sua civilização, nação, família.

Já não basta ter raízes da espécie com que se contentaram até aqui. Saber quem foram seus ancestrais, e do que se orgulhavam, já não satisfaz as pessoas que vêem a si próprias como indivíduos diferentes de seus pais, seres únicos, com opiniões próprias, e que se sentem desconfortáveis diante de tradições embebidas na violência. As pessoas que querem ser livres precisam cavar uma área bem mais ampla e profunda para que possam entender suas emoções e ambições pessoais. Olhar para suas raízes mais óbvias não equipa automaticamente uma pessoa para escolher seus amigos, parceiro, o trabalho de uma vida, nem para conviver com a raiva, a solidão e outras imperfeições. Para descobrir em que direção se deseja ir, precisa-se adquirir uma nova forma de memória, memória que sinalize o futuro, e que tenha relação direta com as atuais preocupações da pessoa.

O que os seres humanos pensavam que podiam fazer em suas vidas estava influenciado pelo que acontecia na natureza ao seu redor. Suas idéias acerca de como o universo surgiu, e funciona, limitaram-lhes a imaginação ao considerarem de quanta liberdade dispunham pessoalmente. O que pensam acerca das raízes é um bom exemplo. Na botânica moderna, as raízes não são apenas âncoras pelas quais os nutrientes são absorvidos: elas também produzem hormônios. Assim, se os seres humanos querem se comparar às plantas, sobre as bases do que hoje se conhece das plantas, não deveriam presumir que as raízes nada mais produzem que estabilidade; poderiam admitir que as raízes também criam os humores. As lembranças do passado são banhadas, e muitas vezes afogadas, em nostalgia, orgulho, ilusões e paixões de todos os tipos. Na realidade, poucas pessoas conseguem extrair soluções para os seus problemas de suas raízes. O passado já não se exprime com voz clara; ninguém mais parece concordar acerca do que são as lições da história. A antiquada espécie de raiz pôde alimentar a humanidade somente enquanto as opiniões divergentes foram tratadas como ervas daninhas, eliminadas ou envenenadas. Uma nova maneira de ver é necessária num mundo que acredita que o indivíduo tem direito a florescer, dentro de limites, à sua própria maneira.

Até o século XVIII, o funcionamento das plantas era um mistério. Depois, as folhas, mais do que as raízes, foram gradualmente reveladas como as responsáveis pelo mais importante processo biofísico do mundo, fornecendo às plantas a maior parte de seu alimento e energia, permitindo que se adaptassem e fossem capazes de sobreviver em terreno frio e seco. As 250 mil diferentes espécies de folhas são maneiras alternativas de enfrentar as surpresas do meio ambiente. Até então, somente a fotossíntese (a palavra data de 1893) produzia vida a partir de elementos que não são vivos. Somente a geração atual, olhando pelos microscópios eletrônicos (1965), foi capaz de observar os poros das folhas abertos à luz do dia, todas as manhãs, por mais sombrio que tivesse sido o dia anterior.

É tão estranho dizer que os seres humanos necessitam de raízes como dizer que necessitam de folhagem. Mas uma geração que valoriza a adaptabilidade tanto quanto a tradição, que busca energia, criatividade e manter a mente aberta, deve gostar da idéia de ficar à luz do sol, seja qual for a direção dos raios. O cheiro do ar fica mais doce quando as raízes produzem folhas, o que possibilita a existência de outras formas de vida. Aplicado aos humanos, isso significa que não é apenas de onde vêm o que importa, mas para onde vão, que espécie de curiosidade ou imaginação eles têm, e como a utilizam, tanto de dia quanto de noite.

Maya já está livre sob um aspecto: ela está livre da ilusão de que não tem ilusões. Mas no seu desejo de ser uma pessoa intermediária – uma ambição que voltará neste livro, porque poucos dos meus personagens a compartilham – ela será vítima de outra ilusão, quando imagina ser possível estabelecer uma comunicação mais íntima entre a miríade de estrelas de que a humanidade é composta, e que, no presente, mal se toleram umas às outras? Ultrapassar o desespero ante a incapacidade humana até mesmo para concordar requer novas formas de pensamento e, em particular, imagens novas. A partida pode ser dada pelas idéias acerca de solidão, para as quais agora me volto.

4
Como algumas pessoas adquiriram imunidade à solidão

A fiscal de impostos tem consciência de que assusta as pessoas. Mas o que assusta a fiscal de impostos? Pertencer ao que ela chama "um braço opressivo do governo, nem apreciado nem amado", não chega a ser um problema sério. Ela, simplesmente, evita revelar o que faz. Do contrário, as pessoas pedem que as oriente com suas finanças, "sobretudo os médicos, ansiosos em ganhar o máximo e pagar o mínimo possível".

No início da carreira, Colette costumava assustar-se. Seus pais eram pobres; não puderam arcar com as despesas de uma educação universitária. O departamento de impostos, incapaz de encontrar novatos porque "tinha má imagem", oferecia bolsas de estudo. Ser admitida, contra a vontade, naqueles corredores sombrios parecia-lhe quase tão traumático quanto entrar para um convento. "Compreendi o que tinha acontecido. As grades de ferro fecharam-se à minha volta. Foi o pior período da minha vida. Percebi que uma longa estrada à minha frente acabava de fechar-se." Colette ansiara por viajar e aprender línguas; agora, tinha de arquivar todos os sonhos de aventura. Hoje, diz que preferiria estar num emprego totalmente diferente. Qual seria mesmo o seu ideal, se lhe dessem liberdade de escolha? Longo silêncio. Por fim, ela responde que nunca pensou no assunto. Depois de quase vinte anos coletando impostos, é uma pessoa extremamente realista. O medo de viver num mundo feito de números desapareceu.

A ambição, ao contrário, tornou-se uma planta que requer poda cuidadosa, para não crescer selvagem: pessoas ambiciosas, ela insiste, nunca estão satisfeitas. Colette não foi educada para ser ambiciosa. Seu avô, um pedreiro, satisfez suas ambições simplesmente sobrevivendo, o que fez emigrando da Sicília para se fixar na França. Seu pai pensou que um modesto emprego público, uma esposa e filhos lhe bastariam. Quando Colette ousou tornar-se uma mulher financeiramente independente, sua revolta revelou muito mais ambição do que seus pais julgavam razoável; eles jamais haviam imaginado que as moças precisassem de liberdade. Raramente, ao indagar se não poderia fazer melhor, ela diz a si mesma: "Você não é ninguém." Mas logo retruca: "Para ser alguém, há que se começar muito cedo. Uma filha de pais pobres não dispõe de recursos para se tornar alguém na vida."

Ser fiscal de impostos já não a atemoriza porque ela aprendeu a encontrar recantos interessantes nos corredores. Um mestrado em jurisprudência e um diploma em direito do trabalho abriram-lhe portas e janelas. Durante seis anos Colette foi mais intimidativa que todos os agentes fiscais, uma inspetora de investigação que passava um pente-fino na contabilidade dos contribuintes como se estivesse catando piolhos. Mas a experiência foi nauseante. Embora fosse um trabalho fascinante, de detetive, sentia pena das vítimas. A parte intolerável do trabalho estava na confrontação, "às vezes brutal", com os consultores privados em tributação, que cuidavam da contabilidade de pequenas empresas, e de quem ela descobria desonestidades freqüentes tanto contra o Estado quanto contra seus próprios clientes. Os comerciantes desprotegidos viam-se à mercê do fisco porque confiavam em vigaristas. Castigada pela ganância, pela decepção e pelos gritos de pânico daqueles que eram apanhados em armadilhas, ela sentia-se cada vez mais orgulhosa de estar a serviço do público. Dinheiro não era o que mais lhe importava. A última coisa que ela queria era ceder às ofertas tentadoras para se estabelecer por conta própria no seu ramo de atividade.

Outro tipo de medo manifestou-se quando estava investigando os negócios de uma grande pastelaria no segundo distrito de Paris. O proprietário estava muito doente. Havia muita coisa errada em suas contas. Ela procurou seu chefe imediato e disse-lhe: "Devemos parar a auditoria; do contrário, o mataremos. Ele tem uma expectativa de vida de alguns meses. Proponho a suspensão da apuração." O chefe pediu instruções aos superiores, que, isolados das realidades humanas, não se deixaram tocar pela compaixão. Dessa forma, o pasteleiro recebeu uma pesada multa. A notificação voltou com o carimbo "falecido". Colette desistiu de ser uma investigadora em busca de fraudes.

Ela nunca teve receio de escolher erroneamente as prioridades entre sua vida pública e privada. Seu posto seguinte deu-lhe maior senso de ser útil ao seu país, ajudando os conselhos municipais a administrar seus assuntos financeiros, mergulhando na vida da municipalidade, mostrando aos prefeitos como pagar pelos serviços de que necessitavam. Mas, embora esse fosse um trabalho interessante e recompensador, Colette deixou de executá-lo quando o marido foi promovido e transferido para outra cidade.

Sempre existem novos corredores a explorar: fez um curso de informática e tornou-se o quebra-galho dos agentes fiscais em questões de eletrônica. Funcionários atormentados pela complexidade do sistema tributário recorrem a ela e seus dez assistentes, que resolvem seus problemas por telefone, assim como os controladores de tráfego aéreo que fazem um avião aterrissar na mais espessa cerração. Esse emprego dá muito prestígio, viagens quinzenais a Paris, numerosos cursos de treinamento. Ela integra um grupo composto por apenas seis especialistas no país inteiro. "Sou uma privilegiada", conclui acerca da carreira que abraçou. "Consegui sucesso fazendo as coisas de maneira diferente dos outros. Eu estava no lugar certo para tratar de tarefas interessantes." Contudo, não pretende subir mais. No patamar logo acima, os postos são destinados quase que exclusivamente aos homens.

Esse fato a preocupa somente em princípio. Ela não receia que venha a se tornar improdutiva no trabalho. "Assim que a pessoa reconhece que não é nenhum gênio, deve se organizar. Nunca tentei me tornar ministra, somente causar o menor dano possível." A grande vantagem do emprego de Colette é que ela pode se dedicar inteiramente à família quando chega em casa. "Tenho tido mais contato com minha filha do que tive com minha mãe, que não trabalhava fora. Não é o número de horas que devotamos aos filhos o que importa, mas a qualidade da atenção que lhes damos." Colette sempre usou quase a metade do seu salário nas despesas da casa; não faz apologia por ter sempre trabalhado; a independência financeira é fundamental à mulher, e ela tem certeza de que os filhos nada perderam com isso. "Eu os ajudo nos deveres de casa, brinco com eles, respondo a suas perguntas, discuto, dou-lhes o tempo de que precisam." Colette sente orgulho do seu êxito. Seu filho mais velho é "brilhante, cordial, divertido" e está se preparando para os mais altos postos, atento aos movimentos dos colegas mais adiantados. A filha é "um ciclone, é sociável e não se tornará uma esposa submissa; quer ser alguém e não acredita que alguma coisa possa detê-la".

Este é um caso clássico de ascensão do fundo para o topo da escala social em três gerações. Mas o processo não foi automático ou natural. A família é uma instituição, argumenta Colette, que requer "esforço constante para ser mantida. É importante não querer que tudo saia perfeito. Os casais se divorciam porque os cônjuges esperam demais um do outro, recusam-se a fazer concessões, não conseguem esperar com paciência por tempos melhores". Ela se descreve como "mediterrânea" porque sua mãe é corsa, o que não foi suficiente, no entanto, para que a família continuasse junta. Quando o marido conheceu sua família, pensou que vivessem brigando: "Foi uma impressão falsa. Agora ele aprendeu a apreciá-la, porque a velha família mediterrânea concede ao homem uma posição de destaque." Colette trabalha duro para agradar o marido, que é mais ambicioso que ela e muito absorvido por seu trabalho como administrador hospitalar. Ela, conscientemente, decidiu subordinar sua carreira à dele. Ele precisa vencer na vida, justifica-se. "Todo mundo é vulnerável, mas os homens têm mais necessidade de que lhes manifestem admiração, de se sentirem importantes; precisam ouvir elogios todos os dias." Não seria também o seu caso? "Não. Eu sei o que sou. Preciso de atenção. Em troca, dou atenção a outros." Em suma, subir mais um pouco na escada profissional poderia prejudicar a família.

Por isso, quando o marido chega em casa e desata a crônica diária de tudo que fez, e de quem disse o quê e a quem, ela é indulgente. O marido não tem colegas em quem possa realmente confiar; precisa de audiência em casa; ela o deixa falar até que lave a alma; somente depois ele pergunta pelos filhos e por ela. Colette ouve tudo porque ele é um excelente pai e marido, sempre agradável em casa. "Eu sou mais seletiva nos casos que conto do meu escritório. Todos os dias temos trabalho a fazer, além de nos interessarmos pelos problemas do marido, participarmos da sua vida profissional, sabermos o que pensa. Deve-se fazer um esforço, deve-se dar afeto, ser agradável com o próximo, caso não se queira perder sua simpatia. Do contrário, seria melhor viver à beira de um precipício."

Colette também não tem medo de encarar seu sindicato. Quando organizaram uma greve, não participou. Querem aumento salarial para todos, indistintamente, mas ela é contra o fato de os funcionários receberem o mesmo salário, quer trabalhem bem ou mal. "Não é desse modo que se conquista o respeito do público." Está disposta a lutar por seus subordinados, cujos salários são ridiculamente baixos, mas não está disposta a se aproveitar do poder dos funcionários públicos, que não podem ser demitidos, a menos que "assaltem o caixa ou matem seu chefe". Para ela, entrar em greve por salário parece errado, enquanto persistirem tantas desigualdades.

Não, a única coisa que a fiscal de impostos teme de fato é a solidão. "A solidão é o pior tipo de sofrimento. Não consigo viver sozinha. Se meu marido e meus filhos se ausentam e eu fico sozinha, perco o rumo. Não consigo aproveitar a oportunidade para sair só. A solidão realmente me apavora. Nunca sofri de solidão, mas nunca deixei de pensar a respeito. Tenho duas irmãs; me casei muito moça; sempre tive gente ao meu redor. O pior castigo é se ver sozinho." Esta crença é o fundamento de sua vida. Não é por acaso que ela mora no centro da cidade, de modo que seus amigos e os amigos dos filhos possam aparecer sempre, para que ela nunca fique só.

O êxito de Colette é ainda mais notável porque, virtualmente, nenhuma de suas amigas conseguiu uma vida familiar estável como a sua. Uma, foi abandonada pelo marido. Outra, teve um filho de um estrangeiro que mora em outro país. Uma terceira, obteve êxito invulgar no trabalho, mas foi infectada pela solidão, convenceu um homem a desposá-la e dar-lhe um filho, e depois chamou a polícia para expulsá-lo de casa, porque se tornara violento: "A vida dela foi arruinada pelo medo da solidão."

O MEDO DA SOLIDÃO tem sido como uma bola e uma corrente que restringem a ambição e são um obstáculo à vida plena, da mesma forma que a perseguição, a discriminação ou a pobreza. Se a corrente não for quebrada, a liberdade, para muitos, continuará sendo um pesadelo.

Mas a história da solidão não é uma história de simples tirania, o que mostra que a solidão não é uma imperfeição inevitável da condição humana. Se uma pessoa tem medo de ficar fisicamente sozinha – sem que tenha a mão de alguém para segurar, ouvindo apenas a voz do vento – socialmente solitária – no meio da multidão, mas sem ser notada, sentindo-se ignorada, mal-amada – ou de estar espiritualmente só – conversando normalmente, mas sem ter quem a entenda –, as dificuldades causadas pela solidão podem chegar às raias do mito.

A história que em geral nos contam é esta: no início, todos viviam aconchegadamente no seio da família, ou tribo; as pessoas nem mesmo sabiam o que era solidão, nunca imaginaram a si mesmas como indivíduos independentes. Então, de repente, e bem recentemente, o ajuntamento rompeu-se. Hoje em dia, uma epidemia de solidão varre o mundo, de mãos dadas com a prosperidade, e, pior ainda, quanto maior o êxito que se alcança, mais provável será o sofrimento dele decorrente; e o dinheiro não pode remediar o mal.

As feministas foram o último grupo a se frustrar com isso. A idéia de Simone de Beauvoir de que o trabalho seria uma proteção, e ainda melhor do que a família, provou estar equivocada. Até ela, que proclamava "Eu sou auto-suficiente", descobriu que precisava de alguém capaz de "fazer com que me sinta satisfeita comigo mesma"; até ela "cometeu a estupidez de se apaixonar"; até ela sentiu-se solitária quando Sartre, em seus últimos anos de vida, já não era mais o mesmo. Todos os movimentos de liberdade estacam diante da muralha da solidão.

Um quarto dos americanos (26%) classifica-se como solitário crônico. Na França, igual porcentagem diz que muitas vezes se sente solitária, enquanto 54% confessam ter sofrido de solidão alguma vez. Os franceses têm se questionado sobre o tema com particular ênfase. Não é viver sozinho o que mais os atormenta, pois, entre os que vivem sós, tanto há os que amam quanto os que odeiam a situação. Existe quase tanta solidão entre os casados quanto entre os solteiros. Dos que se queixam de solidão, 59% são mulheres e 41% são homens, mas é impossível ter certeza do que a reticência esconde: na Grã-Bretanha, apenas 14% dos adultos admitem que se sentem solitários pelo menos uma vez por mês. Os que mudam de casa com maior freqüência são aparentemente os mais solitários; os que possuem muitos amigos sentem uma fome crônica de mais amigos. Os médicos acrescentam que os solitários têm duas vezes mais propensão a adoecerem.

Mas não é verdade que a solidão seja uma praga moderna. Os hindus dizem, em um de seus mais antigos mitos, que o mundo foi criado porque o Ser Original se sentia solitário. Até mesmo quando toda a humanidade era religiosa, havia os que sofriam de solidão, como o profeta Jó, no século IV a.C., testemunhou num dos mais pungentes poemas a respeito:

"Meus parentes sumiram, meus amigos íntimos me esqueceram. Os que comigo moram, e minhas criadas, consideram-me um estrangeiro: sou para eles um estranho (...) Meu alento tornou-se estranho à minha esposa, embora eu implorasse pelos filhos gerados do meu próprio corpo. Isso mesmo, até as crianças me desprezam; eu apareço, e elas me xingam. Todos os meus amigos queridos me detestam; e aqueles a quem eu amava voltaram-se contra mim."

Contudo, a solidão não é incurável, pelo menos não é mais incurável que a varíola. Sua história mostra que algumas pessoas desenvolveram maior ou menor imunidade a ela por meio de quatro métodos. O que esses métodos têm em comum é o fato de acompanharem o princípio sobre o qual a vacina atua: usar a própria a solidão, em doses calculadas, para evitar ser destruído por ela.

Os pioneiros foram os eremitas. Eram homens e mulheres que se sentiam deslocados no mundo, que abominavam a ganância, a crueldade e os compromissos, ou que se julgavam incompreendidos; conforme um deles, Narcissus, bispo de Jerusalém, disse no ano 212: "Cansado das calúnias do mundo lançadas contra ele, retirou-se para o ermo." Em vez de se sentirem alienados na sociedade, abandonaram-na para se tornarem alienados profissionais, almejando deliberadamente a situação de "estrangeiros" ou "exilados", e desta fazendo uma condição nobre. A recompensa que buscavam era a paz interior. Alguns se submeteram a mortificações dolorosas: na busca de iluminações espirituais, quase morreram de fome, ou se ataram com pesadas correntes, ou viveram em túmulos; outros enlouqueceram; porém, os que ficaram famosos foram aqueles que triunfaram e emergiram com a sensação de que haviam descoberto as realidades que importavam; e esses irradiavam uma paz interior impressionante, a ponto de atraírem admiradores, que se aglomeravam para tomar-lhes a bênção.

Praticamente, todas as civilizações tentaram esse método. Provavelmente inventado pelos hindus, a idéia de reclusão viajou em direção ao leste sob a influência de Buda, o príncipe que se transformou em eremita, e em direção ao oeste, através do Oriente Médio, para a Europa, atraindo perfeccionistas. Entre os cristãos primitivos, Santo Antônio tornou-se um herói – um egípcio inculto que, aos 35 anos, retirou-se para viver sozinho no deserto, passando vinte anos em batalhas contra os "demônios", que eram o grande flagelo daqueles tempos e cujo nome traduzia preocupações, dúvidas, medos e sentimentos de culpa. Santo Antônio venceu os demônios; uma biografia o fez famoso; inúmeras pessoas seguiram-lhe o exemplo para se livrarem de seus demônios particulares. Ficar sozinho parecia uma cura.

Ser eremita não significava, necessariamente, estar completamente sozinho. Na Síria, Simão, o Pilar (390-459), sentou-se no topo de uma alta coluna para escapar às multidões que esperavam livrar-se de seus problemas sem fazer os sacrifícios que ele fazia – simplesmente com as suas preces. Certamente, houve alguns eremitas que nada quiseram fazer pela humanidade; muitos, porém, voltaram para o mundo e descobriram que a fuga lhes dera uma noção de responsabilidade para com este mundo, um desejo de ajudar. O conhecido eremita ocidental dos tempos modernos, Thomas Merton, de Kentucky, disse: "Solidão não é separação"; e, embora fosse um monge trapista que fizera voto de silêncio, ele insistia em se dizer "aberto para o mundo todo", e transmitiu sua visão dos verdadeiros valores em livros populares. Eremitas irlandeses medievais arranjaram outro modelo: retiravam-se duplamente; exilavam-se no exterior e passavam a viver entre os pagãos.

Os efeitos de ser um eremita e de ser um sentenciado ao confinamento solitário eram, em muitos casos, idênticos. Alguns eremitas tornaram-se incapazes de tolerar o convívio humano, como Pachomius (290-346), que após sete anos de jejum reagia com ira à mais leve discordância.

Mas outros emergiram, como Dostoiévski quando deixou a Sibéria, onde trancafiado em uma prisão, na qual nunca ficou um instante sozinho, embora se sentisse emocionalmente isolado entre criminosos: ele ingressou nessa experiência num estado de desespero em relação à humanidade, no limiar de uma crise nervosa, mas saiu exultante, com fé na grandeza humana.

O eremita puro tornou-se, com o tempo, de uma singularidade exagerada, porém ele (e ela, porque houve algumas poucas mulheres eremitas entre os cristãos primitivos) impressionava as pessoas comuns a ponto de estimulá-las a tentar um exílio de quando em quando. Martin de Tours (316-77) popularizou essa idéia na França, pontilhando sua vida normal com retiros solitários. O valor desses breves retiros pôde ser demonstrado pela argentina Maria Antonia de San José de la Paz (1730-89), que os organizou para mais de cem mil pessoas ao longo de sua existência. Em Burma, antes de deixarem a escola, os meninos passavam alguns meses num mosteiro budista, a fim de se prepararem para a vida adulta. Os ameríndios pré-colombianos enviavam os filhos para um período de isolamento e jejum, para que entrassem em contato com um espírito que os guiaria na vida, e após o confinamento eram considerados repositórios de uma força sagrada; os atapascanos canadenses faziam o mesmo na idade de 5 anos, os algonquianos, aos 12.

O retiro, muitas vezes, virava pelo avesso a idéia original hindu, constituindo-se mais em uma preparação para a vida que para a morte. À medida que a vida se tornou mais longa, um número cada vez maior de pessoas passou a preferir viver sozinha, embora perto de parentes. Os hindus também foram pioneiros de um procedimento similar, mas numa sociedade pobre, sem pensões e serviços de saúde, de modo que o isolamento tinha por objetivo capacitar os idosos a triunfar mentalmente sobre a pobreza e a enfermidade. Teoricamente, os hindus dividiam seu tempo na Terra em quatro estágios, dois dos quais sociáveis – quando estudantes e quando formavam uma família –, seguidos por dois de exílio: quando seus cabelos embranquecessem e eles vissem o nascimento dos filhos de seus filhos, deveriam se tornar eremitas na floresta, ou numa barraca nos fundos do jardim, aprendendo, assim, a esquecer as coisas materiais, impondo-se privações crescentes, vivendo sem teto na estação chuvosa, vestindo roupas molhadas no inverno, até que, num estágio final, tendo conseguido romper todos os laços mundanos, tornavam-se viandantes sem lar, possuindo apenas uma tigela com que pedir esmolas e os trapos que vestiam. O que a modernidade ocidental faz é compelir as pessoas a misturar esses quatro estágios, instigando-as a se alternarem entre independência e responsabilidade.

A SEGUNDA FORMA de imunização contra a solidão não envolvia o afastamento da sociedade, nem a busca de Deus, mas a interiorização da pessoa, com a finalidade de reforçar seus poderes de resistência, mediante a introspecção, a compreensão de si mesma e a ênfase na sua singularidade, mesmo que, a princípio, isso pudesse intensificar a solidão.

A família mediterrânea tem fama de ser unida, mas também propiciou o nascimento de exploradores à procura de um estilo independente e individual de vida. Isso requeria coragem. As celebridades da Renascença italiana começaram com a autoconfiança obtida do domínio de seu ofício. Até então, os artistas ficavam esperando que lhes dissessem o que fazer e seguiam a tradição. A idéia de ser diferente era-lhes tão aterrorizante quanto para os demais. As pessoas fechavam os olhos à sua própria originalidade, abrindo caminho na vida através da imitação, guiadas pela memória de modelos estabelecidos de excelência, acreditando que a obediência era a maneira de conquistar tanto os favores divinos quanto os humanos.

Ocorreu uma mudança e alguns artistas começaram a se mostrar insatisfeitos. No entanto, exprimir idéias próprias era uma aventura tão audaciosa que eles precisaram de apoio e louvor constante. Os artistas da Renascença eram fanaticamente competitivos, desesperavam-se em busca do primeiro prêmio e eram viciados pelo aplauso como se pelo álcool – de vez que, se não fizessem o que deles se esperava, não poderia haver certeza de que estavam fazendo a coisa certa. Foram perturbados por uma espécie de desejo insaciável porque não tinham objetivo claro; sentiam uma inquietação que não podiam compreender.

Até que ponto os indivíduos diferem entre si foi demonstrado por um médico, Girolamo Cardano (1501-1576), que escreveu tanto uma autobiografia, para justificar a tese em seu próprio caso, quanto numerosos trabalhos científicos, para aplicar a idéia à natureza. Estudando a si mesmo como se fosse seu próprio paciente, Cardano examinou todas as suas peculiaridades, físicas e mentais, detalhadamente. Registrou todas as suas doenças, as hemorróidas, a quantidade exata de urina que produzia diariamente, os problemas com sua genitália, "que fizeram com que, dos 21 os 31 anos, eu fosse incapaz de dormir com mulheres". "Tenho 14 dentes em bom estado e um mais fraco." Explicou quais eram suas precisas reações gustativas em cada refeição, "minha maneira de caminhar e de pensar: porque eu penso enquanto ando, meu passo é irregular; a minha maneira de andar depende da maneira como eu me sinto". Descreveu a forma estranha dos seus pés, "para os quais dificilmente encontro sapatos adequados". Teve o cuidado de incluir um capítulo sobre "Coisas em que tenho falhado". Pormenores minuciosos, para ele, faziam toda a diferença na vida, e Cardano julgava que merecessem "análise de todos os seus componentes infinitamente minúsculos". "Intuição (...) um lampejo intuitivo do conhecimento direto, com certeza a faculdade mais altamente aperfeiçoada que um homem pode cultivar", dava significado a todos esses detalhes. Em outras palavras: não conseguiu explicar como encontrava sentido para eles. Mas tentou olhar para os seres humanos com imparcialidade, da mesma forma que olhava para os animais, dos quais disse que não tinham sido criados para servir ao homem, mas que existiam para seu próprio intento. Os grandes livros que lhe deram fama intitulavam-se *A variedade das coisas* e *A sutileza das coisas*. Em vez de sugerir às pessoas que se conformassem, concluiu: "Seja feliz pelo que é, não pelo que gostaria de ser." Esta foi a primeira afirmação quanto à dificuldade que os indivíduos têm de assumir de fato o conformismo. Os novos seres humanos da Renascença não passavam de meros iniciantes na arte de ser solitários. Queriam ser diferentes, mas, apesar disso, também queriam ser admirados. Contudo, ser uma exceção requer uma atitude nova para com as outras pessoas.

A consciência de se estar sozinho, incapaz de se ajustar ao padrão humano normal, algumas vezes estimulou a preocupação de que não se era consistente, uma pessoa coerente. Petrarca, com a coroa de poeta laureado em Roma (1341), era infeliz, ainda que houvesse chegado ao topo. Foi se esconder na Provença, onde escreveu *O secreto conflito das minhas ansiedades*, queixando-se de ser vítima de uma "terrível praga da alma, a melancolia", a pior parte da qual era o fato de que "eu me debruço sobre as minhas lágrimas e sofrimentos com uma atração mórbida". Em outras palavras, odiava aspectos de si mesmo, mas a eles não queria renunciar: "Distingo o melhor caminho e me agarro ao pior." Ver-se como uma pessoa dupla tem sido o começo da criatividade desde então, pois possibilita uma nova espécie de relação com os outros, sem sacrificar a própria integridade pessoal. Mas Petrarca não percebeu isso: continuou a perguntar a si próprio como poderia "ser ele mesmo". Evite seguir o exemplo das massas, foi sua resposta; afaste-se do mundo que poderia "falsificá-lo". Mas o desejo de fama também fazia parte dele; Petrarca não queria cortar as amarras com o mundo. Trabalhou no estrangeiro, comprou uma casa de campo no Vaucluse, mas não houve escapatória. Nascido no exílio, transformou-se num exilado profissional, desagradável, sozinho com sua fama.

Benvenuto Cellini (1500-1571) tentou evitar tais armadilhas. Tendo se tornado joalheiro e escultor de fama mundial, acreditava haver encontrado um método para fugir às suas dúvidas pessoais. Aconselhava a todos que escrevessem suas autobiografias não para que compreendessem a si próprios, porém, mais simplesmente, para que afirmassem sua individualidade. Ele foi longe, a ponto de matar as pessoas que julgava estarem obstruindo-lhe o florescimento do gênio, e se jactava da beleza das adagas que usava. Conversava com Deus, que lhe dizia: "Não tenha medo." Tendo obtido o perdão do papa para "todos os homicídios que cometi, ou que viesse a cometer a serviço da Igreja Apostólica", o que significava ele mesmo, Cellini convenceu-se de que devia continuar a ser o que a natureza dele fizera: "O homem deve fazer o que é preciso." Cellini confundia individualidade com egoísmo e megalomania, insistia que seus dons lhe davam o direito de personificar a lei e eliminava a solidão com sua cegueira em relação aos outros, um dos muitos pontos errados na história da solidão.

A idéia do indivíduo independente não vem somente da Itália. Houve indivíduos excepcionais que meditaram sobre a solidão em numerosos países. Alguns alemães, por exemplo, tentados pela solidão, prolongaram sua atração além do artista. Os românticos proclamaram que todo indivíduo combina atributos humanos de maneira singular e que se deveria buscar a expressão dessa singularidade numa maneira própria de viver, tal como um artista expressa a si próprio em seu ato criativo. Simpatizar com outra pessoa não bastava. "O homem verdadeiramente espiritual sente alguma coisa mais elevada que a simpatia"; sente a individualidade da outra pessoa e considera essa individualidade sagrada não por causa da importância ou poder de quem a possui, mas por ser uma individualidade. Tais opiniões prolongaram os sonhos da Renascença ao exigir que se gostasse de uma pessoa por ela ser diferente. Minha citação é de A. W. von Schlegel (1767-1845), que pôs essa idéia em prática ao traduzir Shakespeare e o *Bhagavad-Gita*.

No imenso vazio dos Estados Unidos, a solidão foi, desde o começo, um inimigo a ser conquistado; em parte alguma a guerra foi travada de maneira mais determinada, e até agora os americanos foram muito astutos para rejeitá-la por completo. O caubói que galopava sozinho ao crepúsculo nunca teve o propósito de superar sua solidão: não era membro de uma equipe e suportava com estoicismo os dissabores da independência. Às vezes, convertia sua tristeza em música; outras vezes, em esporte; algumas vezes, em domação de cavalos, ou imaginando que poderia agir com as mulheres da mesma maneira; mas, embora a selvageria e a imprevisibilidade fossem seu tormento, quando as vencia ficava imediatamente inquieto outra vez. País algum tomou a solidão mais a sério do que os Estados Unidos da América, nenhum criou tantas organizações especializadas em combatê-la, mas, ao mesmo tempo, em parte alguma o exame do eu interior tornou-se uma paixão tão difundida.

"Ser infeliz significa estar só, a infelicidade vem da solidão." O Bispo Bossuet (1627-1704) exprimia assim a sabedoria convencional, particularmente num país como a França, que fez da boa conversa uma de suas principais paixões. Mas até mesmo os franceses, às vezes, se sentem cansados de tanta conversa, pelo esforço de ter de formular epigramas chistosos o tempo todo e serem polidos com pessoas de quem não gostam. Fugir à vida social num período do ano, um mês no campo, tornou-se uma instituição nacional, necessária para restaurar o apetite por companhia. Mas havia uma dificuldade: o tédio.

"A solidão é o meu maior medo", escreveu Jean-Jacques Rousseau: "Eu temo o aborrecimento de ficar sozinho comigo mesmo." Quando o tédio tornou-se um dos grandes poderes do mundo, acabou apoderando-se da solidão. Há um limite de quão longe se pode ir no caminho do autoconhecimento.

A TERCEIRA FORMA de tolerar a solidão consistiu numa injeção do absurdo. Os excêntricos britânicos combinaram solidão com humor e tiraram coragem da mistura. Os excêntricos têm uma triste tendência a ficar de fora dos compêndios de história, o que dá uma idéia errada do que significa ser sério. Os excêntricos são monumentos, não têm medo de ficar sozinhos. John Stuart Mill argumentou que, sendo a humanidade imperfeita, deveria ser dada liberdade de ação a diferentes variedades de caráter, como experimentos da arte de viver; ele nem lamentava tanto que as pessoas "escolham o que lhes é costumeiro e não o que se adapta às suas tendências, [mas que] não lhes ocorra ter qualquer tendência, exceto o que é habitual".

A primeira vitória dos excêntricos foi serem considerados mais divertidos que perigosos. Isso deveu-se, talvez, aos aristocratas poderosos que se tornaram excêntricos porque não se preocupavam com o que as pessoas pensavam. O décimo quarto Barão Berners, um diplomata, usava a excentricidade para zombar daqueles que se assustavam com ela.

Costumava reservar todo um compartimento quando viajava de trem e usando gorro preto e óculos escuros acenava às pessoas para que se sentassem junto dele. Caso alguém se aventurasse, não tardava a se livrar do intruso exibindo um grande termômetro e tomando a temperatura a cada cinco minutos, com uma seqüência de fundos suspiros. O quinto Duque de Portland, um maníaco por privacidade, recusava-se a admitir até mesmo o médico em seu quarto, pedindo-lhe para fazer o diagnóstico em pé, do lado de fora, sendo as perguntas e medições de temperatura feitas por um criado. Mas sonhava com um mundo sociável e considerava a privacidade o preparativo para algo maior. Construiu em sua casa um salão de baile suficiente para 2 mil convidados, um elevador para 20 pessoas e uma biblioteca com 12 mesas de bilhar, que nunca foram usados. Empregou 15 mil trabalhadores nas obras, mas disfarçou-se para permanecer irreconhecível, pois esta era sua idéia de liberdade.

John Christie, que construiu um teatro de ópera em Glyndebourne para o qual exigia trajes de noite, a rigor, freqüentemente comparecia aos eventos calçando velhos tênis, tratava seus clientes como convidados, embora gostasse de apresentá-los entre si com nomes trocados, e morreu antes de poder construir uma cafeteria para os cães que acompanhavam os donos. Para ele, a excentricidade era uma maneira de embaralhar as cartas da vida. Era excêntrico tratar animais em pé de igualdade – isso propiciava o embaralhamento das cartas não somente entre espécies, como também entre escalas hierárquicas.

As mulheres figuraram entre os mais audaciosos excêntricos da história quando trocaram de roupa no teatro, quebrando as regras tanto da fantasia quanto do decoro. O costureiro Worth merece ser lembrado como a pessoa que tentou universalizar a excentricidade. A moda, na sua concepção, destinava-se a dar a cada mulher roupas individuais, diferentes de quaisquer outras. Tivesse obtido êxito, a moda não teria se degradado na imitação, do mesmo modo que a solidão não se transformaria com tanta freqüência em medo.

A FORMA FINAL de imunização surgiu da idéia de que o mundo não é apenas um grande e assustador espaço vazio, que nele se discerne alguma espécie de ordem, e que o indivíduo, embora insignificante, contém ecos dessa coerência. As pessoas que acreditam em algum poder sobrenatural mitigam sua solidão pelo senso de que, apesar de todos os infortúnios que as esmagam, dentro delas arde uma minúscula centelha divina: é assim que se imunizam. Aqueles que não têm tanta fé podem desenvolver a idéia de serem úteis aos outros e reconhecer um elo de generosidade entre si e os demais, conexões racionais e emocionais que significam que fazem parte de um todo mais amplo, muito embora sejam incapazes de decifrar plenamente seus enigmas e crueldades. Boa parte do que se chama progresso foi resultado de indivíduos solitários salvos do sentimento da solidão total, ainda que perseguidos pela convicção de que agarraram uma verdade, um fragmento de uma verdade muito maior e ampla demais para ser capturada. Mas avançar além da solidão, dessa maneira, não elimina todas as formas de solidão, do mesmo modo que uma vacinação não protegerá de todas as formas de doença.

Imaginar os pensamentos particulares de alguém muitas vezes trouxe resultados bizarros: o zoólogo russo Metchnikoff (1845-1916) acreditava que consumir iogurte era a garantia de uma longa vida e tentou suicidar-se duas vezes por métodos jocosamente incompetentes; mas, ainda assim, pôs a ciência da imunologia de pé, encarando a solidão sob uma perspectiva completamente nova. A descoberta de como funciona o sistema imunológico mostrou que todo indivíduo está incessantemente construindo resistência ao mundo exterior hostil, e que cada um age assim tanto por iniciativa própria quanto de comum acordo com os outros. Os corpos humanos não são idênticos, mas todos são igualmente ameaçados pelos germes à sua volta. A medicina não pode protegê-los simplesmente descobrindo um culpado para cada doença e travando uma guerra contra ele. Em vez da conquista, a ênfase moveu-se para o entendimento das compatibilidades e incompatibilidades entre os organismos, e as fronteiras flexíveis da tolerância e da rejeição. Já que a vida é encarada como sendo mantida por um sistema imunológico, cada indivíduo se afigura único, uma combinação peculiar de características múltiplas que são encontradas nos outros, mas que, muito raramente, ocorrem exatamente na mesma mistura em duas pessoas. A descoberta das alergias acentuaram a maneira pela qual os indivíduos diferem quanto à sensibilidade; a dos grupos sangüíneos dividiram-nas de maneira a separar nacionalidades, religiões e cor; o reconhecimento da influência do estresse sobre a saúde tornou claro que as reações nunca podem ser previstas na sua totalidade; e a Aids revelou de forma dramática como são graves os resultados de um sistema imunológico que se confunde em seus esforços para distinguir entre ele e os outros. A medicina já não pode tratar o indivíduo como uma máquina que obedece infalivelmente a regras rígidas. Deus foi rebatizado de Gerador da Diversidade.

Está claro agora, por conseguinte, que todo mundo precisa de pequenas doses de organismos estranhos e que para sobreviver lado a lado com os outros é necessário absorver uma minúscula parte deles. É impossível alguém isolar-se ou destruir seus inimigos para sempre. A curiosidade acerca dos outros já não pode ser pensada como luxo ou distração: é indispensável à completa existência da pessoa.

Nenhum desses quatro métodos constitui uma garantia contra a solidão. Seu efeito não é abolir a solidão, mas diminuir o medo de estar só: somente então podemos nos relacionar com os demais em termos de respeito mútuo.

A palavra chinesa para sozinho é *Tu*. Uma agradável coincidência. Às vezes, *Tu* é usada em chinês para indicar fraqueza, quando se aplica a uma pessoa que esteja agindo caprichosamente, de forma isolada dos princípios sadios, mas também a utilizam em louvor do sábio taoísta, e do seu direito de agir com independência, de estar sozinho, porque ele sabe o que está fazendo: "Somente aquele com certeza absoluta acerca dos homens e dos espíritos é capaz de se conduzir sozinho."

Mas o estímulo de outras pessoas é necessário para esclarecer pensamentos e para que se saiba aonde se quer chegar; somente o conhecimento prévio da experiência da humanidade pode poupar alguém de sofrer desilusões. Tendo conquistado o direito de ficar só, de ser uma exceção às generalizações (que pode ser mais perigosa à liberdade do que as generalidades), tendo se libertado da generalização de que os humanos estão condenados a sofrer de solidão, pode-se assegurar: vire a solidão de cabeça para baixo e ela se transforma em aventura. Como encontrar companheiros para uma aventura desse calibre é a matéria do próximo capítulo, e de alguns outros.

5
Como novas formas de amor foram inventadas

A primeira revolução mundial de crianças irrompeu na França em 1990. Simplesmente por irem às ruas, cerca de cem mil adolescentes foram capazes de forçar o governo a liberar 4,5 bilhões de francos. Nenhum grupo de adultos jamais conseguira um triunfo tão rápido e completo. Os professores protestaram inutilmente por décadas. As enfermeiras que entraram em greve, embora detivessem o poder da vida e da morte, não lograram obter tanto. No entanto, as crianças não se mostram agradecidas nem impressionadas.

Mandarine Martinon foi considerada líder dos estudantes de Lyon. Os jornais se admiraram de que uma frágil lourinha de 16 anos pudesse ter intimidado a tal ponto as autoridades, mas, da sua parte, não foi difícil ver que o governo estava assustado com ela e seus amigos. Os políticos que tentaram lisonjear as crianças, convidando-as ao Ministério e até mesmo ao palácio presidencial, pareceram desprezíveis: seus discursos, ela diz, eram "muito hábeis, dando a impressão de que eles compreendiam tudo, mas nós não caímos na sua lábia". Sozinha, cada criança poderia ter se sentido oprimida; juntas, condenaram a retórica como demagógica. Os políticos não são estúpidos, pensa Mandarine, mas são maquinadores, querem fazer as coisas por debaixo do pano. Não há um só deles que "reflita meus ideais. Vai ser difícil votar quando tiver idade". Acima de tudo, as crianças estão determinadas a não se deixarem usar pelos políticos, nem pelos veteranos das universidades, com os quais cuidadosamente evitaram congregar forças. Elas querem que seu mundo continue independente, porque a alternativa adulta já não é atraente.

Como provinciana que é, Mandarine suspeita de Paris, ressentindo-se da suposição das crianças parisienses de que podem falar pelo restante da França. Residindo no subúrbio operário de Villeurbane, ressente-se da arrogância da burguesia endinheirada de Lyon. Sob circunstância alguma Mandarine pode tolerar que uma "panelinha" imponha suas idéias ao movimento. Repete que é porta-voz, não uma líder oferecendo solução; seu único objetivo é capacitar cada escola a decidir como quer administrar seus assuntos.

Essas crianças, em espírito, não são crianças. Suas costas estão curvadas como as dos velhos sábios, pela reminiscência de todos os fracassos de seus pais e de todas as gerações passadas. Foram nutridas com tamanha consciência que podem admirar pouca coisa com entusiasmo. Todas as revoluções anteriores – dizem os compêndios de história – acabaram em desastre, de uma forma ou de outra. Os levantes na Europa Oriental revelaram problemas trágicos: "Sabemos muito acerca do mundo. Perdemos nossas ideologias; sabemos muito bem que elas não funcionam na vida real." Não existem mais os modelos estrangeiros, como a China ou a Rússia. Mandarine foi à Inglaterra, mas achou-a "respeitável demais"; os Estados Unidos são "piores ainda".

Pessoalmente, tem alguns ideais: igualdade é o que mais importa, democracia também, resistência à opressão do Estado, embora mantendo sua presença na cultura e na televisão; é a favor da desmilitarização, porém sem abolir o Exército; quer ajudar os pobres; é a favor da inovação e da mudança mas também receia a mudança, e duvida que os outros queiram mesmo mudar. Por isso, não tenta converter ou persuadir. Sua escola está criando comitês para discutir, muito modestamente, a forma como deseja alterar o próprio orçamento e os direitos que cada grupo deveria ter; a única ambição desse tipo de trabalho é transformar a escola, hoje uma fábrica de exames, em um "lugar para se viver". A escola tornou-se o outro lar das crianças; elas a aceitam como aceitam seu próprio lar; tudo o que querem é tentar fazer o melhor que podem por ela.

Contudo, quando Mandarine revela seus pensamentos mais profundos, percebe-se que não foi apenas uma desilusão geral que a fez tão diferente de seus utópicos pais. Ela tem relações cordiais com o pai, que foi um maoísta em 1968 e que em casa assume a cozinha. Quando estava fazendo os cartazes para as manifestações de rua, o pai lhe disse: "Não é assim que se faz." Ele tinha criado uns cartazes maravilhosos na juventude, e eles riram muito ao refazê-los. Mas a diferença crucial é que Mandarine não tem confiança em si mesma. "Não sou criativa. Não me sinto uma pessoa capaz. Talvez me falte ambição." E por quê? "Porque o risco é menor quando se tem ambições limitadas." Ela planeja trabalhar em "comunicações", organizando eventos culturais para a municipalidade ou ajudando num teatro, mas sem participar de peças: "Isso provocaria muita tensão. Sou uma pessoa ansiosa. Fico particularmente tensa durante os exames porque em cada um deles toda a minha existência é envolvida e julgada." Não é a competição entre os jovens pelos melhores empregos o que a preocupa, mas a guerra dentro dela para provar sua competência a si mesma: "Talvez eu esteja condenada a ser sempre tensa."

Não ajuda muito saber que as meninas são bem-sucedidas na escola, que elas, mais que os rapazes, são eleitas representantes de classe. Durante as manifestações Mandarine ficou fascinada ao observar a facilidade com que as garotas tomavam a frente, mesmo quando a maioria era de rapazes: "É, o nosso charme funciona." Mandarine iniciou as demonstrações em Lyon com outra jovem: "Nunca pensamos em nós como moças." A questão de ser mulher jamais vem à tona, jamais é discutida. Isso tudo acabou. A desigualdade entre os sexos é um problema, mas elas só se defrontarão com isso quando começarem a trabalhar. Lidarão com a questão quando chegar a hora. Nesse ínterim, têm problemas diferentes daqueles que atormentavam seus pais, obcecados pela agitação despertada pela pílula.

O que Mandarine discute intensamente com as amigas é o amor. Ela teve namorados desde os 12 anos, mas ainda não encontrou o amor, somente amigos. "Discutimos se existe amizade possível entre homem e mulher. Decidimos que sim, mas que é difícil, porque os desejos do corpo complicam o relacionamento." Sexo livre deixou de ser uma solução milagrosa; sexo já não é, sequer, um canal para a amizade; ao contrário, tornou-se um problema. Ficam chocadas pela maneira crua como os rapazes falam a respeito, "mas achamos que eles tentam disfarçar o domínio que as meninas exercem, fingir que são fortes, esconder as emoções". Incapazes de chegar a uma conclusão quanto à maneira de se comportar, as meninas se dividem em dois grupos. Algumas trocam freqüentemente de parceiros, a fim de continuarem sem compromisso. Porém está mais em moda encontrar um parceiro ainda muito jovem e permanecer fiel ao longo dos anos de escola. O objetivo é a segurança. "Nós nos sentimos mais fortes quando somos dois." Os filhos de pais divorciados ou tentam criar um relacionamento estável ou rejeitam vivamente a idéia de formar casal.

Mandarine e suas amigas aprovam com entusiasmo o amor, mas não conseguem descobri-lo. "Nós o vemos nos filmes americanos, mas não em casa. Entramos em contato com o amor somente pelos filmes." A discussão em torno da Aids removeu a mística do sexo. Mas ela está lutando para manter viva a idéia romântica de amor, o que significa decidir sozinha, individualmente, o que é o amor. "Não queremos que o amor se transforme em algo comum, banal. O amor deve ser algo pessoal. Não quero espalhar por aí os pormenores de minha vida íntima. Se formos forçadas a falar sobre nossas intimidades, elas se transformarão em uma questão de dever e perderão o interesse."

Do que foi exposto, pode-se deduzir que o amor é um dos últimos refúgios onde alguém, homem ou mulher, se sente capaz de conquistar alguma coisa nobre e receber aprovação: uma das poucas formas de êxito capaz de se manter em oposição às próprias dúvidas.

O AMOR NÃO É MAIS O QUE FOI. Existem dois tipos de mulheres no mundo de hoje que praticamente não existiam no passado: as mulheres educadas e as divorciadas. De quando em quando, surgem novos tipos de pessoas que imprimem rumo novo às paixões. Talvez apareçam para continuar a crer que o amor é misterioso, para falar em apaixonar-se de maneira incontrolável, como se o amor nunca mudasse. Contudo, no passado, essas pessoas, muitas vezes, isolaram os diferentes elementos de que se compõe o amor e os recompuseram para que a elas se adaptassem, torcendo, adicionando, suprimindo. Os seres humanos sempre estiveram muito menos à mercê da paixão do que faz acreditar a lenda. Eles têm sido capazes de introduzir novos significados para o amor, vezes sem conta, e ainda assim mostrar-se tão surpresos como se tivessem transformado trigo em pão, pudins de frutas ou mil-folhas.

Ninguém ignora que o amor apaixonado recebeu roupagem nova dos poetas **românticos** alemães e, antes, dos cavalheiros e trovadores **da França**, que se transformaram em ecos de emoções refinadas pelos conquistadores árabes da Espanha. Mas essas mudanças não apontam na mesma direção; a história do amor não é um movimento em espiral no rumo da liberdade mais ampla, mas um fluxo e refluxo, um turbilhão e longos períodos de calma. Os prevenidos ocidentais de hoje contam com muitas alternativas. É surpreendente ver que o amor foi muito mais valorizado, que as escolas não ensinem sua história, suas batalhas, a ascensão e queda dos seus impérios, seus métodos diplomáticos e sua retórica, bem como a hipocrisia de sua economia. Talvez a educação sexual se justificasse como a primeira lição de um currículo bem mais longo.

O processo de moldar o amor apaixonado em diferentes fôrmas pode ser observado particularmente bem ao luar de *As mil e uma noites*, porque os árabes medievais já figuraram entre os mais sofisticados amantes do mundo.

No deserto árabe, os nômades beduínos, que levavam vidas simplíssimas, não tiveram olhos para o amor apaixonado. Em suas canções do século VI, viam o amor como um feitiço, obra de gênios, com efeito semelhante ao do vinho, um desafio ao costume enraizado; e zombavam do marido que amava demais a esposa. Essa atitude prevaleceu na maior parte dos países em uma ou outra ocasião, e é uma atitude normal, pois se baseia no medo, e o medo é normal. No entanto, entre os beduínos permitia-se uma convivência agradável entre os sexos, relacionamentos divertidos faziam parte da etiqueta, homens e mulheres podiam dizer quase tudo um ao outro. Foi através de tais divertimentos que se desenvolveu a idéia extraordinária de que duas pessoas poderiam amar-se até o ponto de abandonar tudo. Ocasionalmente, um divertimento desse tipo entre uma moça da localidade e um visitante estrangeiro (a quem a tradição de hospitalidade beduína permitia liberdades que a si próprios negavam) desafiava a lealdade tribal. O humor, que era a válvula de segurança do hábito, fugia do controle, e o excitamento de quebrar as regras, de correr riscos, de uma aventura no desconhecido, de pensar que se estava com a razão contra a opinião do restante do mundo, ao preferir o misterioso à face familiar, tornava-se uma conspiração da paixão. "O que entre nós dois fez brotar o amor, no vale de Bagid?", indaga uma canção beduína, e responde que foram os insultos trocados de brincadeira pelo casal, a réplica engenhosa que aos poucos minou as verdades aparentemente sólidas. O estrangeiro podia fazer os hábitos parecerem ridículos. A atração tornava-se explosiva quando atiçada pelo gracejo. Ibn Hazm, a mais famosa autoridade árabe em amor, disse: "Do amor, a primeira parte é brincadeira, e a última, apenas seriedade."

Foi em Meca e Medina, no século I da era muçulmana (iniciada em 622 d.C.), que as mulheres introduziram outro ingrediente aos seus sentimentos, criando novos estados de espírito com a música. Que isso tenha acontecido numa época de rebeldia, quando as pessoas estavam perdendo o gosto por velhos hábitos e estavam agitadas pelos novos costumes que lhes eram oferecidos, não foi puramente acidental. As cidades viviam na fartura, devotadas ao prazer e às festividades, ansiosas por esquecer os perigos que as rondavam. Os cantores eram "onipotentes", como as estrelas da música pop de hoje em dia. As mulheres ricas expandiam liberdades tradicionais, impondo condições aos noivos antes do casamento e rejeitando qualquer sugestão de que uma esposa se assemelhasse a uma escrava. Sukayna, a neta de Ali, primo do Profeta, foi um desses espíritos livres, que não usava véu nem obedecia ao marido. Organizava salões literários e musicais (a palavra árabe era *majlis*, ou seja, uma reunião de notáveis). Moços ricos afluíam para beber o vinho proibido, ou o desagradável suco fermentado *nabid*, e ouvir poetas e cantores. Sukayna conseguiu que o cantor mais famoso, Umar b. Ali Rabia, fosse uma noite ao encontro dela e de seus amigos no deserto, e eles conversaram até o romper do dia sobre sentimentos. Suas canções eram, antes de tudo, emotivas. "Mantenha as mulheres afastadas das canções, porque elas são um convite ao adultério", dizia um provérbio. Umar amou várias mulheres ao mesmo tempo, jamais suspirando pelas ausentes: "Ah, quantas namoradas eu tive, e a todas abandonei sem ódio, sempre valorizando-as." Ora, não se tratava exatamente de paixão o que aquelas mulheres tinham pretendido criar, e as canções de Umar estão cheias de suas queixas; a tentativa delas de fazer a vida mais interessante também fez a vida mais triste. No entanto, a coragem, invariavelmente, conduz a resultados inesperados; é isso que define a coragem – a disposição de encontrar o inesperado.

Quando somente a música do pandeiro foi aprovada nas festas religiosas, cantores de Meca e Medina trouxeram da Pérsia o alaúde, ancestral do violão, e, apesar dos protestos daqueles que o consideravam um instrumento lascivo, os maridos, ocupados com seus próprios prazeres, não interferiram. Foi um encanto. Os cantores eram "jovens de notável beleza", a cabeleira descia-lhes até os ombros, sinal de que bebiam; muitas vezes eram escravos alforriados, sem lealdades familiares tirânicas, suspeitos de serem filhos ilegítimos de nobres, viviam metidos em encrencas com as autoridades, mas eram sempre salvos dos castigos por suas admiradoras. Enquanto as velhas canções falavam de guerra, esses cantores cantavam apenas o amor; as mulheres exigiam canções em que pudessem identificar seus próprios sentimentos. Explorar as diferentes lealdades entre os indivíduos, além das lealdades tribais e familiares, foi, outra vez, uma conquista com ajuda estrangeira. A importação de melodias estranhas protegia essa conduta audaciosa mediante seu envolvimento em mistério. Um cantor famoso, Ibn Muhriz, viajou à Pérsia para estudar música e a tradição do amor refinado, da "contemplação voluptuosa" e dos contos segundo os quais um soberano é indigno de reinar se não souber amar; em seguida, foi à Síria estudar música grega e regressou com ritmos e sons jamais ouvidos antes. A novidade foi recebida com entusiasmo nas cidades, contanto que fosse misturada às velhas árias beduínas, como a batida do passo irregular do camelo. A música estrangeira foi o segundo ingrediente, depois do humor, no restabelecimento do amor apaixonado, como aconteceria em muitas outras ocasiões, tendo desempenhado o mesmo papel que a música africana e a americana representam atualmente. O amor árabe foi transmitido aos trovadores franceses não pelos filósofos, mas pela música. Os músicos de ambos os lados dos Pireneus se entendiam, porque uma emoção é mais contagiosa que uma idéia. A palavra *troubadour* deve provir do árabe *tarab*, que significa música.

A piedade islâmica, eventualmente, silenciou o autoquestionamento daquelas mulheres que se haviam devotado a elevar o relacionamento dos sexos. De modo que a paixão foi remodelada numa fôrma diferente. No século seguinte, a ruidosa cidade de Basra passou por um período similar de "vertiginosa incerteza": os valores entraram num remoinho, "livres-pensamentos moralmente frouxos, somados a prazeres levianos, produziram uma exaltação emocional" e "experiências místicas foram observadas entre mulheres". Outra espécie de herege utilizava o amor para competir com a dúvida em igualdade de condições. O mais famoso, Bashar b. Burd, era um jovem zangado, que ficou ainda mais zangado na velhice: poeta talentoso, de origem persa, constrangido entre os árabes, sentia que não o apreciavam e, com efeito, veio a morrer depois de sentenciado ao flagelamento por aborrecer o califa. Desprezando o mundo e seus costumes, não reconhecendo qualquer moral ou religião, rejeitando a autoridade, espremido entre o materialismo e a busca de uma redenção absoluta, ele se vingava em sátiras incontidas. Não tinha medo de escrever poemas em que dizia aos rivais o que deles pensava:

> "Seu filho de um animal no cio, você é
> um vagabundo pustulento, sujo, fétido."

Ao seu redor, uma multiplicidade de heresias questionava quase tudo. Os *mutazilites*, por exemplo (a palavra significava "manter-se a distância"), declaravam que ninguém estava totalmente certo ou totalmente errado e argumentavam contra o dogmatismo de "uma posição entre duas posições", em favor do livre-arbítrio. Mas tinham, no entanto, uma certeza – a paixão era uma força física ou cósmica inescapável. Foi nessa atmosfera de desilusão que as paixões amorosas foram exaltadas como valor supremo. Bashar não cantou seu amor por uma mulher em particular, mas em louvor à perseverança no amor em geral, contra todos os obstáculos que ele enfrenta. A luta era o que mais lhe agradava. Depois, zombou de sua própria insinceridade: "Já menti o suficiente para me dar o direito de dizer a verdade." O amor apaixonado se transformou em uma bandeira de rebelião.

Al Abbas b. Al Ahnef, outro famoso poeta de Basra, proclamou: "Nada de bom existe nos que desconhecem a paixão do amor", embora os amantes constituíssem uma sociedade secreta, dedicada à autotortura. Al Abbas adquiriu enorme popularidade depois de emigrar para Bagdá, para a corte de Harum al Rashid, onde seus poemas foram musicados. O califa, miseravelmente apaixonado pelas escravas, de quem teoricamente podia exigir tudo que lhe agradasse, sentiu que ainda havia alguma coisa além do alcance do seu poder absoluto. Al Abbas explicou a paixão como um anseio pelo inatingível. O parceiro a quem fosse dirigida não era o objeto real dessa ânsia. O amor era um sinal de fraqueza dentro de quem o sentia, uma desesperança inevitável. Al Abbas cantou o amor infeliz, casto, paradoxal, afirmando solenemente que era mais feliz quando a amada estava fora de seu alcance. Amor e sexo separaram-se: "Quem ama com amor não-correspondido e permanece casto morre como mártir." A idealização da mulher, é claro, não qualificava a maneira como as mulheres de verdade eram tratadas; pelo contrário, representava desesperança em relação às mulheres reais.

Homens do mundo que não tinham inclinação para discussões metafísicas acerca do que significava o amor, e que desejavam apenas desfrutar de prazeres indolores, evidentemente precisavam de uma roupagem mais prática para seus desejos. Eles ansiavam por um final feliz, não pelas inconveniências, pela escravização ou pelos extremos da paixão rebelde. Seus afetos tinham de ser compatíveis com a lealdade para com a comunidade que lhes dava a medida de sua condição social. Convinha-lhes, nesse caso, não averiguar muito de perto a individualidade da amada. *O livro de histórias*, de Abul Farag al Isfahani (falecido em 967), exprimiu essa atitude em palavras. Foi um precursor do *jet set*, era famoso por seu bom humor e apaixonado por companhia alegre de todas as nacionalidades, vivia nas franjas da alta sociedade e era um viajante permanente, sempre acompanhado de um rapaz. Mostrou de que forma o amor poderia evitar a teatralização, ou o *pathos*, ou a tragédia ou as preocupações com as mulheres, que sempre desempenham um papel secundário; como o amor poderia ser domado, e tombar inofensivo, para ser posteriormente ostentado, como qualquer outra chama de nostalgia.

Mas para os homens do mundo que não se sentiam atraídos por tais relacionamentos fáceis e superficiais, uma alternativa veio a ser oferecida por Ibn Hazm, de Córdoba (994-1064). Seu tratado sobre o amor, *O chamado do desejo*, foi o clímax de uma vida em que tudo dera errado: ele se queixa de ter sido exilado, traído, oprimido, roubado, levado ao desespero, "aguardando os últimos golpes do destino". A Espanha muçulmana, segundo ele acreditava, era "autodestrutiva". Uma de suas soluções consistiu numa nova atitude para com o amor. Ele não escreveu sobre o amor apenas para louvá-lo; tendo se apaixonado três vezes ao longo dos anos, analisou suas experiências íntimas no livro, embora soubesse que isso seria considerado impróprio para uma personalidade pública, um ex-ministro do califa e erudito. Acreditava que o amor renovava a vida, transformava as pessoas ambiciosas em generosas, os indivíduos rudes em graciosos e os estúpidos em sábios, transformando magicamente os defeitos em qualidades, de forma que todo mundo podia alimentar a expectativa de ser amado: não havia maior alegria no mundo do que duas pessoas apaixonadas. Exaltou o ato sexual como parte necessária do amor, "completando o circuito e facilitando a fluência livre da corrente do amor em direção à alma".

No entanto, o mais original acerca de Ibn Hazm foi sua convicção de que o amor pairava acima de tudo porque podia ser mais poderoso que um tranqüilizante ou um consolo particular. De uma forma nova, ele quis fazer do amor a experiência central da vida. Na sua opinião, as pessoas costumavam usar as palavras de amor como máscaras, para fingir ser o que não eram, enquanto o amor poderia ser o oposto, agindo como um conjunto de espelhos que lhes revelasse o que de fato eram. Seu livro visava ajudar tais pessoas a conhecer o que as palavras e os atos de amor significavam. E queria que o significado ficasse claro, protestando contra a tradição de se ler significados misteriosos em declarações essencialmente simples. Ainda que fosse um especialista, desconfiava dos especialistas. A comunicação clara era sua panacéia. A verdade, segundo ele, deveria ser compreendida da forma mais simples possível, ignorando-se as explanações de teólogos superletrados. Os seres humanos cometiam o erro de se atarem aos nós da inteligência desses letrados. Embora em seus momentos sentimentais chamasse o amor de "a doença mais deliciosa, a mais desejável das enfermidades", ele o via como, ou queria que fosse, parte da busca de autoconhecimento. Dizia que fora educado por mulheres e estava interessado no que as mulheres pensavam. Embora só fosse capaz de amar as louras, porque seu primeiro amor fora uma escrava loura inesquecível, ele só podia se interessar por outra "após uma longa associação e uma longa conversa". Querer compreender a alma de uma mulher era abrir uma porta que a maioria dos homens preferia manter fechada.

Ibn Hazm pertencia a uma seita chamada *zahirites*, que tentava simplificar o conhecimento do islamismo. O principal poeta do amor cortês em Bagdá, Ibn Daud (falecido em 909), autor de *O livro da flor*, uma antologia erótica, era filho do fundador dessa seita, Daud de Isfahan. Outro *zahirite*, Ibn Arabi (1165-1240), nascido na Espanha, um dos mais influentes pensadores muçulmanos, dizia que fora inspirado por várias mulheres notáveis; revelou, em *A interpretação dos desejos ardentes*, a que levaria essa compreensão adquirida por intermédio do amor:

> "Meu coração está aberto a todos os ventos:
> Ele é uma pastagem para as gazelas
> E um lar para os monges cristãos,
> Um templo para os ídolos,
> A pedra negra do peregrino de Meca,
> A tábua da Torá,
> E o livro do Corão.
> Minha é a religião do amor.
> E para onde forem as caravanas de Deus,
> A religião do amor
> Será minha religião
> E minha fé."

Aqui estão cinco espécies distintas de amor apaixonado, que se desenvolveram em período comparativamente curto, em apenas uma parte do mundo. Desejo sexual, emoção, fantasia e tudo o que é chamado de instinto podem, sem dúvida, ser combinados de mil outras maneiras. E quando o amor é recompensado, ainda que momentaneamente, por aquela sensação ainda mais arisca, que é a autoconfiança, transforma-se não somente num segredo privado, mas numa força pública.

Portanto, o gracejo que iniciou tudo leva mais além que o simples riso. Brincar significa dar a si próprio liberdade temporária em relação ao dever e à necessidade, assumindo riscos voluntariamente, e excitar-se por não conhecer o resultado; "fingir" é uma diversão autoconsciente sobre as possibilidades alternativas e uma constatação de que não há vitória final. Será por acidente que o verbo *vencer* (em inglês, *to win*) deriva da raiz indo-européia *wen*, desejar, e o verbo *perder* (em inglês, *to lose*), da raiz *los*, ficar livre? Será que brincar, na vitória e na derrota, é um aprendizado de liberdade? A palavra espanhola para vencer, *ganar*, deriva do gótico *ganan*, cobiçar, enquanto *perder* vem do latim *perdere*, que originalmente significava dar completamente. O amante cortês, que não queria possuir seu ideal, que jogava para perder, descobriu que, enquanto os negócios e a guerra se referiam prosaicamente à posse, no amor, o que mais importava era o jogo. Estar disposto a jogar é uma das condições de criatividade. O amor, longe de ser um desvio da criatividade, é um dos seus ramos.

As cinco histórias incluem um estranho em algum lugar, o que não é de admirar, já que o amor se destina sempre ao que é estranho, ao que é único, à pessoa que não se assemelha a nenhuma outra, mas que transforma o assustador em familiar. No passado, o que os amantes provavelmente mais temiam era a solidão; agora, porém, o aprisionamento numa relação estática tornou-se mais preocupante. A sede de novas experiências, do desconhecido, de pessoas estranhas, é maior que nunca. Assim, unir dois exilados para formar uma família segura e auto-suficiente deixou de ser satisfatório. A tentação moderna é por uma criatividade mais ampla. O fascínio pelo estranho é, tal e qual o jogo, um passo para a criatividade.

Durante a maior parte da história o amor foi considerado uma ameaça à estabilidade do indivíduo e da sociedade, porque a estabilidade, geralmente, era mais valorizada que a liberdade. Ainda na década de 1950, somente um quarto dos casais americanos noivos dizia-se completamente apaixonado, e na França menos de um terço de todas as mulheres confessava ter experimentado um *grand amour*. Quarenta anos mais tarde, metade das francesas queixava-se de que os homens em suas vidas não eram suficientemente românticos e desejava que eles pelo menos dissessem "eu te amo" com mais freqüência. A visão geral dessas mulheres é que a vida moderna torna as paixões amorosas mais difíceis do que no passado, mas que nunca existiu uma época de ouro. Em desespero, muitas dizem que se sentem mais apaixonadas por animais e esporte do que por pessoas. Na Rússia, na aurora da *glasnost*, mesmo entre recém-casados, o amor vinha somente em quinto lugar numa lista de 18 motivos para o casamento, o que significa que a paixão é uma arte que as pessoas ainda não dominam, que o amor é uma revolução inacabada.

Por aproximadamente dez séculos, a Europa reproduziu, principalmente, duas das tendências do amor árabe – a idealização da mulher e a fusão das almas dos amantes –, nenhuma das quais basta para satisfazer os anseios daqueles cuja ambição é compreender seus parceiros como eles são, e continuar a existir como um ser mais ou menos independente. A idealização foi uma resposta quixotesca à não-permanência do afeto, e a fusão ofereceu uma solução romântica para a solidão; em ambos os casos, o amor foi utilizado como um remédio, pois o mundo estava passando por uma fase hipocondríaca de sua história, dominado pelo sentimento do pecado, ou da culpa, ou da vergonha, e por queixas incessantes de que os seres humanos eram desajustados por natureza, incapazes de alcançar a perfeição divina. O amor não atuou pior nem melhor do que outros remédios folclóricos para fazê-los se sentirem melhor. Após todos esses experimentos com a paixão ao longo dos séculos, ela permanece tão efêmera quanto antes, enquanto a solidão continua a expandir seu império.

A opção de Mandarine, na busca de uma alternativa à idéia de amor dos seus pais, não está restrita a um retorno ao "romântico". Os sociólogos que interrogaram moças educadas como ela não podem pensar em outra palavra para exprimir mais plenamente sua ânsia em escapar do cinismo, seu desejo de algo além da mera satisfação, algo além de uma vida equilibrada ocasionalmente temperada com um molho picante, erótico. Contudo, quando essas moças dizem "Queremos fazer a vida mais bela" e quando alinham o amor como uma das artes, não estão interessadas na arte da reprodução: reproduzir o passado não basta, quando se sabe como têm sido sombrias as realidades desse passado. Elas gostariam de inventar uma nova arte de amar, e existem muitos precedentes a mostrar-lhes que é possível fazê-lo.

No entanto, toda invenção requer novos ingredientes, ou pelo menos a mistura de alguns ingredientes antigos. A crença mais gasta, pronta para a lixeira, é que os casais não têm em quem confiar, salvo em si mesmos, o que é tão infundado quanto a crença de que a sociedade moderna condena os indivíduos à solidão. Agora que rapazes e moças são educados juntos e formando na escola amizades de uma espécie que não existia antes entre os sexos, o amor pode assumir outras formas. O que essas outras formas poderiam ser ficará mais claro à medida que forem examinadas, uma a uma, as possibilidades de outras paixões.

6
Por que houve mais progresso na culinária do que no sexo

O que acontece com uma garota espanhola enviada a uma escola dirigida por freiras francesas, que tem em casa *mademoiselles* prontas a ensinar-lhe boas maneiras e nos feriados, visita famílias francesas, para apurar a pronúncia? Ela se transforma em alguém incapaz de passar despercebido na rua. Alicia R. Ivars usa sempre roupas vistosas, mas que refletem seu gosto pessoal, nunca a última moda ditada por Paris.

Que rumo teria tomado sua vida se, na condição de jovem mulher, tivesse se embebedado do jargão filosófico franco-germânico, tornando-se uma vitalista, voluntarista, existencialista gestáltica dissidente devotada a Bergson, Bachelard, Fischer, Chiva, Calvo...? Pois bem, ela se transformou numa autoridade mundial em azeite de oliva. Nada é inevitável ou previsível.

Debaixo das roupas chamativas, de modelo exclusivo, por trás da combinação de timidez e exibicionismo, Alicia está tentando ser uma gueixa. Mulher de grande inteligência, prefere cultivar o prazer sensual mais do que qualquer outro aspecto da sua personalidade. Apesar dos longos anos de treinamento teórico, concentra-se na tarefa de tornar-se agradável, evitando perder-se em indagações do tipo "Quem sou eu?". Uma gueixa é, naturalmente, o oposto de uma "coelhinha", é uma mulher admirada não apenas pela beleza juvenil, mas também por uma habilidade mais antiga do que a mais antiga das profissões, e bem próxima de uma sacerdotisa, que desempenha rituais destinados a reconciliar os homens com o fato de não poderem ter tudo que querem.

O que os professores ensinam é uma coisa; o que vai na alma, outra. O legado da infância de Alicia é sua timidez; até o dia em que, aos 20 anos, um homem subitamente lhe declarou seu amor, e ela sequer havia notado o interesse dele. Não somente estivera numa escola de moças, como também sua família consistia, salvo o pai, exclusivamente de mulheres: três irmãs, uma avó, duas criadas e a mãe, mais enamorada pela natureza do que pelos homens. Os homens não faziam parte de seu mundo, que ela aprendera a desfrutar sem eles. Sua resposta àquele primeiro homem de sua vida (Ele escreveu: "Ando tentando exprimir meus sentimentos e você nem nota.") foi apaixonar-se em troca, "cheia de gratidão" por algo desconhecido. Desde então, tem combatido a timidez com a intenção deliberada de se transformar em uma pessoa extrovertida, o que quase conseguiu. A vida de uma pessoa tímida não era tão interessante, decidiu ela, quanto a de alguém que deixa a curiosidade correr solta, que é "meio selvagem, meio educado".

Não importa tanto assim por quem você está apaixonada, acredita ela; é um erro querer ser amada pela pessoa que você ama. Não existe uma "justiça cósmica" na distribuição do amor, que passa por cima das nossas decepções amorosas pessoais. Dar afeto é sempre um bom investimento; você talvez não o receba em troca da pessoa a quem o deu, mas o receberá de alguém, e quanto mais afeto der, mais receberá. Há um déficit na balança de afeto porque as pessoas hesitam em dá-lo, porque não querem recebê-lo de qualquer um, e por isso limitam suas oportunidades, desenvolvendo uma imagem acanhada de si mesmas, como se não passassem de um tipo fixo, invariável, de pessoa. Em conseqüência, é mais difícil ao amante inesperado encontrá-las e fazer descobertas surpreendentes.

Assim, Alicia tenta ter uma personalidade o mais "fluida" possível. Sua religião é o "culto à vida diária". "Julgo possível modificar seus papéis prévios ou esperados, para não mencionar manias de toda espécie de pesos psicológicos e limitações autodeterminadas." Seu conhecimento de inglês pode não ser perfeito, mas está de acordo com seus princípios. Prefere exibir-se, "se virar" em quatro línguas, do que ser corretíssima e infalível em apenas uma. Você pode evitar ser um neurótico se parar de analisar obsessivamente o que imagina ser seu caráter: não importa quais sejam as suas falhas, pare de se queixar acerca dos seus complexos, não se derrame em confissões acerca do que pode e não pode fazer, gosta ou deseja. Trate cada encontro com uma pessoa como um acontecimento independente. "Uma gueixa está sempre pronta a produzir prazer sem considerar suas necessidades próprias." Ponha de lado as ambições pessoais e as expectativas que criou de si mesma. Aprenda a ser uma gueixa começando por ser, antes de tudo, uma gueixa para o seu próprio corpo; cuide bem dele; quando estiver sozinha, prepare suas refeições com muito apuro; cuide do espírito, alimentando-o com poesia e música. Evite criar uma idéia excessivamente rígida de seus desejos. Veja-se como uma ameba, flutuando através da vida, dividindo-se: não tenha medo de perder a identidade. Ou, então, veja-se como uma coleção de lâmpadas elétricas: não ponha toda a eletricidade numa única lâmpada, ou ela explodirá; deixe sua energia circular livremente pelos muitos lados do seu ser. Quanto mais solta, mais aberta e ilimitada for sua identidade, tanto melhor. Trate suas emoções como um jardim que precisa de cultivo contínuo. Seja generosa, pois isso estimulará novos recursos em seu interior, novas idéias. Siga as "leis da natureza". São feitas para você.

Com tais crenças, não lhe era possível ganhar a vida como professora, mesmo que fosse como uma professora excêntrica. Alicia abriu um restaurante. Inicialmente, cozinhava três dias por semana e fazia conferências três dias na universidade. Depois, renunciou à universidade e concentrou suas energias no Jardim das Delícias. Esse restaurante foi seu teatro; todos os dias as portas eram abertas e os clientes tinham de ser surpreendidos. "Eu ficava tão feliz de ver as pessoas chegarem bem-vestidas que sempre procurava usar alguma coisa nova." Sua inventividade em vestuário é extraordinária; pequenos toques bizarros, surrealistas, significam que Alicia está sempre representando. Quando as pessoas que jantavam exigiam que saísse da cozinha, ela sempre trocava de roupa antes de aparecer. Mas isso era mais do que apenas se vestir para duas performances por dia. As pessoas nunca sabem bem o que querem. Seu prazer estava em revelar-lhes seus desejos, em apresentar-se como uma perita em fantasia, "uma intérprete de culinária", traduzindo vagos anseios em refeições espantosas, envoltas em pesado simbolismo. "A culinária da gueixa é cortês, às vezes silenciosa, porém capaz de ser mística, arrebatadora, minimalista, ritualística, estética, devotada aos outros." Organizar festas excêntricas tornou-se a especialidade de Alicia, que cria atmosferas inusitadas para fazer as pessoas "se sentirem diferentes". Por exemplo: o esplendor eduardiano no Egito colonial, jardins iluminados por tochas, fontes com belas mulheres banhando-se, vinhos de frutas exóticas e coloridas, comida árabe. Como um mágico, ela se chamava Ali + Cia.

Apesar de nunca ter sido uma hippie, no *stricto sensu* do termo, nem uma feminista, "embora compartilhasse as atitudes, mas não a militância", a participação em numerosas organizações universitárias e políticas permitiu que tivesse uma "comunicação muita íntima e prolongada, e sexo também, com muitos *compañeros* diferentes". Só veio a se casar com 28 anos, o que exigiu que persuadisse o homem de sua escolha – e nisso levou cinco anos – de que era a mulher ideal, e que ele devia desistir de sua confortável vida de solteiro, ainda que ela "não correspondesse à sua idéia de uma esposa". Ele tampouco era virgem, "longe disso", mas Alicia lhe disse que ele era uma pessoa retrógrada e forçou-o a superar isso. Segundo ela, Paco é o único homem do mundo que ela considera "cem por cento aceitável".

No entanto, isso não a impediu, após dez anos de casamento, de abandoná-lo. Um boêmio extraordinariamente simpático, um homem do teatro, que tivera seu batismo de fogo durante os acontecimentos de maio de 1968 em Paris, foi comer em seu restaurante. "Venha fazer a sesta comigo", convidou. Alicia começou a visitá-lo; foram para o campo e fizeram amor. "Foi o paraíso", uma paixão como ela jamais sentira. "O maior conflito da minha vida" veio a seguir. Alicia contou a Paco: "Preciso esclarecer minha situação." Rejeitar a experiência que seu novo amante estava lhe proporcionando seria diminuir sua personalidade. Assim, durante dez meses saboreou a paixão. Depois, decidiu que o amante "não era de todo aceitável". Voltou para Paco. Paco, o polido, maduro e elegante, o mestre especialista em separações, estava magoado, apesar de toda a sua frieza. No entanto, voltaram às boas. "Paco jamais voltou a falar no assunto." O casamento emergiu fortalecido; a admiração de Alicia por Paco não conhece limites, "ele nunca se zanga".

Todavia, Paco "conhece apenas parte de mim. Não tentamos ser muito íntimos, uma maneira de manter um certo mistério no nosso relacionamento... Se você sabe demais, torna-se prisioneiro". A maneira de conservar um casamento é evitar ir fundo na alma um do outro. Tome cuidado para não falar de forma muito direta, para não ferir o outro. Se tiver de abrir o coração, procure outra pessoa. Alicia encontrou essa pessoa num "misógino, alguém solteiro, mas não homossexual", um especialista em teologia patrística que também é amigo de seu marido; "um homem muito espiritual". Costumam ir para o campo, onde fazem piqueniques: "Podemos conversar sobre tudo. Eu o inspiro e ele, a mim. Ele compreende as minúcias dos meus argumentos." Não há envolvimento sexual.

Sexo é uma outra questão, uma atividade distinta, "não deve ser arruinado por um excesso de sentimentos íntimos ou confidências, porque então você se torna escravo". Isso não significa que Alicia deseja evitar sentimentos íntimos. "Nunca tive medo dos meus sentimentos íntimos. Sempre apreciei experiências psicotrópicas sem entrar em pânico ante a idéia de perder contato com meu ser interior ou com o meu corpo. Eu sei qual a melodia, o ritmo, o cheiro, a carícia ou o afago que me trará o meu desejado sentimento íntimo." O engajamento sexual é, portanto, comparável ao ato de cozinhar: ambos produzem agradáveis "sentimentos íntimos", ambos nos capacitam a produzir tais sentimentos em outra pessoa.

Ela distingue, antes de mais nada, o "sexo puro". Na juventude, fez esse tipo de sexo com um "homem tântrico", com quem manteve uma "correspondência ultra-erótica, com uma profusão de ilustrações", e a quem visitava duas ou três vezes por ano para "atualização de todas as nossas fantasias": a isso Alicia chamava luxúria emocional. Sexo combinado com amizade é diferente, uma combinação maravilhosa, mas sexo raramente leva à amizade, embora ela não "o rejeite como um estímulo". Mas se o sexo for confundido com amor, segue-se certamente o conflito, ou o casamento.

Com o correr dos anos, a freqüência e variedade das atividades sexuais de Alicia diminuíram. Os amigos são menos exigentes; há menos tempo, menos espaço. Os parceiros mais jovens não lhe convêm; os de sua idade ou mais velhos são "rixentos, possessivos, ambiciosos, neuróticos, incapazes de repousar ou se divertir". Ter uma vida sexual variada é "maravilhoso: mantém a pessoa apaixonada pela vida". Antigos amantes continuam para sempre, "integrados à minha maneira de amar"; ela ainda os ama, mesmo que não sinta saudade deles; relembrar amores passados, vê-los acontecer de novo em nossa mente é excitante; e quase como estar apaixonada.

Não há motivo, pensa, que justifique a existência de limites à atividade sexual: "Eu, por enquanto, não encontrei limites para a minha predisposição." Sexo grupal e lesbianismo, é verdade, não a atraem, mas lembra-se da visita de uma estrangeira por quem se sentiu "muito atraída: eu poderia ter me envolvido e ter apreciado, ela era de fato maravilhosa para mim e precisava muito de afeto, pois acabara de enviuvar; provavelmente nós fizemos sexo por telepatia". Há outras formas de sexo que não atraem. Por exemplo, "homens delicados, que precisam ou dependem de mim", "vampiros" e "maridos que chegam em casa esperando que suas mulheres lhes dêem seus chinelos e uísque com cubos de gelo: um horror".

Paco é o homem ideal porque jamais se mostra possessivo. É sempre respeitoso, feliz, divertido e, acima de tudo, "não fica grudado". Sua grande virtude é sua sólida independência. "Podemos partilhar ou não nosso tempo livre, sair juntos ou ir cada um para o seu lado."

"Desde a infância fui educada e treinada para sentir os prazeres da sensualidade; passava quatro meses por ano num lugar selvagem e paradisíaco (hoje, a casa é grande e bonita, mas os arredores foram destruídos), com figueiras, amendoeiras e oliveiras, vinhedos e tomateiros, e, além disso, o mar e a liberdade; a família inteira, os amigos; longos, longos dias de exploração dos prazeres sensuais." Se fosse abandonada numa ilha deserta, escolheria levar um canivete, "para esculpir palavras nas árvores, matar os animais e beber o sangue, comer a carne fresca, construir uma choça para um isolado caso de amor".

Todas as ambições de Alicia são particulares. Mudar o mundo não lhe interessa. Além de fazer Paco feliz, não tem metas específicas, exceto "um desejo de chegar à perfeição de uma maneira oriental", o que significa desenvolver suas potencialidades. A fama vale a pena porque lhe permite maiores chances de escolher pessoas interessantes com quem se encontrar – mas apenas isso. O dinheiro é útil para ampliar suas oportunidades, mas é perigoso porque as pessoas ricas tendem a conhecer somente outras pessoas ricas, preocupadas com seus vestidos de seda pura, fazendo todas a mesma coisa. No entanto, o êxito profissional não basta: chega muitas vezes combinado com uma vida privada sem esperanças. Cinco anos dirigindo um restaurante, "como uma irmã de caridade, como o capitão de um navio", deram-lhe um forte sentimento de realização, mas isto não é o suficiente.

Recentemente, quando Paco adoeceu – felizmente recuperou-se por completo –, Alicia pensou: o que faria se ele morresse? Trabalhar num escritório, nem pensar. Tomaria dois pensionistas e cuidaria deles. A pobreza não a preocupa, já que não lhe tiraria o prazer de pensar, de ter uma vida privada. Ficar sozinha também não a assusta. O outro lado de sua exuberante sociabilidade é a timidez, ou a concentração em seu mundo mental. Assim como o homem que vive rindo muitas vezes não passa de um infeliz, também aquele que vive indo a festas se sente com freqüência solitário. Alicia insiste em dizer-se solitária. Olhando de sua janela para os campos que circundam Madri, vê a natureza completamente indiferente aos seres humanos e toma essa indiferença por modelo: a necessidade de ser indiferente às preocupações dos outros, de se desligar das pessoas. Mas ser solitário não significa estar isolado. Ela não está; alterna saídas com os amigos, idas ao cinema (onde também faz um piquenique e come durante toda a exibição do filme) e ficar sozinha. A sociabilidade, para ela, é uma espécie de linguagem – quanto mais você pratica, mais rico é o tipo de comunicação que pode estabelecer com as pessoas. Mas na juventude aprendeu a cortar o próprio cabelo e, desde então, nunca foi a um salão de beleza. Este é o sinal de sua independência. Seus cortes de cabelo sempre são exóticos, não se parecem com os de ninguém.

KRAFFT-EBING, especialista em perversões sexuais e amigo de Freud em Viena, disse que a fome e o amor governam o mundo. Mas os dois esqueceram a fome e se concentraram nos tormentos do amor, o que foi pena, porque sexo, comida e bebida sempre andaram juntos na busca do prazer. Se a sexologia não tivesse se tornado uma matéria científica distinta, se a busca de conhecimento estivesse organizada de outra maneira, se houvessem professores de felicidade para estudar a paixão pelo prazer como um todo, em todas as suas formas, uma visão diferente poderia ter surgido. Os impulsos físicos não são déspotas e freqüentemente têm sido desobedecidos; os gostos não permanecem fixos para sempre. A maneira de buscar-se outra vez o desejo está em considerar o que as pessoas querem à mesa, e na cama, como parte de um conjunto.

A gastronomia é a arte de usar a comida para criar felicidade. Há três maneiras de comer, e três maneiras correspondentes de procurar a felicidade. Comer até se fartar é a primeira e tradicional maneira, confiando-se em velhas receitas e métodos bem experimentados. O objetivo é ficar contente, ser confortado, sentir-se aconchegado, ronronar de satisfação. Esta é a abordagem cuidadosa do prazer, que obedece à máxima: "Proteja-se dos corpos estranhos".

Por corpos estranhos não se deve compreender apenas a mosca na sopa, mas tudo o que é insólito, proibido, obsoleto, ameaçador. Foi no processo de aprender a comer que os humanos fizeram do seu temor aos corpos estranhos uma virtude e chamaram-na de gosto. Desenvolveram-se hábitos mentais que imitaram os padrões estabelecidos para comer, e o medo de corpos estranhos espalhou-se a muitos outros aspectos da vida; a rotina, embora aborrecida, parecia ser a mais confiável apólice de seguro. Uma boa parte da história da humanidade consistiu em guerras travadas contra os corpos estranhos, porque a primeira espécie de felicidade que os seres humanos buscaram foi aquela que lhes desse segurança. Nada teria mudado se houvesse triunfado a cautela, mas sempre houve pessoas nervosas e solitárias que não se sentiam seguras, que também se consideravam corpos estranhos, estrangeiros em seus próprios domínios; o contentamento parecia-lhes impossível.

Em conseqüência, uma segunda maneira de comer foi inventada, e considerava a comida um divertimento, uma forma de permissividade, uma carícia dos sentidos. O propósito consistia em seduzir e ser seduzido, com a ajuda de velas românticas e de um ambiente de boa convivência, cercado por odores deliciosos. Em tais circunstâncias, nossa atitude em relação ao mundo circundante se modifica apenas temporariamente: flertamos com os corpos estranhos durante a refeição, mas eles não afetam a maneira como nos comportamos no escritório. Esse tipo de arte de comer adequa-se ao indivíduo que se desespera por levar uma vida tranqüila, que anseia por distrações e surpresas, que busca uma espécie diferente de felicidade na frivolidade, em ser galhofeiro, cínico e irônico, recusando-se a ser permanentemente condenado à desgraça pelos grandes problemas, como a fome e a estupidez. Os cozinheiros que lhes prepararam comida se assemelham a músicos de jazz, improvisando variações graciosas, jamais chegando a uma conclusão.

Mas é claro que é impossível ser feliz, a não ser de uma forma muito superficial, enquanto os outros são infelizes. Quando a paz e a tranqüilidade, ou o engenho e o desapego, começaram a ficar insípidos, um anseio diferente nasceu, a fim de dar uma contribuição pessoal e original à vida. A busca de uma terceira categoria de felicidade – que os modernos chamam de criatividade – exigiu uma maneira de comer correspondente. Toda invenção e todo progresso resultam da descoberta de um elo entre duas idéias que nunca se encontraram, juntando corpos estranhos. Para os indivíduos que aspiravam a ser criativos, comer tornou-se parte do processo de olhar o mundo com um espírito mais aventureiro. Unindo ingredientes até então jamais misturados, cozinheiros criativos descobriram qualidades no alimento que ninguém suspeitava que existissem. Os comensais criativos estão constantemente empenhados em perder seu medo de pratos e corpos estranhos.

Contudo, isso não significa que existam três tipos de pessoas, cada um firmado nos seus hábitos. A criatividade é a preocupação do *chef* genial, que conscientemente tenta inovar, mas aqueles que acreditam que estão fazendo o contrário, reproduzindo infindavelmente as mesmas receitas da vovó, às vezes são criativos sem disso se darem conta. É verdade que existem pessoas que comem mais ou menos a mesma comida que seus ancestrais comiam há milhares de anos, mas ainda assim a variação se insinua, por mais limitado que o cardápio possa parecer. Dessa forma, uma pobre comunidade de Gana, completamente desconhecida para o mundo dos mestres da culinária, come 114 espécies de frutas, 46 tipos de sementes leguminosas e 47 vegetais. Nos Andes, um camponês pode distinguir sem dificuldade entre trezentas variedades de batata, e incluirá em seu guisado nada menos de vinte a quarenta variedades, cuidadosamente balanceadas. Sempre que uma receita não é seguida a rigor, sempre que se corre um risco mudando os ingredientes ou as proporções, o prato resultante é uma obra criativa, boa ou má, em que os seres humanos puseram um pouco de si mesmos. A invenção de um novo prato é um ato de liberdade, pequeno porém não insignificante. Há ainda um vasto campo para tais atos, já que a humanidade hoje em dia consome somente cerca de seiscentas das centenas de milhares de plantas comestíveis.

As crianças geralmente eram educadas para ser leais ao gosto da família ou, mais recentemente, para desenvolver identidades individuais mediante a afirmação de seus próprios gostos. Mas agora algumas estão sendo encorajadas a tratar os gostos como tratam as pessoas, ou seja, como dignos de serem respeitados, reconhecidos, compreendidos, e não a erguer muralhas entre aqueles com quem vão ou não falar, entre os alimentos de que gostam ou não gostam. Os estudantes franceses, cujo currículo agora inclui aulas sistemáticas na arte do gosto, são os pioneiros de uma revolução importante. Um espírito aberto acerca de comida e dos gostos alheios inevitavelmente modifica as atitudes que se tem em relação às atitudes dos vizinhos.

O mundo esteve muito tempo dividido em três grandes impérios, de tamanhos mais ou menos iguais, baseados nos três principais alimentos estabelecidos – trigo, arroz e milho. Porém o que separou as pessoas mais ainda foi o molho ou tempero que adicionaram: azeite de oliva no Mediterrâneo, soja na China, *chilli* no México, manteiga na Europa Setentrional e toda uma gama de aromas na Índia. Os russos se sublevaram na década de 1840, quando o governo tentou persuadi-los a cultivar batatas; habituados a viver principalmente do pão de centeio, suspeitaram de uma conspiração para transformá-los em escravos e forçá-los a adotar uma nova religião; mas em cinqüenta anos estavam apaixonados por batatas. A explicação é que eles acrescentaram a mesma acidez – *kislotu* – que sempre dera sabor à sua alimentação, e na qual estavam, de fato, viciados. Cada povo põe seu próprio sabor na sua comida, e só aceita mudanças se puder escondê-las de si mesmo, disfarçando as novidades no seu sabor especial. Otimismo acerca de mudança, seja na política, na economia ou na cultura, só é possível se for aceita esta premissa.

Os americanos utilizaram o açúcar como o gosto que torna todas as novidades aceitáveis. O açúcar, que não cheira e tem o poder mágico de tornar quase tudo superficialmente apetitoso, na verdade uniu o gosto do mundo muito mais do que qualquer outro ingrediente. Outrora considerado um remédio raro e divino – o mel era chamado de suor do céu, de saliva das estrelas –, sua produção aumentou quarenta vezes nos últimos cem anos: é a expressão culinária da democracia. O chocolate latino-americano, inicialmente temperado com *chilli*, só veio a conquistar o paladar mundial quando foi misturado ao açúcar (por Conrad van Houten, de Amsterdã, em 1828). Em 1825, Brillat-Savarin, autor de *A fisiologia do gosto*, previu que o açúcar estava destinado a ser o "sabor universal". Naquela ocasião, Goethe pagava 2,70 marcos de ouro por quilo; o açúcar era o elixir do prazer somente para os ricos, que gastavam mais com ele do que com pão. Agora a profecia se realizou: quase toda comida industrializada contém açúcar.

Toda a evolução culinária esteve subordinada à assimilação de corpos e condimentos estranhos, que são transformados no processo. A comida chinesa atingiu o apogeu no século XII graças às importações de mercadores aventureiros. A comida da Europa foi orientalizada pelo uso maciço de especiarias – na Idade Média, quase toda indiana. Depois, foi americanizada pela introdução da batata, do tomate, do peru de Natal e de outros produtos nativos americanos. A *fast food* não é americana nem européia, mas uma herança dos vendedores de rua do Médio e Extremo Oriente. A *nouvelle cuisine* é o resultado de um enxerto de idéias japonesas na tradição culinária francesa. Tais importações sempre foram feitas pelas minorias, contra a oposição. Qualquer inovação provoca oposição.

Contudo, a fome ainda é satisfeita sem a plena consciência acerca do que se quer comer. Certas comidas deliciosas não têm valor nutritivo, outras são desagradáveis até que sejam testadas, outras, ainda, não satisfazem o apetite, mas estimulam a pessoa a comer ainda mais, prolongando o prazer, qual amante que busca prolongar um abraço. Tentar dar sentido a semelhante conduta pode ser muito mais esclarecedor do que os gostos culinários de alguém – por exemplo, até onde alguém está interessado por novas espécies de prazer, ou por inovação e criatividade em geral; se está com vontade de arriscar um desapontamento ou fracasso, se quer ser bravo e livre mais do que aplaudido, se gosta de discutir os prazeres ou de dar prazer aos outros. A gastronomia é um ramo do conhecimento em crescimento, focada não na auto-indulgência, mas na exploração, tampouco na auto-exploração, mas na exploração do todo da natureza. Ela descortina à sua frente horizontes cada vez mais amplos de prazer e compreensão, ainda que tenha o seu lado obscuro, pois pouco tem feito para enfrentar as obscenidades da fome e da crueldade, e talvez só venha a conseguir o reconhecimento adequado quando o fizer. Todavia, garfos e colheres provavelmente têm feito mais para reconciliar pessoas em desacordo do que fuzis e bombas jamais fizeram.

Os PRAZERES DO SEXO, no entanto, estreitaram-se mais do que se afastaram no decorrer dos séculos. O sexo é o milagre que faz com que os seres humanos, normalmente atemorizados em relação aos estranhos, se sintam atraídos para alguns deles. Mas, até aqui, não conseguiu produzir sequer uma fração das flores – do afeto e da compreensão – de que seria capaz.

Como obter nas relações sexuais algo do aconchego e da segurança, do sentido de se saber o lugar a que se pertence, que a comida da mãe dá, foi o que as religiões pagãs ensinaram. Para elas, o mundo era uma grande máquina de auto-sustentação sexual: o céu impregnava a terra com sua umidade, e cada cópula era parte desse permanente processo de auto-renovação, não um ato sórdido, mas uma afirmação de parentesco com toda a natureza. O deus hindu Shiva constituiu um exemplo pelo prazer que sentia em espalhar sua semente entre as mulheres, e seus seguidores encaravam seus instintos sexuais como prova de que também tinham alguma coisa de divino.

A recompensa de fazer parte de um todo era reforçada pelo sentimento de que se podia contribuir pessoalmente para manter o mundo em marcha, pois a natureza tinha de ser encorajada tanto quanto é digna de agradecimento.

Os massais da África Oriental assim faziam nas periódicas Festas do Amor: durante vários meses as restrições de amizade e casamento eram canceladas e as pessoas, procedentes de centenas de quilômetros de distância, reuniam-se para fecundar a terra, os animais e umas às outras, em frente a seus sacerdotes; todo mundo fazia amor com todo mundo, somente as mães e irmãs eram excluídas. Tais ocasiões não eram consideradas orgias, mas uma maneira de dar um empurrão na vida. "Sexo é trabalho exaustivo", observou uma mulher *kikuyu* a um antropólogo, "não se tem tempo para conversar." Mas um prazer não diminui se obtido mediante árduo esforço.

Os chineses faziam da atividade sexual uma fonte de conforto ao situá-la no centro do seu sistema de medicina e acentuar-lhe o papel essencial na salvaguarda da saúde e cura de doenças, melhorando a circulação do sangue e relaxando o sistema nervoso. Os homens fortaleciam-se através do coito freqüente, que produzia energia ao unir os princípios do macho e da fêmea, mas tinham de tomar o grande cuidado de assegurar igual prazer às mulheres, da mesma forma que mantinham o solo da terra em boas condições, pois as mulheres produziam sucos vitais que prolongavam a vida. Os exageros bizarros de tais doutrinas obscureceram-lhes a mensagem mais profunda. Em *A arte do dormitório*, o ministro Han, Chang Tsang, descreve como tentou viver até a idade de 180 anos sugando as secreções dos seios de mulheres. Mas no que, virtualmente, todos os antigos manuais de sexualidade insistiam era na importância de se prestar atenção aos desejos das mulheres. Na Europa, o folclore antigo advertia que nenhuma concepção era possível a menos que a mulher sentisse prazer. A infertilidade, dizia o *Guia das parteiras*, de Culpepper (1656), era causada pela "falta de amor entre o homem e a mulher". Aqueles que hoje em dia encaram a atividade sexual como parte essencial de uma vida saudável fincam raízes profundas nessas tradições pagãs, dedicadas, como os taoístas observaram, "à simples e prazerosa arte de viver somente com o propósito de viver".

No entanto, da mesma forma que certas pessoas se cansam da comida da mãe e procuram restaurantes exóticos onde se divertir de maneira insuspeita, alguns buscam o divertimento em leitos exóticos. Mas enquanto o conhecimento da culinária se expandia, em conseqüência do comércio e das viagens, e recebia acréscimos constantes, a imaginação erótica logo se tornou repetitiva. Por volta de 450 d.C., as técnicas do prazer sexual haviam sido descritas de modo compreensível no *Kama Sutra*, um sumário de numerosas obras mais extensas, compilado pelo ascético celibatário Vatsyayana. Apesar dos exagerados relatos de aventuras pessoais contidos nessa obra de aprendizagem e literatura – notadamente Kshemendra (990-1065), em *O breviário da prostituta*, e Koka (?1060-?1215), em *Os mistérios da paixão* –, o alcance dos prazeres em disponibilidade permaneceu virtualmente inalterado; cerca de mil anos depois de Ovídio e Lucrécio, a Europa nada tinha a acrescentar. A pornografia dispunha de seus livros sagrados; seus devotos tendiam a se viciar numa obsessão particular. As fantasias que ocupavam espaço nas mentes dos amantes focavam, acima de tudo, a conquista, a dominação e a submissão, como se o mais comum relacionamento disponível fora da cama houvesse erguido cercas em volta dela. Não houve uma rebelião genuína nas fantasias de ser forçado a cometer atos proibidos ou ser seduzido por admiradores proibidos. Cada geração imaginou encontrar a liberdade em tais fantasias, embora estivesse simplesmente atada ao mesmo e velho mourão – ou a um de uma pequena seleção de mourões – ao redor de sua imaginação.

A mais excitante experiência sexual que um chinês poderia ter, do século X em diante, era olhar de relance os pés de uma mulher, que os havia reduzido a 8 ou 10 centímetros de comprimento, evitando-lhes o crescimento normal na infância.

"Ignoro quando este costume começou:
Deve ter começado por um homem vil,"

escreveu uma poetisa chinesa. A prática de enfaixar os pés foi introduzida por dançarinos da corte imperial e copiada pela aristocracia como sinal de distinção. Depois, as classes médias a adotaram, para mostrar sua respeitabilidade, agindo de acordo com os preceitos da castidade, e, ao longo de centenas de anos a partir daí, o costume permaneceu como um inquestionável objeto de desejo sexual, porque o sexo não gosta de se questionar acerca do que deseja. Uma mulher com pés miniaturizados não podia trabalhar nem ir longe; e tinha que prever se o marido podia dar-se ao luxo de mantê-la em casa, na ociosidade. O afetado andar desequilibrado excitava os homens; manipular os pés femininos tornou-se um prelúdio indispensável ao coito; manuais sexuais foram publicados para recomendar 18 posições em que o coito permitia a manipulação dos pés e aconselhando diferentes maneiras de acariciá-los para aumentar os graus de êxtase, ou seja, beijando-os, sugando-os, lambendo-os e mordendo-os, introduzindo um pé na boca ou comendo sementes de melão e amêndoas colocadas entre os artelhos. Os pais sabiam que lhes cabia o direito de vender as filhas como prostitutas, a um preço mais alto, se tivessem os pés deformados, e as moças eram louvadas por suportarem a dor extrema que a compressão provocava, o que significava a quebra dos ossos dos pés pelo resto da vida. Concursos de beleza entre mulheres de pés diminutos costumavam ser promovidos em festivais de templos budistas – a "assembléia dos pés expostos", originalmente para exibir possíveis candidatas ao harém imperial. Embora os manchus, que conquistaram a China no século XVII, decretassem a abolição do costume e insistissem em que as mulheres deviam orgulhar-se dos seus pés grandes, isso não bastou para convencer as mulheres, pois a sensualidade sempre se mostra complacente com seus hábitos; pés diminutos eram considerados um prazer em nada inferior ao do próprio coito, e os homens saboreavam a mistura de piedade e delícia que sentiam diante do sacrifício; os pés eram mantidos ocultos e, assim, permaneciam tão misteriosos como os órgãos sexuais propriamente ditos. Somente o movimento pela liberação da mulher, dois séculos mais tarde, apresentou razões satisfatórias para se desejar andar livremente com os próprios pés. E somente em 1895 um teólogo francês contou que os cristãos chineses admitiam, em confissão, pensamentos lascivos acerca dos pés das mulheres. Na província setentrional de Suiyuan as mulheres continuavam fanaticamente devotadas à compressão dos pés e a confecção de sapatos pequenos, belamente ornamentados, até a década de 1930. Essa veio a ser a forma particular do cruel erotismo que a China desenvolveu no pique de sua prosperidade, quando liderava a tecnologia e as artes no mundo, porque a prosperidade assim o permitia. A Europa obteve satisfações similares com o espartilho, que comprimia a cintura, ainda que os médicos advertissem, desde os tempos romanos e a Renascença até o século XIX, que ele trazia sérios perigos à saúde.

Em vez de ampliar a noção de prazer, sucederam-se ciclos de repressão e permissividade. Os ricos censuravam os pobres por sua chistosa obscenidade, mas na verdade ficavam fascinados pelos hábitos que condenavam e tomaramnos de empréstimo. Os pobres se apaixonavam e desapaixonavam com respeitabilidade. Montanhas irregulares de arte erótica ficaram como lembranças de décadas alternadas, e às vezes séculos, de licenciosidade. Na China, por exemplo, embora os objetos pornográficos existissem desde pelo menos 1000 a.C., o primeiro salto em sua produção ocorreu no século VII d.C., quando o império expandiu-se até os confins do Irã, da Coréia e do Vietnã; a prosperidade estimulou a luxúria erótica, ainda que, ou talvez porque, as pessoas se mostrassem mortalmente sérias acerca de seus feitos. Nesse período a China inventou o sistema de exames, que o mundo inteiro mais tarde copiou, e não fazia diferença alguma que a China fosse governada por uma imperatriz, Wu Chao, uma freira fanática e supersticiosa. Somente no século XIII o puritanismo se restabeleceu como o credo oficial. No século XVIII, um renascimento da arte erótica revelou prostitutas elegantes em bordéis de luxo, que eram centros de cultura e entretenimento, e Nanquim ficou famosa por seus vastos "quarteirões do prazer", de abundância sem precedentes. No século XIX, o imperador Tongzhi morreu de sífilis, e na rebelião de Taiping (1850), seis mil meninos cativos foram castrados para serem usados como garotos de programa, com pés reduzidos e pesados cosméticos. A maioria dos países poderia compor uma história de ondas de obsessão e reação: algumas vezes, o puritanismo veio da esquerda; outras, da direita; algumas vezes, daqueles que detinham o poder e, outras ainda, como uma reação contra eles. Não há idade de ouro no passado em matéria de sexo. Na década de 1950, os comunistas chineses destruíram sistematicamente enormes quantidades de antiguidades eróticas, numa tentativa de varrer da memória essas tradições ambíguas.

Nas décadas de 1930 e 1940, ao investigar de que maneira os americanos obtinham prazer sexual, Kinsey descobriu que ricos e pobres tinham idéias bem distintas, como se habitassem planetas diferentes. Os pobres devotavam-se desde cedo, "com um compromisso sincero", ao coito genital, fazendo amor antes do casamento sete vezes mais do que os ricos e utilizando as prostitutas com uma freqüência três vezes maior; mas com o passar dos anos, tornavam-se mais fiéis às esposas do que os ricos, que, em contraste, começavam a vida com mais prudência: na juventude, masturbavam-se duas vezes mais que os pobres, limitando-se, sobretudo, às carícias; mas, à medida que ficavam mais velhos, cultivavam a "arte do amor", preocupando-se com seios e jogos introdutórios, ao contrário dos pobres, que tinham dúvidas acerca da prática e até mesmo do beijo, e consideravam a nudez obscena. Em outras palavras, o sexo se tornara menos direto à medida que as pessoas haviam se tornado mais prósperas. O aconselhamento dado no *Kama Sutra* fora inspirado pelos mercadores ociosos das luxuriantes cidades medievais da Índia.

A terceira forma de prazer sexual produz amor e simpatias duradouras. É criativa, mas sempre foi tratada como um mistério desde o folclore primitivo até os dias de hoje. Por isso, os contos de fadas que ensinam às crianças da África Ocidental acerca do sexo apresentam-no como um jogo de esconder e procurar, sem soluções triviais: as populares histórias infantis sobre as aventuras do Sr. Pênis e da Sra. Vulva são farsas trágicas, que, em vez de estimular a obediência ao costume, oferecem apenas o humor como forma de lutar contra as inevitáveis dificuldades. Os pais são apresentados como figuras grotescas; o Sr. Pênis, que emerge por entre as árvores, é um homem generoso, mas o Sr. Testículos é egoísta; a moral de cada história contrariada pela seguinte; o adultério é, a um só tempo, idealizado e punido; o sexo é tanto divertido quanto cruel; e as fantasias não provocam necessariamente o desejo.

O restante do mundo continuou a tratar o sexo como um enigma, talvez por ter conduzido a maior parte dos seus negócios na suposição de que o egoísmo é a melhor maneira de prosperar, e as forças do sexo, que são capazes de estimular a abnegação, afiguram-se destrutivas, sendo melhor excluí-las da arena pública e relegá-las à privacidade do lar. Mesmo o cristianismo, que é a religião do amor, receou o amor sexual, confinando-o estritamente ao casamento, comparado por Lutero a um hospital para cura da luxúria.

O corpo estranho, que foi uma ameaça constante ao sexo enquanto criador do amor, foi o ciúme. Diderot definiu o amor em sua grande *Enciclopédia* como "a posse e gozo de outro ser". Foi o desejo de possuir – inevitável, talvez, enquanto a propriedade dominou todas as relações – que tornou os amantes tão inseguros, fez surgir o medo da perda e a recusa em aceitar que um amor tinha de ser sentido, outra vez, todos os dias. As raízes dessa atitude devem ser procuradas nos antigos manuais de sexualidade hindus, que viam o amor como um combate, envolvendo conquista – também inevitável numa época em que a guerra decidia o destino de todos. O *Kama Sutra* ingenuamente sugeriu que o amor só era perfeito quando ambas as partes saíam vitoriosas. Mas com grande freqüência questionou-se quem amava mais a quem.

Tudo ou nada, subjugação total: esses ideais militares limitaram a influência do sexo nos relacionamentos fora do quarto de dormir, impedindo-o de ser tão criativo quanto poderia ser. Há uma grande quantidade de sentimento sexual que jamais encontra expressão genital – amor não-correspondido, atrações e sensações em vários graus de suavidade, cuja maior parte se desperdiça. Esquece-se que na infância o despertar sexual resulta de uma ampla variedade de causas, muitas delas nada tendo a ver com sexo – experiências incomuns ou assustadoras, ser caçado, ser espancado, voar em avião –, e somente aos poucos o leque dos estímulos se estreita: quais as emoções de fato sexuais, será decidido em parte sob pressão do parceiro. A concentração da atenção no orgasmo, no momento do triunfo e entrega, restringiu a idéia de prazer sexual. Assim como a crença de que a energia sexual necessita ser descarregada, qual munição que explodirá no rosto de alguém se não for disparada contra o alvo. Esquece-se que entre os chineses e os hindus muitos advogaram o coito sem ejaculação, que em muitas das chamadas tribos primitivas, como os *dani*, da Indonésia, de quatro a seis anos de abstinência sexual são observados após cada parto, que entre os iorubas a maioria das mulheres normalmente não dorme na mesma cama dos maridos, que antes da fácil disponibilidade dos contraceptivos os casais passavam horas e horas se beijando: a penetração não é a única forma de carícia.

As formas de se transformar vagas atrações sexuais em propósitos úteis foram investigadas nos séculos XVII e XVIII, particularmente entre os franceses, que desenvolveram o flerte e a coqueteria como artes de sociabilidade, evitando envolvimentos exclusivos. Naquela época, num costume fora de moda, um amante (*amant*) ainda podia significar um admirador, e não necessariamente um parceiro sexual; originalmente, "fazer amor" significava cortejar, e não praticar o coito. O flerte imprimiu um novo rumo ao amor cortês, era o sexo sem sexo, um prolongamento das preliminares do sexo que nunca precisa ser consumado; mas em vez de idealizar o ser amado, tentava-se compreendê-lo e comprovar de que forma os dois poderiam ser mutuamente agradáveis e estimulantes. No entanto, a maior parte das pessoas tinha pressa de fazer conquistas e acusaram o flerte de tedioso, de fingido, de tornar o amor impossível, de levar os casais a se comportarem como se estivessem permanentemente num baile de máscaras. Essa hostilidade era compreensível, já que se via no casamento e na procriação a função principal da mulher, mas assim que mulheres e homens foram tratados como personalidades independentes, cujas opiniões valia a pena descobrir, o flerte pôde ser reconhecido como o primeiro passo de um relacionamento cujo propósito é a exploração associada e mútua. Talvez outra palavra venha a substituir flerte, para indicar seu significado em expansão: uma aventura fundamentada na atração, mas buscando fazer mais do que atrair.

"Um homem não tem pensamentos suficientes para uma mulher", diz um provérbio da tribo dos mateiros *kung*. Adultério e divórcio não foram maneiras particularmente criativas de acomodação. Mas o autor congolês Sony Labou Tansi, que escreveu que o erotismo é a arte de "bem cozinhar o amor", lembra que ainda há um longo cardápio a ser descoberto e que até lá muito afeto será jogado pela janela. Cozinhar, é claro, envolve não somente os sentidos, mas também o interesse em tudo o que está vivo, e a comida tem melhor sabor se supre, aqueles que juntos a consomem, de benevolência, ainda que temporária, de um para com o outro.

7
Como o desejo dos homens pelas mulheres, e por outros homens, mudou ao longo dos séculos

Por que quando as mulheres ficam mais ousadas e criam expectativas mais altas em relação à vida é inevitável que encontrem homens cada vez menos satisfatórios?

Em 1968, Patricia era uma estudante de direito de 20 anos, que se sentia tão satisfeita nas barricadas que acabou perdendo o ano, o que, aliás, não lamenta: "Foi divertido." Tendo arranjado emprego de balconista, continuou a fazer seus protestos como ativista de um sindicato durante dez anos – o que também foi agradável. "Eu adorei. Apaixonei-me pela coisa. O problema é que a gente envelhece depressa." Por isso, aos 35 anos voltou à universidade, fez estágio na Escola Tributária de Clermont Ferrand e agora é fiscal de impostos. Já que conhecemos outra fiscal em capítulo anterior, convém lembrar que dois membros da mesma profissão raramente são exatamente iguais.

Ser uma espécie de policial, depois de ter passado a juventude em manifestações contra policiais, dá a Patricia muita satisfação: as barricadas não foram assim tão inúteis. "Estou mudando a maneira de encarar a vida. Não sou Sherlock Holmes nem Zorro. Meu ponto de vista é que deve haver igualdade para todos, de forma que alguns não escapem pagando menos, em prejuízo do restante." Dos 180 fiscais tributários de sua região, apenas vinte são mulheres, que hesitam em se candidatar ao cargo porque na essência desse emprego está o confronto com os homens. Contudo, ser mulher não tem sido um problema para Patricia: "As pessoas ficam tão preocupadas com o exame de sua contabilidade que vêem somente o fiscal, não a mulher." Ela se encarrega apenas de homens poderosos: todos os anos, tem a missão de fiscalizar 12 companhias na classe do milhão de libras. "Sou totalmente fria, mas não vingativa. Não é a minha justiça o que imponho, mas o que está nos regulamentos. Somente em raras ocasiões aponto em relatórios a existência de má-fé – como no caso do diretor administrativo que dirigia um Porsche pago em segredo pela companhia. Ao contrário, fico emotiva, quase doente, quando sinto que posso causar o colapso de uma firma. Meu objetivo não é fazer cabeças rolarem." Uma herança de 1968 é que os funcionários públicos já não atacam os cidadãos com a mesma agressividade de antes.

Será que Patricia parou de odiar os ricos? Ela vem de uma situação confortável, como muitos dos utópicos de 1968. Quando os agentes fiscais entraram em greve, ela não aderiu: seu salário é baixo, porém magnífico em comparação com o que se ganha em outras partes do mundo. "Vi uma menina morrer aos meus pés em Nova Délhi; e os transeuntes simplesmente contornavam seu corpo ao passar." Patricia poderia ganhar duas vezes mais, caso se tornasse uma consultora tributária particular, mas isso significaria um horário de trabalho mais longo – e a atração do seu emprego é que ela dispõe de "tempo para viver". "Amo meu trabalho. Não quero fazer mais nada. Lido somente com pessoas inteligentes." O salário dá para pagar passagens aéreas. Não há continente, exceto a América do Sul, que não tenha visitado, porém nunca em excursões. Ela está de partida para o Quênia; no ano passado, visitou a Tailândia e as Filipinas. Seu ideal seria passar seis meses por ano no exterior, vivendo a vida de pessoas comuns, "integrada" em outra civilização. "Sou uma cidadã do mundo. Se alguma coisa dolorosa acontece em qualquer lugar, eu a sinto como se fosse comigo." O racismo é seu grande e intolerável inimigo.

Patricia considera esses aspectos de sua vida bem-sucedidos. Mas, acerca das relações pessoais entre um homem e uma mulher, a mensagem é triste. Seus próprios pais também não tinham mensagem a transmitir-lhe; o que quer que perguntasse à mãe, ouvia como resposta: "Pergunte ao seu pai." A mãe, com quem tem boas relações, disse-lhe que amava o marido e, portanto, jamais tomava decisões sem consultá-lo; Patricia, que a conhece bem, acha-a incapaz de decidir. Mas a capacidade de decisão tem sido uma praga em sua vida particular. Debater também é divertido e, quando sabe bem o que quer, não pára até ter feito o homem reconhecer que ela cedeu. "Sei um bocado sobre economia e política, e quando digo que ele não entende, ele não gosta. Talvez fosse melhor utilizar meu conhecimento com menos veemência: eu não pareço capaz de fazê-lo com gentileza. E por isso quero que o homem vença. Quero que tenha sua legitimidade."

A sociedade de consumo permite às mulheres não apenas comprar novas bugigangas e roupas o tempo todo, mas também desfrutar dos homens e depois descartá-los como uma refeição inacabada que se joga no lixo. "Hoje percebo que andei consumindo homens." Seu gosto por eles não diminuiu; no entanto, seu paladar tornou-se mais refinado. Leva-se tempo para compreender o que se quer dos homens. Ela não precisa deles para trocar um fusível ou ajudá-la a comprar um carro, menos ainda para preencher seu formulário do imposto de renda. O objetivo de sua busca está em encontrar um homem capaz de fazer coisas que ela não consegue fazer, um homem que possa admirar. Nenhum homem já respondeu satisfatoriamente a esse desafio de alguém cujo emprego consiste em fazer os homens tremerem na base. "Durante oito horas por dia não sou mulher, sou funcionária pública. Os homens se preocupam com mulheres capazes de ser diretoras administrativas; querem encontrar doçura nelas. Não posso ser branda no meu trabalho, tenho de esconder minha brandura e estou marcada por isso. É o preço que pago por ter um trabalho interessante." Ela continua a se apaixonar pelos homens. "Gosto enquanto dura, mas nunca dura muito. Sou incapaz de um relacionamento duradouro. Quando me apaixono, fico estúpida, dependente. Inconscientemente, penso que não gosto disso, e acabo estragando tudo. A relação se transforma em luta pelo poder."

Ela não admite que tenha feito opções erradas. O que fez, tinha mesmo de fazer. As mulheres se liberaram nos anos 1960, e ela quis experimentar a nova liberdade. "Foi a Era da Pílula, e precisava tirar partido disso." Surgiu a oportunidade de uma vida nova para as mulheres. Agora sabe que não deu certo, mas ignora a estratégia para o próximo assalto.

As feministas foram longe demais, diz, ao fazer exigências, nada mais que exigências. Foi um erro. Mas, por outro lado, "nós queríamos mostrar que éramos iguais aos homens. Agora as mulheres devem voltar à feminilidade". Patricia desaprova as amigas feministas que se recusam a cozinhar, mesmo quando convidam dez pessoas para jantar. Por outro lado, ressente-se daquelas que continuam a brincar de serem mulheres e rejeita "os homens que esperam que as mulheres acreditem no que dizem só pelo fato de serem homens". Ela não suportaria ser dona de casa.

"Minha vida de mulher-homem falhou. Fui ludibriada." A idéia de casal, no entanto, parece-lhe viável, embora não consiga fazer funcionar para si mesma. Passa a responsabilidade à próxima geração, pessoas que a impressionam pela cautela que demonstram em seus afetos, pela atmosfera mais descontraída que introduziram em suas relações, pelo seu romantismo e pelo desejo que demonstram em imprimir maior beleza aos relacionamentos. Olhando para trás, verifica a pouca beleza que sua geração pôs no conhecimento e na prática do sexo. "Eu costumava me comportar como homem. Se queria ir para a cama, ia para a cama – e pronto. Era um ato frio." Em Katmandu ela foi convidada a experimentar drogas, ficou cheia de orgulho e caiu num coma de 48 horas, que a curou por completo do desejo de drogar-se. Agora ela diz: "Sexo não é importante; não me interessa, a menos que faça parte de algo de muito maior amplitude."

Diz que aos homens cabe fazer um esforço em vez de se limitarem a observar as mulheres e sorrir. O problema é que a grande maioria dos homens que conhece é fraca: "Eles carecem de iniciativa." A quem recorrer, então, para aconselhar-se? A um astrólogo: "Precisamos de alguma coisa: a astrologia substitui a religião." Mas um astrólogo disse que ela sempre teria problemas com homens.

FLORENCE É CERCA DE 15 anos mais jovem, e também não encontrou uma saída. Cada membro de sua família tem "uma paixão". O pai é alpinista, ama escalar montanhas pelo risco que o fascina e quer implantar desafios porque a vida diária o entedia. Pretende ultrapassá-la e escapar da rotina. Essa espécie de fuga ele trouxe da infância, quando os pais brigavam o tempo todo. No entanto, o pai de Florence nunca brigou com a esposa. Algumas pessoas estão aprendendo a ter uma noção de si mesmas sem agredir as outras. A paixão da irmã de Florence é cavalgar. Os demais membros da família também são totalmente consumidos por alguma paixão.

Os pais de Florence nunca lhe disseram que rumo dar à vida, nunca lhe deram conselhos, e ela, por sua vez, jamais os pediu; sentia que os conselhos não lhe serviriam. Tudo o que eles desejam é que ela seja feliz – o que talvez signifique não saberem o que querem. Ela diz que a melhor maneira de se fazer uma criança feliz é ser feliz; a felicidade é contagiante. Seu pai se limita a adverti-la quando ela fica muito convencida, e Florence valoriza sua intervenção. Mas talvez não se sinta em condições de dar conselhos, por não estar satisfeito consigo mesmo, ou pelo menos é o que ela supõe, já que não o conhece realmente. Quantas pessoas conheceram bem os próprios pais? Desde o tempo em que as vidas particulares se tornaram mais importantes que as vidas públicas, tornou-se impossível manter tradições acerca de como viver para passar de uma a outra geração.

Se ao menos seus professores tivessem sido capazes de transmitir-lhe uma ambição mais profunda, se ao menos Florence houvesse encontrado algum professor que provocasse interesse na sua matéria e pudesse tê-la cativado... Mas sua carreira escolar foi um fracasso total, embora tirasse notas altas. Na universidade, não se impressionou com nenhum professor. Tornou-se professora também, o que a levou a perder as esperanças na educação: quatro quintos de suas colegas estavam desanimadas, somente uma ou duas se importavam com seu trabalho; para essas, a educação era quase uma religião.

Quem mais havia para apontar-lhe um rumo? "Fui educada num mundo em que as meninas falavam mal umas das outras", mas ela não tinha queda para o fuxico. "Nunca nos disseram que poderíamos conversar com homens." As discussões com os homens são sempre ameaçadas pela possibilidade de sedução: "Poucos admitiam a idéia de que é possível ter uma conversa verdadeira com mulheres. Assim que um homem sente que é amado, conclui que você quer ser seduzida. Ir para a cama pode ser o início para uma boa conversa, mas não é necessário. A dificuldade não é tão grande entre as mulheres jovens", admite. Seu melhor amigo é um ex-amante com quem mantém relações bem mais agradáveis agora que o problema da sedução passou. Às vezes, agrada-lhe a maneira como os homens a olham, mas em outras ocasiões fica desesperada. "Para falar com um homem, você precisa, primeiro, conquistar o direito de lhe dirigir a palavra."

O problema de Florence com os homens equivale ao problema de ter uma só "paixão". Nenhuma atividade a absorve por completo, sua paixão está em descobrir, em viajar, em desvendar o desconhecido, o que significa libertar-se de uma obsessão única. Há muitos ângulos em sua personalidade. Ela parece ser uma mulher que se preocupa com sua carreira, mas também gosta de costurar; recusa-se a se conformar com a imagem que seu emprego projeta, ou seja, que é um emprego para homens, não para mulheres. Se tivesse de escolher entre a carreira e a vida privada, preferiria a última. Se tivesse um filho, reservaria tempo livre para ele, sem se sacrificar. Não são poucos os homens que se frustram por não poderem saldar o débito contraído com uma mãe sacrificada. Os homens dizem que acham Florence desconcertante. Ela replica que só conheceu homens medrosos. Eles não entendem que ela não quer segurança. "As coisas mais interessantes da minha vida foram feitas em estados de insegurança. Quando me decido, vou às últimas conseqüências. Segurança me dá sono." O homem que atrai uma mulher pensa que a possui, quando uma relação amorosa deveria envolver uma nova sedução a cada dia. "Minha necessidade não é dispor de segurança completa nas minhas relações. Preciso ser posta em situações de perigo." Assim, uma de suas distrações é voar de asa-delta, e ainda deseja realizar outras descobertas.

Florence casou-se jovem, viveu um ano com o marido e depois, cada um viveu em sua própria casa, por três anos. Apesar de ter gostado da idéia de um lar comum, quer ter sua casa separada. Poucos homens são capazes de entender essa necessidade, ou que ela precise desaparecer por alguns dias; esperam que Florence lhes preste contas do seu tempo e julgam suas amigas, embora ela não lhes peça opinião a respeito; Florence acha insuportável estar com vontade de ler sozinha e ser impedida. Ela não se preocupa em exigir muito: "Tenho sorte por saber viver só." Mas não descansará enquanto não encontrar alguém para amar e ser amada; isso é necessário à paz interior de que necessita para ser capaz de se arriscar. Talvez os homens não apreciem a idéia de que o amor constitui apenas uma base para uma realização pessoal. Se pelo menos os homens que ela conheceu não fossem tão relutantes em correr riscos... pois é o medo que faz com que suas vidas não os satisfaçam em absoluto. "Não quero que o meu caso seja igual à média, um caso comum." O homem ideal de Florence costuma se assemelhar ao de todas as mulheres – inteligente, bonito, simpático, bem-humorado –, mas agora ela quer mais: quer ser capaz de admirá-lo profundamente. "É pretensioso dizer que não encontramos homens do nosso nível, mas eu, na verdade, não conheci nenhum que goste das minhas contradições. Estou mudando depressa, e os homens amados não puderam acompanhar-me; eles retardaram o passo. Preciso de um homem que me dê confiança, porque, às vezes, tenho dúvidas."

O marido de Florence não daria um bom pai, e "eu não sou tão egoísta para querer ter uma criança sozinha". Ele concordou em ser dependente dela financeiramente e o resultado foi um fracasso. A dependência perverte o relacionamento, e quando pequenas coisas vão mal, um dos parceiros cai em si, e o amor diminui. Assim, o relacionamento de Florence mudou com o dinheiro. Ela gostava de olhar vitrines e fazer compras: "Disseram-me que, quando me sentisse infeliz deveria sair e gastar dinheiro; eu não poderia me transformar numa pessoa com cinqüenta pares de sapatos." Agora perdeu o gosto pela posse; e gasta boa parte do seu dinheiro em viagens e livros, não em roupas. Acha que sua renda, mesmo modesta, basta para dar-lhe o que deseja.

Para viver correndo riscos, abandonou uma série de empregos seguros. Todo mundo a aconselhou a não fazê-lo.

Ela ignorou os conselhos, porque um emprego é como um homem, num caso de amor: se você não o ama, deve deixá-lo. É importantíssimo que um emprego seja uma relação de afeto. Depois do magistério, tornou-se jornalista num grande jornal diário do interior, e durante os três anos que ali passou ninguém jamais lhe disse quais deveriam ser os seus objetivos. Tudo provinha de uma rotina. "Rotina mata." Havia jornalistas qualificados cujos talentos estavam sendo destruídos; que sabiam que estavam escrevendo lixo, mas que não se importavam mais, enquanto a outros não era permitido o pleno uso de seus talentos. Ninguém queria abandonar o barco, já que o jornal era um emprego seguro, dava para sobreviver. Quando se demitiu, disseram-lhe que devia estar maluca; mas Florence insistiu que se deve deixar um emprego assim que se perde o entusiasmo. Toda a estrutura do mundo industrial entraria em colapso se as pessoas a ouvissem: vale a pena imaginar de que forma o parque industrial seria substituído.

Florence vive agora em Bruxelas, uma cidade com vocação para o desconhecido. "Alguma coisa vai acontecer dessa mistura de gente", mas ninguém sabe bem o quê. Coragem é uma maneira de tirar prazer das surpresas que o acaso cria. Ela está instalando uma agência de informações em que jornalistas de toda a Europa, de temperamentos compatíveis, poderão trabalhar juntos. Prossegue, pois, a busca de compatibilidade, aliada à independência. Novas aventuras complicam constantemente sua vida. Ela alimentava um preconceito contra os americanos, detestando seu "gosto pelo dinheiro e sua obsessão pela eficiência". O acaso levou-a a visitar os Estados Unidos, e mudou de idéia. Ela sabe como fazer isso. Certamente, conheceu indivíduos tacanhos, mas também outros, que não o eram. "Perdi meus complexos." A eficiência impressionou-a. No Canadá, conheceu um homem maravilhoso. Conversaram durante quatro dias inteiros. Ele não teve medo de dizer-lhe o que sentia. Parecia autêntico: "Ele satisfez meu desejo de harmonia e gentileza." Mas Florence ignora em que resultará essa amizade, que toca apenas um lado seu. "Ele não me expõe a perigos. Eu preciso de alguma insegurança emocional." Só o tempo dirá.

Depois, foi para o Líbano, onde existe perigo físico real. Ficou amiga de uma família libanesa e tornou-se madrinha da filha do casal, que está sendo educada na Europa. É uma nova espécie de relacionamento para Florence, uma nova prova das variedades da amizade, ser mentora de uma jovem adulta de 18 anos (Florence tem 27), com idéias bem diferentes das suas.

O cardápio de Florence para o futuro tem como prato principal o desenvolvimento da sua imaginação. Nunca lhe ensinaram como fazer isso na escola.

AO MESMO TEMPO em que as mulheres se tornavam mais exigentes em suas expectativas quanto aos homens, os cientistas descobriam que o mundo animal não era, como pensavam, dominado pelos machos. O grande macho babuíno parecia comportar-se como se dominasse a tribo, mas quando estudaram a tribo mais de perto, ficou claro que era uma fêmea que decidia para onde a tribo se deslocaria e quem sentaria perto de quem. O macho, segundo se supunha, procurava uma esposa e depois a deixava cuidando dos bebês; mas descobriu-se que, muito freqüentemente, as fêmeas tomam a iniciativa de procurar um companheiro e que cerca de 40% dos primatas machos cuidam dos macaquinhos. Pensava-se que as fêmeas eram vítimas passivas de seus hormônios, mas ficou constatado que esses eram produzidos tanto pela conduta delas, e dos que lhes estão próximos, quanto por processos automáticos e inevitáveis.

Acima de tudo, foi enfatizado que nem toda a natureza está claramente dividida em machos e fêmeas, notadamente quando se sabe que há numerosas criaturas que se reproduzem sem cópula, e seres que podem mudar de sexo ao longo da vida, quase como se decidissem trocar de roupa. Há espécies que são fêmeas na maior parte do tempo, reproduzindo-se sem coito, até que uma crise ocorre e a comida acaba; então elas cessam de produzir prole idêntica a si mesmas e começam a produzir machos, cuja função é apresentar soluções diferentes para a crise. Os machos não são necessariamente mais fortes; as fêmeas não estão necessariamente mais interessadas na companhia dos machos, exceto quando partilham a paternidade; e elas podem se mostrar muito difíceis de agradar na escolha de um parceiro: a fêmea de um pássaro chamado mergulhão rejeita 97% dos assédios masculinos e, externamente, não se distingue do macho, exceto por sua voz. Há muitos animais solitários indiferentes ao sexo, como a corça fêmea, que vive com os machos somente um dia a cada ano. Mas, sem dúvida, foram necessários milhares de anos para certos animais desenvolverem tais excentricidades e tantas formas variadas de independência.

Caso esses exemplos tenham alguma importância para os seres humanos, não é de admirar que as mulheres achem tão difícil encontrar machos que se ajustem ao modelo idealizado. Os esforços das mulheres para mudar a atitude dos homens em relação a elas têm uma longa história, cujos objetivos variaram à medida que as mudanças inevitavelmente produziam resultados inesperados e indesejáveis. Para dar um exemplo, as mulheres tentaram transformar o galanteio, modificando as regras da sedução repetidas vezes, como forma de alterar o relacionamento de casais.

Embora a tradição tenha muitas faces, uma das mais comuns foi que as moças não deveriam conhecer nenhum homem até estarem casadas com seus maridos e, mais ainda, que não deveriam estender tal conhecimento após o enlace. Em tais condições, o galanteio do macho seguia, em parte, o figurino dos métodos comerciais – negociar com os pais dela – e, em parte, a prática militar – o cerco, a demonstração de força, o espalhafato da confusão de presentes e promessas, até ela dizer: "Eu me rendo." Mas algumas mulheres repeliram seus pretendentes, por motivos que eles não podiam entender, e isso foi como a invenção de um novo tipo de armadura, que tornava arcos e flechas obsoletos. Nem todas as mulheres eram jovens quando se casavam em obediência aos pais. Em muitos períodos, cerca de um terço dos casamentos era, na verdade, constituído de segundos casamentos, porque as pessoas morriam muito cedo (a expectativa de vida, algumas vezes, era de 30 anos). As viúvas (e depois as divorciadas) bem podem ter indicado o caminho.

Às mulheres dizia-se que aprenderiam a amar os maridos após o casamento, por mais desagradáveis que os achassem a princípio. No entanto, certas mulheres começaram a exigir que tal possibilidade fosse provada antes do enlace, ou, pelo menos, que o homem primeiro as convencesse do seu amor. Quando essa mudança ocorreu, os homens perderam o controle do galanteio, porque não existia uma tecnologia da paixão, nenhuma instituição capaz de provê-la. As conseqüências são percebidas na crônica do galanteio nos Estados Unidos – o menos reservado, o mais variado e, provavelmente, o mais influente do mundo. Os americanos já se queixavam de uma crise de masculinidade na década de 1860. Mas cada geração, consciente apenas dos aspectos em que difere de seus pais e de seus filhos, se esquece de quão antigos são os motivos de discordância entre homens e mulheres e de como os seres humanos insistem em repetir os mesmos erros.

William Alcott, num livro intitulado *A esposa jovem* (1833), escreveu que havia "uma opinião muito generalizada" de que "o amor do marido e da esposa deveria necessariamente entrar em declínio após o casamento". Casais que se cortejaram na época deixaram cartas deplorando "a infelicidade quase universal das pessoas casadas". As noivas, em particular, estavam assustadas pelos "grandes e desconhecidos deveres para os quais me sinto incompetente", não apenas os deveres domésticos, mas a necessidade de transformar os maridos em homens "virtuosos e felizes". "É terrível me amarrar assim para a vida inteira." "O prazer agradecido" equilibrava, é verdade, as "tremendas responsabilidades" e o sentimento de que freqüentemente a intimidade se quebrava com a maior rapidez. Assim, dois séculos atrás as mulheres já tinham começado a agir para modificar seus laços com os homens.

Uma de suas fórmulas consistiu em dizer aos homens exatamente o que sentiam e tudo o que pensavam: a isso chamaram "franqueza". A tradição mantinha os sexos separados em dois mundos distintos, tanto no plano físico quanto mental. "A sociedade não permite uma amizade sincera entre homens e mulheres", escreveu uma noiva em 1860, "mas eu não serei hipócrita." Outra disse: "Sou capaz de amar você melhor a partir do fato de que a nenhum outro me dei tanto a conhecer quanto a você, a nenhum outro fiz tais confidências." No entanto, um homem replicou: "Os homens têm medo de se mostrar nas suas cores verdadeiras e tal como são." Eles tinham de preservar ao máximo sua reputação porque o sucesso dependia dessa reputação. Era um grande risco embarcar em conversações íntimas e dizer arrojadamente: "Vamos falar de nossas idéias, nossas opiniões um para o outro." Outro, escreveu: "É uma ficção que dois seres humanos possam ser peculiarmente constituídos e ajustados um ao outro sob todos os aspectos, como complementos perfeitos, capazes de uma união mística, absoluta."

Os românticos disseram: "Devemos ser semelhantes." Contudo, as mulheres começaram a descobrir coisas acerca de si mesmas no processo de abertura em relação aos seus pretendentes. "A abertura tornou-se quase obsessiva para casais posteriores a 1800." Isso não foi tarefa fácil para as mulheres, cujas reputações dependiam da discrição e da modéstia de atitudes. Foi preciso coragem para exigir que os homens dessem prioridade à busca de um sentido para a vida: "Não quero ver você trabalhando tanto assim", escreveu uma moça de Boston ao noivo, e milhões de mulheres repetiram, esse pedido, desde então, quando não exigem exatamente o contrário. Rebelar-se contra a idéia de que a renda deve preceder a intimidade é, na verdade, um ideal revolucionário. Já em 1850, a mulher suspirava por ser "o médico espiritual" do seu pretendente. Quanto mais de perto eles se olhavam, mais singular cada um se tornava, e menos promissor parecia o estereótipo do macho e da fêmea.

Os ideais estão sempre fora do alcance da mão. Algumas mulheres se preocuparam com esse fato, e suas preocupações as fizeram retroceder. Primeiro, elas se preocuparam em ser dignas da admiração dos seus pretendentes. Depois, preocuparam-se com a possibilidade de não virem a adorar os pretendentes com suficiente paixão: "Sinto que não amo você com aquele amor intenso de que sou capaz." O amor verdadeiro, pensava outra, deveria ocorrer "sem esforço". Uma terceira dizia que ainda não tinha certeza de ter encontrado o amor "com todo o coração, e que aquela velha e terrível preocupação voltou". Em outras palavras, perderam a coragem. A falta de confiança transformou-se no grande opressor. Reincidiram na admiração de homens aparentemente confiáveis, dominadores e afirmativos, que pareciam possuir a mais preciosa das jóias – a certeza. Em seguida, afligiram-se quando eles se mostraram fracos e revelaram desejar "uma mulher em cujo julgamento experiente se pudesse confiar". O grande problema tornou-se não somente encontrar o homem certo, mas também fazê-lo na ocasião exata, ter desejos que se harmonizassem com aquele instante particular, para sempre. Outro método tentado por certas mulheres para modificar suas relações com os homens consistiu em aumentar sua experiência. A classe média aprendeu a fazer isso com a classe operária, que não estava oprimida pelo medo de conviver com pessoas inferiores na escala social. "Encontro" foi originalmente gíria dos pobres, usada pela primeira vez em 1896. Por volta da década de 1920, a maior parte da juventude dos Estados Unidos vivia obcecada pelos encontros, cujo estudo mostrou que tomavam mais tempo do que qualquer outra atividade, salvo a escolar. Até cerca de 1945, o objetivo do encontro era sair com o maior número possível de pessoas: quanto mais solicitada fosse a pessoa, tanto melhor. Não se namorava muito nessa época. Tinha-se por finalidade adquirir autoconfiança pelo número de encontros. Um estudante secundarista orgulhava-se de ter "agendado" 56 moças em nove meses.

Muitos viam nesses encontros uma luta pelo poder, já que poder era o tema predominante na conversa dos adultos. Com efeito, o "encontro" libertou os jovens da tutela dos pais, já que envolvia saídas para lugares públicos de diversão, fora da supervisão direta no lar. O "encontro" substituiu o sistema de "telefonar", pelo qual um pretendente tinha de pedir permissão para ligar para uma mulher que ele cobiçava, cabendo a esta permitir que ele assim o fizesse, ou à mãe, que muitas vezes organizava a "chamada". Os homens imaginavam que o encontro restaurava sua supremacia; se pagavam as diversões, bebidas e refeições, então estavam comprando a mulher para seu entretenimento, um investimento igual ao que faziam em seus automóveis. E muitas moças, indubitavelmente, se convenceram de que sair com o maior número possível de rapazes era a única maneira de serem consideradas populares; por conseguinte, gastavam prodigamente em cosméticos e roupas, em contrapartida às despesas dos rapazes. A economia americana, certamente, tirou partido de tal predisposição ao gasto, o que, pouco tempo antes, teria contrariado o espírito americano.

O encontro parecia ser o método democrático para adquirir autoconfiança; era uma espécie de voto, uma eleição perpétua. Em vez de se preocupar com um amor ilusório, os jovens provavam um ao outro que eram populares conquistando um encontro. Nos bailes, as mulheres mais bem-sucedidas eram aquelas que dançavam a noite inteira, mas nunca duas vezes com o mesmo homem. "Nunca esnobe um pretendente", aconselhava o *Woman's Home Companion* em 1940, "porque ele pode estar à mão numa noite livre." A tal ponto era privilégio masculino tomar a iniciativa que quando uma mulher na faculdade convidava um homem para dançar, sábado à noite, "ele a interrompia no meio da frase e ia embora". As mulheres tinham o privilégio de decidir a quem aceitariam e quantos encontros já marcados fingiriam ter. Na Universidade de Michigan, as estudantes classificavam os homens de acordo com seu desempenho nos encontros: "A – suave; B – no ponto; C – sem lenço nem documento; D – meio estúpido; E – fantasma."

No entanto, após a Segunda Guerra Mundial, as mulheres perderam a coragem outra vez. Dezesseis milhões de jovens soldados foram enviados ao outro lado do mar, 250 mil morreram, 100 mil desposaram mulheres inglesas, francesas e de outras nacionalidades. O pânico avisou que já não havia homens em número suficiente e, mais grave ainda, que os veteranos exigiam mulheres maduras, sofisticadas, como aquelas que haviam conhecido na Europa, e não tinham tempo a perder com moças de cabeça oca. Em conseqüência, o "encontro" se modificou. Agora, as "caçadoras", "assaltantes", "ladras de homens" eram admiradas em vez das outras. Freqüentar a faculdade tornou-se uma forma de agarrar um marido, "de conquistar um diploma de madame" – e se a moça ainda assim não encontrasse um parceiro, estava fracassada. A idade mais comum de casamento para as mulheres caiu a seu mais baixo nível: 19 anos. Os encontros baixaram a uma idade incrivelmente jovem, nas escolas. Em 1959, 57% dos adolescentes americanos estavam "namorando firme". O objetivo original do "encontro" – trazer a experiência ao jovem – foi abandonado em favor de um senso de segurança, e o preço foi alto.

O retorno à feminilidade era o conselho dado pelas revistas especializadas na década de l950 (como aconteceu, a intervalos, desde então). "Todas podem se tornar um símbolo sexy da atual moda, caso tenham coragem de se transformar", assegurou a suas leitoras o *Ladies' Home Journal*. O *Woman's Home Companion* publicou um questionário para as leitoras medirem sua própria feminilidade. A primeira pergunta era: Você usa esmalte para unhas? A segunda: Você tem ambições de fazer carreira? A partir dos 12 anos, as moças usavam sutiãs com chumaço de algodão para se tornarem cópias do modelo feminino da época: o das atrizes de seios enormes. A idéia era simplificar a vida, permitir a cada sexo ter papéis definidos. Numa pesquisa de opinião organizada pelo *Senior Scholastic*, a grande maioria das mulheres disse que preferia homens que conhecessem a etiqueta formal aos que possuíssem personalidade agradável. Pelo fato de serem femininas e submissas, esperava-se daquelas mulheres que tornassem os homens mais masculinos, ajudando-os a "se sentirem homens". Isso parecia necessário porque as mulheres competiam com os homens no trabalho, e o código do cavalheiro antiquado parecia evitar a competição na vida privada. Mas, naturalmente, os homens que necessitavam da proclamação de sua masculinidade não tardaram a ser dispensados, e as mulheres perceberam que tinham adotado a estratégia errada.

Fica claro, desse modo, que embora as mulheres fossem capazes de mudar a maneira como os homens "dançavam", os "dançarinos" continuavam desajeitados e difíceis. Muito antes da revolução sexual da década de 1960, os americanos se preocupavam com sua identidade sexual; a Universidade do sul da Califórnia já oferecia a seus estudantes cursos sobre as "seis diferenças fundamentais entre homens e mulheres" dez anos antes. As mulheres que hoje se queixam de que os homens não têm vigor, nem iniciativa, leram muitos livros sobre cavalheiros valentes em armaduras brilhantes e não o suficiente acerca de fingimento e mentiras, e se esqueceram de como frágeis são as raízes da confiança. Além disso, mudar as pessoas é como decorar uma casa: assim que um cômodo fica pronto, os outros parecem mais feios.

TAMBÉM SE DESCOBRIU que o homem que servia de modelo a Don Juan era homossexual. Ele amava caçar mulheres, mas não gostava de mulheres; era a caçada que o excitava. Até esse momento, a história dos homossexuais era considerada marginal às relações entre homens e mulheres, mas, em data recente, um volume de novas informações veio à tona, através de pesquisa universitária e autobiografias mais francas, considerando o assunto mais importante do que se pensava. Embora visasse, antes de tudo, a construção de uma identidade para essa minoria, a pesquisa produziu descobertas importantes também para a maioria. Até que ponto o comportamento dos homens era diferente quando eles se apaixonavam por outros homens?

As relações sexuais entre homens passaram por quatro fases, mas cada nova fase não encerrou sua predecessora, de forma que as quatro continuam a coexistir. Originalmente, a homossexualidade era uma força conservadora, que fortalecia as instituições estabelecidas, sendo tanto um ritual quanto uma fonte de prazer. Fazia parte integral da religião pagã, cujos deuses desfrutavam de todas as formas do sexo; e somente quando o sexo deixou de ser um divertimento divino a homossexualidade passou a ser perseguida seriamente. Sexo e magia costumavam ser parte do mesmo mistério; freqüentemente os xamãs tentavam ser simultaneamente macho e fêmea, vestidos como tais, a fim de aumentarem seus poderes sobre ambos. Quando os soldados governavam e veneravam as qualidades marciais, às vezes utilizavam a homossexualidade como um método de fortalecimento da casta militar. Os samurais japoneses iam à guerra acompanhados de um jovem parceiro sexual. Antigos guerreiros celtas "ofereciam-se a outros homens sem o menor constrangimento" e se sentiam ofendidos se os seus avanços fossem repelidos. Muitas sociedades fizeram das relações homossexuais uma fase temporária obrigatória no processo de crescimento, e em certos lugares isso também se aplicou às mulheres (embora provas históricas escritas sejam menos evidentes). Entre os antigos gregos, do parceiro mais velho, num relacionamento homossexual, esperava-se um curso de cidadania e uma preparação para a vida conjugal do mais jovem, de quem esperava-se que não sentisse prazer nem desejo, senão gratidão, embora na prática esse ideal fosse muitas vezes corrompido. Quando as relações entre os dois sexos eram dominadas por problemas de propriedade, a homossexualidade se transformava numa alternativa de aumento do prestígio social e uma forma de luxúria ostensiva: alguns imperadores chineses mantinham garotos maquiados como suas esposas; o rei normando da Inglaterra, William Rufus, cercou-se de jovens cortesãos de cabelos compridos, vestidos de mulher; e no reinado da rainha Elizabeth I, libertinos da moda andavam pelas ruas dando um braço à amante e o outro a um homossexual, como demonstração de audácia. Modernas escolas com internato continuaram, sem perceber, as tradições homossexuais comuns a numerosas tribos espalhadas pelo mundo. Houve épocas – particularmente épocas de conflito – em que homens de traços femininos foram admirados; Napoleão, por exemplo, protegeu o escultor Canova, que gostava de pintar garotos efeminados, e o cantor castrado Crescentini, que emprestou sua voz feminina a papéis viris; essa tradição prossegue nas carreiras de modernas estrelas pop de sexo indeterminado. Mussolini construiu um estádio cercado por sessenta estátuas de homens nus, todos musculosos. Os homossexuais alternaram-se entre esses ideais tanto quanto os heterossexuais.

A homossexualidade foi mais ou menos aceita em cerca de dois terços das sociedades humanas, em uma ou outra época e, ocasionalmente, envolveu largos segmentos da população. Ela foi tolerada por muito tempo até mesmo pela Igreja: em 1102, Santo Anselmo, arcebispo de Canterbury, pediu que o castigo para a homossexualidade fosse moderado porque "este pecado é tão público que dificilmente alguém enrubesce por sua causa, e muitos, portanto, nele mergulham sem lhe perceber a gravidade". O rei que esteve nas Cruzadas, Ricardo Coração de Leão, não foi menos piedoso por causa de suas preferências sexuais. A Igreja preocupou-se mais, desde o princípio, em proibir os padres de terem relações sexuais com mulheres; quando foi desfechada uma campanha contra isso, a homossexualidade tornou-se ainda mais comum, especialmente nos monastérios, onde Santo Alfred de Rivaulx exaltou-a como uma forma de descoberta do amor divino.

Somente nos séculos XII e XIII começou na Europa uma repressão maciça à homossexualidade, como parte de uma campanha contra heresias de toda natureza, que evoluiu até o terror da Inquisição. Esta é a segunda fase. Penitências já não eram consideradas satisfatórias: em 1260, a França iniciou a perseguição, ao estabelecer a pena de amputação dos testículos na primeira ofensa, do pênis na segunda e da morte na fogueira em caso de terceira reincidência. A tentativa de Hitler de exterminar todos os homossexuais juntamente com os judeus foi a culminância dessa história. As perseguições tornaram a homossexualidade não mais conservadora, porém perigosa e clandestina. "Abaixo a hipocrisia. Uma libertinagem discreta pouco significa para mim. Quero gozar de tudo em plena luz do dia", escreveu o poeta Abu Nawas (787-814), em louvor à masturbação. Mas semelhante franqueza nem sempre foi possível. Oscar Wilde afirmou que, se todos exprimissem seus desejos de forma aberta e livre, o mundo rejuvenesceria, mas essa possibilidade era bastante improvável, porque até os mais corajosos tinham medo de admitir do que realmente gostavam; desse modo, e considerando que a perseguição aos não-conformistas predominava, ele advogou, como melhor alternativa, que as pessoas descobrissem as satisfações de fingir e ocultar – e agiu nesse sentido, fazendo-se de bobo em relação a opressores e críticos. Segundo Genet, não valia a pena tentar ser determinada pessoa, porque era impossível saber quando alguém estava sendo de fato autêntico. Dominique Fernandez acrescentou que se não houvesse discriminação contra os homossexuais, ele teria muito prazer em ser amante da liberdade, mas perderia muito do prazer que sente em ser um homossexual, o que, para ele, significa ser um pária, além de reforçar-lhe a impressão de ser diferente dos outros, na medida em que se interessa por assuntos que não podem ser discutidos abertamente: "Sexo", diz ele, "não é o que mais me interessa na homossexualidade", e, como romancista, não consegue se imaginar escrevendo sobre homossexuais felizes. Franqueza e reserva emergiram, assim, como competidores igualmente equilibrados, e o desejo sob a forma de cúmplice do que é proibido. O estremecimento emotivo do adultério heterossexual, conforme acentuam os últimos analistas de Cambridge, também evoluiu, em grande parte, da reserva e do risco. É muito simples afirmar que as relações pessoais seriam desimpedidas se todos fossem sinceros, ainda que isto fosse possível; algo mais é necessário, a saber, o desejo de compreender o que se diz com franqueza a alguém.

A terceira revolução na história da homossexualidade ocidental começou no século XIX, quando a atividade homossexual foi classificada não mais como pecado, mas como uma doença, ou um sinal de educação deformada, ou como conseqüência de uma disposição genética. Até então, os homens que freqüentavam as *molly-houses*, casas londrinas de travestis que floresceram no século XVIII, não eram considerados homossexuais, da mesma maneira que os homens taitianos com seus garotos de programa nas aldeias. A palavra homossexual foi usada somente em 1869 (quando Freud tinha 13 anos de idade), pelo escritor vienense Benkert, na esperança de evitar a perseguição aos homossexuais, ao mostrar que constituíam um "terceiro sexo", independentemente de sua vontade, e que, por conseguinte, não podiam ser acusados de vício ou crime; até então, os nomes pelos quais os chamavam tinham sido jocosos, sem classificações médicas, e a palavra gay revive essa tradição.

A segregação criou enorme ansiedade, com os homossexuais atingidos em seus mais profundos sentimentos, às vezes com resultados artísticos notáveis. Mas, aos poucos, o isolamento individual veio a ser mitigado pela descoberta de que eles não estavam assim tão sozinhos como imaginavam; revelou-se que muitas das maiores conquistas da humanidade eram devidas a pessoas que tinham experimentado ligações apaixonadas com indivíduos do seu sexo, incluindo os eminentes fundadores da ciência moderna (Newton, Halley, Robert Boyle), da tecnologia do computador (Turing, condenado a ser castrado quimicamente), da economia (Keynes), da arte (Leonardo, Michelangelo, Botticelli e Caravaggio até Francis Bacon), da filosofia (Wittgenstein), da música (Beethoven, Schubert, Tchaikovsky), da literatura (Proust encabeça uma longa lista), de escritores para crianças (Hans Christian Andersen) e até mesmo do criador do arquetípico herói americano, Horatio Alger; sem esquecer conquistadores do porte de Alexandre, o Grande, e Júlio César ("Um marido para todas as esposas e uma esposa para todos os maridos"). A renascentista Florença, conhecida como "a nova Sodoma", foi precursora de São Francisco. Outras minorias também tiveram ancestrais famosos, mas, acima de tudo, o que importa nessas ligações é o fato de revelarem combinações infinitamente variadas de desejo sexual e outras ânsias profundas.

Michelangelo escreveu: "De todos os viventes, sou o mais inclinado a amar pessoas. Onde quer que encontre alguém com certo talento ou mostras de agilidade mental, capaz de fazer ou dizer algo mais expressivamente que o resto da humanidade, vejo-me compelido a me apaixonar e me dedico de forma tão intensa que já não me pertenço mais, mas a ele, e totalmente." Para outros, o temor da velhice parece dominante, e a salvação estaria na juventude. Por exemplo: a solução de Robert Louis Stevenson não consistiu apenas em buscar inspiração no seu jovem enteado Lloyd Osborne, mas também em escrever histórias de aventuras para jovens, perpetuando uma fantasia que eliminasse qualquer idéia de decadência física; e um gênero inteiro de "romances" populares, de H. Rider Haggard em diante, teve o mesmo propósito. O próprio Freud, que identificou um componente de homossexualidade em todo mundo, escreveu: "Em minha vida, a mulher jamais substituiu o companheiro." Mas a busca do companheiro, em variedade infinita, macho ou fêmea, raramente encerra o assunto.

Sair do armário, proclamar a independência da Nação Gay, foi o ápice dessa fase. Isso faz parecer, de maneira superficial, que os homossexuais estavam interessados necessariamente apenas em seu próprio grupo. No entanto, aqueles que puderam se aprofundar em seus motivos mais íntimos com freqüência desejavam mais do que apenas ser eles mesmos, tendo por objetivo máximo escapar de si próprios, procurando parceiros de outras culturas, de outra geração, de uma classe social diferente. A consciência dessa atitude assinala o começo da quarta fase. Edward Said, escrevendo sobre o orientalismo, disse que, virtualmente, todo escritor europeu que viajou para o Oriente depois de 1800 estava à procura de uma sexualidade diferente, mais livre e menos imune ao sentimento de culpa do que a da Europa. O amor árabe, tal e qual a guerra, permitiu a T. E. Lawrence "livrar-me do meu eu inglês". O desejo era a mágica que possibilitava as transições em território desconhecido. O desejo permitia às classes abastadas, normalmente esnobes, ver os considerados inferiores, e a si mesmas, sob diferente enfoque.

Quando a Aids transformou tudo em promiscuidade, de forma mais profunda entre homossexuais do que entre heterossexuais, alguns começaram a investigar novos tipos de relacionamentos, "baseados mais na estima do que na paixão ou convenção", novas formas de fazer amor, "sexo sem penetração", formas essas mais próximas da idéia feminina do erótico. Edmund White, um dos mais lúcidos escritores homossexuais, afirma: "Nossa infantilidade, nossas responsabilidades mínimas, o fato de nossas uniões não serem consagradas, até mesmo a nossa retirada para os alegres guetos de proteção e liberdade... alicerçaram um estilo em que devemos explorar, apesar das nossas intenções conscientes, coisas que algum dia estarão no domínio da maioria heterossexual." Amizades entre homossexuais e heterossexuais, nas quais o desejo deixa de ser agressivo, têm forjado um novo e significativo relacionamento.

A maioria heterossexual descobriu o significado desta fase em 1993, quando *Les Nuits Fauves* conquistou o equivalente francês do Oscar, o César, como o melhor filme do ano e melhor filme de estréia. A história era repleta de cenas "explícitas" de amor homossexual e, contudo, a imprensa foi unânime em louvá-la: o ministro da Cultura quase lhe deu a bênção oficial ao declarar que "uma geração inteira se reconheceu". O autor disse, e o público entendeu, que não se tratava de um filme sobre um rapaz homossexual que se apaixona por uma moça, mas sobre "um homem em pedaços, que escava fundo suas contradições". Cyril Collard, que escreveu o filme, dirigiu-o e fez o papel principal de Jean, tornou-se um herói cult, e não apenas uma nova versão de James Dean: um rebelde inquieto sem uma causa, mas alguém que deu um passo à frente, capaz de compreender seu problema e conversar sobre ele de uma forma clara, mesmo para os que não estão prisioneiros do mesmo impasse trágico. Collard estava desesperado para escapar à falta de objetivo: "Eu senti que passava pela vida como esses turistas americanos que visitam países na carreira, conhecendo o maior número possível de cidades [e] eu estava absolutamente sozinho." Ele fez amor com todos os homens que pôde, mas cada encontro era tão-somente "uma tragédia repetida infindavelmente"; seus desejos eram "como ilhas, os acontecimentos nunca se encadeavam". Ainda que a excitação erótica lhe desse uma breve sensação de "onipotência", "minha descida ao inferno não passava de um jogo de sombras... as nádegas, seios, genitálias e ventres que eu acariciava não pertenciam a ninguém". Dificilmente tivera uma boa conversa com tais amantes. A satisfação imediata do desejo era o que importava, mas ele obtinha somente o orgasmo, "um breve instante de felicidade". Não tardou a encontrar dificuldades para dormir sem que primeiro tivesse um orgasmo e viu-se "à mercê do sexo como um viciado em cocaína depende da droga". Usou cocaína para aumentar o desejo e adiar o orgasmo. O sofrimento lembrou-lhe que estava vivo, mas nem isso foi suficiente; ficou horrorizado ao observar a maneira fácil como o sexo gera violência, como a violência se torna excitante – o que lhe causou desgosto de si mesmo.

Collard era mais inteligente do que James Dean: estudou engenharia, à qual renunciou para se tornar líder de uma banda de rock, publicou dois romances pelo maior editor da França, Françoise Verny, fez vários filmes, não parou de ler livros e ainda se tornou ator quando várias estrelas se recusaram a desgastar sua imagem com a participação em *Les Nuits Fauves,* julgando-o um filme excessivamente cru. A importância de Collard é que ele estava determinado a não sentir vergonha de ser tantas pessoas diferentes, ainda que duvidasse do talento de qualquer uma, e não fez segredo do fato de que aquele filme era autobiográfico. Quando ele se apaixona por uma moça parcialmente, que se queixa que ele não a ama o suficiente, Collard admite que ela é somente "um sanduíche entre mim e eu". Quando, enfim, ela se decide por outro homem, a quem não ama, mas com quem pode pelo menos partilhar a construção de algum tipo de futuro, ele tem o arrojo necessário para desafiar o credo universalmente apregoado de que o amor é a solução para todos os problemas.

O amor é visto como a liberdade, somente um ponto de partida: depois, muitas outras opções têm de ser feitas. Collard se recusou a rejeitar qualquer coisa sem primeiro examiná-la cuidadosamente e, ao mesmo tempo, recusou-se a ser rotulado sob qualquer aspecto, inclusive o sexual. Queimou uma etapa ao dizer que era homossexual, bissexual ou algo mais, que geralmente era homem, mas às vezes se sentia mulher. Que nenhuma imagem de feminilidade o agradava, da mesma forma que sua namorada, que, embora louca por ele, às vezes necessitava de uma mudança que ele proporcionasse. Estar vivo na sua plenitude, para ele, significava participar da "batalha planetária", ser "parte da história" mediante a intermediação do amor de outra pessoa, mas na esperança de que outros se juntassem à batalha e que juntos encontrassem algo digno por que lutar; estar vivo não é simplesmente ser Eu, nem é simplesmente ser Você e Eu. Esta declaração de propósitos, segundo a qual o que mais importa é um propósito nobre, ainda é vaga; precisará de muitos filmes para ser decifrada. Cyril Collard morreu de Aids, aos 35 anos, duas semanas antes de receber o prêmio.

Comparar de que maneira as mulheres tentaram influenciar os homens no galanteio com a maneira como os homens se cortejam um ao outro faz o desejo sexual emergir sob luz nova: não chega a ser um furacão irresistível nem uma cobra reagindo à flauta de certas espécies de encantadores de serpentes. É muito simples dizer que todo indivíduo tem de descobrir, sem ajuda, em que está "ligado". O desejo não é mais inexplicável que o gosto. Ao longo dos séculos, tem sido extraordinariamente flexível e versátil, servindo a causas opostas, desempenhando papéis muito diferentes na história, como um ator a um só tempo cômico e trágico, às vezes papéis simples, que reproduzem estereótipos corriqueiros, e outras vezes papéis experimentais, complexos, deliberadamente misteriosos. Isto sugere que outras alianças, outros excitamentos, também são possíveis.

Para que esta conclusão fique mais clara, é necessário conhecer melhor o fantasma que assombrou tantos relacionamentos no passado – o desejo de adquirir poder sobre os outros.

8
Como o respeito se tornou mais desejável que o poder

Sonhar, dormir e esquecer: algum estadista, por acaso, já se declarou especialista nestas artes? Somente a prefeita de Estrasburgo, Catherine Trautmann. Ainda na casa dos 30 anos, eleita para governar a capital parlamentar da Europa, essa mulher está sugerindo que a música da política jamais soará do mesmo modo?

Sua aventura principiou com uma tese sobre sonhar, dormir e esquecer, com especial referência aos gnósticos. Estes formaram uma seita que floresceu mais ou menos na mesma época de Jesus Cristo, e cuja crença essencial dizia que toda pessoa é um estranho no mundo; até Deus é um estranho, porque Sua criação é imperfeita e Ele também não se sente à vontade nela. Foi, no entanto, uma seita de otimistas, convencida de que todos encontrariam a salvação, ou pelo menos todos que desvelassem o simbolismo em que o mundo estava envolvido e descobrissem os rituais necessários ao triunfo sobre o mal. O cristianismo competiu com o gnosticismo e tomou idéias emprestadas; mais tarde, William Blake, Goethe e Jung estavam entre as grandes mentes que tiraram inspiração do gnosticismo. Catherine Trautmann pensa que os gnósticos têm muito a dizer às pessoas modernas, que, como eles, vivem constrangidas num mundo injusto. Os gnósticos foram marginais, e ela também é marginal (ou seja, ela não se sente parte de uma ordem estabelecida, segundo a qual as coisas são o que têm de ser). Os gnósticos tinham "um certo desligamento", que ela também procura cultivar. Eles tentavam ver além das aparências, encontrar um significado oculto no que parecia não ter qualquer significado, empreender "uma exegese da alma"; ela também diz que aquilo que mais a interessa não é o óbvio, mas o que está esquecido. Os gnósticos acreditavam que oposições aparentes não eram necessariamente diferentes, e tentaram transcender as diferenças entre macho e fêmea: isso tocou numa corda de Catherine Trautmann, cujo primeiro instinto político foi ser uma feminista disposta a mudar a maneira como as pessoas se tratavam.

Para atingir seus objetivos, no entanto, fez uma opção deliberada. Em vez de se alistar no movimento feminista, juntou-se aos socialistas. Para melhorar o mundo, diz a si mesma, não se deve permanecer em atitude de alheamento, mas participar da corrente. Ela decidiu tornar-se "uma marginal integrada na sociedade", a fim de mudá-la de dentro para fora. E marginal continua, mas isso agora significa que ela mantém sua liberdade dentro da sociedade, não permitindo que o marginalismo se torne egoísta ou orgulhoso.

Quando criança, dizia a si mesma que não devia esquecer o que tinha aprendido; mas, como adolescente, leu Freud, e concluiu que o esquecimento nem sempre é acidental. O aspecto irracional da natureza humana intrigou-a. De um lado, estava determinada a evoluir até tornar-se o tipo de pessoa que desejava ser, e cuidadosamente formulou uma relação dos seus objetivos. Por outro lado, não podia se convencer de que algum dia desembaraçaria os misteriosos processos que levam uma pessoa a este e não àquele caminho. Sua tese sobre os gnósticos não explica sua política atual; foi um exercício de modelo acadêmico, mas foi também uma tentativa de descobrir o que procurava – e se não se transformou numa política convencional, foi porque ainda está no processo de "desembaraçar", tentando dar sentido a si própria e aos outros.

Quando foi eleita prefeita, com 38 anos, sua filha lhe disse: "Você queria ser prefeita há muito tempo e nunca me disse." Ela respondeu: "Eu não sabia que era isso o que desejava." Mas uma amiga ponderou: "Você não pode fingir que se tornou prefeita por acidente. Não percebe, então, que desejou o cargo esse tempo todo?" "Não", disse Catherine Trautmann, "eu não percebi isso." Não é fácil saber o que se anseia. Ela pergunta a si mesma: "Qual o meu objetivo, agora que sou prefeita?" Não há resposta simples.

A família logo lhe vem à mente, antes que enuncie um grande princípio político. Uma das primeiras finalidades da sua vida foi a parceria bem-sucedida com o marido. Os políticos, geralmente, não iniciam a conversa por suas vidas particulares, embora seja este um interesse a ser compartilhado com todos os seus eleitores, salvo os que engendram ambições mais solitárias. O acordo que fez com o marido, com quem se casou aos 19 anos, estabelecia que nenhum dos dois jamais limitasse a liberdade do outro. Ela "ama a política", segundo afirma. É uma paixão com a intensidade de um caso amoroso. "Minhas duas filhas aceitaram isso muito bem, porque lhes digo que a política é muito importante na minha vida." O que significa que Catherine Trautmann vê as filhas bem menos do que desejaria, em outras circunstâncias. "Não sou uma supermulher." Seu marido, seus pais e um círculo de amigos tomaram a iniciativa de criar uma rede de afeto em torno das filhas. Isso não é algo que ocorra naturalmente. Ela não ignora como é difícil para uma mãe que trabalha fora encontrar creche: seu próprio fracasso em encontrar uma foi o estímulo que a levou à política, em primeiro lugar.

No entanto, mesmo com toda essa disposição e paciência, um casamento pode acabar com facilidade. A mulher, afirma Catherine, talvez seja muito exigente em se fazer ouvida; sua insistência talvez seja "brutal". Um dia, "eu disse a mim mesma: pare com isso. Você está exigindo demais. As relações conjugais têm uma tendência teatral, os atos se sucedem... chega-se à cena 3, ato 5... Percebe-se, então, que tudo não passou de desempenho teatral. Você é vítima do hábito e se deixa arrastar". A chave para tirá-la do palco está na decisão de jamais permitir que o menosprezo contamine sua vida. "O menosprezo é o pior de tudo, é uma forma simbólica de se matar uma pessoa. Ele me revolta."

A conclusão pouco convencional de Catherine é que a política pode não fornecer uma chave, um dogma, uma solução para todos os problemas. Tendo estudado o confronto teológico dos tempos antigos, está chocada pela similaridade que existe entre os políticos modernos e os teólogos do passado, quanto à maneira de pensar. "Isso me impossibilita de sair ingenuamente por aí repetindo um discurso ideológico." Os políticos podem formar partidos separados com outros cujas opiniões compartilham, em parte, porém sempre haverá conflitos internos no partido. Ela gosta de agarrar-se a esses conflitos, descobrir estratagemas de competição, desde que existam regras para o jogo, como no esporte. A busca de poder não pode ser o alvo, porque "as pessoas no poder perdem parte da sua identidade: há uma tensão constante entre você, enquanto pessoa, e a repartição pública que dirige", entre o indivíduo e a maneira tradicional de exercer autoridade. Deseja que os políticos continuem a se portar como seres humanos individuais. Os que ela mais aprecia são os políticos "atípicos". O mais importante no modelo de político que ela favorece é a insistência contínua na expansão da sua personalidade, do seu "desenvolvimento espiritual".

Eles não devem esperar o êxito, porque todo triunfo é provisório: apenas um passo, jamais o último. A política é um aprendizado em continuação, exige que a pessoa se adapte ao fato de os outros serem diferentes. Essa é a recompensa – a diversidade humana: "Fazer política é uma forma maravilhosa de observar a variedade da vida." E, naturalmente, a vida está cheia de malogros: "É fundamental reconhecer fracassos pessoais: um político é testado segundo sua predisposição em aceitar derrotas." As mulheres", afirma, "têm sido amedrontadas pela política, porque percebem que é um mundo 'duro'"; mas, na realidade, levam uma vantagem sobre os homens: as mulheres têm dupla face; vêem o mundo tanto em seus aspectos públicos quanto privados, o que as impede de se perderem em abstrações. "As mulheres têm mais liberdade como políticos; os homens aceitam uma porção de coisas que não tolerariam um do outro; com as mulheres, há uma expectativa de lances novos, de mudança."

Na juventude, Catherine Trautmann também se assustou, e não somente com a política: "era tímida, ansiosa por companhia." Na condição de jovem mãe, afligiu-se por não ter certeza de sair-se bem com os filhos, ou por não saber como responder às perguntas deles. Assim, sua ambição consistiu em "ultrapassar minha timidez". Sempre se sentiu uma pessoa solitária, o que parece contradizer sua imagem de mulher feliz no trabalho e no lar; mas descobriu que existe valor na idéia de estar sozinha. "A solidão é minha coluna mestra, meu jardim secreto. Ninguém entra, exceto os que estão mais próximos."

Ela tem o cuidado de continuar com sua duplicidade. Marmelada da Vovó era o seu apelido na escola. Ainda mantém o passatempo favorito de preparar compotas e conservas de marmelo, abóbora e tomate, segundo receitas pessoais. Gosta de confeccionar roupas e "objetos incomuns", trabalhos de arte com pedaços e remendos. Artistas com uma pitada de humor sarcástico são os que mais lhe agradam – os surrealistas e os grandes caricaturistas. Em casa, não profere discursos. Em companhia do marido, deixa de ser prefeita.

A rainha Elizabeth I, da Inglaterra, disse: "Sei que o meu corpo é o de uma mulher magra e frágil, mas tenho coração e estômago de rei." Ter estômago de rei já não é ambição adequada. O modelo do homem forte, capaz de inspirar obediência, saiu de moda. O entrelaçamento que Catherine Trautmann faz da vida pública e da vida particular sugere que a política pode ter uma textura diferente. Para seus adversários, ela não passa, é claro, de outro rival a ser desestruturado – e um lado dela realmente está empenhado na guerra tradicional da política, mas o lado menos óbvio emite sinais de novas possibilidades nas relações humanas.

SER REI: A CERTA ALTURA, este foi o sonho universal não somente de políticos, mas de pais que governavam os filhos, maridos que tratavam as esposas como criadas, patrões que podiam chegar ao extremo de dizer "rua" com um aceno de cabeça, funcionários que esqueciam as hemorróidas imaginando que suas cadeiras gastas fossem tronos. Na vida real, durante os últimos 5 mil anos, a grande maioria dos seres humanos foi submissa, encolhendo-se perante a autoridade e, salvo irrupções de protesto de curta duração, sacrificando-se para que uma pequena minoria pudesse viver no luxo. Se, às vezes, veio a mostrar as garras, foi por ter encontrado alguém junto a quem podia bancar o tirano, alguém mais fraco, alguém mais moço. A desigualdade foi aceita por tão longo tempo porque os fanfarrões encontravam vítimas a quem intimidar com suas bravatas. O líder todo-poderoso era admirado porque encarnava os sonhos de autoridade que as pessoas humildes alimentavam em segredo e tentavam desempenhar em suas vidas privadas. Mas agora a obsessão pelo domínio e subordinação começa a ser desafiada por uma imaginação mais ampla, faminta de estímulo, em busca de alguém a quem ouvir, desejosa de lealdade e confiança e, acima de tudo, de respeito. O poder de dar ordens já não basta.

No passado, sinais exteriores de respeito – tirar o chapéu, fazer uma curta reverência – provavam que as pessoas aceitavam e agradeciam sua submissão ao poderoso. Hoje, porém, a qualidade das relações pessoais entre dois indivíduos passou a contar mais do que classe ou prestígio social. Embora os políticos se tenham instalado nos palácios dos reis, desempenham a menos admirada das profissões, muito abaixo de médicos, cientistas, atores e até mesmo dos tão malremunerados enfermeiros e professores. Não é de surpreender que as mulheres, em geral, não tenham desejado ingressar na política tradicional. Sempre que um político faz uma promessa e não a cumpre, os pretensos reis merecem menos crédito.

Dois mundos convivem lado a lado. Num deles, a luta pelo poder continua quase como sempre foi. No outro, não é o poder o que conta, mas sim o respeito. O poder já não assegura respeito. Mesmo a pessoa mais poderosa do mundo, o presidente dos Estados Unidos, não é poderoso a ponto de exigir o respeito de todos; provavelmente, tem menos poder do que tinha Madre Teresa, a quem ninguém era obrigado a obedecer. Tradicionalmente, o respeito se converteu em poder, mas agora se tornou desejável por sua própria conta, e cru, de preferência a cozido. A maioria das pessoas sente que não recebe tanto respeito quanto merece, e a obtenção desse respeito tornou-se para muitos tarefa mais atrativa do que o poder triunfante. A atenção centraliza-se na vida familiar, onde o objetivo já não consiste em ter o maior número de filhos possível, outrora maneira de enriquecer, mas criar laços de afeto e respeito mútuo, e estendê-los a um círculo escolhido de amigos. O clã e a nação deixaram de decidir a quem se deve odiar e a quem cortejar. Os poderosos são alvos de zombaria mais do que nunca, ainda que continuem temidos. Governos modernos, que tentam controlar mais aspectos da vida do que os reis jamais conseguiram, são constantemente humilhados, pois suas leis raramente atingem o objetivo pretendido, são evasivas e retorcidas, em poucos casos logram mudar as mentalidades – estas, afinal, as que decidem o que de fato acontece –, raramente sendo capazes de resistir aos especuladores ou às tendências econômicas globais.

Um novo olhar passou a vigorar. Deixou de ser algo admirável tratar pessoas como animais, cuja domesticação constituiu, outrora, a mais orgulhosa conquista da humanidade. As vacas foram ensinadas a trabalhar dia e noite para produzir 15 mil litros de leite por ano, quando, antigamente, sua produção diária pouco passava de meio litro. As ovelhas aprenderam a produzir 20 quilos de lã por ano, quando um mísero quilo bastava para mantê-las aquecidas, e, no processo, começaram a balir continuamente, e se comportarem como ovelhas, o que não costumavam fazer. Os porcos foram transformados de livres porcos selvagens, belicosos salteadores da floresta, em dóceis chafurdadores em sua própria urina, forçados a ter incomuns contatos íntimos com outros, a engolir avidamente suas refeições em poucos minutos – enquanto, no passado, tinham a preocupação de procurar por alimento –, até chegarem ao ponto de não terem mais opção, salvo a de alternar sono e agressividade, mordendo as caudas uns dos outros. Até mesmo a conduta sexual se transformou: alguns animais ficaram bem mais ousados, outros quase perderam o interesse; uns, criados em grupos de machos, estabeleceram estáveis relações sexuais; outros, alimentados com dietas à base de altas taxas proteínicas, aliviavam a tensão pela masturbação. Alguns animais foram criados de forma a reter suas características juvenis para a vida. Desde o século XVIII, quando a procriação consangüínea entrou em moda, muitos se tornaram mais uniformes, mais estereotipados do que antes. Em geral, somente quando os animais ficavam comercialmente inúteis é que se extraía prazer na sua companhia; mas só em época recente os humanos começaram a questionar se a maneira de mostrar afeto a cães significa criá-los deliberadamente em modelos grotescos e dolorosos.

Foi assim que se descobriu o que o poder significava: a capacidade de fazer os outros se comportarem de acordo com quem detinha a força. Isso costumava inspirar enorme respeito. A experiência da domesticação mostrou que os seres vivos eram capazes, sob pressão, de um vasto leque de comportamentos e temperamentos, e que podiam ser levados a contribuir para sua própria escravização, permanecendo ligados, até mesmo, a proprietários que os maltratavam. Poucos observaram como o senhor de escravos era, muitas vezes, escravizado por sua vítima. Não tardou a que os seres humanos começassem a tentar se domesticar uns aos outros, criando seres destinados à subordinação e dominação. Quando aprenderam a domesticar também as plantas, tornaram-se a primeira baixa de sua invenção. Uma vez envolvidos na produção e acumulação de colheitas, na tecelagem e no cozimento em panelas, assim que se especializaram em diferentes artes, descobriram que estavam compelidos a trabalhar para uma minoria disposta a monopolizar as boas coisas da vida, proprietários de terra que organizavam a irrigação, padres que providenciavam chuvas, guerreiros que davam proteção contra vizinhos saqueadores. A primeira teologia de que há registro, a da Suméria, declarava que os humanos foram criados expressamente para aliviar os deuses da necessidade de trabalhar para seu sustento, e, se não o fizessem, seriam punidos com enchentes, secas e fome. Não tardou a que os reis se proclamassem deuses, e os sacerdotes exigissem um preço ainda mais alto para a redenção, ao mesmo tempo em que assumiam a propriedade de mais e mais terras. Nobres e bandos de guerreiros intimidavam os que lavravam o solo, poupando-lhes a vida apenas em troca de uma parte da produção, impondo uma trégua na violência em troca de ajuda na pilhagem de países estrangeiros. Assim, uma elite acumulou poder, habilitando-se a viver no alto luxo e a estimular o florescimento das artes, mas a civilização era, para muitos, pouco mais que uma extorsão protetora. Sob tal sistema, o respeito fluía principalmente para os que viviam à custa dos outros. Nunca houve respeito suficiente circulando, porque apenas pequenas quantidades dele foram cultivadas.

Os romanos, que administraram uma das mais bem-sucedidas extorsões protetoras, tornaram possível, a umas poucas centenas de milhares de pessoas, desistir do trabalho e receber alimentação gratuita do governo, paga pelos impostos extorquidos dos territórios estrangeiros "protegidos", que lhes garantiam o império. Contudo, o custo das extorsões sempre acaba por subir com o tempo, à medida que mais pessoas têm acesso a uma participação nos lucros, que a administração fica mais incômoda e os exércitos mais dispendiosos, porque os cidadãos, geralmente, acabam preferindo pagar mercenários a lutar por eles. Quanto mais próspera uma civilização, mais pessoas ela atrai do outro lado de suas fronteiras, ansiosas para roubar, e mais despesas tem de fazer para se defender ou para suborná-las; ela inventa arranjos cada vez mais complexos para sobreviver e, eventualmente, tais arranjos se tornam por demais complexos, e a civilização deixa de funcionar. A União Soviética ficou apoplética quando passou a gastar a maior parte do seu orçamento em defesa.

Somente em 1802, a dominação e a subordinação entre todas as criaturas vivas começaram a ser estudadas cientificamente. No exato instante em que Napoleão fazia duques e barões, restabelecendo as hierarquias, o naturalista cego, o suíço François Huber, descrevia como as colméias também viviam numa ordem estritamente hierárquica. Em 1922, o ano em que Mussolini ascendeu a primeiro-ministro, Schjedelrup-Ebbe mostrou como as galinhas famintas sempre permitiam que sua líder (a galinha "alfa") comesse primeiro e não ousavam interferir até que ela tivesse acabado; se a galinha líder fosse removida, nem assim as galinhas comiam logo, preferindo esperar até que a "beta" enchesse o papo e assim por diante, em escala descendente. A ordem das bicadas das galinhas mostrou-se tão rígida quanto num exército, a tal extremo que, quando afastadas por algumas semanas e depois devolvidas ao grupo original, cada uma retomava de imediato a velha hierarquia. Como recompensa, o grupo vivia em paz, não brigava por comida e produzia mais ovos. O preço era o da injustiça. As que estavam no fundo da hierarquia não somente tinham menos para comer, mas também uma prole menos numerosa, sofriam de estresse, deterioravam-se fisicamente e, em momentos de perigo – quando a comida escasseava, quando a população ficava muito densa –, transformavam-se em bodes expiatórios e eram atacadas sem misericórdia. Princípios idênticos foram observados em outras criaturas: os filhotes de coelhos, lobos e ratos dominadores tendiam a se tornar também dominadores; os babuínos tinham dinastias aristocráticas. A natureza parecia estar dizendo que a igualdade era impossível, e que apenas os fortes podiam alimentar a esperança de ser respeitados.

Na década de 1980, porém, descobriu-se que a agressão, geralmente encarada como a característica essencial dos animais, não era o que parecia ser. Estabelecer a paz após uma briga era uma habilidade cultivada com muitíssima atenção. Quando chimpanzés dominadores e subordinados foram, pela primeira vez, observados como indivíduos e não somente como espécie, apareceram constantemente envolvidos em confrontos irados ou violentos, mas ao cabo de quarenta minutos nada menos do que a metade estava se beijando e acariciando os ex-inimigos. Às vezes, uma multidão se agrupava para observar a reconciliação e aplaudir o beijo. Isso não significava que os chimpanzés não fossem agressivos, pois sem agressão não haveria reconciliação, nem que todos fizessem as pazes da mesma maneira. Os machos, depois de lutarem entre si, faziam as pazes numa escala duas vezes maior do que as fêmeas que enfrentavam fêmeas, como se o poder, para os machos, dependesse de formar alianças, que nunca são permanentes: o amigo de hoje pode ser o inimigo de amanhã; e trocas de ajuda, numa base de olho por olho, não envolvem promessas para o futuro. Um presidente do Brasil, Tancredo Neves, sem querer exprimiu em palavras o que os chimpanzés machos fazem o tempo todo, quando disse: "Nunca fiz um amigo de quem não pudesse me separar e nunca fiz um inimigo de quem não pudesse me aproximar."

As fêmeas do chimpanzés, ao contrário, se preocupam muito menos com status e não prestam obediência uma à outra. Não se comportam como soldados batendo continência para oficiais, a exemplo dos machos; suas coalizões abrangem pequenos círculos familiares e de amigos, que escolhem por motivos emocionais, e não na base da importância na hierarquia. Distinguem entre amigo e inimigo com maior percepção do que os machos, muitas vezes tendo um ou dois inimigos figadais com quem a reconciliação está fora de questão.

O vínculo entre amor e agressão também foi observado no hábito dos chimpanzés de quase não castigarem os filhos e no resultado disso, ou seja, não manterem laços íntimos com eles, à exceção dos resos, que são bem mais agressivos e tratam as filhas com rudeza, porém desenvolvem contatos com elas vida afora. As fêmeas dos chimpanzés são boas em estabelecer a paz entre os machos. Por exemplo, uma delas pode acompanhar dois rivais machos após uma briga, sentar-se entre eles de maneira a que não se encarem, deixá-los acariciá-la e, depois, afastar-se de repente, para que eles, então, troquem gestos carinhosos. Às vezes, olha para trás, por cima do ombro, para certificar-se de que estão em paz – e, se não estiverem, retorna e põe o braço de um em volta do outro. Enquanto as fêmeas estimulam o afeto, os machos estabelecem uma trégua nas suas hostilidades mediante o desenvolvimento de interesses comuns, ou fingidamente comuns. Por exemplo: encontram um objeto e chamam os outros para que o olhem; todos vêm e vão embora, exceto o velho adversário, que finge estar encantado, até que, eventualmente, eles se tocam, se acariciam e voltam a ser amigos ou, melhor, aliados temporários, até a próxima luta.

ESSAS DESCOBERTAS dizem respeito aos chimpanzés, não aos seres humanos. Mesmo que, segundo a mais recente descoberta, os chimpanzés comam folhas contendo antibióticos quando estão doentes, e outras espécies de folhas, com propriedades anticoncepcionais semelhantes ao estrogênio, quando desejam limitar suas famílias, ainda assim continuam chimpanzés. Mas esse novo conhecimento deixa claro que os seres humanos se equivocaram ao falar de sua herança animal. Eles deixaram de enfrentar a simples opção que dominou a história – que deveriam ser "realistas" e se comportar como se a vida fosse uma luta de força bruta, ou então bater em retirada para os sonhos utópicos e imaginar que a harmonia haveria de prevalecer se a agressão fosse banida. Muitos, talvez a maior parte deles, ainda acreditam no ponto de vista "realista", conforme expresso por Heinrich von Treitschke (1834-96): "Seu vizinho, embora pareça considerar você um aliado contra outro poder temido por ambos, está sempre pronto, na primeira oportunidade, assim que puder agir com segurança, a tirar proveito à sua custa (...) Quem não conseguir aumentar seu poder, deve diminuí-lo, caso outros aumentem o deles." Mas Treitschke, segundo se revelou agora, não passou de um garotinho que queria muito ser um soldado, mas, quase totalmente surdo, teve de contentar-se em se tornar professor, sonhando, então, com líderes poderosos no comando de nações poderosas, travando guerras só para mostrar desprezo por outras nações. O desprezo pode ser visto agora como uma forma pervertida de solicitar respeito. Não é um método que funcione. A guerra já não é encarada como a mais nobre das atividades. E, no entanto, os políticos ainda não desistiram de usar a metáfora "lutar" por seus princípios, "derrotar" os rivais. Uma nova linguagem ainda não foi encontrada para "conquistar" respeito.

O mundo dos negócios tem sentido mais essa necessidade. Seu herói costumava ser o empresário agressivo, que aterroriza os empregados e, ao mesmo tempo, os convence de que se sentem bem fazendo o que lhes mandam. A agressão permaneceu uma virtude no vocabulário comercial, embora tenha feito cirurgia plástica, de modo que o poder emergiu de face rejuvenescida e proclamando que ela, a agressão, não passa de um jogo doméstico, em que todos os que tentam ser duros têm possibilidades de vencer. No entanto, esses empresários deixaram de ver a si próprios como pessoas que dão ordens ou tomam decisões e passaram a acreditar que sua função consiste em estimular sua equipe a encontrar soluções para eles. Desafiados com a entrada de mulheres no empresariado, tornaram-se mais transparentes: a fraqueza humana disfarçada atrás da fachada do poder ficou mais visível. Quando o véu entre vida pública e vida privada é removido, os poderosos ficam nus. Assim, o respeito crescente conta tanto quanto o poder nas operações de balanço.

Ao mesmo tempo, a psiquiatria pintou a fome pelo poder como uma doença, uma alergia à discordância. Hitler (um admirador de Treitschke) foi um caso clássico: tentou não apenas eliminar a discordância, não apenas os inimigos, mas a dúvida em si, persuadindo seu seguidores a obedecer sem questionamento, explicando-lhes que a consciência não passava de "uma invenção dos judeus, um defeito, como a circuncisão". Em política, não há lugar para a confiança, acrescentou Stalin, baseando sua autoridade firmemente no terror. Contudo, nenhum desses ditadores ficou satisfeito com as montanhas de poder acumulado. Hitler queixava-se constantemente de que não era obedecido, de que até mesmo o exército "tenta deliberadamente impedir toda ação que eu julgo necessária". E Stalin, embora subornasse, enganasse e forçasse os inimigos, com todas as formas de tortura, a reconhecer que ele tinha razão e os outros estavam errados, jamais teve certeza de ser o gênio que gostaria de ser. Hitler e Stalin continuaram desesperadamente famintos de respeito.

Uma das mais importantes promessas da democracia é a de assegurar respeito a todos. Atenas garantiu isso não somente pelo voto, que concedeu a todos os cidadãos, mas também pela rotatividade dos cargos públicos, de modo que qualquer um, por mais ignorante ou humilde que fosse, podia se tornar presidente por um dia. Nenhum ateniense se sentia rebaixado por ser empregado de outro cidadão. Mas esse respeito mútuo só deu certo porque Atenas tinha grande atividade social protetora, que dependia de um império e de escravos e mulheres para manter acesa a pauta de suas maravilhosas discussões filosóficas. As democracias ainda não acharam uma maneira de eliminar as gradações de desrespeito criadas pelo dinheiro, pela educação e aparência.

ASSIM, FOI PARA A RELIGIÃO que mais freqüentemente se voltaram os indivíduos em busca do respeito que mereciam. Todas as grandes Igrejas do mundo concordavam em que o ser humano, por mais humilde que fosse, tinha uma dignidade espiritual. As exigências dos governantes, os insultos dos empregadores e as humilhações da vida diária pareciam mais toleráveis quando tocavam a periferia do ser, deixando intactos os consolos das convicções íntimas. E quando a religião não bastou, outros credos, como o estoicismo, o liberalismo e o feminismo, reforçaram as defesas da dignidade humana. As mudanças mais significativas na história resultaram menos de revoluções que destronaram reis do que de indivíduos que ignoraram os reis e prestaram lealdade aos valores espirituais. O que ainda ocorre. A profecia segundo a qual o século XXI será um período religioso não chega a ser profecia, mas o reconhecimento do que ocorreu com bastante regularidade no passado. Isso não significa que os políticos são substituídos por sacerdotes, mas que as pessoas se esquivam às imensas pressões mundanas que não conseguem controlar. Canalizam as energias para suas vidas particulares. Às vezes, essa atitude as leva ao egoísmo, mas outras vezes elas reagem às animosidades do grande mundo pela busca de mais educação, mais generosidade, mais respeito mútuo.

O império romano é um bom exemplo de um colapso gradual de segurança, eficiência e valores. Os imperadores continuaram a reinar, mas os indivíduos prestavam fidelidade, secretamente, às religiões que os mantinham afastados do desespero total. O cristianismo não forneceu automaticamente uma convicção interior quanto ao valor pessoal pelo batismo, ou teria havido uma corrida maior para recebê-lo: é provável que não tenha convertido mais de meio milhão de pessoas em cada geração nos primeiros séculos de sua existência, e muitos cristãos não estavam plenamente convencidos de que Deus, ou seus companheiros, os respeitassem, já que as conversões se realizavam, sobretudo, porque as milagrosas curas cristãs de enfermidades pareciam mais espantosas do que as pagãs. Foi somente após um período de filiação a uma comunidade de convertidos, na permuta de caridade e estímulo, que os cristãos começaram a se sentir valorizados por si mesmos. Mas depois entraram em hostilidades, tornaram-se alérgicos à discordância, usaram a força para obter respeito, tornaram-se perseguidores, aliados e imitadores dos poderosos. Sempre que as Igrejas se mostraram ansiosas demais pelo poder, comportando-se como se fossem governos, o crente escapuliu, entregando-se a um novo consolo ou a um novo idealismo.

Nada há de incomum na atual incerteza acerca dos rumos da ração diária de respeito da humanidade. Não é a primeira vez que recursos oficiais de respeito desmoronam, levando as pessoas a buscar refúgio em velhas crenças e novas ideologias. As grandes religiões emergiram de uma procura de sentido para a vida muito semelhante à que se presencia hoje; e saíram vitoriosas após uma competição com centenas de seitas e cruzadas agora esquecidas. O movimento atual pelos direitos humanos, igualdade das mulheres e preservação ambiental brota do mesmo tipo de anseios que as grandes religiões tentaram satisfazer entre 25 e 13 séculos atrás. Esse movimento não oferece liberdade total em face da dúvida, nem a certeza de ser possível conquistar respeito simplesmente por estar filiado ao lado vencedor, seguindo obedientemente na retaguarda dos líderes, e tampouco a esperança de que algum dia haverá uma sociedade em que todos concordem quanto ao que é respeitável, pois a discordância começa a ser aceita como inevitável e até mesmo como virtude; mas isso não difere muito da atitude do mais moderno tipo de religião, que tem pouco em comum com o velho clericalismo dogmático. É significativo que a prefeita de Estrasburgo, que aponta como sua maior decepção o malogro da democracia em descobrir uma forma realmente nova de tratar com o poder, misture a experiência numa religião modernizada e na busca de mais respeito entre os sexos.

Não se pode conquistar respeito pelos mesmos métodos de se obter poder. O respeito não requer chefes, mas mediadores, árbitros, encorajadores e conselheiros, ou o que as sagas islandesas chamam de tecedores da paz, que não proclamam ter a cura para todos os males, e cuja ambição está limitada a ajudar pessoas a se apreciarem e trabalharem juntas, ainda que não estejam em completo acordo, assegurando que as disputas não se tornem suicidas. A dificuldade no passado foi que tais pessoas, muitas vezes, exigiram um preço muito alto e acabaram por exigir obediência.

A maioria das mulheres na política tradicional ficou um tanto decepcionada e sentiu que quanto mais alto subia, mais o poder verdadeiro se dissipava. Essas mulheres se viam forçadas a um jogo controlado por homens que sacrificaram a vida normal para desfrutar do poder e tiveram de aturar burocratas que, apesar de devotados ao serviço público, dirigiam uma fábrica produtora de frustração – uma fábrica do século XIX, cujo ideal era a impessoalidade. Provou-se mais de uma vez que os hábeis manipuladores do poder só podem ser desalojados por espertos manipuladores do poder, os quais perpetuam o mesmo sistema. A atual preocupação com uma política ultrapassada não representa falta de interesse pelo bem comum, mas um quase desespero diante da dificuldade de contribuir, bem como a regularidade com que os líderes idealistas firmam compromissos com os hipócritas, contrariando a si mesmos, ou com os dogmáticos, contrariando seus princípios, porque a luta pelo poder não tem misericórdia e não pode ser travada sem aliados. Aqueles que se envolvem nessa batalha, ainda que sejam piedosos bispos cristãos, monges budistas e eruditos confucianos, deixam de ser sagrados ou altruístas.

Dessa forma, lutar para conseguir leis novas ou para obstruir adversários nunca foi uma estratégia infalível ou um programa adequado para os que valorizam a generosidade. O que as pessoas comuns podem fazer em seu benefício para aumentar o respeito mútuo, sem repetir os erros do passado, discutirei no próximo capítulo.

9
Como aqueles que não querem dar ordens nem recebê-las podem se tornar intermediários

Em que pensa Thérèse, enquanto o acompanha até a mesa no La Vieille Alsace, em Estrasburgo, e o ajuda a fazer o pedido? Ela dá a impressão de que sabe exatamente o que dizer e o que fazer. É toda energia, tem um andar vigoroso, um olhar direto, uma solicitude cordial. Se você já esteve ali antes, ela é capaz de lembrar mais a seu respeito do que você jamais lhe contou. Como saber que ela não é uma garçonete à espera de tempos melhores, que não está calculando a gorjeta que poderá receber e que fez mestrado em história da arte? Thérèse está nesse emprego há 15 anos porque tem um propósito na vida.

A autoconfiança parece ser a essência do seu caráter: na verdade, é uma das suas principais preocupações. Era uma vez uma moça completamente arrasada pela timidez, uma criança mimada. Então, um belo dia, apaixonou-se por um homem 11 anos mais velho, que a fez mergulhar num tipo de vida completamente diferente. Juntos, abriram um restaurante, L'Arsenal. Em pouco tempo, as duas pequenas salas escuras, numa rua da qual turistas nunca ouviram falar, tornou-se o lugar favorito dos intelectuais, artistas e jornalistas locais. Ela nada sabia sobre comida, nem sequer como fazer um café. Ele cozinhava; ela servia e aprendia. Acima de tudo, recepcionava os fregueses, e, aos poucos, veio a ser a sempre modesta estrela do lugar, conferindo-lhe sua peculiar atmosfera. "Eu emergi do meu secreto eu. Agora tenho dois lados." Sua timidez escondeu-se atrás de uma nova sociabilidade. Dirigir um restaurante encorajou-a a tentar ser agradável o tempo todo, a ser tolerante, a mostrar cordialidade sem ser obsequiosa. Em troca, passou a ser querida. O problema, porém, é que nunca se sente suficientemente querida ou amada: atrás de sua postura, a insegurança a incomoda. Após um dia de atividade social, gosta de retirar-se, ficar só, ler. Na vida particular, é muito mais reservada e, segundo revela, "difícil".

Pouco a pouco, o significado do seu trabalho começou a aparecer: dedicava-se a curar pessoas da timidez incapacitante que tão bem conhecia. "Descobri que as pessoas queriam se conhecer, mas sempre precisavam de alguém para arranjar as coisas." Thérèse começou a cultivar a arte de descobrir quem desejava envolver-se com quem. Aproximar dois grandes pintores, por exemplo, era tolice: "É uma guerra." Os artistas nunca se sentem suficientemente apreciados; ela compreende bem o gosto dessa sede insaciável.

Um dos fregueses assíduos do L'Arsenal era Tomi Ungerer, com mostras de pintura no mundo inteiro, mas cuja maior ambição era ser amado como um filho favorito na sua Alsácia nativa – uma ambição agora satisfeita.

Thérèse publicou dois livros sobre os monumentos históricos da cidade e também é pintora. Sente forte necessidade de fazer alguma coisa criativa, mas, sem ilusões quanto ao seu talento, concluiu que a ânsia de criatividade não é tão profunda nem tão "vital" como a dos grandes artistas. Por isso, "preferi reconhecer a arte nos outros". Sua especialidade consiste em "reconhecer beleza". Há intermediários nas atividades empresariais, intermediários em casamentos, mas o intermediário social é uma profissão ainda na infância.

À medida que ela cresceu e começou a fazer descobertas, seu amante deixou de ser um deus: "Ele perdeu a autoridade." Mudou-se, mas continuou a trabalhar no L'Arsenal, para espanto das amigas, que não entendiam por que não partiam para um rompimento definitivo. Mas a lealdade, a gratidão e uma amizade desprendida agradavam-lhe, parceria em todas as suas variações. Quando ele morreu, de repente, o passado de Thérèse não se apagou; ele ainda vive nela, mas, para ele, ela seria agora um calmo ratinho num museu. Casou-se com o seu oposto, um homem dois anos mais jovem, como suas amigas que em segunda união estão todas se casando com homens mais jovens. Uma pessoa precisa de diferentes tipos de relacionamento.

Há cerca de 15 pessoas com quem Thérèse tem uma "amizade verdadeira"; algumas, do tempo de universidade; outras, clientes que se tornaram amigos e jantam no restaurante, uma vez por mês, para renovar os laços: "Faz parte do protocolo." Com três ou quatro ela sai em excursões para descobrir cidades pequenas; com alguns, porém, não viajaria, embora os adore, porque eles não possuem os mesmos instintos, nem a mesma renda.

Ela põe em prática sua vida pessoal. Um trabalho consciente, criativo, que não é fácil de fazer numa cidade provinciana, onde as pessoas fuxicam e não compreendem por que alguém preferiu sair do estreito caminho da conformidade. Embora muitíssimo admirada pela maneira como administra um grande restaurante no centro da cidade, mas que não lhe pertence, Thérèse está bem consciente de ser uma "intrusa", uma "marginal". Mas quem são os "naturais" do lugar?

Sonha com longas jornadas pelo mundo, com um grupo de artistas criando beleza, sonhos de uma vida equilibrada (não mais em pé, 13 horas por dia, sorrindo), em ter o seu próprio restaurante ou, ainda, instalar um serviço na prefeitura para aproximar pessoas que nunca se conheceram... Seu ponto de partida é uma ferida aberta no peito, difícil de aceitar: precisa transformá-la, fazendo algo de positivo.

Sua fórmula para escapar à timidez é ser intermediária, ajudando os outros a saírem de dentro de si mesmos. Mas não são apenas as pessoas que sofrem de timidez que descobrem sua vocação para se tornarem intermediários.

CERCADA POR ONDAS elevadas, no meio do mar do Norte, uma equipe de engenheiros franceses constrói as primeiras plataformas de extração de petróleo em mar aberto. Ninguém tem certeza se funcionará, mas tudo precisa ser feito depressa. O chefe diz a uma mulher de vinte e poucos anos que há um problema no topo da torre, a 60 metros de altura. Ela sobe sem empalidecer. Sabe que está sendo experimentada, que é uma espécie de iniciação, e aceita o desafio, porque tem a ambição de se tornar membro do que chama "a elite industrial". Seu avô e seu pai tiveram empregos de primeira; disseram-lhe que somente os meninos podiam ser engenheiros: "Eu quis provar que estavam errados." Catherine Delcroix nunca foi tímida.

Seu marido também é membro da elite, gerente de uma grande fábrica de produtos eletrônicos. Sua filha de 6 anos já mostra sinais de juntar-se à elite; competitiva, está empenhada em obter o primeiro prêmio na severa escola para onde foi enviada "por motivos elitistas, não escondo, a fim de dar-lhe melhores oportunidades na vida". Tendo chegado a diretora, gerente substituta de uma importante firma de engenharia, confessou: "Trabalho para ganhar a vida, mas, acima de tudo, para ser socialmente reconhecida. Uma dona de casa não é reconhecida pelo seu trabalho em casa, por mais útil que seja à sociedade, consideram-na desempregada. Se a pessoa não é paga, então não é nada." Ela faz mais do que evitar "a intolerável situação de ser sustentada pelo marido" e assegurar que ninguém tome decisões em seu lugar; quer uma liberdade que lhe dê o direito de trabalhar no que gosta, o direito de ser ouvida quando falar. Sua carreira parece dizer: "Somente as pessoas do topo são verdadeiramente livres."

"Eu sempre me recusei a pensar que existem obstáculos no meu caminho somente porque sou mulher." Depois de se diplomar em engenharia marítima, passou quatro anos pesquisando novas tecnologias no campo de petróleo da Mobil Helmdale: "Foi como viver no faroeste, entre caubóis. Adorei. Eu chamava atenção, claro, por ser mulher, mas limitei-me a usar essa peculiaridade num bom sentido. O que significava, sobretudo, assegurar-me de que ninguém deveria controlar minha vida particular e obter o respeito dos homens."

Tornar-se membro da elite envolve saber o que há de errado nessa elite, mas assumindo a visão de que ela tem o poder de encontrar soluções, e não se permitindo desestimular quando as soluções produzirem desastres inesperados. A alegria do engenheiro consiste em construir algo no vazio. "Você parte da idéia de um cliente, que não tem certeza do que quer, e dois ou três anos depois a concretiza. É isso que me faz continuar nesta vida de engenheira." Ela tem confiança na tecnologia: é verdade que os engenheiros arruinaram, por exemplo, o mar de Aral: "A gente chega a se perguntar como puderam cometer erros tão terríveis." A resposta de Catherine é: "Deve-se tentar evitar a repetição de erros. O desenvolvimento industrial é inexorável; sua finalidade tem sido obter lucros, mas também elevar o padrão de vida, melhorar as comunicações, produzir novo e fascinante conhecimento." Talvez as pessoas não melhorem sob o ponto de vista psicológico, e tampouco piorem, mas é impossível retroceder, voltar à terra. As pessoas devem simplesmente aplicar a inteligência para garantir que planos sofisticados e bem amadurecidos não resultem em desastres. Soluções técnicas são possíveis. Os governos nem sempre são obstáculos no caminho da iniciativa privada; eles têm um lado bom, pois não visam o lucro antes de tudo. Graças à tecnologia, não há mais necessidade de se entrar numa fila de manhã, a fim de comprar entrada para o teatro à noite; pode-se encomendá-la por minitel.* "As pessoas são muito nostálgicas."

Contudo, agora, "porque sou uma boa engenheira, faço mais alguma coisa". Estar no topo já não significa dar ordens, mas ser intermediário. Como gerente, passa grande parte do seu tempo em negociações com os sindicatos. "Até então, eu acreditava que a verdade fosse uma verdade técnica. Agora vejo que é uma verdade humana." Ela nunca foi

184   *Sistema de computadores ligado às linhas telefônicas na França. (*N. do T.*)

treinada para pensar acerca do comportamento humano; está aprendendo a administrar na prática, não pela leitura de livros especializados, que geralmente dizem o que têm a dizer em duas páginas. Pertencer à elite administrativa também põe a pessoa em desacordo com outras. As pessoas com mais poder, pensa ela, são as que foram treinadas para encarar o mundo como uma série de sistemas, não de indivíduos, e que, por conseguinte, podem produzir soluções sistemáticas: é por isso que os diplomados da Escola Nacional de Administração, e não os engenheiros, dirigem as companhias. Ela prefere o oportunismo, ouvir e adaptar-se é o seu método. "Quero que as relações sejam cordiais, mesmo que fique com a fama de ser um pouco distante. É uma conclusão falsa; quando estou andando, estou pensando em outras coisas."

Três anos depois, não a encontrei mais organizando e negociando com trezentos engenheiros, mas promovida a diretora técnica do seu grupo, com a tarefa de torná-lo mais eficiente em face à crise econômica. O problema é que todos na empresa têm idéias diferentes. "Estou atônita com a liberdade com que os engenheiros falam; não fazíamos isso quando jovens. Eles têm opiniões que não tínhamos. Querem ser gerentes imediatamente e dar ordens para que outros façam o trabalho prático." Cada vez mais a engenharia está tão preocupada com as pessoas quanto com a técnica. Catherine Delcroix acabou como uma intermediária entre pessoas e os fatos da vida, a fim de garantir que seus engenheiros mantenham o moral elevado e que os jovens não desanimem porque a recessão oferece menos oportunidades a grandes aventuras.

Ser mulher, muitas vezes, traz vantagem, diz ela, porque lhe permite "fazer brincadeiras", mas, às vezes, é desvantajoso, pois "uma mulher tem menos autoridade". Um cliente texano, certa vez, apertou a mão de todo mundo, exceto a dela, presumindo que Catherine fosse uma secretária. Depois fez uma estúpida pergunta técnica: "e eu não me contive: mostrei-lhe o quanto ele era tecnicamente ignorante. Ele agüentou firme, embora percebesse bem o grau da ofensa; mas, ainda que eu fosse secretária, não havia motivo para não me dar bom-dia".

O preço de estar no topo é trabalhar muitas horas e organizar tudo o que diz respeito à profissão. Quando lhe ofereceram um posto atraente, que envolvia seu deslocamento para Paris, enquanto o marido trabalhava em Nantes, aceitou, e o casal viveu separado durante quatro anos. "Não passo muito tempo com minha filha." Não vale a pena queixar-se. Se ela trabalhasse meio expediente, jamais conseguiria emprego tão interessante. As mulheres que têm recursos para ajudar em casa deviam dar graças por terem apenas problemas psicológicos. Para aquelas que não têm, não há solução: Catherine sente muito por elas, mas assim é a vida. Felizmente, há mulheres que gostam de cuidar de crianças, preferem não ter um emprego. "É bom não sermos todas iguais."

Nem confiante em excesso, nem muito cética, Catherine Delcroix lamenta a pouca religião que tem: "Gostaria de estar convencida acerca de mais coisas." Sente-se um tanto constrangida por haver posto a filha numa escola particular católica: "Não gostaria que isso lhe desse muitas certezas." No entanto, os católicos ensinam "valores espirituais, como o sacrifício pessoal", assim como outras religiões, e ela acredita em valores espirituais. Uma mulher disse-lhe: "Graças a Deus nós temos fé; do contrário, não faríamos nada."

A fé de Catherine Delcroix no êxito é tão bem equilibrada quanto um velho poço de petróleo – uma façanha legítima de cuidadosa engenharia. Tal fé nada inclui de absurdo ou impossível, mas somente bastante contribuição pessoal para dar-lhe elegância. O que gostaria de fazer que não fez? Escrever livros. Apenas nesse ponto sua confiança chega a um limite: "Não acho que tenha talento; faltam-me idéias fortes suficientes. Não gostaria de escrever como Jules Romains, nem poderia escrever como Colette, que não tinha idéias e produzia apenas deliciosas descrições da vida. Meus livros não teriam valor." Mas, acrescenta: "escrever é a mais interessante de todas as artes criativas." Ela encontra tempo para ler. Mesmo no seu primeiro ano na escola de engenharia, percorreu Proust por inteiro em três meses; e desde então lê os clássicos, um autor de cada vez. "Isso amplia minha compreensão do mundo." Nos feriados, esquia, cata cogumelos, "sempre há uma coisa nova a descobrir", mas "não sei se poderia viver livre o ano inteiro".

A elite, hoje em dia, é um intermediário entre as nações. Educada em Toulouse, pensam que ela é natural dessa cidade. Não. "Não venho de nenhuma região particular da França; não pertenço a região alguma, nem meu avô nem meu pai, que se mudavam para onde o trabalho os levava." O marido vem de uma família bem enraizada no norte da França; sentia-se uma intrusa ali, ao se casar. Sua cultura e língua, afirma Catherine, tornam-na uma francesa, não uma européia; aliás, nunca conheceu ninguém que se considerasse, acima de tudo, europeu. Mas não tem dificuldades com pessoas de países estrangeiros: "Na verdade, a gente se fossiliza quando não tem tais relações. Não hesitaria em aceitar um emprego em Nova York ou em Timbuctu. Não me importaria de viver no exterior. De fato, prefiro trabalhar com estrangeiros. É mais divertido, proporciona descobertas." Durante sete anos foi empregada de uma companhia subsidiária alemã na França. "Gosto da cultura alemã e falo o idioma."

Às vezes, a elite é o intermediário que estende a mão aos menos afortunados. Cinqüenta anos atrás, a avó de Catherine, casada com um gerente de fábrica, consagrou a maior parte do seu escasso tempo a dar assistência aos pobres; mas, atualmente, esse gesto é considerado "paternalismo". Hoje, nos subúrbios logo depois dos escritórios de Catherine Delcroix, há cortiços, analfabetismo e violência nas ruas, mas o diretor de uma empresa industrial, que vive correndo de um compromisso para outro, não tem tempo nem de pensar nos problemas da sociedade, quanto mais de resolvê-los. "Aqui, cuidamos dos problemas imediatos da empresa. Não penso sobre o que poderíamos fazer para amenizar os problemas sociais externos. Nunca travei esse tipo de conversa com meus colegas." Mas agora, como diretora da empresa, Catherine organizou um seminário sobre as relações entre a indústria e o governo, porque o Parlamento não é o único intermediário entre o cidadão e o Estado. O indivíduo abastado tornou-se tímido nas suas relações com os pobres, que considera estrangeiros e a quem não ousa sequer dirigir a palavra.

COSTUMAVA HAVER uma clara divisão entre o que o tímido e o corajoso poderiam obter. Todas as recompensas mais valorizadas iam para os que davam ordens, enquanto os que obedeciam eram mais ou menos desprezados. Existe, porém, um terceiro tipo de atividade, em que os tímidos e os arrojados se igualam: a intermediação, onde têm de conquistar mais do que lhes permitem os talentos pessoais. Às vezes, os camundongos podem mover montanhas. Eis por que ser intermediário oferece mais esperança do que tentar ter o domínio sobre os outros, ou lutar para que seus méritos sejam, afinal, reconhecidos. Desistir não é a única alternativa numa corrida de ratos. Contudo, avaliar por que tão poucas pessoas pensaram em si mesmas como intermediárias, ainda que o fossem, é necessário para escavar mais fundo em volta das raízes da ambição.

Até recentemente, esperava-se que as pessoas mais comuns trabalhassem de uma ou duas maneiras – como camponeses ou artesãos. Nisso, disse Lutero, consistia a melhor fórmula "de agradarem ao Criador". No entanto, os padres tentaram algo diferente. Foram eles as primeiras pessoas a se tornarem intermediárias, vindo a conquistar enorme prestígio nas negociações entre a fragilidade humana e a força divina, mesmo quando não eram particularmente corajosos. Em seguida, os mercadores também se lançaram como intermediários, mas não se saíram tão bem: durante muito tempo foram olhados com suspeita, porque lhes faltavam poderes mágicos e não sabiam como inspirar a imaginação das pessoas comuns. Quando a fome tornou-se um perigo permanente, acusaram-nos pela escassez dos estoques e pelos preços exorbitantes de suas mercadorias. O deus dos comerciantes, Hermes, foi um trapaceiro e ladrão. Platão considerava impossível entrar para o comércio e ser virtuoso ao mesmo tempo, ainda que sua academia fosse fundada por um mercador. Santo Tomás de Aquino disse que os comerciantes estavam fadados a se defrontar com empecilhos no caminho da salvação, já que a tentação do pecado era inerente à sua atividade. Na China, os mercadores eram oficialmente classificados no fundo da escala social, inferiores aos camponeses e artesãos; na Índia, somente aos membros de uma casta segregada se permitia o engajamento no sujo negócio de emprestar dinheiro. Por toda parte os comerciantes varejistas eram desprezados por terem de ser obsequiosos com os fregueses, não importa quem estes fossem. Quando Napoleão chamou os ingleses de uma nação de mercadores, foi como chamá-los de uma nação de alcoviteiros. Foi preciso uma intermediação de 25 séculos para o comerciante ser por fim apreciado.

A mudança aconteceu um tanto repentinamente. Houve necessidade de uma nova visão do universo para que se viabilizasse. Os intermediários são outro exemplo de como a maneira de ver um problema num contexto diferente altera a atitude da pessoa em relação a ele. Até o século XIX, ninguém sabia como combinar duas substâncias para formar uma terceira. Supunha-se que tivessem algo em comum, uma afinidade, uma simpatia – referências eram feitas aos objetos como se estivessem vivos. A essa afinidade, Newton chamou de "sociabilidade". Era como se os objetos pudessem alimentar casos de amor; Goethe recorreu à química do seu tempo para chamar um de seus livros de *Afinidades eletivas*, referindo-se ao fato de certos casais serem feitos um para o outro. Fontenelle maravilhou-se com a maneira pela qual uma substância, tendo se unido a outra, sai desta para se juntar a uma terceira: o adultério dos objetos tornou-se tão misterioso quanto o adultério dos humanos. Somente em 1835 o Barão Berzelius, de Estocolmo, introduziu na química a palavra catalisador e observou que aquelas combinações requerem, muitas vezes, a presença de uma terceira parte. Ele não sabia como os catalisadores operavam. Mas a terceira parte tornou-se, de repente vital.

A idéia da catálise dá novo status aos intermediários. Antes, eles eram meros veículos ou hífens, suprindo necessidades que os outros sentiam. Em contraste, como catalisadores, adquiriram existência e finalidade independentes: puderam criar situações novas e transformar a vida das pessoas ao aproximá-las, sem pretensões arrogantes. Ser um catalisador é a ambição mais apropriada para os que vêem o mundo em mudança constante e que, sem pensar que podem controlá-lo, desejam influenciar-lhe o rumo.

Até que o homem de negócios pudesse ser imaginado nesse papel criativo, permaneceu modesto, seguindo atrás dos que tinham mais prestígio, esquecendo suas ambições até que ficasse bastante rico. Então, retirava-se para o campo e ali tornava-se um proprietário de terra, sonhando em casar suas filhas com aristocratas, fingindo ser um colecionador de arte, admirando mais a ocupação dos outros do que a sua. Os ideais básicos eram sua prosperidade pessoal e a de sua família. Quando desempenhava tarefa pública, fazia-o para apoiar causas que aumentavam a auto-estima, ainda que não lhe conferissem uma importância central e independente. Suas opções continuavam erráticas: às vezes, apoiava o protestantismo, segundo o qual a usura era prática correta, e outras vezes o absolutismo real contra a nobreza, inimiga de todos os novo-ricos iguais a ele. Cultivando o favor de governantes pela lisonja, não desdenhava arrecadar impostos, os quais odiava, a não ser que pudesse ficar com uma parte deles. No Japão, mesmo quando associado a grandes empresas e exercendo poderosa influência no Estado, agia indiretamente. O homem de negócios permanecia discreto em todas as circunstâncias.

A primeira religião mundial a demonstrar entusiasmo pelo comércio foi o islamismo. O profeta Maomé estivera envolvido no comércio, e sua primeira esposa fora uma destacada empresária na cidade de Meca, que tinha, aliás, grande vocação mercantil. O Corão afirmava: "Mercadores são os mensageiros deste mundo e depositários de Deus na Terra." "Os mercados são mesas de Deus", acrescentava Al Ghazali. Os muçulmanos foram os primeiros a escrever um livro em favor da atividade comercial, *As belezas do comércio*, de Ja'far b. Ali ad-Dimishqi, no século XII, segundo o qual o comércio é "o melhor de todos os investimentos produtivos e o que mais propicia felicidade". A expansão extraordinariamente rápida do islamismo pela metade do globo foi uma vitória tanto comercial quanto religiosa. Bagdá e Cairo tornaram-se as mais luxuosas de todas as cidades durante a Idade Média européia; visitá-las equivalia a provar as delícias de Paris cinco séculos mais tarde.

Assim, os mercadores muçulmanos não precisaram defender os valores mercantis opostos à religião. Pelo contrário, entenderam-se com os clérigos eruditos (*ulama*), também engajados no comércio. Um exemplo é Abdallah al Sarqawi (reitor de Azhar, no Cairo, de 1793 a 1812), que, começando a vida na pobreza, veio a acumular grande fortuna no mais antigo dos cargos religiosos, porque também era um comerciante, enquanto a esposa brilhava investindo em propriedades, lojas e quartos de banhos. O comércio no mundo muçulmano foi um ramo de sociabilidade a ser saboreado tanto em razão dos prazeres do contato humano, da comunicação e da arte de regatear quanto pelos lucros monetários.

No século XVIII, os europeus também começaram a mudar a imagem do mercador; os intelectuais passaram a vê-lo como um aliado contra a aristocracia. Voltaire retratou os homens de negócios ingleses como modelos de iniciativa e honestidade. As peças teatrais apresentavam-nos como os fios de seda que uniam as nações através do comércio, trazendo paz e prosperidade, "homens verdadeiramente universais". A Revolução Francesa premiou-os ao libertá-los da influência do governo, mas, mesmo depois, os mercadores, exceto os super-ricos, ainda preferiam empurrar seus filhos para os empregos públicos ou para profissões religiosas. Somente em anos recentes a expansão do setor de serviços (outra encarnação dos intermediários) legitimou de repente no Ocidente o que os Amigos Sinceros de Basra, que escreveram uma enciclopédia no século X, tinham observado em seu próprio mundo, quando disseram, com algum exagero: "Todo mundo é artesão ou mercador." Hoje, a maioria dos empregos nos países ocidentais está na economia de serviços, e mais da metade é exercido por mulheres. A idéia de ser intermediário tornou-se menos remota.

Contudo, as aberrações do passado ainda são presentes. Mesmo nos Estados Unidos, onde se gostava de repetir que, ali, negócio era negócio mesmo, rejeitando-se os valores aristocráticos e admitindo-se cumprimentar um sacerdote com um elogio por seu sermão eficiente, o intermediário teve problemas para se tornar o herói nacional. A razão foi que os altos empresários, com diferentes sonhos, continuaram a se inspirar nos reis, construindo impérios, esquecendo-se de que a América pretendia ser, e originalmente foi, uma terra de fazendeiros independentes e pequenos negociantes. Os grandes negócios mudaram tal proposta, transformando a maior parte da população em trabalhadores assalariados. Os americanos eram originalmente frugais, mas os grandes negócios os persuadiram a se tornar consumidores cada vez mais insaciáveis e ricos, porém mais vulneráveis. Os mongóis (*moguls*) e magnatas (*tycoons*) do mundo empresarial (títulos de imperadores hindustanis e japoneses) pregaram que "todo americano tem o direito de fazer alguma coisa próxima do roubo direto ou do homicídio", que foi como o *New York Graphic* defendeu o inescrupuloso milionário Cornelius Vanderbilt. Quando, em 1882, perguntaram ao seu filho, William H. Vanderbilt, se ele administrava suas ferrovias no interesse público, respondeu: "O público que se dane. Gostamos de fazer tudo o que é possível em benefício da humanidade em geral, mas primeiro temos de pensar nos nossos interesses."

Assim, os milionários não eram tratados como deuses nos Estados Unidos, mas somente como prova de que qualquer pessoa poderia enriquecer, justificando a fé numa democracia que, infelizmente, estava muito longe de enriquecer a todos. A simples criação de riqueza nunca foi suficiente: os americanos utópicos tinham de ser filantropos. Quando John D. Rockefeller morreu, em 1937, houve um debate público sobre se seu destino seria o céu ou o inferno. Apesar de suas atividades beneficentes algo mais se fazia necessário para seu ingresso no paraíso, além da caridade. Embora os homens de negócios influenciassem os governos, nenhum deles, na qualidade apenas de homem de negócios, foi eleito presidente, sendo o mais próximo Herbert Hoover, que era engenheiro de minas. A grande depressão da década de 1930 frustrou a fama que tinham como trabalhadores miraculosos. Depois da Segunda Guerra Mundial, sentiram-se obrigados a lançar uma das maiores campanhas publicitárias da história, gastando 100 milhões de dólares para persuadir a nação de que encarnavam a ideologia da Livre Iniciativa. A campanha foi um fiasco, porque os americanos também queriam segurança. Em 1958, setecentas corporações reuniram-se para oferecer às massas a garantia que pareciam pedir: *Crenças e filosofias do gerenciamento*, publicado pela Associação Americana de Administração, impulsionou a nova imagem da Responsabilidade Comercial, que se preocupava com todos os temas sociais, desde os segmentos carentes da população até as orquestras sinfônicas. Gradualmente, os homens de negócios abriram caminho para um novo desempenho como mediadores entre interesses conflitantes. Mas a suspeita sobre eles custou a diminuir.

A ciência da administração americana tem sido uma busca constante por um ideal de comércio mais ambicioso e amplo. Um conjunto variado de fórmulas foi inventado para garantir lucros mais elevados, mas sempre houve à frente deles um objetivo ilusório. As multinacionais, tendo se tornado mais poderosas que muitas nações, tiveram de descobrir outro propósito além do seu próprio gigantismo. Os impiedosos barões do roubo foram substituídos por administradores de empresas que ofereciam eficiência, por líderes que ofereciam inspiração e, depois, por manipuladores de redes que acabaram conquistando um consenso até ali impossível. "Administração por objetivos", o credo da década de 1950, "organização e desenvolvimento" (1960), "cultura incorporada" (1980), foram slogans sucessivos, destinados a criar um espírito de unidade entre os empregados. Mas na década de 1990 a idéia de dirigir as atividades de uma empresa segundo o estilo real, mediante a expedição de ordens, foi desacreditada: "Todo indivíduo deve se sentir único." Verificou-se que a autonomia concedida a pequenos grupos era mais produtiva; a missão do gerenciador é prosperar num mundo caótico, que não consegue controlar. Finalmente, ele se reconciliou com a idéia de ser, abertamente, um intermediário.

Naturalmente, existem esqueletos em cada armário histórico. Os intermediários foram, com freqüência, corruptos, criminosos, vorazes, abusando de quase todas as profissões, explorando quase todas as classes, e seria tolice idealizá-los. Não há ocupação nem relacionamento com um registro sem mácula; sequer faltaram santos que usaram de sua influência para manipular outros. Instituição alguma permaneceu honesta sem virtudes pessoais, que cada indivíduo sempre teve de cultivar cuidadosamente, como uma planta rara em vias de extinção. Mas ser intermediário dá às pessoas que sentem ter limitados talentos ou recursos uma oportunidade de acrescentar algo de positivo ao mundo, particularmente um mundo que procura respeito igual para todos.

Os intermediários, muitas vezes, abraçaram essa vocação porque as perseguições ou exclusões os impediram de seguir outras carreiras, de modo que, durante longo período, seu grupo não pareceu invejável. Os armênios e os libaneses, por exemplo, produziram intermediários excelentes, ao custo de um imenso sofrimento. Os gregos tornaram-se os principais armadores do mundo porque a ocupação otomana bloqueou-lhes oportunidades em terra. Os judeus foram os maiores importadores e exportadores de idéias e bens do outro lado da cortina que separava o islamismo do cristianismo, na Idade Média. Os ocidentais preferiram esquecer a imensa força que foi o islamismo, um século após a morte do Profeta (632 d.C.), dominando não somente a Espanha e a África do Norte, mas também a Ásia até o Punjab. As habilidades dos judeus beneficiaram as duas civilizações. Moisés Maimônides (1135-1204), nascido em Córdoba, morou muito tempo na velha Cairo, onde foi médico oficial do Sultão Saladino e seus 17 filhos. Foi o mais reverenciado expoente da crença judaica, e também um reconciliador cortês e altamente racional da fé com a ciência, da criação divina com um mundo perene. Os juízes islâmicos seguiam-lhe as opiniões e as universidades cristãs utilizavam suas obras como livros didáticos. Seu *Guia para os perplexos* ofereceu uma saída aos "irresolutos": "O caráter consiste em manter distância dos tolos", escreveu ele, "e não em conquistá-los (...) Não busco vitória por honra da minha alma." Essa modéstia, essa rejeição do sonho militar de aniquilação dos inimigos, é a atitude essencial do intermediário. Maimônides fez dela um princípio para evitar disputas renhidas: "Mesmo que me insultem, não me incomodo, respondo polidamente, com palavras amigáveis, ou fico em silêncio (...) Não afirmo que nunca cometi erros. Pelo contrário, quando descubro um, ou se me convencer do erro através de terceiros, estou disposto a mudar alguma coisa no que escrevi, na minha conduta e até mesmo na minha natureza." Ele estimulou as mulheres a estudar, vendo nos livros – que naturalmente também são intermediários – o alimento fundamental da humanidade.

A ocidentalização do mundo aumentou sobremaneira a quantidade de intermediários que viviam entre duas culturas ou duas economias. O império português no Oriente contava com intermediários nativos chamados *compradores* (conhecidos no Oriente Médio por dragomanos e na China por *mai-pan*). Em 1842, ao vencerem a Guerra do Ópio contra a China, os ingleses também recorreram a nativos "especializados em transações bárbaras", que falavam um inglês mesclado de palavras chinesas, para dirigir suas empresas locais. O que distinguia tais homens era o fato de serem mercadores satisfeitos com a profissão (ao contrário dos mercadores chineses tradicionais, que investiam seus lucros na aquisição de um status de mercadores de alta classe. Eles mandavam os filhos para escolas em estilo ocidental, recusavam-se a deformar os pés das filhas para reduzir-lhes o crescimento, vestiam-se à ocidental, negligenciavam o domínio dos clássicos confucianos, tornavam-se cosmopolitas e abriam a porta a idéias novas, embora fossem, em geral, mais imitativos do que criativos na utilização de tais idéias. Foram eles que financiaram Sun Yat Sen e a derrubada do Império Chinês em 1911. Mas não se europeizaram, contrabalançando seus serviços ao capitalismo ocidental com um forte nacionalismo. Desempenharam, sem dúvida, um papel de importância na história, porém discretamente. Certamente, os governos suspeitam de intermediários cujos interesses atravessam as fronteiras nacionais, e em várias oportunidades conversar com estrangeiros configurava uma ofensa criminal passível de punição. No entanto, na medida em que viajar se torna um passatempo universal, abre-se uma nova era aos intermediários.

Numerosos progressos científicos resultaram de intermediários que se aventuraram além das fronteiras ou paradigmas de suas disciplinas, unindo experiências tiradas de diferentes ramos do conhecimento. Os músicos são, provavelmente, os mais importantes intermediários de emoções, pois aproximam pessoas divididas por simples palavras.

Os catalisadores químicos continuam, em parte, envoltos em um véu de mistério: a maneira exata como conseguem que duas substâncias separadas interajam ainda não é de todo conhecida. Costumava-se pensar que permaneciam inalteráveis durante as reações, mas acredita-se agora que absorvam uma pequena porção das substâncias por eles transformadas e, assim fazendo, reduzam a quantidade de energia necessária para deflagrar o início de uma reação. Somente em 1926 os catalisadores das células vivas – enzimas, que são reguladores indispensáveis às reações químicas do corpo, controlando a digestão de alimentos e a liberação de energia – foram identificados como substâncias de fato, e não apenas como propriedades de células. No processo gradual de descobrir como sua atividade é controlada, ficou patente que, às vezes, uma enzima fica inativa até ser estimulada por outra enzima. É assim que o sangue se coagula: duas enzimas têm de se combinar.

Os intermediários podem precisar de outros intermediários para entrar em ação. Esta é uma maneira nova de encarar o mundo, como uma série de minúsculas inter-reações. Isso significa que a força já não dispõe de comando total. Significa, também, que o humilde ou o tímido pode contribuir para grandes aventuras sem se preocupar muito com quem é superior a quem: um pequeníssimo ingrediente pode causar tanto efeito quanto um grande. Os intermediários injetam um elemento do inesperado nos negócios humanos, com resultados negativos ou estimulantes; e estão sempre tentados a pedir um preço alto por seus esforços. Mas eles florescem quando agradam igualmente a todas as partes, quando não oprimem ninguém.

O modelo histórico do intermediário é Mecenas, que morreu em VIII a.C. e cujo nome veio a ser sinônimo de generosidade. Era um rico homem de negócios romano, que multiplicou várias vezes sua riqueza usando suas ligações com o governo – arranjando o casamento do imperador, reconciliando-o com seus rivais, negociando a paz com seus inimigos, para o que usava seu grande encanto pessoal, sua simplicidade e cordialidade, tratando todos a quem respeitava como um igual: "Um vigilante alerta nas emergências, mas no repouso de suas atividades mais voluptuoso e efeminado que uma mulher", disse um contemporâneo. Mecenas tinha prazer em estimular os poetas da época, ainda que todos rissem dos seus próprios esforços literários. Cônscio de que devia a fortuna à amizade com o imperador, legou-lhe tudo ao morrer. Seu método era essencialmente pessoal: apreciava a companhia das pessoas a quem dava ajuda; era uma relação mútua. Isso, aliás, é o que distingue os intermediários: eles trabalham no nível individual. É impossível ter um exército de intermediários para acabar uma discórdia. Nem todo mundo pode ser um líder, mas todo mundo pode ser um intermediário.

Mecenas, no entanto, é um modelo incompleto. O nome do matemático e engenheiro Arquimedes de Siracusa (287-212 a.C.) precisa juntar-se ao dele. Arquimedes é anedoticamente lembrado por haver saído da banheira e corrido nu pelas ruas de Siracusa, eufórico, a gritar: "Eureca: eu descobri", quando entendeu, de repente, por que seu corpo se tornava mais leve na água. Mas ele merece ser lembrado também fora da matemática, já que usou o pensamento racional para facilitar tarefas difíceis e fazer com que pequenos dispositivos movessem grandes pesos, como a famosa rosca que inventou, a alavanca, a catapulta, a roda dentada. "Dêem-me um ponto de apoio", disse ele, "e eu moverei a Terra." Os intermediários seguem esse princípio: a maneira de o fraco mover o forte não é pela força, mas modificando o relacionamento de ambos, mudando o ângulo de aproximação. Quando os romanos invadiram a Sicília e um soldado entrou na casa de Arquimedes para prendê-lo, o matemático pediu-lhe para esperar enquanto terminava de solucionar um problema: o soldado, impaciente, atravessou-o com uma espada. O problema com o método dos intermediários é que requer uma grande dose de paciência e, acima de tudo, habilidade para competir com o medo.

10
Como as pessoas se libertam do medo ao conhecer medos novos

As mulheres que são acariciadas pela suave malha de Givenchy não sentem a mão de Nina tocando-as, mas foi ela quem costurou suas roupas e pregou os botões. Não podem vê-la, sequer de relance, quando visitam os grandes salões de exposição do estilista, porque ela trabalha numa fábrica a mais de 300 quilômetros de distância. Nina, na verdade, nunca esteve em Paris, tampouco a convidaram para assistir ao desfile de modelos com as roupas que confeccionou. "Se me dessem a oportunidade de ir a um desfile de modas, ficaria constrangida, porque não sou ninguém: sou apenas uma operária, *une petite*, não conto para nada, recebo salário mínimo. Com certeza, eu me sentiria inferiorizada perante pessoas de dinheiro, superiores a mim. Dinheiro é tudo. Sou ignorante. Não sei conversar. Somente a alta sociedade vai a desfiles de moda." E no entanto, por trás de seu recato, Nina é uma mulher elegante, comunicativa e animada.

Ela anseia por abandonar a fábrica impiedosa, onde entrou aos 17 anos e já está há 29. "Estou cheia." Acaso tira algum prazer do trabalho? Não muito, salvo o orgulho de estar indiretamente associada a um grande nome. Os sociólogos podem dizer que os operários apreciam a vida social nas fábricas, mas Nina se queixa, exatamente, da falta de contato humano no trabalho. Ela o suporta porque não sabe para onde ir. "Não sou diplomada. Mas me acho capaz de fazer outras coisas. Eu tinha talento na escola – não era nenhum gênio, mas teria chegado ao nível superior." Lamenta ter saído cedo de casa para ganhar a vida. Mas logo retrocede: "A universidade deve ser dura: não seria capaz de cursá-la." A psicologia lhe interessa: lê muito, ou pelo menos "livros fáceis, pois sou incapaz de ler os difíceis".

Digo-lhe que os livros de psicologia são incompreensíveis para todo mundo. "Eu não sabia", observa ela. "Não é culpa sua que eles sejam impossíveis de se ler", digo. "Isso nunca me ocorreu." Ela também tem dificuldade para escrever. "Pensar e escrever ao mesmo tempo eu não consigo. Não conseguia na escola. Eles me disseram que me faltava imaginação. [O insulto de um professor jamais se esquece.] Demoro muito escrevendo, porque tenho medo de errar."

Nina nega que tenha ambições – e se odeia por falar assim. "Eu me considero comum." Sua mãe, que também trabalha numa fábrica de roupas, diz que ela devia estar contente com o que tem, pois muitas pessoas tentam melhorar e fracassam. "Tenho medo de falhar", afirma. "O fracasso me persegue." Se o sonho impossível se tornasse realidade, se ela pedisse demissão para estudar psicologia, o que lhe aconteceria se ela falhasse? Se desistisse do emprego e ficasse sem trabalho, o que ela faria? Em Roanne, onde as antigas fábricas estão fechando as portas, e poucas fábricas novas são instaladas, um emprego é quase a própria vida. "Estou satisfeita, por força das circunstâncias."

E, no entanto, como ela pode estar satisfeita se passa pelas vitrines das lojas e não pode comprar as roupas que gostaria de ter, mesmo estando empregada? "Sou tentada e não tenho condições de comprar." Ela não sonha com uma fortuna: seu salário é o mais baixo que um empregador está legalmente obrigado a pagar. Ela se contentaria com apenas o dobro, o que quase a faria alcançar a média nacional. Ainda assim, estaria satisfeita? Ela saiu da escola para ganhar dinheiro, pensando que "com dinheiro se pode fazer tudo", só que agora reconhece: "Não é verdade."

Nina parece um pássaro na gaiola, batendo as asas, chocando-se contra as grades, caindo e repetindo infindavelmente a tentativa de voar. Depois de falar de suas ambições, lembra que a ambição está fora do seu alcance, porque ela está sempre ansiosa. Aliás, sempre foi assim: "Eu sofro, fico ruminando miudezas. Não paro de pensar nas mesmas coisas, e no medo da morte, que me assusta muito. Quando jovem, era pior ainda. Eu me indagava sempre por que temos de nascer e, depois, partir. Por quê? Não é justo. Eu não posso aceitar isso. Mas é a vida. Perder uma pessoa que se ama é horrível. Sou católica; não devia pensar assim, mas é que não acredito em vida após a morte. Perdi meu avô dois anos atrás – foi minha primeira perda. Acho terrível não ser capaz de vê-lo outra vez."

Felizmente Nina tem os pais, mas os livros de psicologia confirmaram-lhe a crença de que ela é ansiosa porque eles também são. "Tudo isso vem da minha infância." Seu pai foi um ladrilheiro, agora aposentado, que teve uma vida muito dura e cujos sofrimentos o deprimiram tanto que ele ficava sentado numa cadeira, meses a fio, sem falar: "Foi terrível." Ele já esteve no hospital, o que também afligiu Nina. Mas insiste: "Não sou infeliz. Existem pessoas piores do que eu." Indagada sobre a razão de algumas pessoas terem vidas mais felizes que outras, ela não sabe responder.

Nina gostaria de ter sua própria família, mas "sou reservada, desconfiada, ciumenta". O homem dos seus sonhos teria de inspirar-lhe confiança completa. Não faltam homens atraídos pela boa aparência de Nina. Quando ela vai a bailes públicos, eles a convidam para dançar, pagam-lhe bebidas, falam de si e depois sugerem ir para a cama. "Não sou garota de programa. Esses homens não estão interessados em mim, mas no sexo." O problema com os homens é que eles são mentirosos. Às vezes, já são casados e não dizem. Às vezes, fazem promessas e depois ela os encontra passeando com outras moças. "Quero um homem que me pertença. E eu não perdôo. Guardo mágoas. Não encontrei o homem da minha vida. E não vou me casar com o primeiro que aparecer, porque casamento não se desmancha." Não importaria que fosse pobre: alguém dos bastidores do show business lhe garantiu que os ricos são corrompidos pelo dinheiro. "Sinceridade, bondade e lealdade" é o que deseja.

Amigas, tem, "muito poucas", que são avaliadas pelo apoio que lhe dão quando a situação piora, e que não se interessam apenas em acompanhá-la só para se divertir. Essas amigas confiam nela, contam-lhe "seus segredos mais íntimos" e recebem conforto; Nina se orgulha disso. Uma conversa honesta e franca aquece a alma: "Meus pais não falam muito." Ela estava com medo de falar comigo, mas também queria fazê-lo; ficou à minha espera por muito tempo, até que eu acabasse de entrevistar as outras mulheres.

Contudo, a conclusão de Nina foi: "Minha vida é um fracasso." Que eu interpretei desta maneira: "Somente vencendo os meus medos começarei a viver como quero."

A HISTÓRIA DO MEDO ao longo dos séculos demonstra que, de quando em quando, se consegue a libertação, mediante dois métodos. O primeiro, com a ajuda do próprio medo, escapando-se de um medo para outro, que encerra mais esperança. O segundo, por meio da curiosidade acerca de algo bem diferente, que temporariamente eclipsou a consciência do perigo.

Os vikings, supostamente um povo destemido, são o exemplo mais distante de como isso ocorreu. Eles foram os terroristas que a Europa mais temeu entre os séculos VIII e XII. Desbravavam os mares para pilhar, exigir resgate, fazer grandes estragos de Constantinopla a Lisboa e Dublin, embora carregassem no íntimo os habituais terrores de camponeses pobres, bem como a solidão das longas noites da Escandinávia. Lançavam-se a essas viagens cheias de aventuras perigosas porque sentiam um medo ainda mais insuportável que o dos vizinhos deixados atrás – ou seja, eram torturados pelo pensamento de que seu nome e fama, e não somente seu corpo e alma, viessem a se desvanecer no esquecimento. Viver apenas para obter o paraíso, que eles julgavam oferecer somente uma incansável alternância entre batalhas e festins, não lhes parecia digno. Todos teriam de morrer, estava escrito nos provérbios do Altíssimo (o deus Odin):

"O rico morre
Os parentes morrem
E você morrerá também;

Mas eu conheço uma coisa
Que jamais morrerá:
O veredicto sobre o morto."

Assim, adquirir reputação imortal veio a ser o objetivo maior dos vikings: nada podia ser pior do que ser esquecido, o respeito alheio era a mais doce forma de opulência. A morte em batalha deixava de ser assustadora, quando vista como uma oportunidade de exibir domínio sobre si mesmo diante do perigo, sendo aceita com equanimidade, encarada como trivial, se comparada à glória propiciada por uma morte digna. Os vikings eram corajosos por causa do medo de serem desprezados – e esse medo os fez esquecer os demais medos.

Mas isso induzia a outro medo, não o de pecar, pois os vikings não procuravam conquistar respeito sendo santos ou sábios, mas o de dizer a coisa errada. Eles não depositavam fé nos deuses, que imaginavam preocupados com as dificuldades que lhes eram inerentes: a confiança em si mesmos constituía seu ideal, obstinação e estoicismo em face de todos os desafios, e impassibilidade. Portanto, seu primeiro mandamento condenava a língua solta. Quando o rei Harald, o Cruel (1015-66), queria prestar homenagem suprema a alguém, descrevia-o impassível ante os acontecimentos repentinos: "Houvesse perigo ou alívio, ou assomasse qualquer risco, ele nunca dava mostras de exaltação ou depressão e jamais comia e bebia fora dos seus padrões habituais." Segundo a teoria viking, não valia a pena demonstrar temor – o que significaria a perda da independência.

Quando chegaram à Normandia, perguntaram-lhes o que queriam, e eles responderam: "Viemos da Dinamarca e queremos conquistar a França." "Quem é o chefe?" "Não temos chefe. A autoridade é igual entre nós."

Concordavam em jurar fidelidade a Charles, rei da França?

"Jamais nos submeteremos a alguém, seja quem for. Jamais aceitaremos qualquer tipo de servidão."

Na verdade, eles tinham um chefe, Rollo, mas o consideravam apenas o primeiro entre os iguais, por eles próprios escolhido, por julgarem que os conduziria melhor à vitória. Ao encontrarem abrigo na Islândia, estabeleceram ali uma das mais surpreendentes repúblicas já conhecidas, uma espécie de democracia que conciliava seu medo de perder o brio – o que ocorreria se obedecessem a um rei – com o respeito pelos outros. Se um deles perdia um quarto ou mais de suas possessões, eles concordavam entre si que os outros lhe reduzissem a perda à metade, mas cada um estava limitado a ceder apenas 1% de sua riqueza, e ninguém poderia ser compensado mais de três vezes. Tomavam decisões em assembléia geral, à qual as viúvas (que conservavam o sobrenome de solteira) e os filhos tinham acesso. Haviam deixado a Escandinávia porque receber ordens dos reis lhes desagradava e, assim, criaram uma sociedade fundamentada no medo de serem mandados e na convicção profundamente igualitária de que toda pessoa teria condições de conquistar fama eterna.

A riquíssima literatura da Islândia mostra como alguns vikings conquistaram o ideal de preservar a individualidade, cada um deles à sua maneira. Se é verdade que viking vem da palavra que significa "retirar-se" – crença defendida por uns e negada por outros –, eles foram o primeiro povo a se orgulhar de ser "marginal". Pagaram um preço alto em violência, por sua liberdade, os homens com suas paixões efêmeras, seus amores infelizes e seu ciúme da fama, constantemente se protegendo da crítica pela espada ou pela sátira, as mulheres agindo, às vezes, como "tecedeiras da paz" nas disputas sem fim acerca da honra, mas igualmente orgulhosas e vingativas, estimulando os homens a derramarem sangue. Todavia, os vikings decidiram que não havia necessidade de serem belos ou inconquistáveis para se tornarem famosos. O deus Odin não o era: um olho só, frágil, impenetrável, desorientado. Utilizava a manha e a mágica tanto quanto a força para sobreviver, e até mesmo sua masculinidade era posta em dúvida. Dependendo das mulheres para se manter informado do que ia no mundo, Odin era o responsável pelo imprevisível. Os vikings, em última instância, enfrentavam todos os outros medos porque, na condição de rebeldes, descobriram como transformar o medo natural do imprevisível em fonte de inspiração. Esta foi a pista que eles legaram e que ninguém percebeu.

HOJE, O MEDO que os vikings sentiam virou epidemia: uma parcela cada vez maior de pessoas se preocupa com o que os outros pensam e não mais como seus ancestrais poderiam reagir olhando-as lá do céu, nem sobre o que se dirá delas nos livros de história – mas sim como cada ato, a cada dia, será criticado e julgado tanto por aqueles que as conhecem quanto pelos que as ignoram. Criar uma falsa impressão é o pesadelo moderno. A reputação é o purgatório moderno. Quanto mais democrática se julga uma sociedade, mais reputação ela requer e mais o medo da crítica de outras pessoas, por menor que seja, se torna obsessivo. Um estudo americano considera o medo o mais aflitivo dos problemas. Não é por acaso que a publicidade e as relações públicas tornaram-se a base dos negócios, da política, das diversões e até mesmo da religião.

Harold Macmillan recordava de como ignorou os perigos da Primeira Guerra Mundial até o dia em que se viu isolado de suas tropas e compreendeu, de repente, como eles o haviam feito parecer bravo. "Quando se está em ação, sobretudo quando se é responsável por homens sob seu comando, uma conduta peculiar, e até mesmo atos de valentia, entram na encenação. A pessoa se movimenta e se comporta quase mecanicamente, como um integrante de uma equipe ou um ator no palco. Naquele momento, tudo acabou: estava sozinho e ninguém poderia me ver. Não era preciso manter as aparências – e eu tive medo."

Além do medo de vir a ser desmascarada, a sociedade moderna também é atormentada, é claro, pelo medo do crime, de ser assaltada ou seqüestrada, de sair sozinha à noite, do desemprego, das doença, das drogas, dos imigrantes, da guerra. Portanto, convém examinar as raízes mais profundas desses temores, que se entrelaçam em outras raízes que não se esperava encontrar.

De acordo com o testemunho geral da história, a uma pessoa cuja vida se tornou miserável pelo medo não se credita a possibilidade de vir a ser corajosa. A coragem era tida como um dom excepcional, encontrada nos cavaleiros e mártires, enquanto era certo que as pessoas comuns estavam debilitadas demais pela pobreza para vencerem o medo, e o heroísmo no combate aos desastres da vida diária permanecia ignorado. Até agora, o fato de pertencer a uma civilização só libertou os seres humanos de poucos medos, pois as civilizações sempre tiveram a sensação de estarem cercadas por forças hostis, e seus integrantes se especializaram, cada um à sua maneira, em concentrar a atenção sobre um certo número de perigos, prometendo proteção para combatê-los, mas raramente eliminando-os. Ofereceu alívio ao desconforto mediante explicações mais ou menos plausíveis daqueles perigos. Medos novos se têm propagado sem cessar, em substituição aos que caíram em desuso, tal como o câncer e a Aids sucederam à tuberculose e à sífilis.

Foi a civilização que transformou o suave mar rumorejante numa perigosa morada de demônios e outros monstros, profetizou que ondas e negras nuvens de tempestade não tardariam a varrer a humanidade: este foi o aterrador quadro de Dürer sobre como acabaria a vida na Terra. Naturalmente, as pessoas tinham algum motivo para temer o mar, pois em 1854, num único ano, somente a Armada britânica sofreu 832 naufrágios. No entanto, as civilizações treinaram a imaginação para transformar desastres ocasionais num pesadelo permanente. O conhecimento não extinguiu os temores irracionais, nem ofereceu idéias novas sobre possíveis catástrofes futuras. Na imaginação, os mortos estavam de pé para perseguir os vivos e vingar-se. Isso explicava por que as coisas não davam certo, mas o preço foi o medo constante de que os espíritos não estivessem sendo aplacados da maneira correta, ou que a tradição estivesse sendo desobedecida. Os especialistas eruditos jamais deixaram de acrescentar explicações assustadoras, mas não aplicaram a si mesmos a idéia de que a lua "fria", "pálida de fúria", transformava os seres humanos em lunáticos.

Os desastres naturais resultavam mais terríveis ainda por serem atribuídos a forças sobrenaturais. O medo do diabo foi estimulado de forma deliberada, quase amorosa, pelos que proclamavam compreender como funcionava o mundo. Na Europa, houve uma grande epidemia de terror por causa de suas maquinações no século XI, seguida de outra no século XIV e de pânico no século XVI, quando os alemães foram particularmente afetados: "Em país nenhum do mundo o demônio exerceu poder mais tirânico do que na Alemanha", escreveu um comentarista em 1561. A vantagem de atribuir as desgraças ao demônio era que ele dava à pessoa a impressão de compreender seus infortúnios; mas sua presença também produzia crises emocionais quando alguém o via muitas vezes, para onde quer que olhasse. Muitos inocentes foram perseguidos por serem seus agentes. Perigos se multiplicaram ao simples pensamento dos engodos praticados pelo demônio. Hoje, o mundo pode parecer mais densamente povoado do que há cinco séculos, mas isso é se esquecer dos milhões de diabos, gnomos, duendes, monstros e fadas malignas que costumavam assombrá-lo. Eles criaram um hábito mental: deve sempre haver alguém sobre quem se lançar a culpa, alguma força maligna a temer e atacar. Satã ainda existe para 37% dos britânicos, 57% dos franceses cristãos praticantes e 20% dos não-praticantes; aqueles que o viram encarnado no marxismo ainda têm de decidir quem será seu sucessor.

O purgatório ilustra a maneira como as curas do medo criaram novos medos. A fim de diminuir o terror da danação no inferno, a Igreja Católica começou a sugerir, a partir do século XII, que os pecadores pagassem suas ofensas em um lugar menos sinistro; mas isso apenas transferiu as preocupações para as dores do purgatório. Depois, a Igreja diminuiu o medo do purgatório mediante a concessão de indulgências, que encurtavam a permanência ali, mas que deram um poder tremendo ao clero. Charlatães se puseram a vender indulgências, já que a demanda excedia a oferta; as pessoas passaram então a se preocupar com a eficácia das indulgências, o que as fazia pensar nos tormentos do purgatório com maior freqüência ainda. Para amortecer esses temores, a Igreja estimulou procissões, fraternidades, bênçãos e exorcismos. Cada vez mais os santos eram invocados como especialistas em curar doenças (nada menos de dez, por exemplo, podiam acudir eventualmente na cura da sífilis). Do século XIV em diante, o indivíduo foi levado a crer que um anjo de guarda pessoal velava por ele, por mais pecador que fosse. Mas toda essa proteção só fez aumentar a consciência dos perigos dos quais a pessoa precisava proteger-se.

Quando a pressão ficou intolerável, houve uma explosão. De um golpe, a Reforma aboliu todas as salvaguardas contra o medo, na esperança de vir a abolir o medo. Todos os crentes sinceros que se arrependessem recebiam a garantia de um lugar no céu. Essa foi uma das mais importantes revoluções mundiais, uma revolução contra o medo, que durou vários séculos. A imagem cristã de Deus mudou por completo, de um tirano aterrorizador e colérico, exigindo obediência total, para um pai misericordioso e de infinita bondade. A ameaça de punição eterna foi abandonada. A maioria dos cristãos atirou inferno e purgatório na lata de lixo.

Contudo, quando a religião parou de assustar as pessoas, elas inventaram novos medos para se assustarem, como se valorizassem o medo como uma parte necessária à sensação de estarem vivos. Essa era a única maneira de sentirem-se vivos que conseguiam imaginar. Desde o século XVIII a segurança tornou-se, quase universalmente, a meta oficial para esta vida, mas uma meta inatingível, um paraíso, sempre difícil de localizar, invisível em meio a uma nuvem de dúvidas. A Constituição americana proclamou o direito à segurança, o que significava o direito a não ter medos, mas em vão. Os psicanalistas declararam a segurança necessária à obtenção da normalidade, porém poucas pessoas acreditam ser inteiramente normais. A insegurança veio a ser a queixa mais comum do nosso tempo. Odin, o Imprevisível, já não é admirado.

É bem verdade que depois de 1762, quando a primeira companhia de seguros, a Equitable Life, foi fundada em Londres, tornou-se possível eliminar os medos das conseqüências financeiras de desastres naturais. A vida em cidades, iluminadas à noite e guardadas pela polícia, diminuiu (por algum tempo) o medo da violência, enquanto a prosperidade e o bem-estar social reduziam o número dos que temiam a fome, a falta de um lar, a doença, o desemprego, a velhice. Todavia, a geração atual gasta mais dinheiro segurando-se contra esses temores do que seus ancestrais pagaram à Igreja ou aos mágicos para se protegerem.

As crianças demonstram, em seus pesadelos, que os velhos temores não foram esquecidos, que os ogros da noite ainda vivem, ainda que os adultos tenham se preocupado em criar novos ogros. Os civilizados desenvolveram, nesse ínterim, com a ajuda da literatura e da medicina, espécies ainda mais sutis de desconforto, uma consciência mais aguda de suas insuficiências, o medo do fracasso tanto quanto do êxito, refinamentos na arte de se torturarem. Uma religião ou uma doutrina política naufraga de quando em quando – como aconteceu recentemente na Rússia –, e as pessoas ficam espiritualmente nuas, mais do que nunca vulneráveis ao medo.

E toda vez que uma doença nova é descoberta, os hipocondríacos a incluem em sua lista de medos. Os estudantes de medicina estão na vanguarda e continuam a ser as piores vítimas; depois, manuais populares de saúde espalham o evangelho de doenças ocultas em cada fenda, tal como o pecado. Cotton Mather (1663-1728), que estudou medicina em Harvard, antes de ser envolvido na caça às feiticeiras de Salem, confessou: "Eu estava tão atormentado por quase todas as doenças sobre as quais li em meus estudos, o que me forçava a usar remédios destinados a curá-las." No século XIX, germes invisíveis substituíram os espíritos invisíveis; segundo se dizia, médicos de pacientes ricos retiravam cinco sextos de sua renda do tratamento de queixas imaginárias. Até os homens mais talentosos viam na hipocondria um consolo irresistível: a esposa de Tolstoi escreveu: "Hora após hora, da manhã à noite, ele só pensa na saúde, na maneira de cuidar do corpo." Muitos casamentos foram, sem dúvida, fortalecidos no processo, como o de Darwin, cuja esposa conseguia ser infinitamente maternal. "Gostamos tanto um do outro porque nossas doenças são as mesmas", disseram os irmãos Goncourt, avaliando a doença como sinal de sensibilidade. A hipocondria diluiu o medo na esperança e criou um caminho alternativo para o Conhece a ti mesmo. A americana que entrou nos livros didáticos por ter feito 548 visitas a 226 médicos e 42 estudantes de medicina, obtendo 164 diagnósticos diferentes, jamais perdeu a esperança.

TENTAR ELIMINAR O MEDO, em vez de simplesmente trocar um medo por outro, tem produzido resultados estranhos. No curso dos últimos cem anos, ao mesmo tempo em que a raça humana movia-se para as cidades, o rato norueguês tornou-se um morador permanente dos laboratórios científicos. Ele foi transformado, mediante uma procriação cuidadosa há mais de trezentas gerações, numa criatura mais dócil, menos medrosa, embora, atualmente, sua função quase única seja sofrer de estresse, correr por labirintos, apertar botões para evitar choques elétricos e ter pedaços do seu corpo amputados. Provou-se, assim, que o medo pode ser diminuído, mesmo quando os perigos se tornam terríveis.

No entanto, uma notável mudança física ocorreu nesse rato que se tornou menos assustado. Agora ele se acasala em qualquer época do ano, o que não ocorria quando em estado selvagem e agressivo. A luta contra o perigo foi substituída pela cópula. Suas glândulas supra-renais encolheram-se à metade ou a um quarto do tamanho antigo, e suas funções passaram a ser desempenhadas pelas glândulas sexuais. A atividade sexual como uma alternativa à hostilidade não é peculiar aos ratos: essa alteração também foi observada em macacos que, quando utilizam o sexo como uma maneira de fazer as pazes, não ejaculam – quase um equivalente ao sexo humano com contraceptivos. Aparentemente ter mais sexo não tornou o rato mais feliz; quanto maior for sua prole e mais densamente povoada ficar sua habitação, mais difícil sua vida se torna. E a fêmea do rato se emancipou mais completamente do medo que o macho, que insiste em manter uma hierarquia altamente competitiva. Isso não envolve a fêmea, que raras vezes luta com machos ou outras fêmeas. O rato macho continua vítima da corrida dos ratos, determinado a dominar, mas quase sempre tendo de aceitar a submissão e o medo ao vencedor.

Em contraste, os gatos, que levam uma vida solitária e independente de hierarquias, não mostram diferença no nível de medo entre machos e fêmeas. Somente quando as hierarquias envolvem ambos os sexos, como acontece com os chimpanzés e os seres humanos, as fêmeas ficam tão temerosas quanto os machos, ou até mais. Embora o rato norueguês viva em laboratórios como se estivesse num hotel, recebendo refeições regulares, e tenha descoberto o princípio "Faça amor, não faça guerra" por sua própria iniciativa, não chegou ainda a abandonar as pretensões sociais e, portanto, não encontrou a fórmula para uma vida sem estresse.

ACREDITAVA-SE QUE O ESTÔMAGO era a sede das emoções, mas o que acontece de fato no estômago quando se sente medo – e se vomita, ou se tem gases, ou alguma das muitas sensações desagradáveis que o estômago produz – só veio a ficar claro na década de 1950. O herói dessa descoberta – pacientes também merecem ser lembrados por sua coragem – é conhecido apenas pelo primeiro nome, Tom, um americano de origem irlandesa, que em 1895, na idade de 9 anos, bebeu uma jarra de ensopado de mariscos tão escaldante que destruiu seu esôfago; incapaz de engolir, ficou com um buraco permanente no estômago, no qual os alimentos eram vertidos. Tom mastigava comida por prazer, mas depois a cuspia no funil inserido nessa "fístula". Embora incapaz de comer em público, levava uma vida normal como manobreiro de palco, encanador, mecânico e limpador de esgotos, até arranjar emprego num hospital com o professor Stewart Wolf, de Oklahoma, que passou muitos anos a examinar o buraco. Foram feitas investigações similares, sobretudo em soldados feridos, há mais de um século, mas aquela era a primeira vez que se estudava a relação entre o estômago e as emoções. Wolf acompanhou todos os pormenores da vida particular de Tom e discutiu todos os seus pensamentos; assim, o estômago revelou-se mais interessante que o coração, a suposta sede emocional, cujo bombeamento monótono nada tem de particularmente humano a respeito de emoções.

Qualquer sinal de medo era localizado de imediato no estômago de Tom. Quando, por exemplo, a filha instalou um telefone, o estômago sangrou, porque ele estava preocupado com as despesas. Não apenas os acontecimentos assustadores punham o estômago em atividade violenta, ou o induziam à greve, recusando-se a funcionar e empalidecendo como um rosto aterrorizado, mas também uma simples conversa acerca de um fato desagradável ou mesmo uma lembrança remota. O estômago mostra que os seres humanos escondem uma quantidade enorme de emoções que lhes agitam as entranhas. Não são poucas as tentativas do estômago de cometer suicídio, deixando que seus ácidos lhe queimem a parede; foram detectadas emoções para cancelar o efeito de remédios, que o estômago se recusava a absorver quando revoltado. Outros pacientes com fístulas da mesma espécie confirmaram desde então a soberania e sensibilidade do estômago; um agente fiscal italiano, só para dar um exemplo, demonstrava perfeita concordância entre os altos e baixos de sua vida particular, alternando raiva, exaltação e terror com as precipitações de ácido no seu estômago. O estômago assegura que as pessoas saibam quando estão assustadas.

Contudo, às vezes, ele pode se aquietar ou ser forçado a manter-se calmo. O triunfo da humanidade sobre o estômago pareceu possível pela primeira vez no século VIII ou VII a.C., em *O ensinamento da grande floresta* [*Brhadaranyaka Upanishad*], que dizia: "Todo medo é infundado." A guerra indiana contra o medo precisou de quase dois mil anos para desenvolver plenamente suas táticas, pois somente entre os séculos X e XII a *hatha yoga* foi inventada, na região setentrional, mais tarde famosa por suas austeras tropas Gurcas. A ioga, sendo um sistema de medicina preventiva baseado num programa de exercícios físicos e mentais, possibilitou o controle voluntário de funções normalmente automáticas; como parte de uma disciplina espiritual, hindu ou budista, ela prepara o caminho para a extinção da autoconsciência individual. "O medo", dizia o livro, "surge quando existe o outro." Por conseguinte, não havendo outra pessoa no mundo, não poderá haver medo. Os exercícios, sob orientação de um guru, ensinavam a disciplina segundo a qual a individualidade era uma ilusão, e sua alma parte da alma universal. Em outras palavras, o preço de banir o medo é deixar de ser uma pessoa no sentido normal. O verdadeiro seguidor desiste de qualquer possessão, sobrevivendo muitas vezes quase em inanição, triunfando sobre o estômago, aumentando a pausa entre cada respiração, entre exalar e inalar o ar, até um intervalo de cinco minutos, concentrando-se num único objeto de meditação, até que a mente "se dissolva". A ioga não é para os fracos, mas muitos milhões têm acalmado os nervos e os estômagos com versões mais moderadas e simplificadas da ioga. Reduzidos os sintomas de medo, fica mais fácil decidir o que a pessoa irá temer.

A importação dessas idéias pelo Ocidente foi limitada por sua associação com o misticismo e com doutrinas como a reencarnação; sua supersimplificação, na década de 1960, acabou por desacreditá-las. Mas agora que estão sendo utilizadas na reabilitação dos paralíticos, que podem aprender a modificar o ritmo cardíaco e a pressão arterial à vontade, de forma a que possam aprender a se movimentar outra vez, as relações da mente e do corpo, do medo e do estômago, já não parecem tão imutáveis quanto se acreditava.

A OPINIÃO SEGUNDO A QUAL o medo não passa de uma reação animal natural, nada se podendo fazer para vencê-lo, é injusta para com os animais, muitos dos quais, às vezes, são surpreendentemente destemidos. Talvez seja verdade que algumas pessoas nascem mais medrosas que outras ou que os temperamentos dos bebês são estabelecidos muito cedo. A mais recente pesquisa, por exemplo, assegura que crianças de olhos azuis têm uma tendência particular a serem "inibidas, o que pode ser debitado à presença pré-natal de níveis mais altos de norepinefrina", e que continuam inibidas além da infância, "com assomos não-provocados de ansiedade". Mas isso não é a maior causa de desespero do que a descoberta, um século atrás, de que algumas crianças eram mais aptas a passar em testes de inteligência do que outras. Foi preciso algum tempo para se descobrir que os quocientes de inteligência não bastavam, que o êxito dependia de como se utilizava a inteligência. De forma idêntica, a divisão da humanidade em introvertidos e extrovertidos foi seguida pela constatação de que a criatividade tampouco estava garantida, de que ambas as qualidades eram necessárias e que a combinação não tinha de existir necessariamente na mesma pessoa: a associação de duas pessoas, muitas vezes, deflagra mais originalidade do que o gênio solitário. Muitas e muitas vezes, encontros casuais e pequenos detalhes deram destinos diferentes a pessoas que parecem pertencer à mesma categoria.

"Nos últimos anos", escreve um psicólogo, "ocorreram avanços importantes na nossa capacidade de reduzir os medos humanos. Em condições sob controle, é possível agora produzir uma redução substancial e duradoura de medos estabelecidos, incluindo medos que duram a vida inteira, em apenas trinta minutos." Mas a medicina moderna não concorda quanto ao melhor medicamento para o medo, hesitando entre drogas, restrição de hábitos e solução de conflitos do inconsciente, e, sem dúvida, jamais será capaz de enfrentar o medo como enfrentou a varíola. Freqüentemente, a medicina pode atenuar os medos, mas cada indivíduo precisa de uma resposta diferente, e não há como saber se tal resposta funcionará ou por quanto tempo durará o alívio. Além disso, ela não pode impedir que as pessoas inventem novos medos. Não é de surpreender que a enorme quantidade de informação científica acumulada acerca do medo – cada decênio produz cerca de dez mil novos estudos, apenas em idioma inglês – não tenha atenuado a demanda por magia e curandeiros de todo tipo. Muitas pessoas preferem continuar ignorantes, tolerar os medos que conhecem, fechar os olhos às estatísticas que lhes dizem o que temer. O psicólogo Martin Seligman, da Filadélfia, que se especializa em converter pessimistas em otimistas, argumentando que o medo é fundamentalmente uma sensação de desamparo ou perda de esperança e que o otimismo pode ser ensinado, observou que mesmo nos Estados Unidos nem todos querem ser otimistas: os que detêm o poder, particularmente pouco abaixo do escalão superior, tendem a ser pessimistas, porque isso sugere sabedoria; há muitas vantagens em se cultivar o medo. Ninguém consegue curar aqueles que desejam perpetuar seus medos, por temerem que algo ainda mais terrível possa ameaçá-los. E certos medos, em forma suavizada, foram bem usados. Ser claustrofóbico é inconveniente, mas ser intelectualmente claustrofóbico pode ser o início da originalidade.

A descoberta mais importante da ciência acerca do medo, porém, é que os seus sintomas físicos, em termos de substâncias químicas produzidas para defender o organismo, diferem somente em grau dos sintomas da curiosidade. Isso faz com que fique mais fácil compreender por que as pessoas acuadas pelo medo são capazes de escapar ou esquecê-lo sob a influência da curiosidade, de uma preocupação com algum objetivo que, de tão absorvente, as leva a se comportarem como se fossem profundamente corajosas. Por estarem as raízes do medo ligadas às raízes da curiosidade, o fato de que virtualmente ninguém nasce uniformemente corajoso em todas as esferas da vida não significa que as pessoas estejam para sempre estigmatizadas com sua própria marca de covardia. É possível se surpreender. Nos tempos antigos, semelhante opinião soaria absurda, como se considerava absurda a crença de que uma pessoa pobre pudesse ser igual a um aristocrata. Somente numa época de facilidades para a educação e as viagens é possível apreciar a importância crucial da curiosidade, que discutirei no próximo capítulo.

Em 1991, um estudo comparativo da depressão em homens e mulheres informou que os homens encontravam predominantemente alívio em distrações e, por isso, pareciam sofrer menos, enquanto as mulheres entregavam-se à reflexão, revirando seus problemas infindavelmente, *219* tornando-se, em conseqüência, mais infelizes. Descobriu-se que o sexo supostamente emocional concedia mais tempo à reflexão do que o sexo supostamente racional. A contribuição das mulheres à limitação do medo mal começou, pois a reflexão não conduz necessariamente à tristeza, nem ao pânico, condições em que os pensamentos giram em círculos, despertando perigos, transformando-os em catástrofes e terrores iminentes, ante a perspectiva de se ter medo. A reflexão também pode manter o medo à distância e escolher sobre o que refletir. Ninguém é livre se não dispõe dessa opção.

11
Como a curiosidade se tornou a chave da liberdade

"É um privilégio sermos capazes de falar de nós mesmos", diz Mauricette, de 67 anos, proprietária aposentada de uma oficina de automóveis, mas sua conversa é sobre o interesse que lhe despertam as outras pessoas. Quando relembra o avô parisiense, que foi condutor de táxi puxado a cavalos, tem a certeza de que teve uma vida de aventuras maravilhosas: o que poderia ser mais estimulante do que encontrar pessoas que não se conhece e levá-las a um destino ignorado? Quando fala do pai, um caixeiro viajante vendedor de lâmpadas elétricas que em 1919 abriu uma das primeiras casas para vender peças de automóveis, aplaude-o como pioneiro. Ele morreu quando Mauricette tinha pouco mais de 20 anos; ela largou a tese de filosofia que estava escrevendo para assumir a firma; dobrou-a de tamanho, acrescentou uma oficina e pode ter sido uma das primeiras mecânicas de automóvel. A curiosidade sempre foi sua maior inspiração.

Depois de quarenta anos no negócio, porém, o desafio de satisfazer os clientes todos os dias começou a perder a graça. Quando percebeu que os empregados lhe sugeriam mudanças – antes era ela quem os apressava a mudar e quem repetidamente transformava a vitrine da loja –, Mauricette concluiu que já não era uma pioneira. Quando viu os clientes outrora fiéis abandonando-a por causa de alguns francos que poupavam comprando uma peça num supermercado; quando começou a acordar de manhã pensando: "Diabos, tenho de ir trabalhar", concluiu que aquela fase de sua vida estava encerrada.

Vendeu a firma e, aos 63 anos, iniciou uma segunda vida. "A aposentadoria – odeio esta palavra – deixa a gente sozinha na própria bolha. A minha bolha era pequena demais para mim, porque sou curiosa acerca de tudo, como um caçador de borboletas. Nasci para o comércio, porque sou sociável; embora os dias, às vezes, fossem longos, nunca eram vazios; estava sempre aprendendo alguma coisa. Gostava do contato com meus clientes. Se houvesse orientação vocacional na minha juventude, jamais teria abraçado a filosofia, embora não lamente isso, pois ela ampliou minha visão. Preferiria tentar todos os empregos, conhecer tudo. A loja era minha vida apenas durante o dia. Nunca aprendi a cozinhar, nunca fiz mercado, sempre me ajudaram em casa e sempre saía à noite. Gosto de festejar, comer, usar as mãos, mas também a cabeça, e sou muito curiosa sobre religião e psicologia."

Agora ela substituiu o trabalho com vários grupos distintos de amigos. Sua amiga mais antiga é uma cabeleireira, que começou muito modestamente e, aos poucos, construiu um negócio que foi o maior e mais elegante salão da cidade. "Ela foi uma empresária de peso." Mauricette admirava-a por ser tudo que ela própria não era, sempre vestida e maquiada à perfeição: "Quando ponho uma echarpe, ela apenas cobre meu pescoço, mas nela a echarpe parece uma nuvem, muitíssimo chique. Ela representava a feminilidade que me atrai, enquanto, para ela, eu representava seriedade e equilíbrio." Com essa amiga, Mauricette viajou pelo mundo inteiro, incluindo a China, o Japão, Sri Lanka e os Estados Unidos. Seu próprio país não a interessa, porque o que procura em viagens é fugir do familiar, surpreender-se, o que não é uma ambição nada fácil, quando "a televisão liquida nossa capacidade de nos espantar". Mais recentemente a cabeleireira também se aposentou e tornou-se uma pessoa diferente, não mais a esperta e sociável mulher do mundo, mas uma reclusa que reluta em sair de casa. Mauricette não consegue entender por que, pois ela continua a sair, mais do que antes.

Um grupo de amigos é para os divertimentos, ir a restaurantes e fazer viagens à Bélgica, e outro, bem diferente, é para conversas sérias, sobre assuntos sérios, com encontros regulares para discutir livros: Teilhard de Chardin, no momento. "Estou envolvida numa indagação espiritual, mas sem marcas de ansiedade." Considera superficial o catolicismo em que foi educada, uma desculpa para uma vida mais sociável; agora, porém, que dispõe de mais tempo (mas na verdade com uma expectativa de vida menor), começa a pensar na eternidade. "Não estou preparada para a morte – embora não tenha medo de morrer –, porque ainda não terminei de evoluir, não encerrei minha busca de Deus nem minha descoberta de outras pessoas. Não sou irmã de caridade, mas gosto de gente, dentro de certos limites; e continuo curiosa a respeito dos outros." Seu prazer em conhecer novas pessoas quando faz filantropia significa que no fundo faz isso por motivos egoístas? Mauricette ocasionalmente se preocupa com isso e, uma vez ou outra, sobre estar confortavelmente instalada num mundo cheio de pobreza; mas procura tornar sua curiosidade útil a outras pessoas. O retorno à universidade para estudar "morfopsicologia" – que ensina como são as pessoas – lhe permite conhecer estudantes mais jovens, esmagados por problemas de família e desemprego. Ela presta serviços na biblioteca para cegos e gosta de conversar com os freqüentadores. Em outros dias, trabalha voluntariamente na estação da estrada de ferro, ajudando nas chegadas e partidas. O trabalho que mais a realiza, no entanto, é num lar para prostitutas: "Eu nada sabia sobre elas, não lhes dava mais atenção do que aos cães soltos nas ruas, mas quando por acaso descobri esse abrigo, fiquei muito interessada em saber como uma mulher se torna prostituta, uma pessoa dupla. Cuidei de duas e fiquei sabendo que os pais expulsam suas crianças quando há muitas bocas para alimentar, embora sabendo que acabarão nos bordéis. Trato essas prostitutas como gente, sem julgá-las. Uma delas me disse: 'A senhora tem olhos sorridentes, que me fazem bem.' É porque eu tenho consciência de ser feliz. Muitas pessoas têm motivos para ser felizes, mas não sabem disso."

O trabalho voluntário, diz Mauricette, transformou-lhe a aparência. "Sempre tive uma cara séria, mas agora rio na rua. Costumava rir quando tinha a oficina, mas era uma máscara, a máscara do lojista sendo amável com os clientes. Agora, quando rio, não é máscara; ao contrário, quando não rio é que estou usando máscara, porque me apresento com a minha máscara de egoísmo a pessoas que sempre me conheceram daquele jeito... Seria muito difícil mudar: o mundo do comércio é interesseiro. O que lamento do passado são os pecados da omissão: passei por coisas que me teriam feito explodir, mas nada percebi. Estou procurando melhorar."

As amigas de Mauricette são viúvas, solteiras ou divorciadas. Ela nunca se casou. "Às vezes penso sobre a alma gêmea que nunca encontrei." Homem algum parecia capaz de ajudá-la a florescer. "Gosto de sair com homens, o que não gosto é de me ligar a eles; e, além disso, nunca amei um homem com paixão. Não é preciso dizer que não sou virgem nem mártir." Algumas amigas ficariam chocadas se a ouvissem dizer que gostaria de nascer homem, ainda que se sinta feliz na condição de mulher. O motivo é que Mauricette gostaria de saber o que os homens pensam, o que sentem, por exemplo, quando fazem amor. Acha a conduta deles inacreditável e suas emoções, bizarras: como os nazistas podiam executar pessoas enquanto tocavam Mozart? Os homens, muitas vezes, também são covardes: "Eles não têm coragem de abandonar a esposa quando preferem estar com outra mulher." Às vezes pensa como teria reagido se, casada, o homem se tornasse intratável: "Não quero dizer que me fosse infiel, por mais desagradável que isso seja, mas que me enganasse moralmente, que me usasse, que me obscurecesse a visão. Eu me pergunto se seria uma assassina, se o teria matado, se seria capaz de destruir uma pessoa que tentasse me destruir, que me impedisse de viver." Levar uma vida plena é mais duro para as mulheres, diz ela, já que a sociedade foi organizada para os homens, e as mulheres precisam de maior força de vontade.

A solidão não aflige Mauricette, nem lamenta não ter tido filhos, considerava a loja um filho. Na sua casa do século XVII, goza da companhia de todos os que ali viveram e que, de certa maneira, ainda vivem. Suas lembranças não se referem muito a si mesma, como as de outras pessoas; não olha retratos de família à noite, porque eles lhe parecem frios; nem pensa no passado. Ao contrário, todas as noites, antes de dormir, lê durante umas duas horas: livros de viagens, biografias, história, psicologia – o que estabelece novos vínculos com o mundo desconhecido. "Todos nós temos muitas facetas, mas somente poucas vêem à luz. Quando eu morrer, direi: Onde estão as minhas outras facetas?'"

A VIDA ESTÁ FICANDO cada vez mais parecida com uma loja, onde se entra "para dar uma olhada", experimentar roupas, mesmo quando não se tem dinheiro para pagá-las. Os atores gastam a maior parte do tempo fazendo apenas isso, para si mesmos, e em favor da audiência. Descobrindo o que se sente quando representam outra pessoa e percebendo que existe um pedaço dessa outra pessoa dentro de si. Todo mundo é, em certo grau, um ator, mas poucos têm a oportunidade de desempenhar muitos papéis. Os atores profissionais são bem mais admirados onde a liberdade é mais valorizada, porque representar é um instrumento de liberdade, que habilita as pessoas a se darem conta de que não são prisioneiras em si mesmas, mas podem compreender os outros e por eles serem compreendidos.

Charlotte Kady ainda é apenas uma estrela iniciante, começando a ser conhecida por seus papéis em filmes de Bertrand Tavernier. Antes, obteve mais fama local como apresentadora de um programa infantil na televisão francesa. Ela quer mais fama ainda, porque é a única maneira de ter mais opções na escolha de papéis. Mas que papel ela é capaz de representar?

Até aqui o mundo a conhece principalmente como uma moça agitada e feliz. "Eu mesma criei essa imagem. Pretendia ser viçosa, saudável sob todos os aspectos, sem problemas. Mas dentro de mim havia ansiedade." Sua infância foi em grande parte feliz, não fosse ela se sentir fechada pelo que parecia uma cerca de arame farpado. O pai era argelino: um médico, com formação na França, que escolheu Lyon e se casou com uma francesa estudante de medicina. Durante a violência da guerra de independência da Argélia, foi forçado a se esconder por nove meses, exatamente na época do nascimento de Charlotte. Na escola, o racismo era a cerca que as crianças erguiam em volta daqueles que eram diferentes. "Menti, fingindo ser turca, não argelina, porque eu tinha uma avó que era russo-turca. Tinha medo de ser desmascarada. Sofri um bocado com as conversas hostis aos árabes das pessoas que me julgavam do seu lado." Até mesmo a família da mãe recusou-se a aceitar seu casamento com um árabe. Mas, naturalmente, é proveitoso para uma atriz ter duas origens.

Ela teve de lutar pela liberdade de ser atriz. Quando criança, disfarce e imitação eram seus jogos favoritos, mas, no respeitável mundo da classe média provinciana, dizer que se quer ganhar a vida nos palcos equivale quase a declarar a ambição de ser prostituta. Os professores de Charlotte pensavam que ela seria matemática; no entanto, a moça gastava seus ócios lendo tudo quanto era biografia de ator que lhe caísse nas mãos. Desse modo, já se sentia duas pessoas num só corpo. Para descobrir o que mais poderia ser, ou o que ainda havia dentro de si, anunciou o desejo de estudar em Paris.

Toda cidade grande é um teatro gigantesco, onde os provincianos chegam usando máscaras e tentam novos papéis. Paris foi particularmente bem-sucedida porque sempre estimulou os habitantes a inventar papéis novos. Como reza o *Grand Dictionnaire Larousse*, escrito em 1874, sua "alta cultura" foi produto de "contínuo intercâmbio e mistura"; ainda hoje, apenas um em quatro de seus habitantes nasceu ali. Como sua irmã funcionária do Senado, Charlotte tinha onde morar, o que era respeitável e facilitou a concordância dos pais. Em Paris, porém, estudou não somente na universidade (tornando-se fluente em russo, alemão e inglês), como também numa escola de dramaturgia, diplomando-se em publicidade, teatro e televisão. "Ainda não conheço meu talento, nem se serei uma atriz média ou excelente. Não descobrirei antes de reunir mais experiência. Sinto que tenho potencial, mas não depende só de mim trazê-lo à tona. Preciso ser reconhecida pelos outros. Trata-se, em parte, de uma questão de oportunidade." Na verdade, conseguiu seu primeiro emprego por acaso: estava acompanhando uma amiga num teste, e o diretor escolheu-a, embora estivesse sentada nos fundos e não estivesse inscrita como candidata. "Comigo a oportunidade sempre funciona."

Não apenas levou vida dupla como estudante, mas também, com os homens, desempenhou papel de marido e mulher. O primeiro com quem viveu era um ator que não agüentou acompanhar seu êxito enquanto sua própria carreira se esvaziava. Propôs que dividissem os ganhos – quer dizer, o que ela ganhava. Charlotte concordou, sob a condição de que ele procurasse trabalho com mais empenho, mas, com o passar do tempo, ele se habituou à dependência, como se fosse natural que apenas ela trabalhasse. Gastava o dinheiro livremente, comprando extravagâncias de toda espécie, usando seus cartões de crédito, pondo sua conta bancária no vermelho. "Minha cegueira passou, deixei de amá-lo." Quando ela anunciou: "Vou embora, não o amo", ele ameaçou suicidar-se e ficou no parapeito do sexto pavimento até ela prometer que não o abandonaria. Somente quando o trabalho exigiu-lhe um afastamento de três meses, Charlotte afinal reuniu forças para partir. "Ele disse que não podia viver sem mim e agarrou-me pela garganta. Gritei. Felizmente algumas pessoas ouviram e me acudiram." Agora, quatro anos depois, ele é um homem mudado. "Eu sempre lhe disse que enquanto continuássemos juntos ele jamais faria alguma coisa, a não ser acomodar-se, e que nossa separação lhe faria bem. Ele tinha de lutar por si mesmo, e a receita deu certo."

O segundo amante foi escolhido com mais cuidado; um estudante de medicina que morava em outra cidade e pertencia a um mundo diferente. "Eu não desejava ser engolida pela vida típica de um casal." Mas ele estava decidido a exibi-la, a fazê-la comportar-se como uma esposa que tivesse emprego apenas ocasionalmente: "Ele foi incapaz de entender que o meu trabalho é minha paixão. Nós curtíamos ondas diferentes."

Aparecer na televisão todos os dias, ser saudada nas ruas, ter artigos a seu respeito nos jornais, deu-lhe, garante, não dores de cabeça, mas maturidade. Sua companheira no programa, Emmanuelle Bataille (que mais tarde também participou de um filme de Tavernier, *These Foolish Things*), tornou-se uma amiga íntima e inseparável. O relacionamento de ambas é "o equivalente a um amor tão forte quanto o de um casal, mas sem sexo, o que me faz pensar que o relacionamento com um homem tem de ser muito mais do que puramente sexual". Emmanuelle é tudo que Charlotte não é: abandonada pelos pais, esmagada por uma infância difícil e um casamento que terminou em divórcio; pessimista, convencida de que é feia e desenxabida, viu, através da jovialidade exterior de Charlotte, a timidez e a ansiedade atrás da imagem rósea da moça: "Vou livrar você dessa máscara", disse. Em troca, Charlotte ajuda Emmanuelle a combater seus amuos. "Somos como duas irmãs, muito íntimas."

Charlotte é católica praticante, mas, por influência de Emmanuelle, sua religião tornou-se igualmente dupla. Emmanuelle é budista e também católica. Charlotte convenceu-se desde a infância de que teve uma existência pregressa; ler os livros de história foi como rememorar um passado ao qual pertencera; acredita, sobretudo, que foi uma cortesã no reinado de Luís XIV. "Se Mozart foi capaz de compor aos cinco anos de idade, devia ter a alma de outra pessoa dentro dele... Quando era garota, achava que tinha sido uma mosca na minha vida anterior, porque deve ser terrível ser mosca." Charlotte não conta apenas com a experiência de uma só vida para dela sacar sua inspiração de atriz. Isso significa que sua vida foi decidida por antecipação? "Viemos a este mundo com um objetivo, temos uma missão a cumprir, estamos dotados de qualidades que nos cabe desenvolver."

Supersticiosa? Ela concorda prontamente que sim, embora prefira denominar-se "intuitiva", acrescentando: "Acredito muito na clarividência." Muitos anos atrás um vidente fez previsões a seu respeito que se concretizaram. Mais recentemente, outro a espantou com pormenores de sua vida privada que ninguém conhecia: "Tenho certeza de que vêem coisas que não compreendemos." Segundo a previsão, o homem decisivo seria mais velho. Ora, Bertrand Tavernier é vinte anos mais velho, e é com ele que ela vive agora.

Tavernier raramente rodou um filme em que não fizesse uma careta ou não resmungasse contra a Igreja Católica, mas Charlotte lhe fala da fé que tem, e ele a ouve em silêncio. Costumava esperar do lado de fora quando ela entrava numa igreja para rezar; mas após a morte de seu pai, em dada ocasião, acendeu uma vela e rezou ao lado de Charlotte. Ele era muito ligado ao pai, outro assunto que não discutem. Mas a relação está dando certo porque Charlotte considera

Tavernier um igual, ainda que muito mais famoso. Algumas pessoas dizem que ela precisa pôr um fim na busca de um pai, ou que ele tenciona esmagá-la, mas não é assim, ela não se sente esmagada "apenas porque sou uma atriz obscura; muitas vezes sou mais forte do que ele; sinto-me forte quando ele fraqueja". Ela lhe dá, então, o que ele não tem; a reserva dele é equilibrada pela exteriorização dela; ele confessa que lhe deve muito. "Porque existe igualdade, temos equilíbrio." Nenhuma das mulheres que Tavernier conheceu após seu divórcio de Colo O'Hagan podia aceitar o fato de ele ser famoso e elas, não. Tavernier ficou com receio de que o relacionamento deles fosse afetado, caso Charlotte aceitasse um compromisso de três meses numa companhia teatral, mas ela estava decidida a fazer carreira por conta própria. Telefonaram um para o outro todos os dias. A ausência os fez apreciar mais o que lhes fazia falta. "Viver duas vidas significa ter o dobro de coisas a dizer um ao outro."

Os atores não podem se queixar de serem muito complicados; eles quase têm o dever de ser complicados, de alimentar a imaginação. "Ser atriz", afirma Charlotte Kady, "significa tirar inspiração da variedade da vida." Ela é o oposto da irmã mais velha, que tem um importante cargo oficial e brilha quando conversa sobre problemas governamentais, mas cuja confiança desaparece quando a conversa se volta para a vida particular, acerca da qual pouco tem a dizer. O mundo da administração procura isolar-se, com altas muralhas, dos sentimentos íntimos. Baixar leis anunciando quais as liberdades a serem preservadas é uma coisa. Descobrir o que alguém sente em liberdade é outra muito diferente.

O REMÉDIO MAIS EFICAZ para o medo tem sido a curiosidade, mas não se trata de qualquer tipo de curiosidade. O interesse pelo trabalho que se faz, por alguns passatempos, por algumas pessoas, faz desaparecer muitos buracos negros no universo.

Um novo farol que projeta curiosidade aparece sempre que uma criança vem à luz, e o mundo se afigura mais uma vez interessante. A Terra deu as boas-vindas a 78 milhões de "novos faróis" no ano passado, mas, desses, quantos perderão a claridade daqui a dois, três ou quatro decênios? No passado, pouquíssimos seres humanos realizaram sua promessa inicial ou foram capazes de funcionar acima de uma fração de sua capacidade. Eles sempre puseram óculos protetores e levantaram paredes à sua volta, para manter a curiosidade sob controle. As pessoas que queriam afirmar sua independência sempre tiveram de lutar para romper os obstáculos no caminho da curiosidade. Se a capacidade de alguém se interessar por algo for uma das condições da liberdade, então fica claro que a liberdade não é simplesmente um fruto colhido de uma árvore.

O primeiro obstáculo à curiosidade foi a tradição segundo a qual ela é perigosa. A mitologia está cheia de castigos divinos impostos aos que desejaram saber além da conta; e na Bíblia lê-se: "Quem aumenta o conhecimento aumenta o sofrimento" (Eclesiastes, 1:18). Até mesmo o jovial e bastardo cosmopolita que a Europa contemporânea elegeu seu herói, Erasmo de Roterdã (1466-1536), o inimigo de qualquer dogmatismo e guerra, insistiu em que a curiosidade devia ser limitada à elite e que não deveriam permitir que ela viesse a contaminar "as mulheres tagarelas".

A primeira declaração dos direitos da curiosidade foi baixada por Descartes (1596-1650), um homem altamente agitado, que mudava com freqüência de casa em busca de paz de espírito, de cidade para cidade, de país para país, mas também um homem profundamente comprometido com os prazeres de ficar na cama, a quem os professores concederam o singular privilégio de acordar tarde, devido à sua saúde delicada – hábito que conservou a vida inteira, considerando a cama o melhor lugar para se pensar e onde encontrou estímulo para fazer do pensamento a essência mais depurada do ser humano. Coube-lhe o pronunciamento histórico e herético que a curiosidade era algo que todo mundo possuía, que nada poderia impedir e que aumentava inevitavelmente com o conhecimento. Montaigne (1533-1592) explicara como usar a curiosidade na vida comum, convocando seus leitores a provar "o mistério das coisas cotidianas" e a não temer, quando em viagens, "o contágio de um ar desconhecido". A curiosidade, acrescentou Thomas Hobbes (1588-1679), é "a luxúria do espírito", diferindo da "curta veemência da luxúria carnal" no sentido de que quanto mais favorecida, mais absorvente.

No entanto, a maior parte das pessoas continuou precavida contra a curiosidade. No final do século XIX, mesmo nos Estados Unidos, a "curiosidade pura", sob a forma de pesquisa científica, foi considerada um luxo desnecessário, e os empresários raramente desejavam financiar outra coisa que não fosse ciência aplicada, útil às massas, o resto sendo "curiosidade ociosa". Até a década de 1950, as mulheres americanas consideravam os cientistas pesquisadores maridos indesejáveis não somente porque eles não se preocupavam com dinheiro, mas também porque não eram "indivíduos normais", com os mesmos gostos e interesses de todos.

A história da aranha demonstra que a curiosidade ainda está longe de ter triunfado. A aranha é uma das poucas criaturas que, existindo há 250 milhões de anos, sobreviveu sem alterações. Mas, embora os seres humanos tenham tido tanto tempo para se habituar aos seis olhos e oito pernas da aranha, ainda lhes é difícil mostrar interesse pelos problemas que ela causa. Tudo fizeram para evitar a curiosidade a esse respeito. A princípio, preferiram adorar a aranha: entre os africanos e os incas, a aranha foi um deus, um criador de estrelas, um intermediário entre o mortal e o divino. Os índios tiveram imaginação para tornar a aranha o símbolo da liberdade, por ser a única criatura capaz de se erguer sobre os próprios tentáculos. Na Sibéria, no Vietnã e na Colômbia, a aranha carrega as almas mortas para o céu. Contudo, os profetas judeus voltaram-se contra ela: Jó julgou a teia de aranha muito fraca e Isaías não gostou do seu veneno. O desprezo transformou-se em pânico no século XV, quando os italianos ficavam histéricos só de ver uma aranha. Desde então, a maior parte da humanidade não quis saber o que as aranhas fazem, ou como são indispensáveis à sua sobrevivência, na medida em que controlam as pragas – estas sim, detestáveis. Mesmo nos Estados Unidos, tão empenhados pela liberdade, 70% das mulheres são incapazes de controlar o medo à vista de uma aranha.

Talvez fosse diferente se a houvessem domesticado, como a abelha, e quase o fizeram. Um francês chegou a tecer meias e luvas com sua seda; outro (o inventor das incubadoras artificiais, Réaumur), começou a criá-las, mas desistiu porque as despesas eram altas, pois a intolerância das aranhas entre si exigia que fossem mantidas em gaiolas individuais. A aranha fêmea realmente tem o dom de viver sem machos, já que estoca esperma para até 18 meses, e por isso tende a devorar o macho assim que ele a satisfaz. Mas isso não despertou tanta curiosidade entre homens e mulheres. Réaumur viveu numa época em que os insetos (muito embora as aranhas sejam erroneamente catalogadas como insetos) eram julgados indignos de menção numa enciclopédia, inclusive a do liberal Diderot. Quando Victor Hugo resgatou a aranha, o fez mais por generosidade do que por curiosidade: "Eu amo a aranha e a urtiga", disse ele, "porque são odiadas."

A fim de viabilizar a curiosidade acerca dos animais, as pessoas precisam, primeiro, libertar-se de todos os mitos assustadores que inventaram a esse respeito, dar um basta na guerra travada contra eles desde as origens dos tempos e, acima de tudo, deixar de imaginar que todos eles existem em benefício único e exclusivo da raça humana. O que significa parar de considerar-se mais interessante do que os demais seres vivos. Somente então poderia nascer a idéia de que os seres humanos não se comportam cruelmente com os animais. O papel das crianças, e dos que não esqueceram a infância, na criação dessa idéia tem sido menosprezado, por mais cruéis que as crianças sejam: uma pesquisa sobre a atitude dos parisienses em relação aos ratos revelou que 80% dos adultos tinham medo deles e apenas 6% das crianças se assustavam. Assim, talvez tenha chegado a época de se demonstrar maior curiosidade acerca da ascensão e queda da curiosidade.

NADA MAIS DIFÍCIL do que ser curioso sobre um objeto ou uma pessoa sem a obstrução de idéias preconcebidas. Ocasionalmente, o véu é levantado, e quem o descerra é chamado de gênio. Contudo, o descerramento aconteceu vezes suficientes para habilitar os comuns mortais a verem como se processa.

Um dos primeiros mistérios que os seres humanos tentaram resolver foi o significado das batidas constantes de seus corações. Que não eram tolos, ficou logo demonstrado, já que pelo ano 2000 a.C. já haviam descoberto ser a pulsação responsável pela circulação do sangue no corpo. Mas a descoberta ficou restrita à China, onde o *Clássico de medici-*

na do imperador amarelo foi sutil o bastante para distinguir 28 diferentes tipos de ritmo cardíaco. No entanto, essas idéias permaneceram ocultas da curiosidade geral, envoltas nas complexidades da tradicional medicina chinesa. Os seres humanos não são estúpidos; no entanto, geralmente se agarram, e com obstinação, a velhas idéias não somente por medo do que é invulgar, mas também porque uma idéia antiga é parte de um sistema de pensamento, o qual se assemelha a uma teia de aranha: as partes se sustentam umas às outras e, uma vez dentro, você não escapa. A descoberta da China foi ignorada pela maior parte do restante do mundo, presa que estava em outras teias de aranha. Continuou-se a crer em histórias inacreditáveis acerca do desempenho do coração até o século XVII d.C. Embora um professor do Cairo, Al Nafis (que morreu em 1288 d.C.), tenha transmitido a descoberta num livro traduzido para o latim, bem poucos estavam prontos para ouvir ou olhar.

Tanto os cristãos quanto os muçulmanos preferiram continuar enredados na teia de aranha tecida por Galeno (130-200 d.C.). Educado em Alexandria, e posteriormente médico de uma escola de gladiadores na Ásia Menor, ele afirmou que o coração não era uma bomba, mas uma espécie de lareira, que produzia o calor do corpo. Seus livros didáticos foram decorados virtualmente por todos os médicos do Ocidente e do Oriente Médio durante cerca de um milênio, e eles nada viram nos pacientes que lhes despertasse a curiosidade para uma explicação diferente, uma vez que as idéias de Galeno formavam um todo coerente. Treinado também como filósofo, ele mostrou aos médicos não apenas como examinar o corpo, e como se instruir acerca de nutrição, crescimento e vitalidade de uma forma consistente, mas também como se comportar como seres humanos e médicos. Na verdade, elevou-se a médico-modelo, nunca exigindo pagamento dos alunos ou de seus pacientes, dizendo que clinicava por "amor à humanidade (...) permanecendo acordado a maior parte da noite não somente por amor aos doentes, mas igualmente pela beleza do estudo". Viveu com modéstia, possuindo apenas duas mudas de roupas, dois conjuntos de utensílios caseiros e dois escravos. Naturalmente, muitos médicos não imitam semelhante dedicação filantrópica, mas acalentam o ideal e dele necessitam. O amor-próprio deles foi emoldurado pelos ensinamentos de Galeno.

Os erros de Galeno sobreviveram, embora ele houvesse advertido que não se devia acreditar piamente em livros antigos. Se seus discípulos o tivessem ouvido mais cuidadosamente, não ficariam paralisados por suas idéias. Algumas pessoas riam dele, conforme o próprio Galeno revelou, porque "se movimentava devagar, e por isso o julgavam muito suspeito", o que de fato era, incitando os outros a imitá-lo. "Não sei como aconteceu, se por milagre ou inspiração divina, ou um frenesi, ou o que mais quiserem, mas desde a minha mais remota juventude eu desprezei a opinião da multidão e ansiei pela verdade e pelo conhecimento, acreditando que não houvesse para o homem patrimônio mais nobre ou divino (...) Devemos ser audaciosos e buscar a Verdade; mesmo se não conseguirmos encontrá-la, chegaremos mais perto do que estamos agora." Quem procura pensar por conta própria sabe que as teias que a aranha tece são frágeis e incompletas; mas os que se contentam em ser discípulos, e ficam emaranhados nas teias de aranha dos outros, esquecem sua fragilidade e imaginam que pisam em terreno firme e estável. Idéias tomadas de empréstimo, originalmente destinadas a serem apenas fios de teia de aranha, endurecem e se fossilizam; ideologias se tornam dogmas, e a curiosidade, que deveria soprar livre como o vento, de repente fica imobilizada. Mas ela não está obrigada a isso. A curiosidade não está condenada a perder a liberdade.

Poucos cientistas tiveram a curiosidade de olhar o coração e ver como funcionava, mas descobriram como era difícil escapar a uma teia de aranha de idéias bem tramadas. Andreas Vesalius, de Bruxelas (1514-64), por exemplo, devotou a vida a estudar anatomia humana, determinado a pensar por conta própria. "Estudei sem professor", dizia com orgulho, embora houvesse passado muitos anos nas universidades de Louvain, Paris, Bolonha e Pádua. Costumava percorrer as beiras de estradas em busca de corpos de criminosos executados, cuja carne já aparecia bicada pelas aves de rapina, e, protegido pelas trevas, carregava-os para casa, aos pedaços, a fim de estudar. Em Paris, passava longas horas no Cemitério dos Inocentes, revirando velhos ossos, "embora perigosamente acuado por muitos cães selvagens". Seus estudantes adoravam-no, porque ele próprio dissecava cadáveres, em vez de tomar assistente para a tarefa; ficaram a tal ponto entusiasmados – ele os chamava de "os queridos companheiros de estudos" – que uma vez roubaram o corpo da " bela amante de um certo frade", arrebatando-o do túmulo logo após o sepultamento, esfolando-o para torná-lo irreconhecível e depois oferecendo-o ao mestre para dissecação. Com os cadáveres pendurados em roldanas, as dissecações de Vesalius eram grandes desempenhos teatrais, ainda que o fedor fosse insuportável. Um juiz que estava presente ficou impressionado a ponto de providenciar corpos de condenados, às vezes atrasando execuções para melhor servir ao professor.

Vesalius mostrou que as descrições da anatomia humana feitas por Galeno estavam muitas vezes erradas, pois tinham como base deduções a partir de corpos de animais, sobretudo cães e macacos. Vesalius montou dois esqueletos lado a lado, um de macaco e outro de um homem, "articulado pelos ossos de um sacerdote francês", a fim de estabelecer as diferenças. E escreveu uma obra belíssima em sete volumes, *A estrutura do corpo humano*, mostrando-o em poses surpreendentes, desenhadas pelos alunos de Ticiano. Ainda assim, muitas pessoas se recusaram a dar-lhe crédito. Se Galeno parecia ter-se enganado, diziam, isso se devia a erros na tradução de seus livros ou à "degradação da espécie humana" desde a sua época. Tampouco Vesalius conseguiu escapar à teia de aranha de Galeno. Ainda havia coisas que ele não podia ver e que supunha lá estarem só porque Galeno dissera que estavam. Ele não conseguiu se libertar dos invisíveis "vapores fuliginosos" que, segundo Galeno, o coração produzia, nem observou a circulação do sangue. Mesmo William Harvey (1578-1657), que por fim estabeleceu esse ponto, continuou enredado em idéias aristotélicas ainda mais antigas acerca de "espírito" no sangue. Harvey preocupava-se com algumas de suas idéias: "são idéias tão inusitadas, e portanto ainda não mencionadas, que, ao falar delas, receio não apenas a má vontade de uns poucos, mas que todos os homens se voltem contra mim. Até certo ponto, constitui uma segunda natureza para todos seguir o uso aceito e ensiná-lo, desde sua implantação inicial, até que deite raízes profundas; até certo ponto, todos os homens pendem, por motivos perdoáveis, para os autores antigos".

Os óculos protetores que todos os seres humanos usam não são removidos pelo simples fato de se tornarem científicos. Thomas Kuhn demonstrou de que forma a maior parte dos cientistas trabalha para reforçar os sistemas de pensamento que dominam sua época, como fazem fatos novos se ajustarem àqueles sistemas, ou "paradigmas", ou teias de aranha, que geralmente levam séculos para desaparecer. E agora fica claro que os limites impostos pela ciência à curiosidade aumentaram em épocas recentes. Os laboratórios não são simples postos avançados na guerra contra a ignorância. São também fortalezas, onde os especialistas se protegem contra os desvios de outras formas de conhecimento. Poucos cientistas são capazes de refletir sobre as hipóteses do seu trabalho, pois é muito intensa a competição pelo reconhecimento; sem o apoio dos que estão no poder, não conseguem prosseguir; e os que detêm o poder são mais especializados em política do que em pesquisa.

Os nós com que os cientistas se atam foram descritos por dois antropólogos que visitaram um laboratório de endocrinologia e gravaram cada ato como se fosse parte do ritual religioso de uma tribo. Eles encontraram um cientista que proclamava que as campanhas de Napoleão haviam inspirado seus métodos de pesquisa: equipes rivais em diversos países lutavam entre si para resolver um enigma há oito anos, e aquele cientista referia-se ao seu "campo" como um "campo de batalha, juncado de cadáveres de competidores". Um médico juntou-se a essa equipe, dizendo que estava abandonando a clínica não somente para ganhar mais dinheiro, mas também para conquistar "um artigo raríssimo, conseguir reconhecimento dos meus pares; eu desejava uma realimentação positiva em comprovação à minha sabedoria – e os pacientes não servem muito para isso". Mas é difícil conseguir reconhecimento: das 64 comunicações científicas publicadas pela equipe, somente oito vieram a ser citadas por alguém no mundo inteiro. A grande maioria dos cientistas devota uma soma considerável dos seus esforços a escrever artigos que nunca são lidos. Eles dão preferência a esse campo, em vez de outro, não porque o considerem fascinante, mas, em muitos casos, porque lhes parece menos povoado, oferecendo, por conseguinte, maiores possibilidades de êxito, ou então, porque encontram patrocinadores capazes de ajudá-los a obter subvenções. Quanto mais organizada, cara e especializada é a ciência, mais a curiosidade individual é refreada. A ciência, por si só, não consegue dissipar o medo.

Somente a curiosidade não conhece fronteiras eficazes contra o medo. No entanto, por volta do começo do século XVIII, essa opção foi abandonada, e o ideal do conhecimento enciclopédico foi substituído pela especialização. A retirada para os recessos de uma fortaleza de conhecimento limitado significa que cada um poderá defender-se em terreno que lhe é familiar; transmite-lhe confiança em si mesmo; mas semeia o desamparo em largas áreas de sua vida, sobretudo na parte emocional. Agora que os silêncios produzidos pela especialização tornaram-se ensurdecedores, e que a informação ocupa espaço como nunca antes, é possível reconsiderar a opção, indagar se muitos não se sentiriam melhor caso voltassem à estrada que leva além da especialização, caso tentassem ver o universo como um todo.

A PRIMEIRA ANÁLISE ponderada da curiosidade foi feita por Alexander von Humboldt (1769-1859), cujas descobertas em fisiologia, zoologia, botânica, antropologia, arqueologia, meteorologia e geografia (da qual é considerado um dos fundadores), provavelmente, não têm paralelo em extensão. O que ele fez do seu conhecimento é mais interessante ainda. Ao contrário de Einstein, que aplicou sua genialidade na luta contra a incerteza, que o aterrorizava, e ao contrário de Hawking, que, segundo sua esposa, não encontrava nada que possa substituir Deus, salvo ele próprio – nenhum dos quais veio a mudar, de alguma forma, os objetivos ou as atitudes das pessoas comuns –, Humboldt tentou tirar um novo estilo de vida de suas pesquisas, por mais abstratas que algumas pudessem parecer. Isso é raro, pois entra em conflito com as regras da especialização, que requerem do cientista boca fechada acerca de assuntos sobre os quais não é um especialista experiente. E já que ninguém pode ser especialista na arte da vida, tornou-se perigoso falar a seu respeito. Por conseguinte, os intelectuais se limitaram, cada vez mais, a lamentar a falta de valores nos tempos modernos. A importância de Humboldt está em que ele ousou estabelecer um vínculo entre conhecimento e sentimento, entre o que as pessoas acreditam e fazem em público e o que as obceca na vida particular.

Humboldt foi um pioneiro do pensamento global, sem esconder que seu propósito não se limitava meramente a entender o universo em si, mas evitar a dor causada pelas tragédias que ele constantemente produz. Seu livro *Visões da natureza* (1808) é dedicado aos "espíritos oprimidos pela preocupação (...) [necessidade] de escapar à tempestade da vida", acrescentando: "Deixemos que as pessoas cansadas do entrechoque das nações guerreiras voltem sua atenção para a vida silenciosa dos vegetais (...) e lembrem-se que a Terra continua abundante de vida nova." Portanto, a maneira de sobrepujar as tragédias da existência consistia em vê-las de uma perspectiva mais distante, estabelecer suas interconexões e desenvolver um sentido de participação num processo universal. Conforme observou seu irmão Wilhelm, um eminente lingüista, Humboldt tinha "horror ao fato único", acreditando que, "a fim de se explorar qualquer coisa, precisa-se de uma abordagem por todos os flancos". A recompensa, disse Alexander, é que a pessoa se sente "em contato com a Terra inteira". A idealização romântica da vida parecia-lhe fútil, e a opinião de que os seres humanos eram prisioneiros da natureza, inaceitável; seu objetivo consistia em apontar o caminho da liberdade. Ter perspectiva universal significava, por exemplo, rejeitar o racismo, que aprisionou as mentes da maioria dos ocidentais educados até depois de 1945; mas Humboldt escreveu com toda a firmeza: "Não existem raças inferiores. Todas estão igualmente destinadas a alcançar a liberdade." Outro de seus pensamentos invulgares: sem diversidade de opinião, a descoberta da verdade é impossível. E o objetivo do conhecimento da verdade deveria ser "não o poder, mas o gozo da vida". Por conseguinte, sua pesquisa foi dirigida para "despertar a compreensão de tudo que é digno de amor". Descobrir harmonias compensa as tragédias. Convenceu-se de que "a única idéia emergente da história" é "o conceito de humanização, a tendência a romper as barreiras do preconceito e da religião, e a crença na humanidade como uma grande comunidade, capaz de desdobrar suas possibilidades inerentes". Humboldt permaneceu prisioneiro da teia de aranha da sua época – o otimismo ingênuo –, não conseguindo ver que a história tanto podia recuar quanto avançar, mas, se do seu pensamento for extirpada essa ingenuidade, ele continua substancial e poderoso.

Humboldt foi um dos mais admirados homens do seu tempo – turistas americanos levavam para casa pequenos bustos dele – não só porque explorou território desconhecido (América Latina e Sibéria), nem porque retornou de lá com novas informações e milhares de plantas desconhecidas, mas sobretudo porque ajudou as pessoas a pensar acerca do mundo de uma maneira diferente. Por exemplo: as montanhas não eram meros acidentes geográficos, mas as explicações dos motivos por que os continentes haviam adquirido a forma que tinham; não se contentou em escalar vulcões, revelou-os ligados mundialmente a uma fenda geológica. "Jamais esquecerei", disse Darwin, "que todo o meu curso sobre a vida deve-se à leitura e releitura, quando jovem, da sua

Narrativa pessoal." A curiosidade de Humboldt não se restringiu aos fatos, mas também à maneira de enfocar a curiosidade. O clímax de suas explorações e pesquisas, após cinqüenta anos de maturação, foi *Cosmos*, um livro que descrevia o mundo em todas as suas manifestações físicas, explicando como tudo se conectava a tudo.

"Se eu perguntasse a mim mesmo o que deu o primeiro impulso ao meu desejo ardente pelos países tropicais", escreveu, "teria de nomear: as descrições de George Forster das ilhas dos mares do Sul, um quadro das ribanceiras do rio Ganges por Hodges, na casa de Warren Hastings, em Londres, e um colossal dragoeiro numa velha torre dos jardins botânicos, em Berlim." Dessa experiência pessoal, ele generalizou (no tomo 2 de *Cosmos*) que a curiosidade cresceu nos tempos modernos por causa do estímulo que lhe foi dado pela abertura da imaginação através da literatura e da arte, da poesia descritiva, da pintura de paisagens e do cultivo de plantas exóticas. Cada descoberta abre ainda mais a imaginação, estimulando nova descoberta: "alarga a esfera das idéias", excita o gosto pela investigação, enquanto a criação de novos instrumentos de observação aumenta a inteligência. Humboldt levou adiante a idéia de Descartes de que a curiosidade era como uma doença infecciosa e demonstrou até que ponto poderia se tornar epidêmica.

Não bastam livros e quadros. Humboldt é importante também porque sua vida não foi determinada pelo trabalho nem pelos afetos, mas sim por uma união invulgarmente íntima de ambos. Não houve "o menor sinal de simpatia" entre ele e "as pessoas que me amavam e me demonstravam bondade" na infância, que relembrava como tendo sido infeliz; a mãe parecia-lhe "uma estranha". Teve ligações muito fortes com uma série de homens, na sua maior parte colegas intelectuais. A intensidade dos sentimentos de Humboldt pode ser medida por uma carta a um desses colegas: "Durante dois anos não conheci outra felicidade na Terra do que sua jovialidade, sua companhia, e a mais leve expressão do seu contentamento. Meu amor por você não é somente amizade, ou amor fraternal, é veneração, gratidão infantil e devoção a você como minha mais exaltada lei." Os objetos de sua afeição incluíam dois dos mais eminentes cientistas franceses – Gay-Lussac, com quem dividiu um quarto na École Polytechnique, e François Arago, que retribuiu com estas palavras: "Fora do meu círculo familiar, não há ninguém a quem eu esteja ligado mais profundamente. Você é o único amigo com quem posso contar em circunstâncias difíceis." Se foram ligações homossexuais, conforme alguns afirmaram, ou não, Humboldt definiu seu relacionamento com Gay-Lussac assim: "Ele é meu melhor amigo e eu considero sua companhia altamente consoladora e estimulante – estímulo que parece ser mútuo."

A chave é a ênfase no estímulo. Goethe, que se encontrou com Humboldt várias vezes, escreveu: "Sua companhia é extremamente interessante e estimuladora. Em oito dias pode-se aprender nos livros o que ele transmite em uma hora. [Sua] presença bastaria para infundir interesse a toda uma vida e agitar tudo que provavelmente houvesse de interessante na química, física e fisiologia (...) Ele é como uma fonte (...) para sempre refrescante." O irmão, Wilhelm Humboldt, descartou "a capacidade para formar ligações rápidas (...) e sacrificar-se pelos outros" como um sinal de fraqueza, de falta de auto-estima. É certo que Alexander tinha assomos ocasionais de "melancolia", e sua cunhada, sem dúvida, estava certa quando afirmou sobre ele: é uma "incrível mistura de encanto, vaidade, sentimentos gentis, frios e cálidos"; segundo ele próprio disse, "tocar a própria corneta faz parte do negócio". Quando estava na selva, deliciava-se por sentir-se livre das "distrações que freqüentemente surgiam na vida civilizada, por causa das exigências sociais. A natureza oferece sem cessar os mais insólitos e fascinantes motivos para se aprender. As únicas desvantagens dessa solidão são a falta de informações sobre o progresso das descobertas científicas na Europa e a ausência das vantagens oriundas de um intercâmbio de idéias".

Plenamente consciente, cheio de curiosidade, empenhado em obter idéias tanto "diretamente do mundo ao redor de nós" quanto "por meio de um espírito inteligente", Humboldt sempre precisou de um ser humano para lhe aguçar as sensações, para lhe deflagrar a imaginação. Foi por isso que viveu cerca de vinte anos em Paris, na época a capital intelectual, sem rival no mundo. Afirmou-se que ele jamais sentiu medo, exceto uma vez em que, de repente, encontrou-se com um jaguar numa floresta sul-americana (mas teve a presença de espírito de continuar andando calmamente, como se nada houvesse acontecido). Seria mais verdadeiro dizer que ele teve uma medida completa da fraqueza humana, incluindo medo e preocupação, mas sua curiosidade incessante permitiu-lhe absorver tais medos no mistério geral do universo, ter uma visão global dos medos, fazendo-os passar de ameaças pessoais a fenômenos naturais. Talvez não lhe tivesse sido fácil fazer o que fez, caso tivesse se transformado no que os pais desejavam, ou seja, um especialista em uma matéria, e caso tivesse optado por se preocupar em saber por que os pais não gostavam dele.

Certa vez, numa festa, Humboldt encontrou Napoleão, que não achou outra coisa para lhe dizer, senão isto: "O senhor está interessado em botânica. Minha esposa também." E o imperador afastou-se. Já não é satisfatório estar interessado no que interessa à esposa de alguém. Os limites da curiosidade são as fronteiras do desespero, e as pessoas sempre tendem a combatê-los. Passo agora aos problemas que tal combate provoca.

12
Por que está cada vez mais difícil destruir os inimigos

A força de Antoinette Fouque está em saber o que pensa. Essa é a fonte do seu carisma. Mas também é a razão de ser tida, por muitos, como uma pessoa muitíssimo controvertida. Tudo que se diz sobre ela está carregado de paixão, a favor ou contra.

O que pode fazer sobre aqueles que dela divergem? Às vezes, diz: "Nunca me preocupei com o que os outros pensam a meu respeito", e, com efeito, apesar dos altos e baixos da opinião pública, continuou uma das líderes mais ativas e persistentes do movimento das mulheres desde a década de 1970. Outras vezes, assegura que o importante de fato é exprimir uma opinião sustentada com sinceridade, e que convencer as pessoas constitui uma forma de violência. Mas a palavra "combate" também aparece com freqüência na sua conversa. Define-se como uma "militante teórica", engajada numa "batalha política" para livrar as mulheres da discriminação e da violência e conquistar, para elas, não apenas a igualdade, mas também o reconhecimento de que sua contribuição à civilização difere muito da contribuição dos homens. As metáforas militares não são meros torneios de estilo. Sugerem uma visão de como se conseguir melhor aquilo que se deseja.

Sua aparência está longe de ser militar. Aos 16 anos afetada por uma doença de evolução lenta, que lhe dificultou e reduziu os movimentos, foi obrigada, depois de longa resistência, a andar em cadeira de rodas. Ela é magra e frágil. Tem um sorriso vivaz, até mesmo namorador. Usa roupas do estilista em voga. Sua curiosidade psicanalítica, a amplitude de suas leituras e a firmeza de suas convicções são sedutoras. Um número considerável de mulheres bem-educadas tornaram-se não apenas suas admiradoras, mas devotas, pois Antoinette tem respostas que parecem resolver simultaneamente seus problemas enquanto indivíduos, mulheres e cidadãs. Uma de suas discípulas é uma herdeira rica, de modo que não houve obstáculos financeiros à sua atividade política, em escala internacional, e tampouco para que viesse a ser uma grande editora de literatura feita por mulheres.

Não é por ser fisicamente destemida, nem porque a dor se tornou uma companheira habitual, dominando outros terrores, que se considera militante. Para todos os seus opositores, Antoinette é sensível à crítica, preocupada em não ser mal-compreendida e mal-interpretada. Quando suspeita de alguma hostilidade, o nervosismo transtorna-lhe a aparência, e defende-se com uma torrente de argumentos. Os opositores a consideram agressiva. Ela retruca que eles é que são agressivos e que só faz se defender. Assim, aliás, começam as guerras; mas isso ainda não é tudo.

A idéia básica de Antoinette é que as mulheres são fundamentalmente mães; que a gravidez é a mais importante de todas as experiências sociais, durante a qual uma mãe vive em paz trazendo no ventre um ser diferente; que os laços entre mãe e filho são os mais preciosos de todos. Os homens que se rebelaram contra suas mães tornaram-se patologicamente narcisistas e violentos, com medo de serem castrados, embora no seu inconsciente a ligação com a mãe sobreviva. A tarefa da mulher é livrar-se desse narcisismo e fazer com que os homens percebam que sua espécie de desejo, obcecado pela dominação, não é a única: as mulheres têm uma maneira diferente de sentir e "pensar com o corpo". Abolir as diferenças sexuais significaria somente que as mulheres se tornariam cópias amarelecidas dos homens. Ela ficou chocada com o fato de sua irmã, ao ficar noiva, transformar-se de repente em uma torcedora fanática de futebol. Em vez disso, as mulheres deveriam tentar se conscientizar dos preconceitos masculinos alojados no seu inconsciente e se libertar ao entender melhor o que significa ser mulher, desenvolvendo uma ciência de mulheres e uma linguagem de mulheres, cultivando as diferenças. A democracia, da forma como existe no presente, é inadequada porque substituiu a monarquia – o controle de pais – pelo controle de irmãos – o fratricídio fraternal, como o denomina –, ignorando a importância crucial das mães.

A mãe era a pessoa com quem se sentia mais segura. Uma calabresa, "que sempre me compreendeu", uma "mulher forte", que saía para trabalhar apesar dos protestos do marido, que não permitia ao marido "transgredir a lei", que "meditava" muito e, embora inculta, não parava de dizer-lhe: "Você deve se libertar." "Se eu reencarnasse, gostaria de ser minha cachorrinha, porque penso que ela é a reencarnação da minha mãe, muito carinhosa e doce... Mas quem adota uma atitude maternal – isso eu não faço – é detestável." Na sua opinião, quando ela enfrenta seus adversários, não está se defendendo, mas sim ao movimento das mulheres e à empresa editorial Des Femmes, como uma mãe defenderia os filhos, sem pensar em si mesma.

Há algo de surpreendente numa psicanalista que viveu muitos anos num apartamento sem espelhos e que quase não foi fotografada na infância? Um dos seus textos favoritos é: "Dê-me coragem para olhar o meu coração e o meu corpo sem nojo." Ficou satisfeita porque seu aparecimento na televisão, com Catherine Deneuve, não a fez "pensar que eu era menos bonita em sua companhia". Esse desapego habilitou-a a devotar a vida a declarar não uma, mas várias guerras ao mesmo tempo, a fim de curar o mundo de sua paralisia.

Sua primeira guerra é contra 99% da raça humana, proporção de misóginos que calcula existir, pois a maioria das mulheres sofreu lavagens cerebrais para se subestimar. Os homens, como tais, não são seus inimigos; a briga de Antoinette é somente contra o "imperialismo do falo". Gosta da companhia de homens, adorava o pai, apaixonou-se pelo marido, teve uma filha (contra ordens médicas), separou-se, mas não se divorciou, porque ainda preza sua amizade. A pessoa de maior influência na sua vida foi um homem, o psicanalista Lacan: "Ele me amou e eu o amei." Ele analisou-a por cinco anos, antes que ela mudasse para outro analista, o húngaro Grunberger ("que era o grande inimigo de Lacan, embora eu não soubesse"). "Trabalhar com Lacan significou que eu não estava de mal com os homens, portanto, estava salva do ódio sectário das feministas por eles, o que significa odiar-se a si própria." Antoinette nega que seja uma lacaniana; Lacan disse várias coisas descorteses sobre as mulheres, mas "ele era belo; talvez o amor seja cego; mas ele me compreendia, ainda que discordássemos". Ela mora numa casa de discípulas, porque as mulheres precisam afastar-se dos homens para formular suas estratégias, mas se opõe ao lesbianismo tanto quanto à androginia. É pena, Lacan realmente preferia mulheres andróginas. E insiste: "Não sou homem, não quero ser homem. Não penso como um homem."

A segunda guerra travada por essa líder do movimento das mulheres é contra "as feministas". Ela rejeita esse crédito para si, da mesma forma que rejeita a herança das sufragistas. A declaração de Simone de Beauvoir segundo a qual "Ninguém nasce mulher, mas se torna mulher", ela considera o "pronunciamento mais imbecil do século": a Beauvoir sem filhos, "mentalmente frígida", não era um modelo; suas relações com Sartre ("um mentiroso e hipócrita") estavam longe de ser admiráveis; suas idéias datavam de antes da guerra. Ela não se deu ao trabalho de ler o último livro de Elizabeth Badinter, porque "Badinter é discípula de Beauvoir... e Beauvoir declarou guerra contra mim".

Muitas feministas, embora admitindo que Antoinette Fouque seja inteligente, acusam-na de megalomania, de ser uma "impostora" e uma "fraude", que tentou liderar o movimento das mulheres registrando o nome Mouvement de Libération des Femmes como sua marca registrada, a fim de que nenhum outro grupo pudesse utilizá-lo. (Ela diz que salvou o movimento de extinção.) Em data mais recente, acionou os editores Plon por usarem a letra F na folha de rosto de sua *História das mulheres* porque essa também é a marca registrada da sua editora. (Antoinette replica que as feministas queriam destruí-la, como Sartre e Beauvoir destruíram Camus, e, mais ainda, destruir a editora.) Suas discípulas, dizem as feministas, foram arregimentadas numa seita semelhante à Moon e se tornaram papagaios de repetição das palavras de Antoinette: uma seguidora afastada lembra-se que lhe disseram, quando discordou das opiniões da líder: "Você fala assim porque não nos ama o bastante." Os dois lados se acusam de má-fé e ambição ilimitada. A animosidade contra os dissidentes e hereges historicamente foi mais viciosa do que a hostilidade contra inimigos figadais.

Vendetas pessoais e lutas pelo poder naturalmente adquiriram caráter endêmico na vida intelectual da França, da qual Antoinette Fouque é participante ativa e que ela descreve outra vez usando metáforas militares. O primeiro inimigo que encontrou, ao iniciar sua proclamação para se tornar uma teórica, foi Sartre, a quem ela via como o líder dos "antigos", publicado pela Gallimard, "o Banco da França do estabelecimento literário". Contra ele foram enfileirados os "modernos", publicados pela Seuil, editora fundada como parte da Resistência durante a guerra. ("Por que Beauvoir não se uniu à Resistência, em vez de sair de bicicleta pelo país, tendo casos amorosos?", pergunta Antoinette.) Cada lado tem seus próprios jornais, utilizados como "verdadeiras máquinas de guerra", lançando calúnias, "canivetes à mostra". Cada lado inventou fórmulas, encapsulando suas teorias, que se assemelhavam a gritos de guerra destinados a silenciar os oponentes. Amantes da literatura e das idéias, diz ela, ficaram fascinados com essa "guerra de teorias (...) mesmo que não compreendessem plenamente a linguagem preciosa utilizada, que, aliás, beirava a incompreensão". Ela própria considerou a participação nessa guerra "muito dura", repelindo acusações de que, influenciada pelo jogo de palavras de Lacan, se tornara incompreensível. Para ela, Sartre e Beauvoir foram "tiranos", enquanto seus adversários constituíam "uma oligarquia" que exercia um "terrorismo" sobre os que deles divergiam. Baudelaire dissera: "A arte é uma batalha em que o artista cria com dores antes de ser derrotado." Sollers acrescenta: "A literatura é a arte da batalha."

Na sua juventude, Antoinette Fouque começou a escrever uma tese de doutorado sobre o tema da "vanguarda na literatura", e esse é ainda o lugar que pretende ocupar, independentemente dos grandes mestres e dos clãs. Ataca as mulheres que, segundo diz, conquistam fama à sombra de homens, citando Julia Kristeva, por exemplo, "a esposa do faraó Sollers" (cujo livro, *Les Femmes*, ela chama de "um manifesto de misoginia"). "Fui incriminada por todos, até mesmo pelas mulheres, embora em escala menor por Hélène Cixous" – na época ela era a editora de Cixous e a considerava a maior escritora da língua francesa, e, pensando bem, do mundo. Quando Elisabeth Badinter escreveu, por ocasião da morte de Simone de Beauvoir: "As mulheres lhe devem tudo", Antoinette Fouque manifestou seu menosprezo: retrucando que Simone Signoret tivera cinco vezes mais pranteadores no seu funeral. Quando o filósofo Althusser assassinou a esposa e foi salvo de processo penal pelos amigos, Antoinette Fouque vexou-os ao declarar que deviam ter manifestado mais pesar pela vítima.

"Meus adversários não querem debater comigo, sob o pretexto de que eu acabo sempre tendo razão." A soma de isolamento e insulto foi "muito dolorosa" e, por julgá-la intolerável, no começo da década de 1980, escapou para a Califórnia, onde passou quatro anos recuperando-se à beira-mar. Depois, retornou para lutar outra vez. Agora Antoinette tem a aparência de uma estadista mais madura, condecorada com a Legião de Honra e diplomada em ciência política pela Universidade de Paris VIII. Sua tese foi insólita: uma coletânea de discursos, proclamações, entrevistas e artigos em jornais ao longo dos anos, em cinco volumes, com apenas uma breve "síntese" introdutória; ainda assim, há mais idéias nesses pronunciamentos não-acadêmicos do que em muitas dissertações de mestrado e doutorado. Ela sabe que seus escritos foram importantes, e está decidida a conquistar o reconhecimento público do fato.

Acaso se julga um novo Cortés, capaz de conquistar um continente com alguns homens a cavalo? Não, responde, ela se vê como uma garotinha de três anos e meio de idade, conforme aparece numa foto rara, verdadeiro tesouro, já madura, com o aspecto que tem hoje. Os inimigos não associam a timidez à sua personalidade, mas por trás da audácia e da implacabilidade de Antoinette há uma sensação de fragilidade, o medo de ser esmagada. Na sua recusa de entrar para um partido que não fosse o seu, perdura o terror às instituições como "grandes intimidadoras", que "constrangem" e exigem submissão. "Minha primeira reação é dizer sim, e minha segunda é dizer sim, (...) Minha agressão vem após um período de simpatia." Ter um pai que foi trabalhador corso "tornou-me humilde, foi a fonte da minha timidez (...) Eu não tinha caráter dominador quando adolescente, odiava a originalidade e não queria honrarias; não queria lançar-me a exames competitivos; se saía para compras, deixava que outras pessoas me tomassem a frente na fila. Simone de Beauvoir agiu assim comigo, e eu a deixei passar (...) Não gosto de ser desafiadora. A imagem que mais prezo de mim mesma é a de uma pessoa aberta e cordial. As qualidades que aprecio, acima de tudo, são a gratidão e a coragem, não uma coragem utópica, mas aquela coragem de levantar de manhã, todos os dias".

Algumas de suas conclusões fazem paralelo com as de Germaine Greer, que acabou por descobrir seu ideal na família indiana, onde os filhos amam as mães acima de quaisquer outras mulheres, e que iluminou o significado de satisfação pessoal ao estudar o comportamento da sua gata prenhe. O tormento da timidez ecoa a experiência de Gloria Steinem. Contudo, Antoinette Fouque nunca publicou um livro, porque nunca está satisfeita com o que escreve, "porque tenho medo de escrever e porque tenho sido acusada de crimes que não cometi". Tendo escrito suas memórias e anunciado a publicação, decidiu deixá-las inéditas.

"Não estou isenta de ódio. Se sou objeto de ódio, vejo o ódio em mim; a psicanálise me permite sublimá-lo em atividade criativa ou militante. Há frustração dentro de mim. O sentimento de que mais tenho consciência é a inveja, que se esconde por baixo do ódio – inveja do que os outros não lhe darão, amor por exemplo, ou do que os outros podem ser e você não. Se você cria alguma coisa, os outros sentem inveja. Quanto mais criativo você for, mais inimigos terá. Quanto mais criativa uma pessoa se tornar, mais tensões despertará. Vivemos num mundo de narcisismo selvagem, onde todos querem ser os primeiros. Estamos em marcha para uma terrível guerra narcisística, porque, quanto mais mulheres obtiverem êxito, mais haverá um retrocesso." Assim, e apesar de todo o seu otimismo, ela previu que, antes do fim do século XX, haveria um apocalíptico "genocídio de mulheres". Os estupros na Iugoslávia são uma advertência dos terrores a caminho.

Antoinette Fouque é acusada de sectarismo e dogmatismo, e, no entanto, afirma que odeia, acima de tudo, o sectarismo e o dogmatismo. Ela diz: "Tenho um ego fraco. Mas, depois de cada golpe, esqueço. Não me julgo antipática. Quando eu era professora, as crianças me amavam muito. Sou uma pessoa muito feliz." Estar cercada de admiradoras talvez explique por que não tem dado maior atenção às relações públicas. Embora houvesse se aproximado ocasionalmente de agências importantes em busca de ajuda, elas pouco fizeram. "Olhando para trás, vejo que fui estúpida em relação à imprensa. Eu não compreendia a mídia. Não apreciava seu poder. Minha timidez era a timidez de uma intelectual francesa. O que me interessava era o conhecimento."

Calvino e Lutero foram ambos protestantes, mas seus seguidores levaram cerca de quatro séculos para deixarem de se olhar com desconfiança. Comunistas e socialistas, ainda que defensores, ambos, da classe operária, fizeram o possível para apressar o fim uns dos outros. Por ocasião do bicentenário da Revolução Francesa, e dos estupros na Iugoslávia, Antoinette Fouque conseguiu reunir muitas mulheres, sem precisar persuadi-las, em protestos comuns, mas observou que algumas não a cumprimentavam, enquanto outras o faziam apenas secretamente. O que ela faria se, como psicanalista, viesse a ser confrontada por um fascista? Ela responde que tentaria dirigir seu ódio para um objeto diferente, ao qual não pudesse provocar dano. Mas como eliminar as animosidades pessoais à sua volta e que tanta agitação lhe causam? Ela não tem resposta pronta.

Costurar coalizões com hipocrisia, enquanto se prossegue no ódio mútuo, é o remédio tradicional, indigno de produzir herança. Esperar que um inimigo comum possa apagar a memória de antigas disputas entre mulheres que discordam, autenticamente, acerca da sua visão do futuro não chega a ser um remédio. Minha opinião é que toda idéia do que fazer a propósito de inimigos precisa ser repensada.

Antoinette Fouque não é uma líder típica do movimento das mulheres – ninguém é –, mas eu a escolhi porque, mesmo com sua prodigiosa erudição psicanalítica, ela se engana com esse problema. Ela diz: "O adversário talvez esteja dentro de mim, e eu não queira reconhecê-lo." Tenciono investigar outro ângulo de abordagem. As raízes mais profundas dessas guerras ultrapassam a psicologia ou a timidez de Antoinette. Ela ainda não foi capaz de se libertar de uma tradição antiga, monárquica e militar, que o movimento da classe operária também adotou, e no qual o movimento das mulheres insistiu – ou seja, que a fórmula para obter justiça está em declarar guerra aos opressores. A vitória de ambos os movimentos foi apenas parcial pela mesma razão: jamais, em toda a história, a guerra revelou-se, no seu todo, um método eficaz de conquistar objetivos.

ATÉ ESSA ALTURA, os seres humanos utilizaram três estratégias para enfrentar os inimigos: combatê-los, fugir ou, de alguma forma, conseguir amá-los. Mas nenhum desses métodos foi particularmente bem-sucedido, e o mundo está cheio de inimigos.

O problema com a tentativa de destruir os inimigos é que a execução fica cada vez mais difícil, apesar das maravilhas da alta tecnologia. Quando as pessoas acreditavam em feiticeiras e faziam feitiços umas contra as outras, havia maneiras simplíssimas de descobrir o culpado e responsável por determinado infortúnio. Em 1829, um fazendeiro do Maine-et-Loire, chamado Poirier, consultou um adivinho, a fim de descobrir por que a esposa estava enferma; disseram-lhe que se ele rezasse em frente a uma bacia com água o inimigo lhe seria revelado; o fazendeiro imaginou ver o rosto do cunhado na água e matou-o sem vacilação. Ao mesmo tempo, em Carney (Marne), um veterano da batalha de Austerlitz, incapaz de livrar-se da verminose que o infestava, agrediu os vizinhos, convencido de que eles o haviam enfeitiçado. Em Ardres (Pas de Calais), um homem feriu cruelmente uma senhora idosa porque ela, inesperadamente, o saudara na rua, e ele temeu que ela lhe fizesse mal. A feitiçaria era sinal de que as pessoas viam inimigos por toda parte, mesmo no olhar de um estrangeiro, mas também era uma proteção. Hoje, no entanto, a malícia de vizinhos, os ressentimentos de famílias em contenda e a inveja de colegas já não podem ser eliminados pela magia. A desgraça é hoje o resultado de ardilosas forças sociais ou econômicas, em face das quais os indivíduos se sentem desnorteados. Isso significa que existem mais ameaças potenciais, pessoais e impessoais, instituições, regulamentos e engenhocas mecânicas que dão a contracarga.

Houve tempo em que resolver disputas particulares pela força era um assunto particular, mas depois as leis puseram fim a esse tipo de liberdade. A primeira indústria a ser nacionalizada tinha ligação com a destruição de inimigos: somente a reis e nações era permitido, dali por diante, eliminar pessoas que lhes desagradassem. Seria o caso de se pensar que, após tantos séculos de luta, eles houvessem purgado o universo de inimigos, o que não aconteceu, pois a guerra tornou-se um estilo de vida. Se os grandes conquistadores têm alguma mensagem para os indivíduos, é que, quanto mais conquistavam, mais procuravam novos inimigos. Já no século IV a.C., um tratado indiano sobre a maneira de governar, o *Kautiliya Arthasastra*, aconselhava os reis a travarem guerra apenas contra os que fossem mais fracos e a tratar todos os vizinhos como inimigos naturais. Maquiavel reforçou esse conselho ao dizer: "Os príncipes não deviam pensar em nada mais que a guerra." Invariavelmente, quanto mais canhões e soldados eles comandavam, maior a necessidade que sentiam de esmagar o próximo inimigo. Semanas após a vitória aliada sobre a Alemanha, em 1945, a CIA já preparava um plano de campanha para uma possível guerra contra a URSS. As nações foram tão prolíficas quanto os reis na descoberta de inimigos novos. O historiador militar Quincy Wright calculou que, na Europa, a guerra aumentou na escala que se segue, levando em conta não só sua duração, mas também o volume das forças em conflito, a proporção dos combatentes em relação à população total e o número de baixas:

século XII	18
século XIII	24
século XIV	60
século XV	100
século XVI	180
século XVII	500
século XVIII	370
século XIX	120
século XX, até 1945	3.080

A Segunda Guerra Mundial, cujos horrores deveriam curar a humanidade do seu amor pela luta, foi seguida, entre 1945 e 1990, por cerca de 160 conflitos armados em várias partes do mundo. Não são somente os tiranos que fazem a guerra: entre o ano de sua fundação e 1965, os Estados Unidos tiveram apenas vinte anos sem que o seu Exército ou Marinha participasse de operações ativas em algum lugar. A Inglaterra participou de mais guerras do que qualquer outro país europeu: 75 delas entre 1480 e 1945. A França vem em seguida, com 72. A Espanha absolutista travou 64; a Rússia, 61. Nos séculos XVI e XVII, as grandes potências européias estiveram em guerra 65% do tempo; essa cifra caiu para 38, 28 e 18% ao longo dos três séculos seguintes, mas se as guerras coloniais fossem consideradas, os combates dificilmente teriam cessado. Embora o número de dias devotados à batalha tenha diminuído, bem como a proporção de pessoas mortas, a porcentagem da população envolvida em hostilidades e os civis feridos só fez aumentar.

A guerra do futuro, de Ivan S. Bloch, publicado em São Petersburgo, 1898, argumentou que a guerra se tornara tão cara, tão assassina e tão complicada que era impossível vencer – e, por conseguinte, tendia a ficar obsoleta. Em 1991, outro livro, *Sobre a guerra do futuro*, de Martin van Creveld, modificou essa previsão, afirmando que somente as nações haviam perdido o poder de obter vitórias: suas "incríveis máquinas de guerra e exércitos formidáveis serão reduzidos a poeira", porque, ainda que sejam teoricamente capazes de se destruírem, na prática, não ousam utilizar suas armas mais letais e são incapazes de enfrentar terroristas, que não respeitam as convenções de guerra. A derrota do colonialismo marcou o fim de uma era de luta contra inimigos: pequenos movimentos de rebeldes foram capazes de derrotar grandes impérios. Em seguida, os Estados Unidos verificaram a impossibilidade de impor sua vontade sobre o Vietnã, e a Rússia, sobre o Afeganistão. As Nações Unidas não puderam deter a guerra na Iugoslávia. Grandes guerras, sustentadas por alta tecnologia, estão sendo substituídas por conflitos de baixa intensidade, um grande número de guerrilhas, uma revivescência de intermitentes conflitos tribais, que confundem as nações organizadas. Acumular armamento é futilidade; o futuro beneficia os pequenos grupos que resistem aos grandes, atacando-os de repente e de emboscada, sem destruí-los, mas levando-os à exaustão, tornando a vida desconfortável e perigosa. E, na vida privada, as rumorosas batalhas para derrubar grandes instituições, como o casamento, foram abandonadas; em vez dos divórcios individuais, as coabitações e as "amizades coloridas" estão criando um mosaico de confrontações não-classificadas.

A segunda dificuldade para se combater inimigos está na crescente conscientização de que a luta, muitas vezes, acaba por não ter outro objetivo a não ser a luta em si mesma. Sun Tzu, considerado um dos maiores teóricos da história militar (seu livro, a *Arte da guerra*, escrito no século V a.C., ainda é estudado por generais), advertiu que "subjugar o inimigo sem luta é a excelência suprema". Mas, na maior parte da história, o mundo foi governado por soldados profissionais, que se consideraram engajados na mais nobre de todas as ocupações. Quando o herói da Guerra Civil americana, General Robert E. Lee, confessou: "É bom que a guerra seja tão terrível, pois de outro modo nós a amaríamos demais", deixou claro que, para os soldados, a luta em si, as artes que ela requer e as emoções que oferece são mais importantes do que o destino final do inimigo. Mais do que dar cabo do inimigo, aqueles soldados desejavam matar a insatisfação interior. Aventura e honra foram suas metas. Os cavalheiros da crônica medieval lutavam para receber aprovação de Deus, de seus senhores, de sua mulher adorada e para se convencerem de que não eram desprezíveis. Se ganhassem dinheiro nas guerras, fizessem pilhagem e adquirissem mais terras, tanto melhor, mas isso constituía apenas um meio. A guerra manteve seu prestígio na medida em que foi avaliada como a mais perigosa de todas as emoções.

Até mesmo os convocados contra a vontade, tendo sofrido os tormentos terríveis das duas guerras mundiais, não raro fizeram um retrospecto e consideraram aqueles anos os mais felizes de suas vidas, porque descobriram na guerra o que tinham buscado, em vão, na monotonia de sua existência comum. Arriscando a vida, descobriram até que ponto a valorizavam em suas formas mais simples, muito além das vaidades que se acumulavam ao seu redor. Ao enfrentarem um inimigo, perceberam quão precioso era um amigo. Nas trincheiras e em momentos de perigo, a camaradagem ascendia por vezes à intensidade do amor, uma sensação de se pertencer, uma confortadora certeza de que fariam qualquer coisa para ajudar os que se defrontavam com os mesmos perigos, esquecidos de todos os riscos. O orgulho em participar de ações conjuntas, eliminando o egoísmo e a inveja do status, era sustentado pela determinação de não ser indigno da confiança para a vida e para a morte que cada um depositava no colega. Não lhes restavam opções, salvo a de se ultrapassar, de revelar qualidades de que jamais suspeitaram, de ser mais heróicos, leais, orgulhosos – até mesmo igualitários – do que jamais julgaram possível, de concentrar a mente de modo a que outras preocupações não a perturbassem, salvo a de sobreviver, não propriamente em causa própria, mas sim por aqueles que de repente tornaram-se irmãos e que não muito tempo atrás eram estranhos. Essa foi a maneira como alguns recordaram a guerra quando seus horrores já não se faziam presentes, e se consolaram por seus sacrifícios mediante a crença de que tinham encontrado um significado mais elevado para a vida, ao defenderem seu país ou princípios. Os bravos se sentiam unidos como uma casta, odiando os covardes e os falsos doentes que, em empregos seguros, haviam se mantido mais longe da linha de frente do que o inimigo. Os seres humanos continuavam a travar guerras não somente por não poderem concordar entre si, mas também porque muitos amavam as divertidas sensações que a guerra criava. A animosidade contra os inimigos foi um constante substituto para finalidades positivas na vida.

"O ódio é sagrado", disse Zola, que combateu os inimigos de Dreyfus não apenas pelo amor à justiça, mas porque gostava de lutar e acreditava que ele não existiria se não estivesse sob ataque. Por isso, regozijava-se de ter feito "do orgulho e do ódio meus dois companheiros (...) Eu me senti mais jovem e mais corajoso após cada uma das minhas revoltas contra as vulgaridades do meu tempo (...) Se hoje eu valho alguma coisa, é porque estive sozinho e sei odiar". Quanto mais os dois lados se odiavam, mais tinham em comum, só que isso foi ignorado.

Os antropólogos descobriram tribos que nunca guerrearam e que prezavam a paz, mas elas não são modelos dignos de imitação, porque eram obcecadas pelo medo da violência. Também foram localizadas tribos que não paravam de lutar, mas mantinham seu nível de agressão usando drogas ou outros estímulos. Os canibais se assustam com sua própria ferocidade e, paradoxalmente, bebem o sangue das suas vítimas para se acalmarem, para se libertarem do sentimento de que se transformaram em tigres.

Agir em estado de cólera foi quase uma forma de arte: "Muito mais doce que o favo de mel é a ira", disse Homero. A fúria divina costumava ser admirada como heróica. Nos séculos XIX e XX, a raiva perdeu prestígio; não porque diminuiu, mas porque as pessoas estão começando a se envergonhar desse sentimento. Todavia, uma pesquisa italiana – a única de seu gênero – atestou que a raiva era sentida cinco vezes mais do que a simpatia.

Por conseguinte, houve pouco progresso na arte de confrontar os inimigos. Assim que um inimigo é identificado, a propaganda multiplica provas de sua depravação para reforçar a hostilidade, no pressuposto de que as pessoas julguem gratificante ter suas opiniões confirmadas. Por exemplo: John Foster Dulles, secretário de Estado dos Estados Unidos, durante a Guerra Fria, quando confrontado com alguma informação nova acerca da URSS, ignorava sistematicamente tudo que desafiava seu julgamento do adversário como um inimigo implacável e desonesto. Existe uma tradição firmemente assentada que estimula os inimigos a ficarem cegos para o ponto de vista um do outro. Sobre essas bases, a guerra pode continuar para sempre. E o que a ajuda a continuar é que os indivíduos estão prisioneiros de atitudes mentais que os levam a buscar inimigos, assim como as nações.

Se você acredita na existência de pessoas que o desprezam ou desejam prejudicá-lo, se tem remoído em seu íntimo não somente medo, mas também um desgosto e um ódio à simples visão dessas pessoas, se está convencido de que eles e você são totalmente incompatíveis, nesse caso, talvez suas raízes retrocedam até a antiga Pérsia e você seja um inadvertido discípulo do profeta Zaratustra, que viveu no século X a.C. Suas recomendações sobre como reagir aos inimigos ainda são amplamente seguidas, particularmente no Ocidente, ainda que ele só seja lembrado porque seus sacerdotes, os Reis Magos, visitaram o Menino Jesus. Até Zaratustra convencer-se de que havia somente um deus verdadeiro, e que os outros deuses não passavam de demônios malignos e odiosos, os inimigos eram diferentes do que vieram a ser. Costumava ser tolice imaginar que alguém pudesse ter inimigos implacáveis quando se acreditava que os acontecimentos dependiam dos caprichos de um grande número de deuses e espíritos ancestrais e do desempenho da pessoa de rituais adequados para obter-lhes o favorecimento. Não havia necessidade de odiar aqueles que o prejudicavam, porque a magia, o sacrifício e a prece eram as formas mais práticas de se precaver. Atribuía-se às divindades mais antigas o poder de ser útil ou intratável, e muito dependia do tratamento que lhes davam. Zaratustra substituiu isso pela crença de que a vida era uma batalha perpétua, de que todo indivíduo estava cercado de inimigos governados por Satã – o arquiinimigo que odiava a pessoa independentemente do que fizesse, somente pelo fato de ser humana.

Zaratustra pôs em Satã toda a culpa pela oposição que suas profecias despertavam. Somente a malignidade poderia explicar aquela oposição, pensava ele. Satã recusava-se a compreendê-lo, contava mentiras a seu respeito: Satã era "A mentira". Assim nasceu o bode expiatório para todas as ocasiões, e nada paralisou mais a inteligência do que a busca de bodes expiatórios. Não havia necessidade de comprovar os motivos ou as dificuldades dos inimigos, uma vez que se aprendesse a vê-los como Satã e, em conseqüência, odiá-los. Várias religiões adotaram a idéia de que era um dever combater Satã, escondido atrás de pessoas de quem se discordava. O cardeal Newman escreveu: "Deve-se aprender a odiar antes de se aprender a amar." Zaratustra ensinou como encontrar o objeto certo para odiar, a quem culpar por um infortúnio. Em outras referências, ele foi um profeta de instintos generosos, cujo ideal era que as pessoas pudessem ser pacíficas e corteses. Mas não conseguiu entender aqueles que rejeitavam suas idéias; não conseguiu compreender a discórdia.

Os eruditos discutem agora até que ponto ele inventou sua doutrina. Sua religião está, oficialmente, quase extinta. Hoje, somente os persas, de quem existem menos de 60 mil, encontrados principalmente em Bombaim, prestam-lhe homenagem. Eles herdaram uma doutrina muito modificada; enriquecidos por sua dedicação à educação e ao trabalho pesado, tornaram-se os líderes industriais da Índia e perderam a obsessão de Zaratustra pelos inimigos. O Irã, onde originalmente floresceram, naturalmente se tornou muçulmano, e o iraniano culto, desenvolvendo uma civilização devotada ao refinamento e à sutileza, provavelmente foi quem alterou mais radicalmente os ensinamentos simples de Zaratustra: seus místicos viam Satã como o inventor da poesia; seus poetas revelaram na consolação que nada seria aceito como sendo o que aparentava ser e utilizavam a ambivalência como um meio de se protegerem contra os opressores. A cerimônia da peregrinação a Meca, onde o crente atira pedras para simbolizar seu ódio a Satã, representa somente parte do que o Corão diz sobre como tratar os inimigos; Zaratustra não vive numa região particular do mundo, mas num determinado temperamento.

Ele é o profeta dos que amam a incerteza acima de tudo, daqueles que desejam eliminar a dúvida que os fizeram sofrer e a consideravam uma tortura. É a inspiração dos que não estão interessados em seus inimigos como indivíduos, nem se preocupam em saber que esses inimigos talvez não estejam comprometidos de todo com o outro lado, ou não sejam tão hostis como parecem. Sua divisão do mundo em amigos e inimigos tornou possível às pessoas perfeitamente gentis em suas vidas particulares condenar outros a morrer na fogueira, ou contra eles travarem uma guerra santa, sem ouvir explicações, precisamente porque não queriam conhecer o inimigo.

É o silêncio entre os inimigos o que emerge mais poderosamente da história dos seus confrontos. Os silêncios podem ser quebrados. A ignorância mútua da fragilidade das duas partes impediu que os inimigos trocassem outras emoções que não a raiva ou o ódio. Os seres humanos continuaram a desenvolver o ódio da mesma forma que se apaixonavam, por uma reação visceral, ou, então, admitiram que a inimizade é a conseqüência inevitável da maneira como o mundo é feito. Mas fabricar inimigos é uma das mais antigas e diligentes indústrias humanas, e a matéria-prima talvez nada mais seja que o orgulho ferido e a raiva, endurecendo aos poucos até que estas fábricas de inimigos ficam prisioneiras do seu ódio. Quando não escolhem seus inimigos, outros o fazem. Hitler escreveu: "A arte dos grandes líderes nacionais consiste, entre outras coisas, fundamentalmente, em não dividir a atenção de um povo, mas concentrá-la num inimigo único." Não há razão para que essa espécie de pensamento dure para sempre.

Quando a República Democrática Alemã entrou em colapso em 1990, descobriu-se que a polícia secreta tinha arquivos sobre seis milhões de indivíduos, mais de um terço de sua população: amigos íntimos, até membros da mesma família, tinham se denunciado como inimigos. Isso pode parecer aberração de um regime paranóico. Mas outros países ficariam surpresos se começassem a reunir estatísticas sobre quem está alistado numa guerra secreta e contra quem.

Qual a alternativa? Antes que me aprofunde nesse assunto, devo investigar as outras duas antigas maneiras de enfrentar inimigos: fugir e cobri-los de amor.

13
Como a arte de fugir dos problemas se desenvolveu, mas não a arte de saber para onde fugir

Esta não é uma história comum de êxito, de ambição triunfando sobre obstáculos. Minha narrativa é sobre um irmão e uma irmã que passaram da miséria à fama não porque se empenhassem a fundo, mas sim porque não viam outro meio de fugir do intolerável e, sempre que fugiam, caíam em outro lugar igualmente intolerável.

Eles se recordam do conjunto de apartamentos em que foram criados como um "inferno", "uma maldição", um grande rumor de disputas, lutas e coitos de embriagados, com um odor, que jamais se dissipava, de álcool e sexo. Seu pai era um operário de fábrica que tentou fugir de si mesmo freqüentando a escola noturna, tornando-se guarda-livros e, eventualmente, vigia em abrigo para crianças, mas perdeu a oportunidade de comprar uma casa, e a hipoteca tornou-o mais pobre ainda. Observando-o, Gérard Colé jurou, aos 10 anos, que quando crescesse jamais sofreria por falta de dinheiro; e não esperou pela idade adulta. Deixando a escola sem certificados de qualquer natureza, dirigiu-se ao abatedouro local e comprou os cavalos condenados à morte – alguns eram puros-sangues cujo único crime consistia em não terem vencido corridas em número suficiente. Percebendo que muitas pessoas como ele eram fascinadas pelas corridas, e não podiam pertencer aos círculos sociais do turfe, instalou um hipódromo para os pobres, com 17 cavalos. Foi sua primeira fuga à pobreza.

Depois julgou necessário escapar também de uma vida que exigia pouco de sua inteligência. O *The New York Times* nunca empregara um francês, mas Gérard persuadiu o correspondente em Paris a tomá-lo como mensageiro, e assim veio a se tornar jornalista e editor e, finalmente, um bem-sucedido profissional de relações públicas. Mas, então, observa, "eu vi que a riqueza era um beco sem saída. É terrível não ter dinheiro; é ótimo usar roupas bonitas e comer bem, mas não trocaria um único dia da minha vida por dinheiro". E assim ele fugiu do mundo do dinheiro para o mundo do poder.

Decidiu que François Mitterrand, que, à época, estava sem participação no governo, perdendo eleições, poderia, eventualmente, vir a ser o homem mais poderoso do país; assim, tornou-se seu consultor de relações públicas, encarregado de cuidar de sua "imagem", desistindo do seu apartamento de luxo de 350 metros quadrados por um de apenas 40 e vendendo o Jaguar para adquirir um carro pequeno. Ele teve participação significativa na eleição presidencial de Mitterrand e, depois, na reeleição. Mas os talentos que usou nessas vitórias, segundo acredita, vieram de longe, do fato de haver permanecido, de maneira profunda e "visceral", um "homem do povo". Jamais pertenceu à elite, e dela não quis participar, pois lamentava pelos que o fizeram, por seu inflado senso de importância, que os impedia de ver que já não tinham contato com o eleitorado, que ninguém os ouvia mais. A vida social dos poderosos não o atraía.

Escapou outra vez, e tornou-se o principal organizador de fugas do país, como diretor da companhia nacional de loterias, a Française des Jeux. Seu objetivo é construir a maior fábrica de fugas do mundo, servindo aos milhões de seres humanos que não podem imaginar uma fuga de suas vidas vulgares, a não ser nas asas da sorte. Ele já expandiu a empresa para vinte outros países, da China e Casaquistão à Alemanha e Senegal.

Nesse ínterim, sua irmã, Michèle Blondel, tornou-se uma famosa escultora. Pode parecer que seguiram caminhos diferentes, mas ela também devotou a vida a investigar a arte da fuga, em detalhes ainda mais íntimos, descobrindo do que uma mulher, em particular, precisa escapar. Aos 17 anos, abandonou a casa; aos 19, era mãe; o filho deu-lhe grandes alegrias, mas, embora continuem amigos íntimos, aos 18 anos ele também saiu de casa, para conduzir sua própria vida como estilista em Milão. De qualquer modo, uma criança não poderia protegê-la de como as pessoas a olhavam. "Nada é mais cruel do que um olhar." O ar está cheio não apenas do cheiro de álcool e sexo, mas também de olhares, que são como facas furando a confiança da pessoa e deixando cicatrizes difíceis de disfarçar. Quando criança, Michèle Blondel se achava feia. Cortava o cabelo curto como o de um rapaz, vestia calças, era apaixonada por um homossexual ativo e movia-se num círculo que a tratava como um rapaz: estimulava os desejos deles, mas estava a salvo de hostilidades. Seus melhores amigos homens ainda são os homossexuais, embora ela não acredite que eles a compreendam bem. Somente mulheres foram capazes de enxergar-lhe o íntimo. Em conseqüência, o tema da sua arte tornou-se não o que as coisas ou pessoas parecem, mas a impressão que causam ao se olhar para elas.

O que mais odeia de um olhar fixo que vem do espaço exterior é que ele imediatamente a põe dentro de uma caixa. "Sou mulher: isso é uma caixa. Sou mãe: isso é uma caixa." "Não", protestava, "sou invisível": as pessoas não conseguiam ver com o que ela realmente se assemelhava. Suas primeiras pinturas foram todas em branco, variando os matizes dessa cor, que contém todas as cores, cores que não podem ser vistas. Com as suas pinturas pensou que estivesse conseguindo se esconder da visão, até decidir que elas a deixavam mais nua do que nunca. Expor-se era inútil. Nada a irrita mais do que as pessoas acreditarem no que ela lhes diz a seu respeito, o que a aprisiona numa caixa por ela mesma fabricada. Por isso, começou a fazer esculturas de cristal, totalmente invisíveis, insondáveis, mas projetando mil insinuações, jamais as mesmas, de cores que são o resultado da luz e do olhar que nela incidem. Seu cristal é feito especialmente, em Baccarat, por novos métodos, a fim de diferençá-lo de qualquer outro cristal. Ela recomenda aos técnicos misturar os ingredientes de forma a torná-lo mais puro do que jamais o fizeram. Pernoita na fábrica para vê-lo nascer, sem saber qual será sua aparência, depois reduz o bloco a seixos individuais, dispondo-os então em poses sugestivas, e assim rastreando todo o processo de como as pessoas chegam a parecer o que são e ainda continuam ilusórias. Sempre que um cristal é quebrado pelas desventuras da vida, torna-se diferente: esta é uma afirmação de esperança contra os que teriam um cristal sempre reconhecível, para sempre aprisionado na mesma caixa.

Foi como criadora de chafarizes, como um mágico com água – transparente, mas impossível de agarrar, sempre escapando –, que ela veio a ser mais conhecida. Cada usuário de ferrovia na Gare de l'Est, em Paris, passa pelo chafariz de Michèle no seu pátio fronteiro. Ela gosta que parem e olhem o chafariz. Às vezes, vai observá-los. O primeiro homem que viu, utilizando-o da maneira que desejava que fosse usado, foi um fotógrafo com uma polaróide, que se ofereceu para tirar uma foto de uma moça que nunca havia visto antes, de pé no borrifo, e logo depois a abraçava e convidava para sair. Esta é sua ambição, quer que sua escultura induza as pessoas não apenas a se olharem, mas a se encontrarem, conversarem, se misturarem como a água, a se amarem.

É improvável que o fotógrafo tenha vivido feliz depois do episódio. Como poderiam os homens aprender a amar as mulheres sem tentar possuí-las? Este é o refrão que seu chafariz entoa. Como uma criança pobre numa escola para ricos, incapaz de comprar roupas caras, recusou-se a se deixar frustrar porque era diferente e valorizou sua independência. Muitos dos homens que conheceu são prisioneiros de suas frustrações, tentando provar, sem descanso, que são atraentes, sem se convencerem por muito tempo, usando a violência, o domínio ou o desprezo como ferramentas, e sempre mais interessados em si mesmos do que nela. Disseram-lhe que era impossível de entender, como um menir bretão, um misterioso monumento em rocha da Idade da Pedra cuja mensagem ninguém conseguiu decifrar. E é verdade que ela não gosta de se exprimir de forma muito direta; não consegue dizer ao amante quem é. Isso ele terá de descobrir. Assim deve ser o amor, a descoberta do outro. Ela quer que o amante descubra que é uma artista criativa e não se assuste com a existência, dentro dela, de um homem e uma mulher a um só tempo. Naturalmente, quando amada, transforma-se em líquido, seu estado mais satisfatório, impudente, até concluir que é percebida apenas como um objeto de desejo, não como uma pessoa diferente. "Ser inserida numa categoria equivale a ser encerrada num caixão." Mesmo ser percebida como escultora é ser classificada. Michèle escreveu um livro e fez um filme como uma forma de escapar, mas o mundo não aprecia pessoas que saltam de uma caixa para outra. Nenhum amante durou mais de seis anos em sua vida: quando não exigem dependência, tornam-se dependentes. "Sou uma barra de sabão", diz ela. As borbulhas de seus chafarizes são mulheres, como ela, impossíveis de capturar.

Às vezes, Michèle se desespera por não poder se comunicar: talvez os seres humanos não passem de barcos no mar, separados pelo nevoeiro, que ocasionalmente brilham entre lampejos de luzes mortiças, trocando breves saudações quando se cruzam. Mas a solidão é intolerável, é necessário fugir sempre. Sua resistência vira de pernas para o ar, o que a deprime. Se seu corpo não é bastante belo, está se desconjuntando, ela escapa da dor reconhecendo-o e transformando-o em prazer, ou pelo menos o prazer da honestidade e descoberta. Se se sente megalomaníaca, como inevitavelmente se sente uma artista, por breves momentos, tenta transformar a sensação em generosidade. Se se sente solitária, pensa que pelo menos isso a faz mais aberta para novas pessoas. Se as pessoas não a compreendem, fica provocativa e agressiva: pelo menos elas não reagirão com o olhar fixo e vazio da indiferença: preferiria que odiassem seu trabalho a não o notarem.

Por isso, Michèle adora fazer suas esculturas dentro de fábricas, em meio a trabalhadores que nunca foram capazes de tirar sentido da arte contemporânea. Por exemplo: ela usou as sobras dos produtos de uma cerâmica, pegando a terra quente que sai das máquinas, a fim de transformá-la em imagens de órgãos sexuais. A princípio, os operários ficaram horrorizados; esperavam vê-la criando pequenas figuras com dois braços e duas pernas, mas, aos poucos, entenderam que ela procurava mostrar como a vida emergia da terra. Em seguida, começaram a fazer perguntas; uma operária afinal disse que a partir daquele momento olharia o mundo com olhos diferentes. Quando contratada para redecorar igrejas, acrescentou esculturas de cristal de sêmen líquido, numa tentativa de reconciliar os católicos com o erotismo, fazendo-os celebrar o lugar da sexualidade no âmbito do amor.

Agora ela também tem um estúdio em Nova York, onde passa parte do ano esculpindo, exibindo, sendo provocativa e resistindo a quem tenta rotular seu trabalho. Muitos dos grandes artistas franceses desde o século XIX acharam mais fácil alcançar reconhecimento na América do que no seu país, mas Michèle Blondel sente uma ligação particular com uma artista francesa, Louise Bourgeois (aluna de Léger, um amigo de Le Corbusier e outrora pensionista em casa de Isadora Duncan), que emigrou para os Estados Unidos em 1938 e ali pôde exprimir mais livremente sua obsessão com o tema de mulheres aprisionadas numa caixa, ou em casas, ou em situações sociais, das quais procuram incessantemente escapar. Michèle Blondel deveria ter ido para a América pelo menos uns dez anos atrás, diz o irmão. Um famoso vendedor de arte prometeu: "Se você não for queimada como feiticeira, farei uma exibição portentosa do seu trabalho." Mas, normalmente, os artistas têm de esperar ser queimados antes que os considerem tão interessantes quanto gângsteres ou assassinos.

Um dos garis que rodam por Paris em motocicletas limpando as ruas de cocô de cachorro disse-lhe que seu trabalho dava-lhe prazer, pois se ajustava à sua personalidade, já que amava a independência e odiava os cães. Ela não encontrou solução tão simples para seus problemas, mas, na sua oficina, sente que conseguiu escapar temporariamente da mais intolerável fraqueza humana. Na oficina, ela faz malabarismos com a sorte, como seu irmão, jamais sabendo o que sairá dos seus experimentos, ou como se parecerá um cristal. O grande consolo está em saber que não está se repetindo, que está em evolução.

TODOS OS SERES HUMANOS são, por sua origem, escapistas. Todos descendem de ancestrais que migraram da África e da Ásia. Toda religião foi uma fuga da sordidez da vida real, uma retirada do corpo dolorido para o refúgio seguro da alma. Quando as religiões se tornaram convencionais e superficiais demais, sempre houve escapadas para o misticismo e para o fundamentalismo, distanciados da realidade. A sociedade industrial começou como uma escapatória à pobreza. Agora ela se tornou uma fuga do trabalho para o lazer, para os passatempos favoritos e o esporte. No entanto, até mesmo uma civilização dedicada ao lazer encerra inimigos, de modo que a arte da fuga foi ainda mais refinada: isolamento, humor e paródia foram cultivados para evitar que qualquer preocupação fosse levada demasiado a sério. A rota da fuga do casamento para o divórcio e de retorno ao casamento é uma estrada à qual sempre são acrescentadas novas pistas. Os seres humanos, em sua maior parte, preferiram fugir dos inimigos a ter de enfrentá-los. O escapismo foi uma arte não-reconhecida porque as muitas formas que assume jamais foram vistas como uma reação uniforme à vida.

Uma análise de americanos nascidos entre 1946 e 1966 identificou somente 10% de "competidores" agressivos na maneira como enfrentavam os problemas diários. Uma porcentagem maior construiu suas vidas em torno da arte da fuga: 25% eram "caçadores de prazer", 15% sentiam-se "na ratoeira" e não sabiam como escapar, 28% estavam contentes por haver "sobrevivido". Apenas 20% se declararam plenamente satisfeitos por terem uma vida equilibrada. De acordo com o professor da Harvard Business School responsável pelos resultados, se os seus entrevistados fossem mais sinceros, um número maior teria admitido a ratoeira. De qualquer modo, um estudo de caso de uma firma americana de contadores, publicado em 1992, concluiu que somente 6% de agravos particulares entre seus membros produziram acusações e protestos; 21% preferiram sofrer em silêncio. A maioria fugiu de seus inimigos: 31% "evitaram-se temporariamente", 14% adotaram uma "estratégia de alienação", 8% buscaram aconselhamento. Na Inglaterra, somente 18% da população admitem ter feito queixa verbal numa loja, e apenas 2% tomaram parte numa demonstração ou boicote.

A fuga tem sua filosofia e seus devotos, não menos interessantes do que os da guerra ou rebelião. O advogado moderno mais eloqüente da arte da fuga como estilo de vida foi Henri Laborit, o cientista que inventou um dos tranqüilizantes modernos de maior uso, o Largactil; essa é a grande rota de fuga da dor e da preocupação. Desde então, vem utilizando os royalties de suas descobertas químicas para financiar pesquisas sobre alternativas da agressão. No filme de Alain Resnais, *Meu tio da América*, ele disse ao mundo que a ciência confirmava a opinião dos antigos sábios, para quem a fuga é a verdadeira sabedoria.

Evitem a confrontação, diz Laborit, porque seu único resultado é estabelecer uma ordem de dominação, igual a que os macacos buscam quando lutam para decidir quem vai se acasalar com quem. Uma vez nas malhas da competição pela superioridade, perde-se a independência. O propósito da vida – ele fala como biólogo – é sobreviver, e isso requer calma, a fim de evitar tensões. Ele mediu a tensão de ratos submetidos a torturas em seu laboratório: os que deixou escapar para outro compartimento tinham uma pressão sanguínea normal uma semana depois dos experimentos. Os ratos que foram impedidos de fugir continuavam a apresentar pressão alta, um mês depois dos testes. Quando os ratos não conseguem encontrar uma maneira de escapar, desenvolvem úlceras, perdem peso e esperança, e ao ser aberta a gaiola, estão assustados demais para fugir. Um terceiro grupo de ratos foi posto em gaiolas, aos pares, e embora impedidos de escapar, permitiu-se que brigassem entre si; depois de submetidos aos mesmos tormentos, sua pressão sangüínea continuava normal. Lutar e fugir, conclui Laborit, são alternativas para equilibrar a tensão; mas a luta, embora tendo êxito, cria dependência e arrasta a pessoa para a tensão de uma vida competitiva; além disso, haverá ocasiões em que será impossível enfrentar os competidores, e você lutará contra você mesmo, produzindo tensão. O melhor, insiste, é bater em retirada.

E quando as circunstâncias não permitirem a fuga física, você poderá fugir em pensamento. A imaginação é a única parte de uma pessoa que ninguém, nem grupo algum, é capaz de tocar. Você pode estar sem força, mas em sua imaginação poderá transformar o mundo. Os melhores escapistas são os artistas, que se abstraem da realidade da vida diária e dos constrangimentos da hierarquia; criam mundos próprios, exprimindo sua independência e originalidade. Laborit não advoga a fuga a fim de evitar a emoção, pois isso o deixaria embotado e indiferente. Todo artista deve ser uma pessoa insatisfeita, até mesmo ansiosa, mas ser artista significa estar empenhado em descobrir maneiras de tornar essa ansiedade frutífera e bela.

É claro que os empregados de um patrão indigno e intratável nem sempre conseguem escapar, porque estariam simplesmente condenados ao desemprego. Nem sempre podem lutar, porque existe uma hierarquia organizada, a fim de paralisá-los. Assim, tornam-se "inibidos". Pessoas sem informações suficientes para decidir como reagir a uma ameaça também ficam inibidas, a exemplo do que lhes acontece quando têm informações demais. As inibições ficam gravadas na memória, lembra fracassos anteriores, desestimulando a ação e, dessa forma, encoraja novos malogros. Laborit descobriu uma substância química que impede a inibição, embora surjam depois novos problemas. Mesmo assim, ele encoraja as pessoas a escaparem de suas inibições de todas as maneiras possíveis: pela conversa, pela escrita, pela raiva ou insultando os que as aborrecem. Do contrário, elas lhes destruirão a saúde, mediante a inibição do seu sistema imunológico, e desenvolverão doenças psicossomáticas, o que é uma forma de a pessoa punir-se quando os outros não conseguem entendê-la.

No entanto, Laborit não sustenta que sua solução seja uma fórmula de felicidade. Refletindo sobre sua própria vida, admite que teve dificuldades para escapar. "Tenho uma necessidade patológica de ser adotado, de ser protegido no meu trabalho", afirma. Seu trabalho foi, aliás, uma longa e incessante batalha com seus superiores, que o consideravam rixento e insubordinado. Ele protestava que as promoções eram concedidas para quem lambesse as botas da instituição e se conformasse com seus valores, e não pelas conquistas profissionais. "Eu gostaria de ter vivido na época dos cavaleiros andantes", diz; no entanto, o mais perto que conseguiu chegar foi como cirurgião da Marinha francesa, onde, segundo afirma, o espírito da cavalaria ainda sobrevive. Contudo, seus empregadores não o apreciavam bastante, oferecendo-lhe aposentadoria precoce, recusando-lhe promoções a que seu tempo de serviço fazia jus (ele nunca se tornou cirurgião geral, como acreditava que tivesse direito). Conseguiu escapar para um emprego de pesquisador num hospital militar (ainda que não simpatizasse com soldados, nem comerciantes, nem várias outras categorias). Seu temperamento, conforme confessa, é agressivo, e foi assim desde a infância. Não foi por acidente que se dedicou a estudar drogas e anestésicos capazes de alterar os estados de ânimo, e que suas outras invenções incluem a anestesia por meio de hibernação artificial. Ele ainda se ressente profundamente do fracasso do estabelecimento médico francês em reconhecer-lhe a importância da obra; somente os países estrangeiros o têm honrado com prêmios, incluindo o Prêmio Lasker, que em 45 casos resultou na concessão do Prêmio Nobel, o que não aconteceu com ele.

Fazer amigos não constitui sua especialidade; todas as amizades de Laborit, afirma ele, datam da infância; desde então, só tem conhecido competidores. Não é uma verdade absoluta, pois um círculo de admiradores cresceu ao seu redor: Alain Resnais, por exemplo, curou-se de parte de sua tristeza ao ler livros de Laborit, motivo pelo qual fez o filme. E Laborit, em seus 70 anos, apaixonou-se por uma mulher muito mais jovem, com quem ele e a esposa formam um trio, o que "não chega a ser satisfatório nem frustrante". O fracasso mais sério que ele reconhece em si é o de não ser mulher, pois as mulheres sabem como usar ambos os hemisférios cerebrais e, assim, levam uma vida mais equilibrada. De qualquer modo, existem coisas das quais não consegue escapar; não é uma solução perfeita, mas oferece alívio.

Os SERES HUMANOS têm longa experiência na arte de fugir pela imaginação. O inimigo original de todo mundo foi a fome, e quando se não podia superá-la com comida, a fuga ocorria por meio de drogas. A droga mais comum da Europa na Idade Média, provavelmente, foi a semente de papoula (com vastas áreas destinadas ao seu cultivo em escala industrial), utilizada no fabrico do pão, tal como a semente do cânhamo, temperada com coentro, semente de anis, cominho e gergelim. Com tal ajuda, os pobres tinham as suas fugas oníricas, muitas vezes perseguidos por duendes, vampiros e visões aterradoras, mas, pelo menos, seus temores não eram tão debilitantes quanto a fome. Às crianças agitadas davam-se infusões de papoula como calmante. Quando a fome se tornava aguda, "homens-insetos", que lembravam enxames de gafanhotos, comiam tudo que podiam engolir, invadindo lixeiras, alimentando-se até mesmo de excremento, e vagarosamente se retiravam mergulhados numa estupefação confusa, que oscilava entre a narcose e a neurose, porém sonhando que tinham comido.

A fuga para estados alterados de consciência, como sedação ou exaltação, foi uma ambição mundial, em todos os séculos. Não houve civilização que não procurasse fugir à normalidade com a ajuda de álcool, tabaco, chá, café e plantas de todas as espécies. Os astecas, que tinham uma visão particularmente sombria da vida, costumavam reverenciar quatrocentos deuses de bebida e embriaguez, chamados os Quatrocentos Coelhos, para ajudá-los a escapar. Para onde? Quando sóbrios, discutiam livremente suas alucinações. Viam-se devorados por bestas selvagens, feitos prisioneiros em batalha, condenados por adultério e sofrendo o castigo, que consistia em ter a cabeça esmagada, ou, então, imaginavam que eram ricos e senhores de muitos escravos. A bebida não os libertava das habituais preocupações, mas, em vez disso, permitia que se vissem como em um filme ou fantasia de horror; repetidas vezes. Os cactos e cogumelos que comiam davam-lhes "visões horrorosas ou cômicas" por vários dias, mas eles persistiam: "Isso os enchia de coragem, fazia com que não temessem batalhas nem sede nem fome, e eles diziam que os preservava de qualquer perigo." Fortemente conscientes dos riscos de intoxicações, puniam um bêbado, na primeira ofensa, raspando-lhe a cabeça em público, em meio a zombarias da multidão; e se o bêbado reincidia, era condenado à morte; funcionários públicos e sacerdotes eram executados logo na primeira ofensa, enquanto os nobres tinham o privilégio de serem estrangulados em segredo. Mas quando ocorriam problemas de fato graves, nada podia impedi-los, aos 25 milhões de astecas, de beber e drogar-se até a morte, até restar apenas um milhão. Esse foi o maior suicídio em massa da história, sem dúvida apressado pela importação de doenças européias. Porém foi a perda do moral causada pela conquista espanhola que levou sua civilização inteira à bancarrota – tal como o comunismo declarou a bancarrota –, que foi devastadora.

Na Europa, o ópio tornou-se um meio elegante de escapar da dor e do tédio depois que o médico suíço Paracelso (1493-1541) misturou-o com álcool para produzir láudano. O principal médico inglês do século XVIII acrescentava ópio a um coquetel que tinha sabor de canela, cravos e açafrão, e considerava esse preparado "um dos mais valorizados remédios do mundo". Em 1854, um manual padrão inglês de medicina repetia que o ópio era, "sem dúvida, o mais importante e prezado remédio em toda a *materia medica* para ser usado em doenças de freqüência cotidiana", embora fumá-lo fosse considerado "perigoso para o caráter físico e moral, sobretudo das classes mais baixas".

Os Estados Unidos se notabilizaram pela prontidão e versatilidade com que passaram de uma droga para outra, de uma fuga para outra fuga. No início do século XIX, os americanos dobravam o consumo de álcool, identificando-o como símbolo de seu igualitarismo – todos eram iguais perante a garrafa e ninguém podia recusar: "Eles bebem para ser livres." O homem que na taberna gritava "sou tão independente quanto os Estados Unidos" estava exprimindo um sentimento que até mesmo o movimento pela moderação não ousou negar, já que permitia aos seus membros se embriagarem no dia 4 de julho. Uma mudança abrupta ocorreu no período de 1830 a 1850: o consumo de álcool caiu para a metade e daí em diante a dependência da garrafa tornou-se especialidade de uma minoria. Mas, então, deu-se a loucura do patenteamento de remédios com alto teor de ópio, que viria a alcançar o apogeu em 1900, quadruplicando a importação de ópio por habitante. A essa altura, os médicos começaram a ter dúvidas. Assim, durante o decênio seguinte, fumar ópio tornou-se moda, até 1909, quando sua importação foi banida. Vieram então os cigarros, muito divulgados pela Primeira Guerra Mundial. Quando a proibição do álcool espalhou-se pelo país, a partir do Sul e do Oeste, bebidas à base de cola, com teor de cocaína, chegaram como item de salvação. A cocaína foi considerada a melhor maneira de escapar-se ao vício do álcool, do ópio e da morfina, e também um excelente tônico em geral. William Hammond, cirurgião geral do Exército, anunciou com orgulho que tomava um cálice de cocaína às refeições. A cocaína era o remédio oficial da Associação da Febre do Feno. Os bares serviam-na no uísque; as lojas vendiam-na sob forma de aperitivos; era distribuída a mineradores e operários da construção. Os médicos americanos competiam nas louvações à cocaína. O professor de medicina da Universidade da Pensilvânia, Dr. George Wood, presidente da Sociedade Filosófica Americana, chegou a recomendá-la como ajuda aos que desejassem ser americanos verdadeiros e religiosos, pois que a droga oferecia "uma exaltação das nossas melhores qualidades mentais, um sentimento mais cálido de benevolência, uma disposição para fazer grandes coisas nobres e beneficentes, um espírito de devoção mais elevado, maior confiança em si e consciência de poder. Ela parece transformar o indivíduo, ocasionalmente, num homem melhor e mais valoroso". A busca da fuga à mediocridade e à monotonia tem sido incansável.

Os franceses estiveram, por muito tempo, na vanguarda mundial como bebedores de álcool. A razão disso não é que produzam os melhores vinhos, já que aos seus méritos acrescentaram agora o recorde mundial no consumo de tranqüilizantes e soníferos. É mais plausível sugerir que a civilização francesa prezou a artificialidade tanto quanto a arte. Podar a sebe do jardim em formatos estranhos, usar roupas que fazem da pessoa um tipo singular, falar em prosa afetada, todos esses itens fazem parte de uma atitude similar, uma crença de que os humanos são aperfeiçoáveis e deveriam, portanto, ser esculpidos e polidos, em vez de deixados como estão. A válvula de escape dos franceses não os leva ao esquecimento, mas a uma condição que os habilita a se aproximarem mais do seu ideal de um ser sociável e interessante, capacitado a enfrentar os acasos da existência. De dez deles, três dependem do café (sobretudo as mulheres casadas, de meia-idade); dois, tanto do café quanto do fumo (principalmente os jovens); outros dois, apenas de tranqüilizantes (sobretudo os velhos e os menos abastados); um, de chá, com fumo e álcool ocasionais (principalmente os jovens muito bem-educados); um de chá e nada mais (sobretudo as mulheres jovens e bem-educadas); um, de vinho ou cerveja, mas sem fumar; somente cinco, numa centena, são fumantes inveterados e bebedores habituais de álcool e café ao mesmo tempo. Somente 1,5% é abstêmio total de álcool, fumo, café, chá, tranqüilizantes e soníferos, porém eles só conseguem despertar desconfiança ou perplexidade. O selvagem nobre esteve raras vezes sóbrio.

O problema com a fuga é saber para onde fugir. Laborit diz que não se pode escapar da miséria para a felicidade, por se tratar de meta inatingível. O antigo grego Heráclito (552-487 a.C.), que renunciou à sua reivindicação hereditária de parentesco com a linhagem de Éfeso, onde hoje é a Turquia, disse que, estando o universo em constante mudança, não há para onde fugir: "A natureza humana não tem propósito fixo"; todo o universo está empenhado numa fuga da situação em que se encontra. Os taoístas, que datam do século II a.C. e que na China eram os especialistas em escapar à ambição e aos interesses normais dos indivíduos comuns, mostraram originalidade ao dizer que as mulheres, bem como os homens, jovens e velhos, podiam aprender a escapar da miséria, sem escapar completamente à morte, ao se esquivarem de morrer da maneira errada. Com a ajuda de drogas que aumentavam a potência sexual, mas aos poucos destruíam o corpo, eles tentaram envelhecer com um sorriso, bêbados, dançando segundo os ritmos da natureza. Mas seus sonhos de igualdade, de homens e mulheres "respirando no mesmo hálito", sendo espontâneos e naturais, esgotaram-se em fórmulas mágicas, porque buscaram um curto desvio para a felicidade através da alquimia.

Quando o escritor japonês Mishima cometeu suicídio, estava levando a válvula de escape à suprema conclusão. Ele se disse inspirado pelo exemplo de Oshio Hehachiro, um inspetor de polícia, de Osaka. Aos 37 anos, esse homem renunciou ao emprego porque estava cansado de combater a corrupção; decidiu que o sucesso na vida era menos importante do que praticar um ato heróico: podia-se escapar da mera insignificância, e isso estava dentro da capacidade de qualquer um. Assim, até uma camponesa iletrada, trabalhando nos campos o dia inteiro, poderia se tornar sábia. "É a jornada, não a chegada, o que importa", e deve-se nela embarcar "como um louco". (*Il faut toujours être ivre*, escreveu Baudelaire quase na mesma época.) O sacrifício voluntário tornava a pessoa impenetrável às outras. Assim sendo, Hehachiro organizou uma rebelião dos "infelizes da Terra", começando por incendiar sua própria casa, e quando a rebelião malogrou, degolou-se. Foi declarado postumamente culpado de "criticar o governo" e seu corpo em salmoura foi crucificado em público. Hehachiro tornou-se, no entanto, herói japonês, na condição de nobre fracassado, e Mishima copiou-lhe o suicídio porque, embora não levando a resultado algum, era "um ato de sinceridade", uma fuga à hipocrisia. Foi uma fuga em causa própria. O inimigo sobrevive.

As pessoas que desejam fugir ao garrote das instituições de sua época, e das opiniões da multidão, e, melhor dizendo, da vida comum, não estão desajustadas na sociedade moderna: suas raízes retrocedem à antiguidade mais remota, ao tempo dos guerreiros, que entoavam canções semelhantes às da antiga China:

> "Chego sozinho, me sento sozinho.
> Não lastimo que hoje não me conheçam.
> Só o espírito da velha árvore, ao sul da cidade,
> Sabe ao certo que sou um Imortal passando."

Indagar quais seriam os resultados práticos da fuga é esquecer o ponto de escape, que inclui a fuga intencional. Aqueles que querem um propósito devem olhar mais além da fuga.

14
Por que a compaixão floresceu mesmo em chão de pedra

Desde a idade de 12 anos ela tem medo do modo como as pessoas se tratam. O primeiro sinal foi quando, de repente, deixou de falar com os pais, durante vários meses, e começou a pensar na fragilidade dos adultos, na tendência que têm de cair aos pedaços. O mundo deles parecia grudado com uma cola feita de hipocrisia: o pai alsaciano inclinava-se a obedecer ao patrão – "um sujeito detestável, que o usava como bode expiatório". Sua primeira decisão foi que o pai tinha escolhido o caminho errado: não se deveria permitir que a injustiça campeasse à vontade. Mas quem seriam seus aliados contra a injustiça? Positivamente, ela não entendia por que o pai não se rebelava. Nem por que sua irmã mais velha não se rebelava também. Nos cortiços onde agora trabalha, ela ainda não compreende por que alguns se revoltam contra a humilhação e outros, não.

Marie-Thérèse Gaab foi uma criança solitária, que procurava refúgio na música do seu violino. "Ninguém me entendia. Meus pais me apelidaram de Cohn-Bendit e me mandaram para um pensionato, onde eu matava aula, carregando meu violino. Quando via meninos brigando, procurava separá-los." Ela sentia uma certa afinidade com a mãe alemã, cujo caráter forte admirava, mas sua comunicação com os adultos era difícil. Nenhum professor na escola, nenhum professor na Universidade de Estrasburgo, estendeu-lhe a mão.

De beleza notável, alta e loura, casou-se com Michel Krieger, cujo corpo fora devastado aos 3 anos de idade por uma doença reumática e que, após oito anos no hospital, vivia numa cadeira de rodas, irradiando inteligência, sensibilidade e triunfo sobre o sofrimento. Ele é o extremo oposto do indivíduo submisso. Juntos, reagem à injustiça, cada um à sua maneira.

Como artista, ele atrai a atenção internacional, por refletir o fulgor frio projetado em suas costas deformadas, por um público supostamente normal. Entre outras coisas, pinta paredes altíssimas com uma porta pequenina. Olhando-se com cuidado, não se tem certeza se a porta é de saída para nós ou de entrada para os outros. Ele revela os seres humanos semelhantes a moluscos, construindo conchas ao redor de si mesmos, buscando proteção dos perigos que preferem não conhecer muito de perto. As fronteiras entre eles se tornam, na obra de Michel, mais enigmas do que obstáculos, interrogações do preconceito que são, a um só tempo, assustadoras e serenas. Às vezes, ele acha que tendo se casado, tido filhos e recebido reconhecimento conseguiu dissolver o olhar congelado que sua aparência à primeira vista produz. Mas só às vezes.

Marie-Thérèse diz que agora ele está mais perto de curar-se da impressão de ser um excluído do que ela, que trabalha com crianças para quem todas as portas parecem firmemente fechadas, numa escola onde nove décimos dos alunos vêm de lares abaixo da linha oficial da pobreza. Os conjuntos verticalizados erguem-se como árvores mutiladas num deserto de onde não se pode fugir; não há nada a fazer, nenhum lugar aonde ir, sequer um cinema, nenhum outro sinal de civilização, salvo a delegacia de polícia e os homens da segurança do supermercado. A alta cultura de Estrasburgo se evapora sobre as terras devastadas que a separam do subúrbio do Le Neuhof, onde metade da população sobrevive com os benefícios dos serviços sociais. "É um milagre que as crianças consigam chegar à escola, todas as manhãs, com suas mochilas; elas precisam de coragem. Não tenho condições de ajudá-las, não há como superar os obstáculos que lhes são antepostos. Quando uma menina cujos irmãos são viciados em drogas e cujos pais não têm um tostão me pede ajuda, não posso mudar sua família. Eu converso muito com ela, mas, à noitinha, a menina volta para o pai alcoólatra e para a mãe deprimida. Os alunos deixam a escola sem receber qualificações e não conseguem trabalho. A escola é a única instituição efetiva aqui; sem ela, os alunos estariam ainda mais perdidos; passam as férias de verão metendo-se em enrascadas nas partes ricas da cidade. Os pais, imigrantes e desempregados, humilhados por sua incapacidade de sustentar as famílias, recobram seu prestígio por meio da religião, tornam-se representantes de Deus e exigem obediência de suas esposas e filhas. Mas as filhas não querem ser iguais às mães. Trabalham mais que os meninos na escola e alcançam a liberdade aos 18 anos."

O que Marie-Thérèse pode fazer pelo menino abandonado pela mãe e cujo pai é alcoólatra, que vive com mais quatro num pequeno apartamento de dois cômodos? Se ela tivesse um apartamento maior, certamente o levaria para morar lá: "Ele vem me ver pelo menos cinco vezes ao dia na escola, só para ouvir uma palavra de ânimo. Não tem coragem de dizer ao professor que está sem dinheiro para pagar as lições de natação; ele tem seu orgulho; é constantemente violento; eu sou a única pessoa com quem conversa. Acompanhei-o ao tribunal para que pudesse encontrar a mãe, mas ela disse que não queria ver nenhum dos filhos."

O que Marie-Thérèse pode fazer por uma moça cigana cujo pai está na cadeia, que é a mais velha de oito irmãos e por isso obrigada pela mãe a cuidar das crianças em casa? "Estou revoltada pela maneira como os pais arruinam os filhos porque acham a vida muito difícil. Com pais diferentes, algumas crianças teriam um êxito brilhante."

Marie-Thérèse não pára de se comover profundamente em seus encontros com tais crianças; apenas falar sobre elas basta para trazer-lhe lágrimas aos olhos; insiste em lutar pelos seus direitos, embora saiba que não tem muito a fazer. Ainda assim, é uma pessoa em quem elas podem confiar, pois, na maioria dos casos, não ousam falar aos pais. "Se consigo convencer um menino a ir para a escola, depois de uma conversa de um ano, já é alguma coisa. Esse trabalho me esfalfa, é claro, porque me sinto isolada; os professores me consideram muito compassiva, dizem que eu ouço demais. Não posso mudar os problemas econômicos, sociais e políticos; sou apenas um catalisador; as crianças é que têm de conquistar seu espaço. Continuo rebelde; tenho condições de fazer as crianças se transformarem por dentro, de mudar a maneira de verem as coisas. Quanto a isso, acho que estou me saindo bem."

Retomar a batalha todos os dias, quando a batalha, como um todo, já está perdida, exige enorme energia. Ela tira sua força de Michel. Quando volta do trabalho e o encontra pintando em paz no estúdio – um quarto dos fundos do apartamento –, "minhas preocupações desaparecem e fico nas nuvens".

CRUZEI O ATLÂNTICO e cheguei a uma rua cujo asfalto está esburacado e entupido de lixo: poucos carros passam por esse caminho. Os edifícios em ruínas estão cheios de moradores. Espaços vazios são as lápides de casas que desapareceram. O esqueleto de uma fábrica sugere que no passado operários ganhavam salários para suas famílias, mas as pessoas nessa rua não trabalham: apenas se deixam ficar em pé, ou sentadas, à espera. Às vezes, parecem espantalhos, suas roupas dançando nos corpos inchados e sujos. Estou no mais rico país do mundo, que construiu maravilhas inspiradas na esperança, mas os olhos que observam minha intrusão não têm sinal algum de esperança nas pupilas. Ou serão abutres, esperando pela presa? Não é preciso ter medo: são vítimas, não abutres. Estão à espera que o abrigo dos sem-teto abra para o pernoite.

A hospedaria da Pine Street não é uma das atrações turísticas de Boston porque esse prédio, antigamente bonito, com sua elegante torre em estilo italiano, está rodeado de desolação. Por dentro, tornou-se uma espaçosa garagem, exceto pelo fato de que, em vez de carros, existem camas em filas compridas, várias centenas em cada dormitório, para uso gratuito. Durante o dia, os hóspedes, como são chamados, têm de sair para o mundo; muitos ficam em pé, do outro lado da rua, à espera da readmissão e de que lhes desinfetem as roupas enquanto dormem. Somente os enfermos têm permissão de ficar, e esses, sentados, com as cabeças pustulentas nas ásperas mãos em concha, como numerosos Van Goghs, não dão sinal de vida, salvo ocasionais murmúrios de cólera para si mesmos.

Há 17 anos Barbara McInnis é enfermeira aqui, na tentativa de combater a dor, sem maior sucesso do que o de pessoas que, em países quentes, espantam as moscas, apenas para vê-las voltar outra vez. Quando foi pela primeira vez na hospedaria, ainda vivia com um encanador que só enxergava violência no mundo: sempre carregava um revólver com medo de ser assaltado. O oeste selvagem tornou-se urbanizado aqui, parte inseparável de uma cidade cheia de beleza e cultura. O contraste foi insuportável para Barbara, que passava o dia praticando o bem em Pine Street e depois voltava para a violência do seu amante em casa. Ela o abandonou. Com 12 amigas, alugou uma casa modesta em

Jamaica Plain, comprou móveis baratos e levou uma vida simples. Elas faziam Sopa de Entulho (arranjavam uma cenoura com uma pessoa, um tomate com outra...) e a distribuíam num furgão; em geral, também tinham cerca de cinco pessoas sem-teto vivendo com elas. Agora ajuda centenas de pessoas, 24 horas por dia.

De que forma consegue ajudá-las? Ela era enfermeira, empregada pelo Departamento de Saúde da cidade, onde as enfermeiras são obrigadas a fazer o que os médicos mandam. Mas na Pine Street pôde inventar seu próprio estilo. Ao inaugurarem o abrigo, suas organizadoras fizeram planos, mas nada saiu como esperavam. Barbara não faz planos; não adianta dizer aos hóspedes como se comportarem: "Sou uma amiga. É isso que faço. Meu objetivo de mais longo alcance é esperar que o homem que vi à tarde volte à noite para outra dose de remédio. Trabalhar aqui implica uma constante escassez de metas, tenho de preservar minha sanidade. Terapia Band-aid é como chamo o meu trabalho. Não alimento sonhos de uma sociedade diferente. Nunca penso nisso. Estou ocupada em sobreviver, como os hóspedes. Não consigo discernir uma nova forma de fazer as coisas, porque também estou ocupada em sobreviver. Quando começamos, tínhamos 240 hóspedes. Hoje são 780. Estamos sobrecarregadas. Meu trabalho é feito minuto a minuto. Não tenho esperança alguma de que as pessoas consigam mudar."

Barbara costumava acalentar esperanças. No início da década de 1960, por ser uma radical, julgava Ted Kennedy um hipócrita, "motivo pelo qual trabalhei para seu adversário, que mais tarde mostrou não ser melhor". Foi a única vez que se envolveu com política. Nunca mais. "Eu me sinto desamparada com personalidades oficiais. Além disso, introduzir mudanças na sociedade não é da minha competência.

Sou intuitiva. Procuro não fazer julgamentos. Não forço minhas crenças. Não faço proselitismo. Todo mundo tem o direito de escolher em que acreditar. Mas não tolero cultos que destroem a vontade da pessoa, embora eu nada faça para mudar isso." Admira, segundo afirma, os radicais que ainda têm esperança, ou que tentam eleger uma mulher operária como governadora de Massachusetts, mas acrescenta: "Alguém deveria dizer-lhe que ela não será capaz de levantar o dinheiro, que ela não tem a menor chance."

O feminismo pareceu, a certa altura, uma solução. Uma vez tentou fazer com que algumas feministas locais ajudassem no abrigo como voluntárias, "mas elas não tinham nenhuma afinidade conosco. Eu não tinha experiência com mulheres sem-teto, por isso pedi à clínica de mulheres para nos ajudar; elas marcaram várias entrevistas, mas nunca apareceram. O feminismo nos garantiu um espaço maior, mas não diria que sou feminista; não sou militante, embora acredite nos direitos das mulheres". Planejar o futuro equivaleria a escrever contos de fada.

Os rebotalhos humanos que acabam indo para Pine Street não chegam a ser doutrinados sobre moral ou algo parecido. "Alguns não têm qualquer noção de moral, falam sobre roubos como se falassem de seus empregos." E sobre o que conversam? "Eu lhes pergunto quanto receberam de esmolas." Ela não dá dinheiro a mendigos, a não ser aos domingos. Para as pessoas entre as quais ela circula, "dinheiro não tem grande valor". Alguns precisam de dinheiro porque são alcoólatras, mas, ainda que peçam dinheiro, uma conversa faz tanto bem à sua solidão quanto o dinheiro. O mundo preocupado com dinheiro é diferente, é um mundo exterior que, diz ela, "tem direito às suas crenças: se eu estivesse no lugar deles, faria o mesmo. Não sinto horror à sociedade de consumo".

De onde ela tira tanta energia para continuar? Da necessidade dos seus hóspedes. E dos estudos sobre São Francisco de Assis. Em suas horas de ócio, freqüenta reuniões de seguidores de santo, os Jovens Católicos, em sua maior parte vivendo de subempregos. "Espiritualmente, acho que pertenço a essa gente." Depois da missa, discutem um tema, tomam uma bebida no bar, vão dançar. Mas pertencer ao grupo ficou mais difícil porque, por medida de segurança, os bares agora fecham as portas cedo, e seu trabalho a impede de chegar a tempo.

Embora viva minuto a minuto, descartando todos os planos a longo prazo, Barbara está à espera, como todos estão à espera no mundo. "Eu ainda estou vivendo na década de 1970. Preciso mudar ou não sobreviverei." A única coisa nova que aprendeu, em vinte anos, foi como usar um computador. Sua mãe está doente e lhe exige um bocado de energia. "Quando minha mãe morrer, serei capaz de mudar." Ainda que necessite de mais tempo (como todo mundo) para ser capaz de criar as condições necessárias à mudança, acredita que só mudará quando "as coisas estiverem incertas para mim". O que faz no momento é tão urgente, tão necessário, que tem certeza de estar fazendo o que deve. Seria preciso um grande trauma espiritual para sacudi-la de sua rotina. Entretanto, o mundo segue como é, e ela continua a pôr curativos nas feridas de vagabundos que há pouco tempo eram indistinguíveis dos habitantes comuns da cidade: um é um ex-advogado cujo pai foi juiz da Corte Suprema; outro é um médico destruído pela bebida; outros perderam suas habilidades, seus empregos, suas famílias, seus lares, como pessoas que perdem as chaves da porta da frente. Escorregaram em casca de banana e foram catapultados para um planeta solitário.

Em Pine Street, Boston, também encontrei o descendente de uma família alsaciana que emigrou para os Estados

Unidos e prosperou, tendo enviado um dos seus filhos a Harvard e depois a Oxford, educação que culminou em brilhante tese de doutorado sobre o socialismo do século XIX na França (que, naturalmente, versa sobre a esperança). O autor da tese, porém, decidiu que, em vez de enfrentar as forças que haviam feito do mundo o que o mundo é, preferia amenizar os sofrimentos da humanidade numa base diária; e agora vive frugalmente e de maneira humilde, cuidando de pessoas abandonadas. Ele aprendeu demais para acreditar em panacéias; quando forçado a fazer arranjos para o futuro, fica perplexo, com o sobrecenho vincado; hesita até mesmo em marcar encontros com alguns dias de antecedência. Mas quando se movimenta no meio de seus hóspedes miseráveis, feridos, aleijados, parece sentir que ali, pelo menos, todas as ilusões e hipocrisias desaparecem; não é obrigado a fingir ser melhor do que é ou assombrar-se com o que vale; há uma expressão suave, gentil e alegre em seu rosto, a expressão de alguém capaz de ver a dignidade por trás do sofrimento e cuja recompensa é poder dizer uma palavra amável a um ser humano em desespero.

EM 1944, A MÃE DO POETA Yevtushenko viajou da Sibéria a Moscou, onde viu uma procissão de vinte mil prisioneiros de guerra alemães marchando pelas ruas. Os generais pavoneavam-se à frente, transpirando desprezo, determinados a mostrar que ainda se consideravam superiores. "Os bastardos têm cheiro de perfume", gritou alguém. A multidão rugiu de ódio. As mulheres sacudiram os punhos fechados de raiva e a polícia teve grande dificuldade para contê-las. Mas quando os russos viram como estavam magros e maltrapilhos os soldados rasos alemães, sujos, deprimidos e completamente infelizes, muitos mancando, usando muletas, a rua ficou silenciosa. De repente, uma mulher mais idosa rompeu o cordão de isolamento e estendeu uma côdea de pão a um dos soldados. De todos os lados, outras mulheres imitaram seu gesto, dando-lhes comida, cigarros, tudo que levavam consigo. "Os soldados já não eram inimigos. Eram pessoas." Mas semelhantes irrupções espontâneas de compaixão raras vezes significaram mais que um arco-íris no céu; não mudaram o clima; não estimularam até aqui um desejo de ouvir o que os inimigos têm a dizer.

Desde o começo do mundo, a compaixão foi a mais frustrada das emoções, mais do que o sexo. Os seres humanos, normalmente, se sentiam atraídos apenas por uma pequena minoria do sexo oposto, mas quando reconheceram sofrimento em quase todo mundo, com freqüência sentiram-se profundamente comovidos. Todavia, chegaram a exageros para evitar que a compaixão lhes perturbasse as outras prioridades. Todos os tipos de filosofia e preconceitos assemelharam-se a cintos de castidade, mantendo a compaixão firmemente sob controle. Impulsos de generosidade de tribos, nações ou grupos murcharam vezes sem conta; mas depois, e de repente, reapareceram, em geral através do exemplo de um indivíduo excêntrico, que rompe a convenção segundo a qual as pessoas deveriam concentrar sua compaixão em suas próprias famílias e acautelar-se contra estranhos. Os obstáculos que os seres humanos criaram para impedir a si mesmos de sentir compaixão acumularam-se ao longo dos séculos, reforçando a persistente relutância em conhecer um inimigo ou um estranho pessoalmente ou na intimidade.

O primeiro obstáculo foi o tabu contra o sentimento de compaixão pela pessoa errada. Confúcio (551-479 a.C.) traçou uma série de círculos de compaixão em torno do indivíduo, de intensidades diferentes, sugerindo que se deveria amar o pai de maneira mais fervorosa, depois a família, em seguida os outros, em graus decrescentes, de acordo com sua distância do centro: a piedade filial ensina "como amar e como odiar as pessoas". Em outras civilizações, também, "boa criação" significou saber ao certo quando dar e quando limitar o sentimento de compaixão por alguém. A atitude de Confúcio foi largamente adotada em todos os continentes, porque não parecia existir alternativa satisfatória. Mo-Tzu (479-389 a.C.), que nos tempos antigos foi tão famoso quanto Confúcio, perguntou: "Se todos no mundo praticassem o amor magnânimo (amar a todos como a si mesmo) (...) haveria ladrões ou assaltantes? Os clãs brigariam entre si? Os Estados se agrediriam?" Mas são poucos os seres humanos capazes de amar indistintamente a todos. A compaixão só foi uma força de fato poderosa quando sentida por uma pessoa em particular, por um indivíduo. Todos os esforços para organizá-la como um sistema em que todo mundo fosse tratado de forma igual adelgaçaram-na a ponto de torná-la invisível. Mo-Tzu e os muitos utópicos que lhe repetiram as idéias queriam que a compaixão não fosse uma emoção, mas uma escolha, um dever, um reconhecimento de como as coisas deviam ser, negando, em conseqüência, a necessidade do envolvimento de afeto pessoal. Ele desconfiava das emoções porque pareciam um fundamento para a justiça indigno de confiança. Todos os sistemas estatais que tentam regular o bem-estar social concordaram com ele. Por isso, hoje, a compaixão é cuidadosamente equacionada.

Não existem estatísticas que indiquem com que freqüência perfeitos estranhos acorreram em auxílio dos enfermos e dos tristes, sem esperar retribuição, simplesmente porque se deixaram tocar pelo sofrimento e porque a dor é o inimigo comum da humanidade. Se houvesse tais dados estatísticos, muitas civilizações, provavelmente, pareceriam menos magníficas do que sugerem seus monumentos. Mas é possível, até determinados limites, observar a compaixão crescer, diminuir e mudar de forma pela observação da maneira como os enfermos foram tratados em épocas diferentes. Da mesma forma que existiram ondas de promiscuidade sexual e de puritanismo, ocorreram também períodos em que os hospitais se destacaram, tratando seus pacientes com razoável respeito, e outros em que se descuidaram na prestação de cuidados.

Os hospitais para enfermos nem sempre existiram. Em 1800, os Estados Unidos tinham apenas dois; em 1873, não mais que 178. Os americanos começaram a erguer seus magníficos templos dedicados à saúde, em números significativos, somente no século XIX – por volta de 1923, havia 4.978 hospitais. A razão disso era que cabia às famílias a responsabilidade original de cuidar dos enfermos. Em segundo lugar, os obstáculos erguidos pelos homens no caminho da compaixão por estranhos incluíam o medo de doenças, deformidades e todo tipo de desvantagens físicas. Os hospitais dos tempos antigos destinavam-se aos pobres e aos órfãos, excluindo os doentes, os insanos, os epilépticos, os incuráveis e os portadores de doenças "humilhantes" ou sexuais. Os assírios – e praticamente todas as civilizações a partir deles – espalharam o rumor de que a enfermidade era um castigo pelo pecado e só poderia ser curada pelo arrependimento ou pela magia. Havia, por conseguinte, pouco respeito pelos que cuidavam das necessidades físicas dos enfermos, tarefa normalmente deixada às viúvas, mulheres degradadas e camponeses desempregados. As enfermeiras, normalmente, não eram remuneradas, recebiam apenas casa e comida e eram tratadas como criadas. O código do imperador Teodósio (438 d.C.) proibiu as enfermeiras de irem ao teatro por causa de sua "sem-vergonhice, grosseria e violência".

Em raras ocasiões, a compaixão foi praticada deliberadamente, como uma virtude, por rebeldes, em protesto contra as crueldades do mundo. Em Roma, por exemplo, Fabíola, uma patrícia duas vezes divorciada, curou a infelicidade ao se tornar cristã e fundar um hospital em que ela própria trabalhou, recolhendo enfermos nas ruas. Basílio, o Grande, o genial e divertido bispo de Cesaréia (300-79), construiu um grande subúrbio, onde pôde cuidar dos desgraçados de todas as espécies, beijando os leprosos para demonstrar-lhes apoio, atendendo pessoalmente às suas necessidades. Tais pessoas pareciam querer virar de cabeça para baixo os hábitos do mundo. O motivo por trás dos seus esforços era o impulso da abnegação. Mas este veio a ser o terceiro obstáculo levantado contra o desejo de se expandir a compaixão: a maioria das pessoas não queria ser mártir, nem monge ou freira, para quem as almas contavam mais que os corpos.

As irmãs de caridade surgiram em 1633, na França, e se tornaram o arquétipo, tanto na Europa quanto na América, da enfermeira leiga, generosa e magnânima. Elas não viviam em conventos, nem procuravam a santidade na meditação; em vez disso, usavam seus trajes regionais, viajavam pela França inteira e, mais tarde, pelo exterior oferecendo ajuda prática e consolo aos pobres e doentes. E, no entanto, até mesmo elas viam seu trabalho como uma forma de penitência e martírio: "Ninguém iria encará-las de outra forma que não a de vítimas sagradas que, excedendo-se em amor e caridade para com o próximo, acorriam voluntariamente à morte, à qual se expunham em meio aos odores fétidos e às infecções."

Essa organização de enfermagem foi fundada por um admirável par de santos, unidos em platônico amor. Vicente de Paulo (1581-1660), camponês de origem, foi raptado por piratas, escravo em Túnis durante um ano, até fugir, enquanto Louise de Marillac (1591-1660) era filha ilegítima de um aristocrata e uma criada, educada "como homem e também como mulher", instruída tanto em filosofia quanto em pintura, casada com um secretário da Corte e atormentada pelo pensamento de que devia abandonar o marido e fazer algo de mais proveitoso. Os dois santos acreditavam que um pobre era outro Cristo na Terra e que toda pessoa enferma reproduzia a Crucificação, devendo, portanto, ser servida com humildade. Para fortalecer a humildade, diziam eles, uma enfermeira devia trabalhar numa região desconhecida para ela – "é essencial ser estrangeira" –, pois admitiam que "ninguém é feliz em terra estranha". Alcançar a felicidade não era o objetivo. Eles ensinaram às irmãs a espalhar jovialidade e cordialidade entre os estrangeiros, mostrando-se alegres em face da adversidade: Louise de Marillac disse que não passara um único dia da sua vida sem dor. Todas as tensões que afligiram a enfermagem nos séculos subseqüentes foram previstas por aquele casal extraordinário, a um só tempo profundamente práticos e intensamente idealistas. Tinham decidido pela inexistência das lutas pelo poder, contra o orgulho ou rancor entre as enfermeiras, que desempenhavam suas funções em forma de rodízio, a fim de que nenhuma se julgasse superior às demais. O modelo da enfermeira altruísta do futuro foi legado por eles.

Não foi um modelo sem obstáculos. A enfermagem costumava ser desempenhada tanto por homens quanto por mulheres, cada um dedicado ao seu próprio sexo. Nos séculos XVII e XVIII, veio a ser uma profissão exclusivamente feminina. Isso abriu amplas oportunidades às mulheres, porém com resultados emocionais inesperados e infelizes. As pessoas passaram a crer que somente as mulheres tinham vocação para a enfermagem, que se tratava de uma tarefa comparável à de dona de casa e que devia estar subordinada ao controle masculino. O cirurgião chefe do Hospital de Nova York escreveu, em 1860: "Os homens, mesmo da melhor qualificação, não podem atender às exigências dos enfermos. Não têm o instinto necessário." A delicadeza (embora os monges também a tenham cultivado) era considerada monopólio feminino. Portanto, um quarto obstáculo artificial levantou-se no caminho da compaixão: o estereótipo masculino foi abandonado.

O ENTUSIASMO RELIGIOSO criou a grande organização de enfermagem medieval de São João de Jerusalém e Malta, com sua cruz branca; a cruz vermelha surgiu em outra ordem, à época das Cruzadas, dos Cavaleiros Templários, enquanto a cruz preta foi levantada pelos Cavaleiros Teutônicos Hospitaleiros. Todas conciliaram confusamente a guerra com o atendimento aos doentes. No século XVI, os Cavaleiros de São João construíram em Malta um dos hospitais mais espetaculares do mundo, para 700 pacientes, num pavilhão de 152 metros de comprimento por 9 de largura e 10 de altura, onde cada leito ficava dentro de uma tenda circular, sustentada por uma viga central; os lençóis eram trocados, quando necessário, várias vezes ao dia, e a alimentação fornecida com o desvelo de uma atenção pessoal: arroz, aletria e ervas, carne fatiada, aves, e vitela, ovos frescos, amêndoas e biscoitos doces; os cavaleiros recebiam porções em dobro. Mas em 1786, quando o reformador inglês John Howard visitou o hospital, ficou horrorizado com a sujeira e o fedor, disfarçados com perfumes, e com as enfermeiras, que descreveu como "as mais sujas, maltrapilhas, insensíveis e desumanas que já vi. Uma ocasião, encontrei oito delas divertindo-se com um paciente que agonizava em delírio". Os cavalos nos estábulos recebiam mais cuidados. Situações semelhantes aconteceram vezes sem conta em hospitais. Os interesses da instituição, ocasionalmente, transcendem os dos pacientes. Esta é a quinta barreira no caminho da compaixão.

No passado, os hospitais raramente empregavam médicos, por se tratarem, em essência, de abrigos para os pobres. Um aprendiz de cirurgião poderia examinar novos internados, mas apenas para excluir os impróprios, ou seja, os doentes terminais. As enfermeiras concentravam-se na tarefa de alimentar os pacientes, pois de comida era o que os pobres pareciam precisar mais. Contudo, no final do século XVIII, os médicos alegaram que uma alimentação reforçada não produzia, necessariamente, a recuperação da energia física, e a partir de então começaram a assumir gradualmente o controle dos hospitais, transformando-os em instalações para pesquisas médicas, ligadas mais acentuadamente à cura técnica de enfermidades do que às necessidades espirituais do paciente. No fim, os hospitais se transformaram em instituições que teriam de ser, acima de tudo, financeiramente viáveis. Quando a tecnologia adquiriu mais prestígio do que os cuidados dispensados à beira do leito, os administradores vieram a predominar. A compaixão não desapareceu, porém ficou subordinada à eficiência.

Florence Nightingale disse: "Aguardo ansiosamente o fechamento de todos os hospitais." Seu ideal era a enfermagem praticada em casa, e estava desconfiada de que as enfermeiras endureciam o coração com tanto ensino médico: "Não se pode ser uma boa enfermeira sem antes ser uma boa mulher." Agora o mundo inteiro admira a bondade quase sobre-humana das enfermeiras e, no entanto, elas talvez estejam mais frustradas do que nunca. Uma pesquisa recente sobre seu estado de ânimo, feita pela Universidade de Edimburgo, constatou que menos de um quinto das enfermeiras britânicas estava plenamente satisfeita com seu trabalho, enquanto um quarto demonstrava franca insatisfação. Esse grau de descontentamento é muito maior comparando-se com o que existe entre trabalhadores. Isso se deve não só aos baixos salários, como ao sentimento das enfermeiras de que são impedidas de dar aos pacientes a qualidade de atendimento que gostariam de oferecer. Existe um conflito entre os valores do sistema hospitalar e a escala de valores das enfermeiras. Um estudo australiano mostra-as transtornadas pelo desligamento emocional que são forçadas a demonstrar, pela incapacidade de pessoas estranhas ao ramo em avaliar quão estressante é violar os tabus que mantêm o sexo, o excremento e a morte sob um véu, e até que ponto a jovialidade superficial das enfermeiras disfarça a tensão contínua. Quando as enfermeiras foram alçadas a uma profissão que requer treinamento, quando o número delas se multiplicou – na Inglaterra havia somente mil enfermeiras hospitalares em 1851, número que subiu para 56 mil em 1921 –, muitas julgaram que a solução estava em lutar por uma fatia maior de poder contra médicos, administradores e o Estado. Mas a enfermagem jamais poderia ser um emprego como outro qualquer.

Que tantas pessoas estejam decididas a ser enfermeiras, ainda que as condições de emprego permaneçam opressivas, é prova de que a compaixão se assemelha a um fogo que não pode ser extinto, por mais que se lhe atire água fria. De quando em quando, porém, as brasas se apagam, pelo menos na superfície. Os grandes hospitais antigos da Índia fecharam, um a um, no final do primeiro milênio depois de Cristo. Em 1160, um visitante na Pérsia encontrou sessenta hospitais bem organizados numa única cidade; no século XV, cabia a Florença oferecer o maior atendimento hospitalar na Europa; mas todas as instituições acabam perdendo o entusiasmo. No século XVIII, a França, com mais de dois mil hospitais, possuía a maior população hospitalar européia, sessenta vezes maior que a da Inglaterra. Todos os países passaram por períodos alternados de caridade e insensibilidade.

O IMPEDIMENTO MAIS INSIDIOSO à compaixão já manifestado foi a visão cínica ou desesperada da humanidade. Vamos ilustrá-la pela experiência dos Estados Unidos. Sua origem está num grupo de pessoas, completamente estranhas, que, conforme disse o primeiro governador de Massachusetts, John Winthrop, teve de aprender a amar estranhos – "devemos nos deleitar um com o outro" –, tarefa que alcançou êxito apenas parcial. Hoje em dia, 45% de todos os adultos se engajam em trabalho voluntário, ajudando os outros pelo menos cinco horas por semana. Mas a maior parte deles (54%) acredita que as pessoas, em geral, atraem sofrimentos e que a caridade não é uma resposta, mas apenas um curativo temporário. É opinião de quatro entre cinco americanos que as pessoas têm de buscar soluções pessoais para os seus problemas. Os americanos continuam a formar uma nação de estranhos, mesmo quando são generosos.

Embora 42% digam "Eu quero contribuir em benefício dos outros", a frase, quando reformulada – "Quero me sacrificar em benefício dos outros" – , encontra apenas 15% dispostos a tal. Albert Schweitzer insistiu que a compaixão requer sacrifício não só de tempo e energia, mas também das habituais alegrias da vida: significa que a pessoa será perseguida para sempre pelos rostos angustiados dos pobres e pelos gritos dos enfermos. "Quem sente as aflições do mundo dentro do coração jamais voltará a ter aquela felicidade superficial que a natureza humana deseja." Poucos americanos pretendem ir tão longe.

O grande número de organizações voluntárias mostrou, em estudo recente da Universidade de Princeton, ter tido o efeito de impor limites aos sentimentos misericordiosos, definindo tarefas claras a serem cumpridas e, dessa forma, protegendo as pessoas de se sentirem insuportavelmente infelizes por verem a miséria dos outros. Dois terços dos americanos consideram importante não se envolver muito nos problemas alheios: antes de tudo, convém cuidar de si mesmo e, se ainda lhe restar força, então ajude os outros. Uma vez praticadas suas boas ações, desligam a tomada e não se revelam necessariamente afetuosos ou compassivos nos seus relacionamentos normais. Ficou demonstrado que os freqüentadores assíduos de igrejas não são mais compassivos do que aqueles que não as freqüentam; não param para prestar socorro a um carro enguiçado nem cuidam de parentes idosos com mais freqüência. Somente um quarto dos americanos acredita na existência de uma preocupação legítima pelos necessitados em seu país. Muitos voluntários confessam que ajudam o próximo à espera de recompensas e não pela ajuda em si. Alguns apreciam aquela sensação de "amaciar o ego" ao serem tidos como generosos, ou heróicos, e se sentem aventureiros quando demonstram misericórdia; é o espírito de aventura o que mais os estimula. Os que vêem na caridade um meio de conhecer pessoas fora de sua classe social, muitas vezes, não levam a aproximação mais longe. Nos velhos tempos, os americanos tentavam ser compassivos, em obediência aos mandamentos de Deus. Agora, valem-se mais freqüentemente da terapia para explicar seus motivos: a caridade lhes faz bem, melhora a imagem que fazem de si. Mas a ajuda ao próximo figura no final da relação de atos que lhes desenvolvem a auto-estima. Toda essa autocrítica não cancela a soma enorme de generosa filantropia que distingue os Estados Unidos, mas demonstra também que muitos americanos têm dificuldades em se apresentar ou se assumir como pessoas compassivas, partindo do pressuposto de que devem denegrir-se para se mostrarem convincentes. O sexto obstáculo no caminho da compaixão é a idéia que as pessoas têm do que é realmente um ser humano. Este obstáculo não é mais imutável que qualquer um dos outros.

EM 1977, A SUÉCIA ERA o país com a mais longa expectativa de vida. Desde então, foi substituído pelo Japão. Cada um deles desenvolveu diferentes formas de compaixão para ajudá-los a alcançar a longevidade. A Suécia democratizou a compaixão, mais completamente do que qualquer outro país, mediante a oferta a todas as pessoas de todos os tipos de cuidados, mais ou menos gratuitos, do berço ao túmulo. O Japão, no entanto, preferiu combinar métodos modernos e antigos, práticas ocidentais e orientais, para cercar-se com um verdadeiro *pot-pourri* de compaixões. A média de permanência em hospitais japoneses, quando o país bateu o recorde de longevidade (cifras da Organização Mundial de Saúde para 1977), foi de 42,9 dias, em comparação com os 8,1 dias dos Estados Unidos, 16,7 da Alemanha Ocidental e 12 ou 13 da Escandinávia, Inglaterra e Itália. Enquanto recebem tratamento moderno de muitos médicos e enfermeiras, como os demais pacientes de outros países, os pacientes japoneses contam com os cuidados adicionais de seus parentes, que passam a residir nos hospitais e até cozinham para suplementar as três refeições diárias que o hospital oferece. O hospital não é somente uma experiência médica, mas também uma experiência social; todos os parentes e conhecidos de um paciente o visitam, cada um levando um presente, a fim de comprovar que a pessoa ainda é querida pelo mundo, apesar dos seus infortúnios – 114 pessoas visitaram um único paciente. O presente mais popular, depois da comida, é a roupa de dormir, porque, enquanto os hospitais americanos tratam os pacientes como casos médicos e os embalam higienicamente em uniformes esterilizados, os japoneses vêem no hospital umas férias que se impõem à rotina e aos rigores da vida comum e acentuam sua individualidade, normalmente reprimida, pelo uso de suas próprias roupas de dormir. A medicina moderna, empenhada em tratar doenças, não lhes basta: eles recorrem também à tradicional medicina chinesa, que cuida de cada enfermo de maneira diferente e apenas como pessoa. Muitas vezes, acrescentam também a medicina religiosa, chegando a "purificar" seus carros em santuários sagrados. Dessa forma, procuram reunir diferentes categorias de compaixão, que saboreiam, discutindo abertamente todos os sintomas médicos, por mais triviais que sejam, com evidente gosto. Oitenta e oito por cento dos japoneses se declaram vítimas de algum tipo de doença.

DEPOIS DA LIBERAÇÃO sexual, talvez tenha chegado a hora e a vez de a compaixão ser liberada. Mas é ingenuidade imaginar que uma bondade primitiva e fundamental simplesmente está à espera de ser liberada e que todos, então, revelariam a ternura de uma mãe que se sacrifica. As emoções sempre tiveram de competir umas com as outras.

Quatro mil anos atrás, um livro babilônico de conselhos sobre o comportamento disse:

"Não faça mal a quem o contesta;
Retribua com o bem a quem lhe faz o mal;

Assegure justiça a quem o maltrata;
Seja simpático com o seu inimigo.
Não profira calúnias; fale bem das pessoas;
Não ofenda, procure ser agradável."

Virtualmente, todas as religiões ampliaram essa mesma mensagem, mas sem maior sucesso do que teriam tido persuadindo as pessoas a observar a castidade. "Livre-se da animosidade de todas as criaturas" é o mandamento do deus hindu Krishna. Buda e Cristo demonstraram com o exemplo de suas vidas que é possível ser compassivo mesmo com os maus. O judaísmo contém a mensagem segundo a qual a vingança não é satisfatória: "Quem é misericordioso com o próximo pertence certamente aos filhos de Abraão." O deus do islamismo é misericordioso e compassivo.

Tais exortações sublimes tiveram efeito limitado, porque a maioria dos fiéis se obstinou em amesquinhá-las de forma a fazer da salvação de suas próprias almas a primeira prioridade, demonstrando maior interesse em alcançar retribuição no outro mundo em troca de misericórdia do que no ato da compaixão por si mesma. Raramente eles consideraram como parte de sua religião apreciar os infiéis; e até mesmo as relações pessoais entre doadores e beneficiários de caridade sempre foram ambíguas.

Hoje em dia, porém, diferentes categorias de relações entre seres humanos estão se tornando possíveis, em conseqüência de três inovações que se assemelham a três novos tipos de adesivo emocional. Primeiro, o interesse pela psicologia acrescentou um significado adicional à velha injunção: "Perdoai-os, porque eles não sabem o que fazem." Inimigos agressivos parecem inspirados tanto pelo medo quanto pela malícia, imaginando que agem em defesa própria, lutando com eles mesmos tanto quanto com seus oponentes. A afirmação de que, no fundo, são todos egoístas parece simplória, agora que as confusões da mente estão em processo de desnudamento. Verificou-se que certos inimigos ocultam paixões compartilhadas que eventualmente os colocaram a serviço de objetivos opostos; fanáticos em trincheiras contrárias têm muito em comum; e os inimigos dos fanáticos, ainda que em lados opostos, têm muito o que dizer um ao outro. Durante nada menos de um século a humanidade encontrou razões para demonstrar misericórdia para com os que cometem crimes estúpidos ou mesmo hediondos; a lei está se tornando mais compassiva em toda parte. Assim, vínculos até aqui inconcebíveis entre as mais improváveis pessoas chegam a parecer bem razoáveis.

Segundo, o interesse pelos processos de comunicação sugeriu novas opções, além do sonho romântico de duas almas que se identificam a ponto de se fundirem numa só, em estado de bem-aventurança, de intimidade total, dividindo os mesmos pensamentos, sentindo compaixão no sentido mais literal; o sonho pareceu doce a poetas desesperados para fugir da solidão, mas, na perfeita harmonia da vida comum, parece sufocante. A Teoria da Relevância destruiu a crença de que a comunicação é apenas uma questão de codificar e decodificar mensagens; revelou pessoas interpretando o que observam à luz de sua experiência passada, sempre se comportando como tradutores mais ou menos próximos – e nunca inteiramente certas. Não existe chave que habilite uma pessoa a entrar por completo na mente de outra. A dignidade e o mistério do indivíduo permanecem intactos. A comunicação é um adesivo fluido e flexível.

Terceiro, o mundo comporta agora um número considerável de mulheres educadas, que inviabilizaram as relações feitas com o velho estilo. Jamais se pensou que os pregadores que recomendaram "ame seu inimigo" estivessem se referindo à guerra dos sexos, mas é justamente nas relações íntimas de homens e mulheres, já não mais baseadas na dominação e na dependência, que a compaixão está adquirindo um significado novo. Em vez de ser mero dom da natureza, que uns possuem e outros não, ela se transformou em uma qualidade essencial, que ambos precisam desenvolver para que a parceria funcione. Quando a relação ideal se transforma em relação de igualdade e de troca, a compaixão tem de ser deliberadamente preservada. Os cônjuges que tentam ser mais gentis um com o outro, naturalmente, mudam de atitude com os estranhos também, e até com os inimigos, porque a experiência pessoal, mais que os mandamentos da autoridade, inspira cada vez mais o comportamento público.

Portanto, e embora a maior parte do que os jornais informam sugira que os homens continuam tão cruéis e insensíveis como sempre, não há dúvida de que a repulsa contra todas as formas de crueldade cresceu muito. A compaixão é uma estrela ascendente, ainda que de quando em quando obscurecida nos céus. No entanto, ela só subirá se for empurrada, e a maneira de fazê-lo está em as pessoas decidirem se estão satisfeitas com o velho estilo de compaixão, que significa ajudar os outros para iluminar a consciência (e não há necessidade de falar-lhes, basta preencher um cheque), ou se preferem o novo estilo, que implica descobrir os outros como indivíduos, intercambiando compreensão. Pois a única compaixão aceitável num mundo que a todos considera em igual nível de dignidade é sentir que se está contribuindo para algo, que ambos os lados devem ouvir; e se ao encontro faltar um traço de compaixão, ele estará incompleto, será um encontro desperdiçado.

A fila dos desempregados não foi inventada com esta segunda possibilidade em mente: foi uma invenção necessária para libertar os aflitos da arrogância dos que monopolizavam os bens do mundo, mas o anonimato resultou apenas em meia vitória. Foi necessário construir novas afinidades, novas maneiras pelas quais as pessoas pudessem se encontrar. Contudo, por muito tempo os indivíduos se mostraram mais preocupados com o desejo de serem deixados sozinhos do que com a esperança de que a tolerância mútua encerraria seus conflitos.

É tempo de investigar por que a tolerância não realizou tanto quanto dela se esperava.

15
Por que a tolerância nunca foi suficiente

Quando está no norte da Inglaterra, Sue se sente em casa e reincide no sotaque local. Aquele é o seu berço. Quando está no sul da Itália, também se sente em casa e se zanga se os naturais do lugar dizem que ela é uma estrangeira. É a terra do seu marido. Como é possível que aprecie dois lugares tão distintos, se a maioria das pessoas tem dificuldade em tolerar locais estrangeiros? As raízes da tolerância devem ser encontradas tanto nas atitudes para com compatriotas quanto para com estrangeiros.

O pai de Sue era um monumento tóri de respeitabilidade, gerente de banco, filho de um pastor batista. "Faça o que prometeu fazer", costumava dizer, "mas não arrisque o barco inteiro." Todavia, o apoio ao sistema não significava que se sentisse um membro, nem complacente a seu respeito, e muito menos que estivesse satisfeito. Impediram-lhe o acesso a uma educação universitária, não recebera a promoção de que se achava merecedor – e tais ressentimentos ocultavam-se sob o seu chapéu-coco. Sue se divertia com aquele chapéu, discordava da política do pai e queixava-se de que ele não justificava seus pontos de vista quando ela argumentava com ele. Sue, filha única, cresceu independente. Ser sozinha é um fato da vida, tal e qual a morte, dizia sempre a mãe, ao falar da solidão com ela, então com 12 anos.

É impossível saber para onde vai um inglês de formação protestante, influenciado a um só tempo pela tradição e pela dissidência: na época da Sra. Thatcher, os líderes dos três principais partidos políticos eram não-conformistas. No caso de Sue, a discórdia exprimia-se num entusiasmo pelas coisas estrangeiras. Na universidade, ela trocou o estudo do inglês pelo francês, quando um carismático conferencista de esquerda percebeu sua admiração diante do discurso sobre existencialismo, culturas do Terceiro Mundo e ordenamento de tudo em sistemas de pensamento. Ela tornou-se conhecida por protestar. Um ano em Paris (1967-1968), revelou, porém, que não é nada fácil ser admitida na fraternidade dos francófilos. E, no entanto, Sue falava a língua tão bem que ninguém poderia suspeitar que não fosse francesa.

Não lhe deram as boas-vindas nas barricadas ou, mais exatamente, quando lhe descobriram a nacionalidade, a despacharam para o Comitê dos Estrangeiros. As pedras que ansiava por atirar nas autoridades pomposas que com ela haviam cruzado, jamais foram arremessadas. A retórica de Cohn-Bendit não a emocionou; a maneira como as multidões se inflamavam, sua alternância entre paixão e ceticismo, intrigavam Sue e a faziam sentir que não fazia parte daquilo. A França dava-lhe o fora. Ela recolheu a lição de que a esquerda devia ser mais cínica, mais velhaca, que não valia a pena ser idealista; além do que, pessoalmente, não podia ser uma revolucionária, não sabia como atirar pedras. Para ser uma revolucionária, acreditava, era preciso dogmatismo – e ela não o tinha. Esse problema atormentou-a desde então. Com o correr dos anos, ficou cada vez mais fascinada pelas pessoas cujas opiniões não partilhava.

Sem saber falar italiano, foi para a Itália e ali encontrou um país estrangeiro para o seu gosto. Pode-se explicar isso da mesma forma que se explica o amor? Seria válido pensar que gosta dos italianos por todas as qualidades pelas quais são admirados: por sua sociabilidade, por sua forte visão familiar? Eles foram mais generosos que os franceses, que ela chama de arrogantes, ao admitirem-na na sua sociedade? Da mesma forma que, como provinciana do norte, não se adapta mais a Londres do que a Paris, também na Itália só se sente perfeitamente à vontade em meio a pessoas despretensiosas, e em certas cidades melhor que em outras; até seu marido a considera quase uma estrangeira nos climas mais frios. Os amigos de Sue e seu marido são os escoceses e os italianos meridionais. Ela não quer fazer da vida familiar um oásis. Seu marido sonha em retornar ao seu meio rural, a fim de criar o filho como foi criado, com liberdade para brincar nas ruas, mas isso não passa mesmo de um sonho, como o sonho de se tornar doutor em medicina alternativa, sua verdadeira ambição. Onde quer que se encontre alguém, o solo nunca está preparado para a colheita. Se contamos apenas com o significado das raízes familiares, então essas raízes se assemelham a sapatos muito apertados. Sue tem a sorte de conviver com parentes que adora, admirando-lhes plenamente a maleabilidade e o caráter.

É uma pessoa fluente em três línguas, mas está muito longe de ser uma européia, pois diz que não gosta de gente internacional. Todos os seus amigos são estrangeiros, os convidados ao seu casamento tinham sete nacionalidades, mas ela detesta a idéia de ser uma expatriada. Está educando o filho para ser italiano, o lado inglês lhe será acrescentado mais tarde. As raízes de Sue fincam-se agora na Itália, e afirma que precisa de raízes. Observa, no entanto, que as cores febris do Mediterrâneo de fato não lhe convêm.

De que forma se tornou uma expatriada? Na universidade, treinava para ser professora de francês e história (história inglesa, principalmente) para crianças inglesas. A prática pedagógica numa escola mista de Manchester logo trouxe à tona a mesma independência, ou desconforto. Ela se deu muito melhor com as crianças esquivas ou escarnecidas do que com as convencionais. "Não gosto de pessoas de quem supostamente deveria gostar." Sua popularidade com as crianças mais velhas, a quem tratava como adultos, inquietou a diretora. "Se você tenta fazer com que as pessoas pensem e se examinem interiormente, é quase certo que as fará empinar automaticamente o nariz – a não ser que encontre pessoas de igual opinião, o que ocasionalmente acontece." Mas apenas ocasionalmente. O entrechoque com a diretora não terminou em briga. Sue decidiu não lutar. Abandonou o treinamento e foi para Nápoles; pensou que poderia retornar a qualquer momento. E muitos anos depois do seu auto-exílio italiano lutava com obstinação, escrevendo uma tese de doutorado para sua universidade inglesa, jamais descartando a possibilidade de voltar. Daí a pouco conquistava o diploma, o que diminuía a urgência do retorno. No entanto, a volumosa massa de pesquisa por ela feita impediu-lhe o desempenho do papel de mãe italiana.

As hesitações de Sue são conseqüência de uma descoberta feita no primeiro ano de universidade: os filósofos estão divididos acerca de tudo, e nenhum deles pode se declarar dono da verdade; isso foi uma "liberação" maravilhosa para a confiança em si mesma, porque significava que poderia ter opiniões dignas de serem ouvidas; mas, ao mesmo tempo, perturbadora, porque não houve mais fim para os seus questionamentos. E, em segundo lugar, Sue foi infectada pelo vírus intelectual que a educação dissemina em alguns, o desejo de ler e ler mais, de forçar o caos a entrar em ordem, de argumentar cada vez mais acerca do modo como as coisas se ajustam. Mas agora tem dúvidas: ainda que excitada muitas vezes por suas descobertas, em certas ocasiões conclui que não é uma grande pensadora: "Outras pessoas sempre fizeram, mais do que eu, melhor conceito da minha capacidade intelectual."

Tem-se a impressão, a julgar por sua maneira efervescente, por suas gargalhadas, seu entusiasmo, a astúcia dos seus julgamentos sobre as pessoas, e a sensibilidade com que lhes afaga os pontos vulneráveis, que ela é, acima de tudo, uma pessoa sociável. "As pessoas pensam que sou mais amigável do que na verdade sou. Só me mostro íntima com poucas pessoas. Fico muito arredia quanto estou preocupada ou agitada." Num primeiro encontro, parece vulcanicamente efusiva; no entanto, declara: "Detesto pessoas efusivas." Por trás do encanto pessoal, Sue é uma solitária. Ela é atraída, segundo afirma, pelas pessoas meditativas, "que trabalham por dentro": esta é uma autodescrição.

Atravessar a ponte entre ela e outras pessoas sempre foi sua obsessão. Quando criança, costumava acompanhar estrangeiros na rua, imitando-lhes o andar, fingindo ser outra pessoa. O teatro é seu sésamo. Dirige peças desde a adolescência: representar, para ela, é o método supremo de colocar-se na pele de outras pessoas. "A representação teatral me capacita a ver o ponto de vista de outras pessoas, de compreender outras formas de olhar e de sentir. Na representação, você tem de recorrer a alguma coisa em comum. Nos atores, procuro por pessoas fluidas, desvinculadas de uma definição de si mesmas." Quando seus estudantes italianos atuam em peças inglesas, ela os força a descobrir as partes ocultas de si mesmos. Uma das atrações da Itália talvez seja o fato de que, também na vida diária, é permitido a todos representar com gestos mais grandiosos do que na Inglaterra. Nas suas palestras, custe o que custar, ela preza muito o desempenho; extravasa toda a energia que tem, fica encantada com seus "resultados surpreendentes", ama os estudantes, deixa a paixão de lado, resolve fazer pesquisas, depois redescobre que adora o ensino acima de tudo: não há um fim em perspectiva, nem um esgotamento de paixão na busca de Sue por comunicação. E, no entanto, lamenta jamais ter encontrado um diretor que a devolva aos seus limites, como faz com os outros.

Sue não tem certeza para onde irá a seguir. As ideologias da juventude perderam a chama. Ainda é uma rebelde, se é que foi uma rebelde legítima. "Eu incomodo, irrito as pessoas da classe alta, sem querer." Se pelo menos seu marido resolvesse retirar-se para a felicidade campestre, de verdade, ela estaria tentada. Mas ele também é um intelectual, precisa do estímulo das cidades, por mais imperfeitas que sejam.

Sue é uma pessoa dupla, uma delas sempre tentando de forma simpática meter-se na pele de outros, enquanto a segunda resiste, incapaz de se sentir à vontade em certas companhia ou em certos relacionamentos. Ela habita as fronteiras da tolerância, onde minúsculos matizes cambiantes atraem e repelem, nos limites extremos de um país conhecido como Alienação. Se uma pessoa tão gentil tem tanta dificuldade em ser européia, ou em se tornar cidadã de um país, ou de uma cidade, que novo tipo de passaporte vai precisar que seja inventado?

As pessoas deixarão de se irritar, de se odiar ou de se engalfinhar quando o espírito de tolerância racial, política e religiosa espalhar-se aos poucos pelo mundo? Somente quem tiver memória curta acreditará nisso. A tolerância sempre se pareceu com a estação do verão, seguida pelo frio e pelas tempestades. Seu sol apareceu e desapareceu ao longo dos séculos, aquecendo a Terra durante o império de Haroun al Rashid, por exemplo, e até mesmo através das nuvens guerreiras de Genghis Khan, somente para desaparecer, como se ali jamais houvesse aparecido. A tolerância é um clarão que irradia luminosidade em períodos de euforia e prosperidade, quando tudo parece estar indo bem, de forma a não haver necessidade de bodes expiatórios. Ou, então, é outono, enganosamente calmo, um acompanhamento para a exaustão que chega após períodos de sangue e conflito. Pregar a tolerância aos humilhados, aos irados ou aos desesperados sempre se revelou inútil. Mas é possível romper o ciclo de tolerância e perseguição; há um terceiro caminho, mais excitante que ambos, onde a tolerância é apenas uma preparação para atingi-lo.

Hoje, somente 39% dos franceses encaram a tolerância como um dos seus valores mais importantes (33% de direita, 45% de esquerda). Exatamente a mesma porcentagem de ingleses julgou impossível a pessoas de cores diferentes viver na mesma área sem problemas. A tolerância não conseguiu empolgar a imaginação popular por não ser uma paixão: a aceitação relutante de um fardo, acumulado ao que não se pode evitar, não chega a causar entusiasmo. Tampouco a educação foi de alguma ajuda, conforme se viu quando, em 1933, a nação mais educada da Europa tornou-se, de repente, a mais tolerante. Os educados têm um recorde de tolerância tão pobre quanto os ignorantes, porque é tão fácil ser infectado pela intolerância quanto pela indiferença comum. Embora a prosperidade fosse repetidamente a recompensa dos países e das cidades mais abertas a estrangeiros, os que ansiavam pela riqueza sempre foram tentados pela intolerância, temendo a inveja. Nos Estados Unidos, ao longo dos últimos dois decênios, 29% dos negros e 16% dos brancos disseram que sua tolerância em relação a pessoas com outra cor de pele havia diminuído.

A tolerância não é remédio tão moderno quanto se imagina; é um velho medicamento folclórico, com efeitos apenas de curto prazo. Ainda que certas civilizações tenham ensejado o convívio pacífico de raças diferentes lado a lado, o ódio contra os estrangeiros e as minorias espocou repetidas vezes, em muitas ocasiões, com uma brusquidão que os pegou desprevenidos. E mesmo após tantos séculos de experiência os tolerantes ainda estão sujeitos a demonstrações de suspeita ou são acusados de frouxidão moral. Houve pouca mudança desde que o imperador romano Honorius, no século IV d. C., condenou janotas supertolerantes ao banimento pelo crime de usarem calças, que eram roupas dos inimigos germânicos. Os soldados romanos usavam minissaias: esse era o limite da tolerância.

A proclamação dos Direitos Humanos não transformou a França automaticamente em um país tolerante. No início do século XIX, quando havia competição pelo trabalho nas novas fábricas têxteis, irromperam distúrbios contra os trabalhadores imigrantes ingleses e alemães. Depois, os imigrantes belgas tornaram-se o alvo, quando o desemprego atingiu cidades como Roubaix, onde constituíam a metade da população. Os estrangeiros em Paris, que haviam dobrado de número enquanto Haussmann reconstituía a cidade, decerto não se surpreenderam com a transformação das boas-vindas em animosidade, tão logo acabou a fase próspera. Os ataques de hoje aos argelinos reproduzem as

"Tardes de Marselha" de 1881, quando uma multidão de dez mil pessoas saiu enfurecida pela cidade atacando os italianos e suas propriedades.

Isso não significa que a humanidade esteja indefesa em face do fundamentalismo e do dogmatismo. A inclinação pela tolerância tem raízes profundas, mas não se a adquire, necessariamente, dos ancestrais familiares. As raízes se estendem, em retrocesso, até a velha Índia, que possui a tradição mais longa de tolerância do mundo. Ali, grandes religiões e muitas outras coexistiram, mais ou menos em harmonia, durante mil anos. E, apesar disso, a Índia sucumbiu, em 1948, a uma terrível explosão de intolerância fanática, em que mais de um milhão de pessoas foram mortas. Não foi um fato inevitável, mas a história de como isso aconteceu tem ecos na biografia de cada um, por mais distante que viva do rio Ganges e do que possa pensar das suas águas, presumivelmente purificadoras de pecados.

O hinduísmo é não-dogmático por essência: é possível ser um bom hindu acreditando na existência de um só deus, de vários deuses ou de nenhum. O antigo hinário hindu, o *Rig-Veda*, destaca-se entre as obras religiosas pela tolerância em relação à dúvida:

> "Onde toda a criação se originou,
> Ele, quer se tenha amoldado ou não,
> Sobrevive em tudo, e do mais alto céu
> Ele sabe – ou talvez ignore."

Alguns hindus adoram Vishnu e outros veneram Siva, cada um considera o seu, deus supremo, porém admite que o deus do outro também é digno de adoração; em última instância, talvez os dois lados estejam certos. O hinduísmo começou cinco mil anos atrás com a premissa de que as coisas são mais complexas do que parecem, de que a razão não basta para descobrir a verdade e que nossa maior aproximação da verdade depende não só do conhecimento mas do tipo de pessoa que se é, e de como se vive moralmente. A atitude dos hindus para com as novas doutrinas se resume em delas se aproximar com a idéia de que, muito provavelmente, contenham um traço de verdade digno de absorção, mas passível de ser modificado no processo, como acontece ao alimento quando cozido e comido. Se o resultado de combinar idéias de outras pessoas for contraditório, concluem que as contradições da vida têm de ser aceitas, ainda que essa atitude venha a provocar resultados desconcertantes, como, por exemplo, na política, onde todo mundo parece discordar, mas depois vota unanimemente em favor de uma moção antes contestada.

O mais influente de todos os filósofos da Índia, Buda (que morreu por volta de 483 a.C.), não se proclamava deus e não estava interessado em ser o líder de uma seita. Na Índia setentrional, ele foi incorporado à vida religiosa ao ser considerado a nona das dez encarnações de Vishnu, e a maior parte dos leigos comuns vê nos seus ensinamentos uma de muitas crenças, não mutuamente excludentes, todas dignas de respeito. Buda não atacou outras religiões, nem foi perseguido. A boa vontade, a compaixão e a cordialidade com todos os seres vivos foi sua mensagem: "Do mesmo modo que uma mãe, enquanto vive, cuida do seu filho único, assim o homem deve sentir um amor total por todos os seres humanos. Deve sentir um amor sem fronteiras pelo mundo inteiro, acima, abaixo e através, ilimitado, sem hostilidade. De pé, andando, sentado ou deitado (...) deve se manter firme na preservação do amor. Pois isso é o que os homens chamam de Sublime Disposição de Espírito." O respeito de Buda pela discordância era de tal monta que ele não exigiu voto de obediência sequer dos monges, que tinham de obter unanimidade antes de uma tomada de decisão.

A livre especulação acerca do céu e da terra continuou a ser uma paixão espalhada pela Índia; trezentos milhões de deuses e incontáveis gurus ofereciam inúmeros modelos de comportamento e crença. O jainismo, que sobrevive desde o século VI a.C. e é uma religião ateísta, baseia-se na "doutrina do talvez", sustentando ser impossível conhecer ou descrever o mundo de forma acurada. Ele prega a não-violência em relação a tudo que existe, pois mesmo as pedras e os insetos merecem respeito.

Essa tolerância quase ilimitada pelas crenças existiu lado a lado com a intolerância mais arraigada no mundo de livre contato social – o sistema de castas. Tolerância significa deixar as pessoas sozinhas. Casta significa manter a distância pessoas capazes de poluir as outras, daí o fato de não se comer em sua companhia, nem se casar com elas. As duas idéias se relacionam. A tolerância não implica, necessariamente, que as minorias deixem de viver como comunidades isoladas, casando-se somente entre si, interessadas unicamente em si mesmas. Esse isolamento é o grande motivo pelo qual elas se descobrem, de repente, sem amigos e já não mais toleradas.

O primeiro governante em todo o mundo a tentar estimular o espírito da tolerância religiosa foi o imperador Asoka, que reinou sobre a maior parte do território da Índia entre 264 e 228 a.C., e não foi, como tantos outros monarcas, apenas mais uma trouxa de fraqueza humana tentando cumprir seu dever. Asoka subiu ao trono com 24 anos, depois de providenciar o assassinato do seu irmão mais velho e muitos outros rivais: um potentado típico, com um grande harém, chacinando centenas de animais e aves por dia para sua mesa, ele torturava seus súditos numa horrenda prisão que construiu com esse intuito. Mais tarde, de acordo com a lenda, conheceu um jovem monge budista, que, aparentemente, era imune aos sofrimentos por ele infligidos. Asoka ficou tão impressionado que se tornou budista e repensou todo o seu modelo de governo. Abandonando a guerra, devotou-se a incrementar "a segurança, o domínio pessoal, a justiça e a felicidade". Suas leis, que pregavam o humanitarismo, o vegetarianismo e a compaixão por todas as criaturas vivas, estão gravadas no sopé dos penhascos e sobre rochedos enormes que ainda sobrevivem, escritas em forma de confissão pessoal, que fala acerca do seu remorso pela crueldade e cegueira do passado, e do seu desejo de se dedicar a melhorar o modo como as pessoas se tratavam. Ele criou uma nova classe de servidor público, "o servidor da retidão", exatamente para ajudá-las a se comportar de maneira mais decente. Originalmente conhecido como Asoka, o violento, por causa de sua natureza maliciosa e impulsiva, tornou-se Asoka, o generoso. Desistindo do real esporte da caça, estimulou os súditos a se divertirem, em vez de viajarem em peregrinações; ordenou a construção de casas de pouso mais ou menos a cada quilômetro nas estradas, bem como hospitais e herbários para homens e animais. Embora budista, encorajou as seitas rivais: seu Edito nº 12 proclamava que pessoas de todas as fés mereciam igual respeito. O objetivo supremo de Asoka era institucionalizar seu exemplo, de forma a que todos os reis do mundo também mudassem de conduta; e parece que convenceu cinco pequenos monarcas da Grécia e do Oriente Médio a lhe seguirem os princípios. Uma lenda assegura que a mãe de Asoka era uma princesa heleno-síria; verdade ou não, uma das suas leis, em Kandahar, está gravada em duas línguas – grego e aramaico. Claro que na vida real houve limites à generosidade e ao pacifismo de Asoka: ele não desativou o exército nem aboliu a pena de morte. Mas o fato significativo é que os indianos o apontaram como o maior de todos os seus governantes, e um dos monumentos a Asoka compõe o brasão da atual República da Índia.

Quando o islamismo se espalhou pela Índia, e os muçulmanos se tornaram a classe governante (de 1021 a 1858), e quando os cristãos ali chegaram como mercadores, missionários e, finalmente, governantes, os hindus evitaram confrontações, preferindo uma ambígua troca de crenças e cultos. As três religiões amalgamaram suas tradições, subsidiando-se mutuamente. São Francisco e Santo Tomás de Aquino foram admitidos no panteão hindu na qualidade de médicos, enquanto divindades hindus se transformavam em mártires muçulmanos ou cristãos. Os cristãos juntavam-se aos hindus em procissões cerimoniais, enquanto governantes hindus patrocinavam santuários cristãos. Os hindus convertidos ao islamismo viam essa religião como uma forma adicional de proteção divina, tanto quanto um impressionante poder militar, mas não jogaram pela janela seus deuses antigos. Os muçulmanos eram tratados como uma nova casta, uma casta adicional. Semelhante mistura incoerente de crenças é perfeitamente normal nas primeiras etapas de conversão e conquista encontradas não somente na Melanésia e na África, mas também na Europa, onde os santos cristãos foram levados a perpetuar ritos pagãos de cura. É absolutamente normal aos que não estão empenhados em exatidões teológicas adularem doutrinas oficiais, embora interpretando-as à sua maneira.

Viver em meio a contradições é uma arte que envolve, como todas as artes, espontaneidade e astúcia de pensamento. Se for um pensamento melodramático, não levará a lugar nenhum. Para dar frutos, tem de ser uma opção deliberada, uma criação imaginativa. Mas sempre existem os que acham difícil competir com as contradições ou com uma arte que não seja continuamente simples – e no século XIX eles se tornaram os mais influentes na Índia (e também em outros lugares). As três grandes religiões viveram em notável harmonia até que seus líderes se rebelaram, exigindo um basta à ambigüidade e às contradições, e um divisor nítido entre as doutrinas que julgavam incompatíveis. A hostilidade entre as religiões foi gerada por teólogos eruditos que, estudando os livros antigos, recriaram o que acreditavam ser uma doutrina mais pura, para a qual exigiram obediência como uma cura para todas as insatisfações. Eles poderiam ter passado despercebidos, mas a crise econômica deu motivo a que animosidades intercomunais fossem atiçadas; à pobreza atribuiu-se a culpa da corrupção moral, e à desordem, a negligência dos deveres religiosos.

Quando os ingleses se assenhorearam da Índia, desalojando os governantes muçulmanos, utilizaram hindus como administradores, acentuando as divisões entre religiões (as burocracias se especializam em produzir tolos); em seguida, atiraram as religiões umas contra as outras. Os hindus foram sugados pelas escolas inglesas e catapultados como pequenos funcionários, enquanto os muçulmanos continuaram isolados em escolas islâmicas, ouvindo seus próprios professores, que, como alternativa aos empregos governamentais, ofereciam aos alunos salvação e respeitabilidade por intermédio da ortodoxia religiosa. As velhas regras cosmopolitas de conduta cavalheiresca (originárias da Pérsia e conhecidas como *adab* ou decência), que faziam os muçulmanos se deliciarem quando se sentiam no controle do mundo, foram então substituídas por um modelo novo de comportamento, que envolvia obediência estrita à lei sagrada (*shariah*), fundamentada na suspeita em relação a outras religiões. As massas, antes desprezadas pelas elites como ignorantes e incapazes de conduta refinada, foram atraídas porque ganharam nova dignidade: agora estava ao alcance de qualquer um, mediante a piedade, tornar-se um muçulmano ideal. A eliminação de influências estrangeiras deflagrou uma nova paixão eletrizante, um objetivo na vida, segundo os padrões que o fundamentalismo seguiu por toda parte. Muitos desses intelectuais eram eruditos brilhantes e homens corajosos, de ideais elevados, que jamais previram o derramamento de sangue que resultaria de sua exigência para a distinção entre religiões. Mas alguns achavam que o sangue devia ser derramado em nome da verdade.

É possível que alguma resposta à intolerância resulte de pessoas que se defendem pela ênfase numa identidade separada? Os experimentos mais interessantes nesse sentido foram realizados por M. K. Gandhi (1869-1948), mostrando-se bastante significativos além dos limites do contexto indiano. Ele acreditava que, para ser tolerante, uma pessoa comum precisava, primeiro, adquirir força pessoal suficiente – o que significa ser destemido. Quando criança, Gandhi tinha pavor da escuridão, de ladrões, fantasmas e cobras; quando jovem, era tímido; levado uma vez por um amigo a um bordel, ficou imóvel e sem fala. Toda a sua coragem resultou de uma determinação de superar sua fraqueza, com o que se preocupava sem cessar. A paz interior era seu objetivo; e Gandhi julgou possível alcançá-la e habilitar outros a encontrá-la também: a harmonia entre os indivíduos e as comunidades só poderia advir pela cura das ansiedades interiores. Semelhante solução significava transformar a política em aventura psicológica, dependendo não de um líder, mas dos esforços de todos os cidadãos; em vez de atirar nos outros a culpa por suas decepções, cada um devia mudar sua conduta pessoal: o exemplo era a melhor forma de exercer influência em acontecimentos públicos.

Assim, ele falava abertamente acerca de sua vida privada, admitindo suas dificuldades pessoais, discutindo a infelicidade da esposa por causa da sua rejeição a simples confortos domésticos, sua insistência em que deviam viver com a maior simplicidade possível, pois toda riqueza além do essencial às necessidades básicas era um crédito a ser usado na distribuição do bem-estar geral. Seus filhos se ressentiram da negligência paterna, o que ele não negou, insistindo em dizer que o amor da pessoa não se podia confinar à família, mas, ao contrário, devia ser oferecido a todos com quem se pudesse desenvolver afinidades: chegou a ter nada menos de 150 pessoas como seus "parentes". A difusão do "sentimento de companheirismo", da amizade pessoal, parecia-lhe o caminho para superar as barreiras da religião, nacionalidade e classe. O amor deveria expressar-se, acima de tudo, pela prática, esquecendo-se interesses egoístas, devotando-se aos outros.

Gandhi tentou pôr essas idéias em prática em determinadas aldeias experimentais. Para escândalo maior de muitos hindus, convocou os intocáveis, a casta que todos evitavam. Ele também fora educado para mantê-los à distância, para deixar-lhes os trabalhos desagradáveis, como limpar latrinas, mas agora Gandhi insistia em limpar ele próprio as latrinas, e em que a esposa fizesse o mesmo. Tirava uma hora por dia para ajudá-los em tarefas grosseiras num hospital. Somente assim, acreditava, as velhas barreiras seriam demolidas.

No entanto, ser amigo de todos não era fácil, particularmente porque Gandhi não era uma pessoa sociável no sentido convencional. Ele não teve amigos que fossem seus iguais: Nehru era como um filho para ele, Gokhale parecia fazer o papel de pai. Entre as mulheres maduras que o ajudaram em seu trabalho, ele encontrou aquele suporte espiritual mais amplo de que necessitava. Isso é significativo, e não apenas anedótico. Embora suas opiniões sobre as mulheres fossem antiquadas, embora visualizasse a mulher ideal como, antes de tudo, uma esposa fiel, por meio dessas amizades veio a descobrir como elas poderiam ser muito mais, sem, no entanto, perceber que a amizade entre os dois sexos pudesse ser a base de uma nova espécie de sociedade. A uma de suas amigas ele costumava chamar de Idiota, e ela chamava-o de Tirano; apesar disso, ele lhe dava ouvidos, mas escutava somente parte da mensagem.

Gandhi não pretendia abolir todas as distinções tradicionais. Não alimentava a esperança de que cristãos ou muçulmanos afinal reconhecessem o hinduísmo como a religião superior. Para ele, todas as religiões tinham defeitos e virtudes. Pregá-las não melhorava o mundo, porque a maior parte das pessoas não praticava adequadamente sua religião. Longe de querer converter os outros às suas crenças, convocava todos a se empenharem na concretização dos ensinamentos de caridade da religião em que haviam nascido. A verdade tinha muitos ângulos: não era preciso simplificá-la num único credo. Mas isso significava que ele nada fazia para contradizer os fanáticos que tratavam as religiões separadas como antolhos.

Gandhi demonstrou que um só indivíduo consegue, momentaneamente, mudar a conduta de seiscentos milhões de habitantes, que alguma coisa próxima do milagre pode ocorrer. Quando, em 1947, os muçulmanos em fuga para o Paquistão foram destroçados "pela carga do trem", ele comentou: "Por um triz não nos transformamos em animais"; quando os muçulmanos retaliaram, explodiram distúrbios em Calcutá e notícias de atrocidades provocaram novas atrocidades, Gandhi, o Hindu, foi residir no quarteirão muçulmano, em uma casa muçulmana, sem proteção da polícia – um gesto simbólico de destemor e reconciliação. Dentro de horas, muçulmanos e hindus abraçavam-se, chegando até a rezar juntos nos templos e nas mesquitas do oponente. Depois, as desordens recomeçaram. Gandhi iniciou um período de jejum e anunciou ao mundo que continuaria a jejuar até o fim daquela loucura. Uma vez mais a violência parou, as pessoas começaram a entregar as armas. O vice-rei Mountbatten comentou: "Ele obteve pela persuasão moral o que quatro divisões teriam muita dificuldade em obter pela força." Mas foi uma vitória passageira. As multidões, apesar dos seus preconceitos, estavam profundamente emocionadas pela boa vontade de Gandhi em sacrificar a vida na causa da paz. Contudo, o ódio não demorou a ressurgir.

Desse modo, Gandhi somou êxitos e fracassos. Teve êxito em demonstrar que as animosidades podiam ser superadas. Mas o êxito, ainda que real, foi apenas momentâneo, já que as raízes mais profundas de animosidade ficaram intocadas. Ele falhou porque jamais chegou a conhecer muito bem os muçulmanos. Segundo ele, os seres humanos eram todos os mesmos, a alma de cada um era parte de uma alma universal; parecia-lhe natural, portanto, a tolerância para com todos. No entanto, sua experiência mostrou que a boa vontade geral e o "sentimento de companheirismo" em relação à humanidade inteira poderiam ser arrebatados por ondas repentinas de ressentimento. Em suas aldeias experimentais, altercações e incompreensão ditavam as regras. Se ele tivesse vivido 120 anos, conforme esperava com sua dieta frugal, e às vezes exótica – em certa ocasião pensou sobreviver apenas de frutas –, talvez tivesse enfatizado menos a difusão da boa vontade geral e mais a construção de relações individuais e o interesse pessoal pelas crenças e maneiras de pensar de outros indivíduos. Ele próprio sempre demonstrou preocupação pela saúde e pelas famílias das pessoas que conhecia, mas devotou menos tempo à tentativa de penetrar nas suas mentalidades.

Estava convencido, sem dúvida, de que era possível constranger as pessoas a se comportarem de modo mais generoso. Permitiu que o Exército britânico o espancasse e prendesse, sem oferecer resistência, simplesmente jejuando, desafiando-o a matá-lo. Sua disposição em aceitar o martírio seguramente desmoralizou os ingleses. Mas ele se enganava ao acreditar que os soldados não espancariam pessoas inocentes: muitos deles, ao contrário, pensavam que estavam dando aos indianos "o que mereciam". O vice-rei, marechal-de-campo Wavell, que acreditava na força e na política tradicional, não tinha imaginação suficiente para se interessar pela mudança de regras na política ou na guerra, como propunha Gandhi: "Esse velho político malévolo", escreveu ele, "apesar de toda a sua conversa beata, tem, estou certo, muito pouca brandura na composição do seu caráter." No entanto, tampouco Gandhi compreendia os adversários. Que as pessoas gostassem de ser desagradáveis era incompreensível e inacreditável para ele. Convencido de que as brigas se deviam, em última instância, a equívocos, e que a discussão amigável podia resolver as dificuldades, Gandhi, querendo ser um "intérprete", nunca travou uma conversa de fato amigável com o líder dos muçulmanos na Índia, M. A. Jinnah (1876-1948), o criador do Paquistão islâmico, "a Terra dos Puros".

Os dois homens começaram como políticos rivais no mesmo Partido do Congresso. Gandhi nunca entendeu como seus triunfos eram considerados derrotas humilhantes por Jinnah, que desenvolveu uma crescente antipatia pessoal por ele. Somente após vinte anos de frustração Jinnah desistiu do seu projeto de colaboração muçulmana-hindu numa Índia independente; ele manifestara o desejo de que a maioria hindu resolvesse os problemas da minoria mediante concessões, argumentando que uma minoria, sentindo-se oprimida e excluída do poder, nada teria a conceder; mas nunca logrou obter os gestos de generosidade que buscava, e sua proposta de uma Constituição em que os representantes eleitos teriam de obter votos das religiões, em minoria e maioria, foi rejeitada. Longe de ser um muçulmano fanático, Jinnah era um advogado urbano, cosmopolita, extremamente rico, casado com uma jovem senhora independente, de origem não-muçulmana (a filha de um milionário industrial parse ou zoroastriano), e a filha do casal desposou um persa convertido ao cristianismo. Somente em público ele escondia seu gosto pelos sanduíches de presunto e salsichas de carne suína. Sua ambição particular era "desempenhar o papel de Romeu no Old Vic", descansava da política lendo Shakespeare em voz alta. Quando sua carreira indiana chegou ao fim, voltou à prática da advocacia em Londres e pensou em se tornar membro do Parlamento britânico. Gandhi não conseguiu notar os vínculos, as qualidades e atitudes que tinham em comum, o que teria evitado que Jinnah se concentrasse cada vez mais no seio da sua comunidade muçulmana. Jinnah assim agiu apenas por desespero com o que considerava arrogância e insensibilidade dos hindus, para os quais os muçulmanos eram, conforme assinalou, proscritos. Ao proclamar o Paquistão independente, prometeu que seria um país sem discriminação de qualquer natureza. Esse relacionamento ilustra até que ponto a animosidade pessoal se transforma em um nevoeiro que separa os indivíduos em busca dos mesmos objetivos e os leva ao desastre público.

Na vida de Gandhi podem-se ver as limitações da tolerância. Ele partilhou com outros sábios hindus uma desconfiança contra estrangeiros admirados e em condições de lhes transformar as doutrinas num catecismo fossilizado; somente "cientistas e co-experimentadores" de suas fileiras eram bem-vindos, ansiosos para lutar, lado a lado, por algo melhor. A nostalgia da antiga felicidade rural confortava-o, mas ele queria, de fato, mudar o mundo e criar um outro, completamente diferente. "No recôndito da minha alma estou em perpétua luta com Deus, que permite a continuidade de tais coisas." Basicamente, a fraqueza de Gandhi foi o seu utopismo: o ascetismo extremado, a rejeição dos prazeres mais elementares, como família, alimentação e sexo, significam que foi um santo distante em relação às pessoas comuns. Louvar a pobreza como espiritualmente purificadora e condenar as cidades como desmoralizantes não eram pregações convincentes para os famintos e desempregados. Exigiu um heroísmo excessivo, e, algumas vezes, conseguiu alcançá-lo, mas não por muito tempo, não pela vida inteira. Para ele, a libertação de suas ansiedades ocorria somente durante a tortura que impunha ao corpo; enganava-se ao presumir que os outros sentissem o mesmo. Um santo pode ser uma inspiração, mas não um modelo: não é possível educar, persuadir ou forçar pessoas a serem tolerantes por longo período. Até o próprio Gandhi, com todo o seu carisma, não "amoleceu os corações" dos seus opressores conforme esperava. Depois de amolecer, os corações voltaram a endurecer. Asoka também se enganou ao pensar que estava mudando o curso da história e que sua retidão duraria "tanto quanto o sol e a lua".

Como um jovem estudante de direito em Londres, Gandhi aprendera a vestir-se como um cavalheiro inglês, porém, ao envolver-se de forma progressiva em seus "experimentos com a verdade", passou a usar apenas uma tanga, como símbolo de rejeição à civilização ocidental. De fato, foi um grande sintetizador das tradições ocidentais e orientais, sobremodo influenciado pelo Sermão da Montanha, Tolstoi e Ruskin, e pelas batalhas contra a discriminação racial na África do Sul, onde viveu de 1893 a 1914, bem como pelo budismo e pelo jainismo. Embora utilizasse a não-violência e a resistência passiva, que eram antigos artifícios hindus para resistir à opressão, e os desenvolvesse com uma habilidade sem precedentes, Gandhi condenou a sociedade hindu como corrupta e necessitada de um rejuvenescimento completo, quase (mas não inteiramente) tão decadente quanto a cultura urbana ocidental.

Tendo conquistado a independência para a Índia, ele veio a considerar esse feito como seu maior fracasso, porque o que emergiu em nada se parecia com o país dos seus sonhos, purgado de intolerância, devotado ao autodesenvolvimento espiritual e rejeitando a violência. Não aceitou que os muçulmanos escapassem para criar o Estado separado do Paquistão, porque tal fato negava o talento pluralista da Índia para abranger o aparentemente incompatível. A fim de evitar isso, Gandhi havia proposto fazer do seu inimigo muçulmano Jinnah presidente da Índia hindu, mas somente ele admitiu solução tão engenhosa: seus seguidores ficaram horrorizados, relutando em sacrificar suas ambições. Por dar a impressão de tolerância excessiva com os muçulmanos, ele acabou assassinado por um fanático hindu: até mesmo o hinduísmo era capaz de produzir intolerância. A vida de Gandhi confirma que a tolerância é um remédio insuficiente, ainda que aplicado por um homem excepcional e em um país cuja tradição a favoreça.

O OCIDENTE TEM SIDO intolerante ao longo da maior parte de sua história, e em graus variados, e só começou a pensar a sério em se tornar tolerante durante a Reforma e as guerras religiosas, quando os governos descobriram que não era possível forçar seus súditos a pensar da mesma forma, por mais severas que fossem as penas contra os dissidentes. A perseguição não tardou a exaurir os perseguidores. Tornou-se impossível ter a certeza de que monopolizavam a verdade, ou que esta viesse a ser conhecida sem sombra de dúvida. Assim, a tolerância foi adotada por motivos em grande parte negativos, não pelo respeito às opiniões dos outros, não pelo conhecimento profundo daquilo em que acreditavam, mas no desespero de buscar a certeza. O que significava fechar os olhos àquilo em que outras pessoas acreditavam.

Isso já não é satisfatório. Os tolerados pedem cada vez mais que os apreciem, e não que os ignorem, e se tornam mais sensíveis a sugestões de desprezo ocultas atrás da condescendência. Não aceitam que lhes digam que as diferenças não importam, que podem pensar o que quiserem desde que guardem seus pensamentos longe do alcance da maioria. Além do mais, já não existe uma maioria para tolerar a minoria, porque as maiorias se desintegraram em novas e mais numerosas minorias. A tolerância pura e simples acabaria em indiferença geral.

O ideal de tolerância pode agora ser visto não como uma meta a atingir, mas como uma pedra com degraus. Compreender os outros é a grande aventura que se apresenta além da pedra – mais ambiciosa do que a antiga obsessão pela conquista. Explorar o mistério dos pensamentos e sentimentos de outras pessoas é a nova indagação espiritual. Buscar empatia é a nova recompensa da intimidade. Um atalho para essas aspirações foi aberto pela primeira vez na história, agora que os dois sexos estão tentando compreender um ao outro, numa base de igualdade, como nunca o tinham feito antes. É um erro, portanto, afirmar que o mundo perdeu o senso de determinação, que jamais o reaverá e que não há para onde ir, a não ser para trás. Uma aventura nova começou, ainda que sobrevivam hábitos antigos.

16
Por que até os privilegiados são muitas vezes sombrios acerca da vida, mesmo quando podem ter tudo o que a sociedade de consumo lhes oferece e mesmo depois da liberação sexual

Um pintor contratado para fazer um retrato de Annick Geille aceitaria o encargo com entusiasmo, pensando que não encontraria problemas. O mundo nunca se cansa de admirar uma parisiense chique. Mas o pintor não tardaria a se envolver em dificuldades. Deveria pintá-la com um ar de segurança, que proclama: "Eu pertenço a este meio, estou entre os melhores", ou desalentada e desgrenhada, em roupas que dizem: "Não estou usando nada que o impeça de me ver como pessoa"? Deveria pintá-la com o sorriso que lhe transforma o rosto e a faz parecer uma adolescente, envergonhada atrás da sua franja, desarmada por um cumprimento? Mas os que conhecem os meandros dos meios de comunicação de massa franceses lembram que ela goza de um formidável poder na imprensa, com uma determinação remanescente da fundadora da *Elle*, Hélène Lazareff. Como pintar ao mesmo tempo seu aperto de mão leve qual uma pluma, a fragilidade de que ela é tão consciente? Quando os magnatas dos negócios caçaram-na para dar-lhe seu último emprego, ela ficou impressionada, acima de tudo, em ver como os homens eram grandes e ela, pequena.

Annick Geille passou a vida mostrando às leitoras o que significa ser uma mulher independente, com base em suas próprias experiências. Enquanto Simone de Beauvoir, filósofa da última geração sobre a independência feminina, tentava explicar a infelicidade que lhe causavam as infidelidades de Sartre e insistia em que as relações de homens e mulheres poderiam, em última análise, ser colocadas numa base satisfatória, Annick Geille duvida, para ela, não existe solução: a vida é inevitavelmente trágica.

Talvez o retrato mais verdadeiro fosse uma série de estudos surrealistas do seu nariz, o qual, mais expressivo que o de um animal em alerta, muda constantemente de forma, traindo excitação, curiosidade, preocupação, dor, desaprovação, tédio. O que lhe deu êxito profissional foi o talento para cheirar *l'air du temps*: não a tendência da estação como os especialistas em moda, mas sim os sinais mais profundos da emoção; ela é um barômetro do clima que sutilmente modifica a maneira como as mulheres reagem aos homens, um termômetro da temperatura em que gostam de se encontrar. Os estágios sucessivos da sua carreira foram um comentário sobre a evolução das atitudes de mulheres educadas e ambiciosas. As quatro revistas que ela editou representaram uma fase na história emocional da França e, mais ainda, a busca de um caminho fora do dilema que a história não resolveu: quando se tem o que se deseja, o que se fará a seguir, e por que o desejo é tão breve?

Em 1973, ainda no início dos seus 20 anos, escolhida para lançar a versão francesa da *Playboy*, ela se apressou em alterar a idade permitida. Os fotógrafos de moças nuas, insistiu em dizer, não bastavam para satisfazer franceses inteligentes. Persuadiu os mais respeitáveis intelectuais a contribuírem com artigos explicando o que chamou de "hedonismo refinado". Seu golpe de sorte consistiu em identificar o jovem filósofo Bernard-Henri Lévy como uma estrela em ascensão: providenciou, então, a primeira grande entrevista que ele deu à imprensa. Mas quando a enviou para aprovação de Hugh Hefner, este se queixou: "Quem é este homem?" Ela mandou-lhe um telex em resposta, pedindo autorização para publicar as 15 páginas de diatribes lançadas por um desconhecido: "Confie em mim: dentro em pouco você ouvirá falar dele." Se falhasse, estaria despedida. Três semanas depois, a revista *Time* imitou-a, dando matéria de capa com Lévy e os Novos Filósofos. Nunca mais as opções editoriais de Annick foram questionadas.

Seu nariz pressentiu que era chegado o momento de uma nova rebelião substituir a dos estudantes de 1968. Ela fez uma reportagem sobre alguém dizendo: "Não acredito mais em política. Pertenço a uma geração perdida, sem esperança, perdida não somente para esta ou aquela causa, mas para todas as causas que se apresentarem. Sabemos desde o início que a vida é uma causa perdida." Até mesmo o calor humano o assustava. A única coisa em que acreditava, disse, era a necessidade de dizer a verdade.

Desde então, Annick Geille tem tratado o gosto pela inovação e o desencanto com a fragilidade humana como bolas que se tem de sustentar no ar ao mesmo tempo. Convém-lhe a corrente que deseja que a esquerda fique mais à direita e que a direita penda mais à esquerda, mas ela se recusa a optar por uma ou outra. Seu princípio não é a ambiguidade, mas a obstinação em face de contradições. Ela aplicou-o, acima de tudo, à guerra de farrapos entre mulheres e homens. "Quando estou em companhia de homens, me sinto mulher", afirma, "e quando estou com mulheres, me sinto homem. Entre pessoas da esquerda, sou de direita. Havendo maioria, faço parte da minoria. O mesmo acontece em relação às feministas: não me sinto parte delas. Isso é liberdade." A bíblia de Annick Geille quando adolescente foi *O segundo sexo*, de Simone de Beauvoir, mas ela publicou o impiedoso Nelson Algren ridicularizando a filósofa, que julgava estar tendo um caso de amor com ele. As feministas cuspiram vitríolo em cima da *Playboy*. Por que ela age como um moleque? "Se eu soubesse, seria mais feliz."

Assim que a *Playboy* deixou de ser vanguarda, Annick Geille foi ser editora da *F Magazine*, transformando-a numa parceira pós-feminista das mulheres cansadas da guerra dos sexos e segundo as quais "a vida não é muito divertida sem homens". Uma parceira, não um guia, porque ela insistia em dizer que editava apenas o que "a nova mulher" sentia "ao levar vida de homem, embora desejosa de provar a sorte que tinha em ser mulher". Com Christine Ockrent na capa, discutiu a nova arte de atração, baseada em casais que tinham qualidades opostas. Uma vez mais, ela trouxe à cena filósofos da moda, como Alain Finkielkraut, para explicar que o jogo das aparências já não bastava: precisava-se agora de "talento para ser original. A pessoa tem de ser surpreendente, diferente, divertida". Portanto, não existe fórmula única. Ela publicou pesquisa de opinião informando que tanto os homens quanto as mulheres consideravam a inteligência como a qualidade suprema do outro sexo; "a capacidade de atrair sexualmente" vinha no fim da lista. Abram alas às mulheres, dizia a manchete. Queremos empregos de homens, com bons salários e responsabilidades. Como conseguir aumento. Mas, depois, seguiam-se artigos dizendo: "Ativa e dinâmica, você administra sua carreira com mão de ferro. Mas, à noite, por que não mudar o visual? Usando cinta e meias de seda, você se torna outra vez uma *femme fatale*, uma mulher-menina, uma mulher fêmea." Tal como admirou a arte de ser a um só tempo esquerda e direita, agora ela via as mulheres querendo alternar encanto e força.

Quando as mulheres conseguiram sucesso contínuo na sua escalada ao cume da profissão, ela sentiu que faltava ainda alguma coisa. Sem "cultura", elas estariam incompletas. Jack Lang foi seu profeta. Ela fundou uma revista brilhante, chamada *Femme*, paga pelos anúncios da alta moda, porém com o texto dos autores mais admirados e cultos. Literatura, psicologia e arte tornaram-se tão fundamentais quanto os anticoncepcionais. Ao mesmo tempo, *Femme* era uma festa ao hedonismo e luxo, do prazer de satisfazer desejos da maneira mais refinada, e sem despesas divididas.

Então, chegou a vez de mudar novamente. Os homens arrastavam os pés. Divorciadas da geração de Annick achavam cada vez mais difícil encontrar o parceiro certo. Em 1990, partiu para outra revista, mas, em vez de moças nuas, ofereceu aos homens a mesma receita que tinha oferecido às mulheres: cultura. Era a vez de os homens ficarem cultos, pensou ela; revistas para homens eram necessárias para lhes intensificar as sensibilidades, encurtar o abismo cultural entre eles e as mulheres e estabelecer novos padrões quanto ao que significa ser um homem chique.

Tudo isso sugere que ela é uma otimista. Suas revistas sempre criam heróis e heroínas como modelos para os leitores. Mas o problema é que as pessoas reais jamais se parecem com tais modelos, que, em qualquer caso, são admiráveis apenas a distância. Embora Annick se movimente na alta sociedade e viva na parte mais quente de Paris, casada com um empresário rico, esse mundo não satisfaz qualquer dos seus lados. Ao voltar para casa, vindo do seu escritório forrado de pelúcia, senta-se à mesa, tarde da noite, e escreve romances. Esses romances contêm as mais íntimas reflexões acerca de sua experiência. Em suas revistas, ela parecia dizer:

"Ah, a vida não é mesmo maravilhosa, com toda essa gente espantosa fazendo coisas incríveis...? Você também..." Mas seus romances revelam o que considera ser o elo que falta. Seu tema é sempre o amor frustrado. Seu trabalho como jornalista lhe dá condições de reunir material sobre a maneira como as pessoas vivem. Ao contrário das revistas, seus romances são tristes. A romancista, diz ela, não concorda com a jornalista.

Há uma cena em o *A viajante da tarde* em que a heroína vai para casa encontrar o marido completamente eufórica, porque acabou de conquistar o mais alto patamar da sua carreira, e o marido diz que está muito ocupado para festejar, que não entende tamanha euforia e jamais ouviu falar dos grandes nomes que a glorificaram. Isso exprime o dilema da própria vida de Annick Geille. O trabalho é sua grande paixão, seu maior caso de amor. Muitas vezes, trabalha 12 horas por dia. Muitos homens parecem se ressentir do seu êxito. Outra de suas personagens se queixa: "Homens que apreciam uma mulher profissionalmente não tardam a se cansar dela na vida privada." Seus livros estão cheios de mulheres profissionais bem-sucedidas que, "apesar dos altos salários que recebem, não têm com quem conversar". No trabalho, tem a voz de um editor, muito diferente da voz macia, de tons sedutores, que usa no seu jeito feminino, quando trata pessoas como se fossem feitas de porcelana. Poder no escritório enfraquece a mulher, diz ela; em casa, ela tem vontade de desmaiar, de deixar que o homem tome as decisões; mas os homens também estão cansados quando voltam dos escritórios para casa. Às vezes, ela precisa ser criança, ter alguém que a escute de olhos arregalados quando se gaba dos seus triunfos. Em 1978, publicou um livro anunciando a chegada do Novo Homem, que compreendia tudo, que combinava todas as qualidades que uma mulher liberada desejava e que não lhe fazia exigências. Agora ela lamenta isso: a visão era uma miragem.

"A mulher sente que falhou se o homem não a deseja e não a prefere a todas as outras. As mulheres acreditam que são liberadas e fortes, mas sempre precisam ser amadas, ser as eleitas." No entanto, embora o amor seja algo em que gostaria de acreditar, ela sempre conclui que, "Ai de mim!", não pode encontrá-lo na forma idílica, impossível, que tanto deseja. Para ela, apaixonar-se sempre pareceu um sonho – ela acorda e tudo se esvai. E não somente o amor não dura, como se mostra destrutível enquanto se forma, matando a amizade, trazendo a intranqüilidade, o conflito, porque é inerentemente desigual. Um dos dois parceiros sempre é mais profundamente apaixonado que o outro, e isso constitui desvantagem, porque o outro parceiro, aquele que se deixa amar, pode romper e sair da relação inteiro. Os homens são constitucionalmente infiéis, acredita ela. A infidelidade, em todas as suas formas, é um tema constante em seus livros. Aceitar essa incompatibilidade trágica dos sexos, e "o destino impossível de mulheres", significa deixar de iludir-se e de iludir os outros. "Não acredito no amor", diz ela em tom de desafio, como se fosse dizer "Não acredito em Deus", mas o amor continua dentro dela. Às vezes, sugere que o amor está em busca de uma alma gêmea, mas, infelizmente, "os que nos amam não nos entendem, e os que nos entendem, não nos amam". Outras vezes ela cai num círculo vicioso: amamos a pessoa que nos ama; mas, então, sentimos que nosso amante deve ser estúpido por nos amar; uma intimidade exagerada pode se tornar uma invasão de privacidade, uma ameaça; a honestidade em demasia é capaz de arruinar o amor; devemos nos acautelar contra a paixão; quando um de seus personagens afirma "Eu te amo", ela acrescenta: "A palavra tem sido usada com muita freqüência."

O problema quase desaparece se a pessoa se contenta com a amizade, de que, naturalmente, ela é incapaz, embora muitas vezes sinta que a amizade é que de fato dá significado à sua vida, ou pelo menos uma sensação de estar segura e protegida. Uma de suas primeiras ligações amorosas transcorreu em brigas constantes; agora, que se transformou em amizade, sem o direito de fazer exigências, a relação é perfeita. Claro que existe um elemento de idealização nesse louvor da amizade, porque uma mulher ocupada dispõe de pouco tempo; não pode ver seus amigos com a freqüência que desejaria, e, ocasionalmente, seus amigos não encontram tempo para encontrá-la. Quando um dos seus livros estava sendo publicado, ela pediu a um autor famoso, de quem era íntima, que escrevesse algumas linhas a respeito. Ele respondeu que estava ocupadíssimo, que sentia muito, ela entenderia que não lhe era possível desligar-se assim repentinamente do livro que estava escrevendo. Um silêncio raivoso eventualmente é seguido pelo esquecimento. Na amizade, não se atira na cara as faltas dos amigos; somos forçados a aceitá-las. Mas, apesar do valor que dá aos amigos, Annick conclui: "Tenho muitas pessoas à minha volta e continuo solitária (...) A vida é composta de mundos solitários que não se encontram."

O sexo, que Simone de Beauvoir aprovou como um método para se obter comunicação rápida e imediata, é, para a antiga editora da *Playboy*, mais uma das fraudes da natureza, um prazer que nasce morto. Existem "carícias a que poucas mulheres conseguem resistir" e "odores masculinos" que são "inebriantes"; além do que, "sem homens, uma mulher está ameaçada de deixar de existir". Seus personagens pulam para dentro e para fora da cama, e os homens precisam de várias mulheres para lhes dar a ilusão de que estão vivos. Mas ela acha patético que a paixão não passe de uma busca por esses raros momentos. O sonho da idade permissiva não se transformou em verdade. O sexo une pessoas que já estão unidas. "Todo mundo vive só."

Annick Geille nasceu e se criou na Inglaterra. Sua mãe era filha de um banqueiro, e seu pai, de um marinheiro, um rapaz bolsista, que veio a ser engenheiro naval. Isso a deixou oscilante entre dois mundos: de um lado, a vida abastada; de outro lado, aquele sentimento de que pertencia, de fato, ao mundo dos carentes. Ela se ressentia com a expectativa dos trabalhos domésticos nela depositada só porque era menina e com a proibição de freqüentar cafés. No livreiro da localidade, descobriu o tipo de afeto que buscava: vinte anos mais velho, ele foi seu primeiro amigo, inflamando-lhe a paixão pela leitura, que permanece até hoje, pois raramente sai sem levar um livro; já leu quase tudo da literatura moderna. Foi estimulada também por uma professora sem filhos, que em parte a adotou e que tentou convencer seus pais de que eram muito severos, que não conseguiam reconhecer seu talento. Annick Geille achava que tudo que sua mãe desejava para ela era um casamento feliz e filhos. Em Lorient, sentia-se prisioneira dos rituais burgueses provincianos. Nos livros, vislumbrava outra vida, governada pelos autores parisienses a quem adorava como deuses. Os jornalistas balzaquianos que sonhavam em se tornar celebridades parisienses e os marginais frustrados da cidade, maridos inadequados, eram os seus cúmplices na rebelião. Seus melhores amigos sempre foram marginais pela origem, por temperamento ou pela orientação sexual. Ela se tornou jornalista porque essa atividade era o meio de conhecer os deuses na intimidade. A maior parte das principais figuras literárias de Paris está agora em seu caderninho de endereços. Ela os trata com temor, respeito e afeto, como se um livro não fosse apenas uma idéia, mas também um abraço apertado, que merece outro abraço apertado em retribuição; o livro é a melhor prova de que pessoas totalmente estranhas podem tocar o coração uma da outra, a despeito de tudo que as separa.

Às vezes, a parisiense chique aparece em festas dos meios de comunicação de massa acompanhada pelo filho adolescente e carregando sua pasta de executiva. Na juventude, Annick decretara que uma mulher não devia se sacrificar pelos filhos. Ainda acredita nisso. Mas, ao ter um filho, descobriu que aquela frase que seus pais lhe diziam – "Nós fizemos tudo por você" – era enganosa: um pai sente prazer de fazer tudo por um filho. "O filho nada lhe deve: é você quem lhe deve o prazer de viver, graças a ele, que a educa, que a força a melhorar sempre, em todos os sentidos." O amor de Annick pelo filho é muito forte: não lhe é possível imaginar perda pior que a de um filho, e as mulheres que já perderam filhos lhe despertam uma curiosidade assustadora, quase supersticiosa. A única ilusão na qual insiste em acreditar é que o amor das crianças é o único a perdurar para sempre. E, no entanto, seu *Retrato de um amor culpado*, que conquistou o Prêmio Primeiro Romance da França, é um longo grito de dor em frente a uma muralha de incompreensão que separa mãe e filha.

Às vezes, ela desejaria que o trabalho não a impedisse de ver mais vezes o marido, mas em outras ocasiões gosta de ficar só. De repente, os contatos sociais lhe causam frieza, e ela os interrompe. Seu nariz muda de forma, à semelhança de postigos que se fecham. Não vá presumir, só pelo fato de ela dizer que as mulheres gostam de saber que os homens as desejam sexualmente, que você vai descobrir todos os seus pensamentos mais do que descobre os ingredientes do seu perfume.

"O mundo pertence aos que sabem para onde vão", escreveu, mas as sinalizações que procura estão dentro dela:

ela resolve para onde irá através de consultas ao que sente e, já que o desejo não é constante nem saciável, não espera atingir a meta: "Haverá sempre alguma coisa faltando." Não existe perigo em ser considerada ingênua. "As mulheres devem permanecer estranhas, estrangeiras, mantendo seu mistério, imprevisíveis." Dessa forma, nunca são totalmente derrotadas. Ela terminou outro romance, seu romance mais importante, cujo final não é triste. É como se tivesse farejado um sopro de esperança no ar, como se houvesse sentido que, em última análise, as pessoas se cansam de ser afetadas mais pela tristeza do que pelas possibilidades de vida.

ESTA NÃO É A PRIMEIRA vez que a espécie feminina se libera. As mulheres de hoje, as que sentem o aroma de uma vida mais interessante, tiveram precursoras, por exemplo, no Japão do século X.

Estou me referindo a uma aristocracia, é claro, mas as mulheres liberadas de hoje também formam uma aristocracia, uma pequena minoria. Com a diferença apenas que as mulheres de Kyoto, na época em que a cidade era a residência do imperador japonês e conhecida como "a capital da paz" (Heiankyo), fizeram um registro do que sentiam, iluminando a emoção humana como que por meio de um holofote que de repente revela tudo aquilo que normalmente é escuro, e com igual rapidez se extingue. Enquanto os homens produziam textos eruditos sobre os costumeiros temas da guerra, das leis e da religião, numa linguagem que as pessoas comuns não entendiam (em chinês, o equivalente ao latim para os japoneses), as mulheres começaram a escrever romances na linguagem cotidiana japonesa, e nesse processo inventaram a literatura japonesa. Durante cerca de cem anos, os romances foram escritos somente por mulheres, que discutiam temas do seu maior interesse: as emoções.

O primeiro romance psicológico da literatura mundial é *A história de Genji*, escrito entre 1002 e 1022 por uma viúva na casa dos 20 anos, cujo marido, com o dobro da sua idade, morrera alguns anos após o casamento. Os que dizem que o Japão só consegue imitações ficariam surpreendidos com esse romance extraordinariamente bem-feito e inteligente, escrito por uma precursora de Proust, Murasaki Shikibu.

Uma romancista, disse ela, é uma pessoa tocada tão no fundo por suas experiências que não suporta vê-las desaparecer no esquecimento; e ela se deixou tocar pela confusão das vidas amorosas que observou na Corte imperial, reagindo, primeiro, com esperança e, mais tarde, com desespero. O livro tem 430 personagens, sem contar os criados, como se ela quisesse se certificar de que nenhuma prova adicional seria encontrada para contradizer-lhe as conclusões acerca da arte de existir.

O herói de Murasaki era o homem ideal, tal e qual o Novo Homem de Annick Geille. Ele é lindíssimo, naturalmente, mas não vem a ser o ideal por causa da beleza, mas por ser, acima de tudo, sensível. É um príncipe, mas Murasaki não está interessada no seu poder, nem em sua perícia como espadachim, nem na sua força física – e, na verdade, o romance não registra uma só palavra sobre sua carreira pública. Ele tem um caso de amor atrás do outro, mas, ao contrário de Don Juan, jamais esquece ou abandona uma mulher, respeitando-a em sua individualidade, respeitando o temperamento singular de cada uma: "Ele é o grande aristocrata quando faz amor com a *Lady* Rokujo, o amante demoníaco de Yugao, terno e hesitante com a tímida *Lady* de Akashi e paternal com Tamakazura." O príncipe encontra uma esposa ideal, mas a autora não permite que ele se separe das outras mulheres, como se desejasse ilustrar as artes do ato amoroso em todas as suas formas. Conquistar mulheres não é sua ambição, porque é um artista do amor. Suas amantes se contentam em receber não mais que uma fatia do seu afeto, porque o prazer que ele lhes proporciona é inesquecível e porque nunca as abandona por completo, sequer quando elas deixam de ser jovens ou quando descobre que cometeram algum erro e não são tão admiráveis quanto julgava. Nunca foge, ao contrário, procura suas antigas paixões, de forma tão terna como se ainda as amasse de verdade.

Nesse período, era vergonhoso para uma aristocrata depender financeiramente do marido. Ela não fazia o mínimo esforço para viver uma vida conjugal: cada um mantinha sua própria casa. O marido a visitava de quando em quando. A mulher não era tiranizada nem por ele nem pela sogra, ao contrário, era livre para desfrutar suas horas de ócio e os benefícios da educação. Essa foi a única vez na história em que as filhas foram mais valorizadas do que os filhos. Nem tudo era perfeito, viviam reclusas em casa, à espera de visitantes masculinos, sempre à espera. Protegidas atrás de leques (sua alternativa para os véus), a educação não as habilitou a usar todas as suas energias, deixando-as confinadas às artes, à exceção de história, filosofia e direito, que não podiam conhecer (embora Murasaki soubesse muito do que não devia ter conhecido).

O mundo delas era doméstico, de forma que dispunham de mais tempo ocioso do que algo que pudessem imaginar para preenchê-lo, e falavam de "ócio sofrido" ou "ócio aliviado". Tinham aptidão e tempo para refletir sobre suas relações com os homens, que também eram invulgares, pois não havia praticamente restrições quanto ao coito. Muito antes da década de 1960, havia uma sociedade (ou melhor, uma classe) completamente tolerante à promiscuidade, afirmando que ter tantos amores quanto lhes fosse possível, com pessoas casadas ou solteiras, era uma fonte de prestígio. Os homens podiam ter muitas esposas (alguns chegaram a dez, de uma só vez) e também concubinas. Esta foi a razão por que ter muitas filhas era desejável: elas tinham, de longe, mais possibilidades de fazerem um bom casamento do que os filhos, ou pelo menos conhecerem uma pessoa poderosa. As esposas eram estimuladas a ter tantos amantes quantos pudessem atrair, e as virgens acabavam difamadas, possuídas por espíritos maus. Usar roupas cujas cores não se harmonizavam era mais censurável do que ter muitos amantes. O que importava era o bom gosto.

Com isso as pessoas ficaram mais obcecadas pela conformidade do que pela possibilidade de se libertarem. O gosto exigia que obedecessem a regras não-escritas. Muitas vezes, os homens pareciam dormir numa cama diferente todas as noites, mas tinham de escapulir de madrugada, sem serem vistos, e depois enviar à amada um poema pós-matinal. "A ligação de uma mulher com um homem depende, em grande parte, da elegância da sua despedida." Ligações amorosas tornavam-se, com freqüência, um ritual despido de sentimento. Os homens não admiravam as mulheres por causa dos seus corpos: "Terrivelmente imperdoável é o corpo nu", diz Murasaki. "De fato, não tem o mais leve traço de encanto." Até mesmo os dentes expostos eram horríveis, e elas os tingiam de preto para que ficassem ocultos. O cabelo comprido era o único atributo físico digno de exibição. As mulheres eram belas pelo que faziam, por sua arte na escolha e uso de roupas, por seu domínio das artes, por sua aptidão para criar beleza, para inventar perfumes adoráveis ou para tocar música suave. Um homem poderia apaixonar-se só por ter visto uma dobra de sua manga ou uma amostra de sua caligrafia, a caligrafia, aliás, era uma grande arte; o mesmo aplicava-se à escolha do papel adequado a uma disposição de espírito e de tempo num dia muito particular. O namoro visando o casamento era um ritual que envolvia a remessa de um poema de 31 sílabas a uma moça que o pretendente talvez jamais visse, e cujo caráter deduzia pela resposta; se os resultados fossem promissores, teriam de decidir após três noites experimentais passadas juntos. Cartas e poemas deflagravam o desejo sexual. As mulheres eram mitificadas por sua capacidade de causar emoção, e os homens se envergonhavam de sentir paixão, o que significava perda do autocontrole. Até mesmo a promiscuidade tem regras, tanto mais difíceis quanto feitas de nuanças sutis, das quais não se pode escapar com facilidade, como ocorre com as leis do casamento.

Ninguém esperava que o parceiro, a curto ou longo prazo, fosse fiel. A esposa acreditava que se o marido tivesse muitas amantes, ela estaria mais predisposta a ter relações excitantes e afetuosas, desde que fosse sua preferida; este foi um desafio constante. Mas o sistema veio a se tornar um pesadelo, porque aquelas pessoas maravilhosamente elegantes não conseguiam suportar a incerteza. Tanto os homens quanto as mulheres eram morbidamente ciumentos, ainda que o ciúme fosse considerado uma quebra das boas maneiras. Todos ansiavam por segurança, embora ela os entediasse. Preocupavam-se com a possibilidade de perder um amor, comprometer-se quanto ao seu futuro e, também, dos seus filhos, e acerca do que os fuxicos poderiam veicular.

Apesar dos privilégios e da beleza que os cercavam, eram muitas vezes infelizes, ou pelo menos brandamente melancólicos ("ciente" é a palavra japonesa usada mil vezes nesse romance, significando o sentimento de que a vida é, ao mesmo tempo, maravilhosa e terrível). Murasaki, de repente, suprime a presença do seu herói em dois terços do livro: "Genji morreu", anuncia abruptamente, e continua a olhar para pessoas menos perfeitas e para uma sucessão interminável de fracassos relativos ao mútuo entendimento. Seu lado budista reafirma-se, tudo como objetivo supremo extinguir o desejo, que provoca todo o sofrimento. Embora tentada há muito tempo pela grandeza do amor ilimitado, no fim ela, bem como todos os seus personagens, são derrotados por tudo quanto julgavam efêmero – juventude, amor, poder, posição social. A única solução encontrada foi dizer que tudo era muito triste, e que era muito elegante ser capaz de reconhecer ao mesmo tempo a beleza e a tristeza do mundo.

A individualidade de Murasaki rendeu-se à tradicional solução japonesa para o desespero, que consiste em voltar-se para uma experiência estética, em encontrar beleza somente no que é transitório, em insistir que se o amor e a beleza fossem menos frágeis e perecíveis, não seriam belos. Como escreveu Kenko em seus *Ensaios sobre a frivolidade* (1330-1332): "Se o homem nunca murchasse como os orvalhos de Adashino [um túmulo famoso], jamais se desvanecesse como a fumaça sobre o Toribeyama [um forno crematório], mas pairasse para sempre no mundo, as coisas perderiam seu poder de nos emocionar. O mais precioso na vida é a incerteza." Esse fascínio pela incerteza tem um toque moderno e ajuda a explicar por que a arte japonesa, que o refletiu, tornou-se uma inspiração para a moderna arte européia. Mas o desejo de se emocionar ao custo de irremediável sofrimento, longe de ser moderno, é muito antigo. O desamparo em face da crueldade do mundo não é, de forma alguma, uma característica japonesa, mas parte do sentimento de tristeza cósmica sobre o qual, virtualmente, todas as civilizações foram construídas. O sombrio horizonte bretão de Annick Geille é fragmento de um horizonte global.

As mulheres do século X no Japão foram incapazes de ir além da espera. Esperaram pelo homem ideal que as amaria, embora soubessem, em parte, que ficariam decepcionadas e que o amor não iria durar. A espera prosseguiu por dez séculos. Ainda que tenham modificado suas disposições sexuais, muitas pessoas continuam a encarar o mundo como uma casa assombrada por um fantasma, o que vem a ser uma perspectiva de fracasso, decadência e desapontamento. Protestar contra a injustiça da vida, ou divertir-se com os absurdos a que ela conduz, não faz muita diferença. *A mulher que amava insetos*, romance de outra admirável jovem mulher do Japão de Heian, mostra uma literata precoce, recusando-se a escurecer os dentes ou arrancar as sobrancelhas, insistindo em dizer que está interessada apenas em "investigar tudo que existe e descobrir como começou". E, naturalmente, homem algum a amará. O fim é infeliz, como têm de ser os finais de todas as pessoas que acreditam na tristeza cósmica.

Até o *Livro do travesseiro*, de Sei Shonagon (nascida em 965), que segundo os entendidos é o livro mais sábio de toda a literatura japonesa e uma obra-prima de estilo, escrito por outra das jovens e brilhantes imperatrizes na arte de esperar, não pode fugir à conclusão de que, "Se eu não tomar a iniciativa no afeto das pessoas, dentro em pouco deixarei de ser amada; passarei a ser odiada ou maltratada. Melhor estar morta do que ser amada em segundo ou terceiro lugar. Sim, eu devo ser a primeira". Mas isso não bastava: "Nada é mais delicioso do que ser amada por todos." (Nenhuma possibilidade: Murasaki, que a conheceu, diz que ela "tem o ar muitíssimo extraordinário de quem se satisfaz sozinha".) Porque, "a visita de um amante é a coisa mais deliciosa do mundo". Infelizmente, "sou um tipo de pessoa que aprova o que outras odeiam e detesta o que apreciam". Pior ainda, "sei que é um grande pecado, mas não consigo esconder a satisfação quando alguém que detesto passa por maus bocados". Nem a sabedoria nem a sensibilidade delicada puderam dar-lhe o que ela mais desejava no fundo do seu ser.

VÁRIOS SÉCULOS DEPOIS, a nova classe de mercadores japoneses tentou desfrutar os prazeres da aristocracia, mas sem obstáculos. Quiseram inventar sua própria maneira de comportamento, "o jeito de ser dos moradores da cidade" (*chonin-do*), buscando a felicidade individual diretamente, não pelas rotas tortuosas da tradição e do ritual. Tampouco à maneira dos guerreiros samurais, que menosprezavam o amor como efeminado e que ansiavam pela glória após a morte. Os habitantes de Osaka, em particular, decidiram viver o presente, empenhando-se, antes de tudo, em ganhar dinheiro. Com a introdução de moedas em 1601, ficaram fascinados com a novidade, deliciando-se sensualmente em tocá-las e vê-las. "Nada neste mundo é mais interessante que o dinheiro", disse o romancista Ihara Saikaku (1642-1693). "É uma coisa fundamental no mundo de hoje." Não havia necessidade de se preocupar sobre os pais de alguém, caso se tivesse dinheiro; e com o dinheiro podia-se levar uma vida de príncipe.

Os mercadores decidiram que a melhor aplicação para o dinheiro era o sexo, a fim de, apagando o "mundo triste" com um "mundo flutuante" de prazer, satisfazer todos os tipos de sensualidade, criar uma cidade "sem noite" que seria o "teatro universal de prazeres e diversões". Na época, havia maior número de japoneses alfabetizados (40%) do que em qualquer outra nação, exceto Inglaterra e Holanda, e eles utilizavam seus conhecimentos para ler livros sobre sexo. As cortesãs se tornaram o centro da vida social da cidade, não raramente filhas de samurais e extremamente caras: não tardaram a surgir histórias de milionários que com elas gastavam grandes fortunas. O amor era perigoso; o adultério, punido com a morte. Os obstáculos só faziam aumentar a excitação geral. O sexo foi focalizado imediatamente como um precursor da sociedade de consumo. Havia limites ao que as pessoas de negócios podiam aspirar, em termos de prestígio social, mas, segundo Saikaku: "Os prazeres da carne são ilimitados."

Ele foi o Balzac ou o Dickens dos japoneses, o primeiro escritor japonês a localizar heróis e heroínas entre as pessoas mais comuns, justamente com aquelas obsessões sexuais. Seu livro *Cinco mulheres que amaram o amor* mostra a busca do prazer conduzida por mulheres que já não esperavam timidamente ser cortejadas, mas, ao contrário, tomavam a iniciativa dos avanços e das decisões. Quanto mais audaciosas, mais admiradas. Às vezes, provocavam desastres e mortes, mas, ainda assim, dominavam a execução na cena final. Outras vezes, tinham de arrancar os homens da companhia dos garotos: em seu *Espelho do amor varonil*, Saikaku demonstra como a homossexualidade competia com a heterossexualidade. No teatro, rapazes bonitos, que desempenhavam papéis de mulheres, eram as estrelas mais admiradas.

Mas, embora Saikaku se divertisse muito descrevendo o frenesi do desejo e as minúcias da luxúria, exprimindo seu deleite pelas "tolices deste mundo", não se livrou de ficar mais triste com o passar dos anos. Começou a se preocupar com os que não tinham dinheiro, com a dificuldade de fazer dinheiro quando não se tem nenhum para começar, com a delinqüência dos jovens, com as cortesãs que tinham feito 95 abortos, viciadas nos "prazeres carnais", ainda que esses não lhes dessem prazer. Apesar do seu fascínio pelas mulheres, afirmou: "Todos os homens do mundo são belos, mas entre as mulheres as belezas são raras (...) deve-se findar descartando as mulheres em favor dos homens." Entre seus personagens, os que tentam elevar a lealdade às alturas de virtude heróica acabam sentindo a incapacidade de controlar o destino, sentindo que o mérito individual não traz as recompensas que idealisticamente lhe são atribuídas, sentindo que não precisavam da fé religiosa para se manterem. Escolheram a fé que menos interfere com os seus prazeres, ou seja, a popular versão Amida do budismo, que não os castiga por seus erros nem exige bom comportamento, prometendo redenção em troca apenas de algumas preces.

PODE PARECER QUE durante os milhares de anos que separam Murasaki e Annick Geille houve pouco progresso nas tentativas de livrar o mundo daquele sentimento de tristeza: ele continua voltando. Seria o caso de concluir-se que os humanos estão condenados à insatisfação e a sentirem, mesmo em seus momentos gloriosos, que "falta alguma coisa", de forma que não lhes resta outra opção, salvo se *renderem* à crença supersticiosa de que o desejo é, inevitavelmente, uma fonte de tormento e de prazer.

Contudo, eu vejo a história do desejo sinalizar num rumo diferente. A maneira como as pessoas reagem ao prazer depende das espécies de prazer que imaginaram possíveis, do que exatamente julgam estar faltando e da maneira como seus horizontes se distendem além dos seus problemas pessoais. Em vez de presumir a existência de um defeito básico no universo, pode-se examinar o desejo por outro ângulo. As imperfeições do universo, assim como as dos tapetes orientais, talvez não sejam imperfeições. Observando-se o universo, vê-se que a ciência – que acaba de sair da adolescência, quando se acreditava capaz de conquistar a ignorância – aprendeu a extrair satisfações do conhecimento, só que toda descoberta contém um convite a outras descobertas, e um experimento falho significa apenas que se formulou erradamente a pergunta, e não que não existem respostas. Sem se dar conta deste aspecto, a maior parte das pessoas ainda perpetua os hábitos mentais herdados do tempo em que se esperava que o mundo acabaria em breve, e não se aprendeu a vê-lo como detentor de possibilidades infinitas. Pessimismo e otimismo emergem, assim, como uma disputa, em larga extensão, sobre até que ponto se está preparado para ver; uma disputa, portanto, acerca de distâncias focais.

Não é preciso negar que os indivíduos nascem com um temperamento particular, e que sua química quase os compele a ver o mundo numa tonalidade diferente de cor-de-rosa ou cinza. Isso não significa que estejam presos em seus corpos. Aristóteles disse que o fígado era a sede das emoções e, com efeito, confirmou-se que a quantidade de açúcar que ele processa modifica os estados de ânimo. Estabeleceu-se, também, que existem diferenças físicas entre os que só acordam de todo no começo da noite e aqueles cuja vivacidade se dissolve gradualmente no curso do dia. Desde a invenção da lâmpada elétrica, o mundo foi provavelmente dividido em corujas e cotovias tanto quanto pelas ideologias de esquerda e direita. Drogas podem alterar atitudes, e cada organismo tem o seu relógio interno, causando receptividade variada em diferentes fases do dia. Ratos imunes a uma dose de álcool à noite morreram com a mesma dose tomada pela manhã. Pessoas carentes de hormônios supra-renais (condição que culmina no mal de Addison) demonstram ser, muitas vezes (ocasionalmente, 150 vezes), mais sensíveis do que outras, a ponto de ouvirem sons que o ouvido normal não capta e de sofrerem atrozmente por não lhes ser fácil lutar contra a sensibilidade. Por outro lado, sempre houve indivíduos que triunfaram sobre os obstáculos que lhes foram postos nos caminhos por seus organismos. Nenhuma história da humanidade ficaria completa caso não se mencionasse Mary Helen Keller (1880-1968), cujo domínio da cegueira e surdez constituiu vitória extraordinária, mais importante que as de Alexandre, o Grande, porque ainda tem implicações sobre cada pessoa viva. No entanto, triunfos particulares sobre impedimentos temperamentais e físicos raramente entram nos livros de história. Os seres humanos ainda se parecem com motoristas de automóveis que não sabem muito acerca do funcionamento do motor de combustão interna. Mas todo ser humano é, de certa maneira, uma exceção.

Qualquer pessoa que valorize a liberdade precisa lembrar-se de como os indivíduos, sem predisposição constitucional particular para a jovialidade, cultivam a esperança. O método mais importante que utilizam é o de ampliar seus horizontes. O mais famoso dos otimistas, Leibnitz (1646-1716), citado zombeteiramente como o autor da frase de que tudo vai bem e que este é o melhor dos mundos possíveis, esteve muito longe de não tomar conhecimento das crueldades da vida, pois despendeu muito esforço animando os reis da Europa a se reformarem e investigando como as diferentes religiões poderiam parar de agredir uma à outra. O que havia de especial a seu respeito era o raio de alcance dos seus interesses, excepcionalmente largo, estendendo-se pela história, geografia, filosofia, matemática, política, teologia e direito, em que, aliás, obteve doutorado aos 21 anos. Ter esperança não se prendia em acreditar que o bom Deus tinha bons motivos para permitir o mal no mundo, mas porque ele próprio via o mundo da maneira que os cientistas o vêem hoje, ou seja, composto de um número infinito de partículas. Em sua opinião, não havia limites às maravilhas da natureza e ao engenho da razão, bastaria não permitir que a pressa viesse a tolher as novas descobertas, como ocorre com a maioria dos adultos. A ambição de Leibnitz, era "despertar em nós todos a criança que dorme em nosso íntimo", ver em cada pessoa alguém diferente era tão complexo quanto um jardim cheio de plantas e um lago cheio de peixes, e em cada planta e em cada peixe, outro jardim e outro lago. Ele acreditava que a liberdade era possível porque via além do presente, a uma distância infinita. Arlequim foi seu herói – múltiplo, astuto, sempre em busca de algo mais. Leibnitz inventou o cálculo diferencial, mas também uma Academia dos Prazeres. Ele era mais do que aparentava ser, que é a forma como se deve entender o otimismo inteligente, descartando-lhe os exageros absurdos. O otimismo não é uma crença de que tudo é perfeito, mas a disposição de admitir que existem mais coisas do que o olho pode ver, boas ou más; há sempre uma luz débil, por mais escura que pareça, porque a vida é inconcebível sem esperança. O otimismo é a consciência de que, apesar da sordidez e da estupidez, também existe mais alguma coisa. O pessimismo é resignação, a incapacidade para descobrir uma saída.

A eterna gangorra entre otimismo e pessimismo pesou em favor deste último através de escritores cuja visão do mundo formou-se pelo exame do próprio umbigo, em vez de resultar da realização de novas aventuras. O último escritor feliz, segundo Roland Barthes, foi Voltaire (1699-1778), mas ele foi, também, o primeiro dos escritores pós-modernos a se defender contra a infelicidade com uma acerba perspicácia, incapaz de superar o fato de não ter sido amado na infância, julgando-se um eterno órfão. Tentava fugir de si mesmo, chegando a imaginar que fosse um bastardo, sempre inseguro, buscando conforto a partir da companhia de mulheres e do louvor de príncipes, deslumbrando-os, mas, ainda assim, sentindo-se desconfortável na sociedade, insistindo que era incorrigivelmente um "cético e não um doutor". Voltaire, o grande e bravo defensor dos direitos humanos, tanto apreciava quanto detestava o gosto do otimismo por ser um crítico em essência. Tornou-se o modelo do intelectual literário, para quem pensar significa, acima de tudo, ser crítico, no sentido de ser mais fortemente afetado pelo que há de errado do que pelo que é certo, tendo um olho mais poderoso que o outro. Tristeza cósmica é visão toldada. A tristeza é exacerbada pelo estreitamento do horizonte e se torna paralisante quando uma geração zomba de sua antecessora de forma tão cruel que não consegue aprender com os seus erros. Jean-Paul Sartre, por exemplo, um modelo mais recente de pensador, estreitou seu horizonte ao excluir todos os "porcos", e plantas também, pois odiava o campo, e também alimentos crus, tudo, enfim, que não pudesse controlar. Não apreciava o conforto físico, nem aquela parte essencial da existência que é sonhar e devanear. Entupindo-se de drogas para manter a realidade sob rigoroso controle, não é de admirar que a jornada da vida lhe parecesse sombria. Dizer apenas isso equivaleria a estreitar o seu horizonte: Sartre inspirou muitos milhares de pessoas no mundo inteiro a preferir a generosidade ao egoísmo e à prudência. Condená-lo por causa de opções que resultaram em equívocos ou contradições, ignorando-se o fato de que sua visão forma parte da busca jamais concluída da liberdade, seria repetir o mesmo erro de exclusão. Condenação é falta de imaginação, e isso ocorre quando não se pode sugerir nada melhor.

Portanto, a tristeza não se assemelha à escuridão do céu, com a qual nada se pode fazer. Na verdade, pessoas comuns raramente se comprometem de corpo e alma com a tristeza. Quando se desesperam com as relações públicas, voltam-se para os prazeres privados e vice-versa. A fuga da tristeza para as diversões pessoais vem formando a história secreta do mundo desde que os antigos egípcios se recusaram a aceitar que um dia iriam morrer e construíram túmulos com o mesmo prazer com que faziam casas. Como se recusavam a admitir o diagnóstico de seus médicos, consultando um especialista atrás do outro – tinham médicos para cada parte do corpo, de alto a baixo, até os "pastores do ânus" –, inseriram em seus manuais médicos o preceito segundo o qual um paciente precisa, acima de tudo, conversar consigo mesmo: "Ele aprecia mais o médico que dá atenção ao que diz do que ser curado." A tristeza pareceu um castigo divino quando os babilônios decidiram que os seres humanos e os deuses não podiam lutar em igualdade de condições, que talvez os deuses fossem mais justos que arbitrários, e que os seres humanos deveriam culpar-se por seus infortúnios perguntando como tinham pecado. Ao longo dos séculos, a tristeza adquiriu um encanto pessimista para alguns e foi elevada à condição de companhia familiar. Annick Geille insiste em que a literatura deve versar sempre sobre temas sombrios, de uma ou outra espécie, baseada no princípio de que não existe nada interessante a dizer de pessoas felizes.

ASSIM, A TRISTEZA DEPENDEU, em grande parte, de as pessoas acreditarem saber tudo o que há para saber sobre o funcionamento do mundo, ou de estarem mais impressionadas por sua ignorância e pela possibilidade de novas descobertas. O remédio mais elaborado para a tristeza é, de longe, a sociedade de consumo, mas ela não conseguiu eliminar a tristeza e tampouco o tédio. A razão é que essa sociedade ainda é muito jovem, incerta acerca do futuro, atraente para muitos, porém atormentada por dúvidas quanto a ser mais feia do que bonita. Oferece, ainda, uma limitada classe de luxos. Luxo significou até aqui gasto excessivo, lascívia, aquisição de bens desnecessários, o gozo pleno de todos os sentidos e, muitas vezes, também o gosto de ostentação, o desejo de impressionar outras pessoas, sem realmente se importar nada com elas. Estas são apenas preliminares. As experiências com o luxo feitas pelos mercadores do Japão, no século XVII, também eram preliminares, permanecendo privadas, porque a maioria de seus compatriotas eram camponeses devotados à frugalidade. Somente na Inglaterra do século XVIII a sociedade de consumo de massa começou a tomar forma. Até então, leis suntuárias – em todos os países – proibiam as pessoas de consumirem da forma que bem quisessem, compelindo-as a usar somente as roupas de sua profissão, ou classe, e a se conduzirem de acordo com o seu padrão de vida. Todo mundo acreditava na poupança até que a Revolução Industrial deu às massas artigos baratos e dinheiro para comprá-los, com a oferta de empregos, em fábricas, para mulheres e crianças, criando, assim, a segunda, terceira e quarta rendas na família, ou seja, dinheiro de sobra para gastar.

Entrar na era do consumo equivalia a mudar de religião. Os ingleses deram para acreditar em "aperfeiçoamento" em vez de tradição e, para esconder sua apostasia, cultivaram a nostalgia como passatempo. A "extravagância das classes média e baixa", com todos tentando imitar os ligeiramente mais ricos, era o que chamava logo a atenção de visitantes estrangeiros. A ambição nacional, como disse o agrônomo Arthur Young em 1771, tornou-se "luxo Universal", ou "a opulência de todas as classes". Anúncios nos jornais eram inventados para estimular "uma paixão por novos estilos e modas", e foram denunciados por provocarem "palpitações constantes" e "uma loucura epidêmica". Mas o dinheiro sozinho não é capaz de transformar velhos hábitos. As pessoas não trocam de religião sem milagres. Elas só acreditaram que qualquer coisa era possível quando viram novas raças de animais, que Deus não havia criado daquela forma. Quando conseguiram cruzar buldogues e galgos e compraram sementes que tinham crescido em plantas que seus pais jamais conheceram. Quando as crianças receberam microscópios de brinquedo como presentes e quando o conhecimento se espalhou como nunca. Então, os ingleses decidiram que o desejo merecia ser estimulado mais do que controlado. Redescobriram aquilo que desejavam e como obtê-lo nas lojas, que se tornaram tão influentes quanto as escolas.

A sociedade de consumo perdeu seu sentido de direção ao adotar dois mitos para orientá-la. O primeiro foi que os maus hábitos privados são a fonte da prosperidade pública. Avareza, orgulho, inveja e gula, mais do que cordialidade e bondade, são as bases necessárias a uma economia de êxito, disse Bernard Mandeville (1670-1733), um médico de doenças nervosas, nascido na Holanda (provavelmente de origem francesa) e clinicando na Inglaterra. Ele escreveu o livro *Fábula das abelhas*, um best seller mostrando as desgraças que poderiam ocorrer se as pessoas fossem agradáveis entre si ou se tentassem ter outra ambição que não a do interesse próprio. Foi a primeira pessoa a estudar o luxo, mas, pelo visto, não o estudou bastante: seus outros trabalhos, sobre histeria, hipocondria e em defesa de bordéis públicos, mostraram-no preocupado apenas com um raio limitado de talentos humanos. A ciência econômica fundamentou-se, desde então, nessa visão um tanto estreita de consumidores agindo racional e previsivelmente em seu próprio interesse.

O segundo mito foi inventado pelo primeiro grande escritor de ficção científica americano, L. Frank Baum (1856-1919), criador da Terra de Oz, onde tudo é possível e onde as fantasias se tornam realidade. Em 1897, ele fundou *The Shop Window*, a primeira revista dedicada a roupas exibidas em vitrines: ver um objeto numa vitrine de loja, disse, "desperta no observador a cobiça e a ânsia de possuir as mercadorias". Aliás, era isso o que ele mais gostava de ter: o sentimento do desejo. O pai fizera fortuna no petróleo, a mãe fora uma feminista, ele queria um tipo diferente de vida. Trabalho árduo e boas causas o aborreciam: preferia escrever contos de fada em que pregava o credo da comida, da bebida e da alegria, já que amanhã morreremos. Desprezava a frugalidade com a mesma veemência com que desprezava a religião (embora interessado em espiritualismo); todos os tabus no caminho do desejo o enfadavam. Teatro, fotografia e filmes eram suas paixões. Viajar, seu prazer supremo, mudando-se de hotel para hotel, por ele considerados como postos avançados do paraíso, a verdadeira terra da fantasia.

John Wanamaker, proprietário da New Kind of Store, em Filadélfia, pôs o sonho de Baum numa fórmula em 1906: os Estados Unidos, disse ele, eram a Terra do Desejo. Antes, tinham sido apenas a terra do conforto. O consumo foi redefinido como a satisfação do desejo, mais do que a satisfação da necessidade. A adoração do prazer deixou de ser tida como antiamericana, e não tardou que os pregadores cristãos tentassem converter os Estados Unidos da América num novo tipo de cristianismo, no qual a satisfação do desejo sexual era sagrada.

Acreditava-se, originalmente, que se os indivíduos satisfizessem seus desejos de qualquer forma, o mundo automaticamente se tornaria melhor. A sociedade de consumo só conseguiu êxito por haver dado às pessoas mais do que luxo: expressou algo mais que fascínio pelo progresso técnico, ou por um sistema que tinha de tornar os consumidores cada vez mais ricos, de forma a poderem comprar o que era produzido. Pela compra e pelo gasto, as pessoas obtinham um senso de "participação" quase comparável àquele que a religião proporcionava. Quando Richard W. Sears reduziu os preços a fim de que todos tivessem acesso aos produtos do seu catálogo (que ofereciam 35 mil artigos diferentes por volta de 1928), isso significou que obter barganha era uma vitória contra os exploradores. Seus fregueses reagiram bem ao convite para "comprar o objeto que todos têm", porque cada objeto adquirido lhes diminuía a impressão de estarem excluídos das boas coisas da vida. O consumo era uma longa celebração de triunfo contra a pobreza, uma maneira de transformar o lar numa segura fortaleza privada contra as humilhações do escritório, um lar cheio de objetos escolhidos pessoalmente, mesmo que fossem imitações baratas e ainda que houvesse uma frustração perpétua, já que ninguém podia ter tudo que quisesse.

Desde que a sociedade de consumo foi institucionalizada, quatro mudanças alteraram completamente as circunstâncias sob as quais ela opera. Primeiro, enquanto somente 15% da população operária, originalmente, ganhavam a vida em outras atividades além da indústria e da agricultura, hoje, nos países desenvolvidos, dois terços o fazem mais como fornecedores de serviços do que como fabricantes de objetos. Isso significa, em segundo lugar, que aquilo que os consumidores agora compram, e desejam, mais do que objetos, são serviços, o que vale dizer: o contato pessoal, a ajuda e o conselho. Em terceiro lugar, o custo dos produtos diminuiu, mas o dos serviços, não; durante certo período, pareceu que o self-service seria a resposta, só que então o tempo tornou-se a mais preciosa das mercadorias. A aquisição de bens não liberou tempo; ao contrário, acrescentou novos compromissos e oportunidades que exigiam dispêndio de tempo. Quarto, a idéia de luxo expandiu-se de tal forma que os supérfluos mais desejáveis são os que o dinheiro não pode comprar, envolvendo em menor grau as posses e em maior escala as relações humanas.

Consumir adquiriu o significado de se usar um objeto até ele ficar inútil. Mas tornou-se uma derrota pessoal utilizar pessoas até que elas deixem de ser pessoas: um magnata que transforma sua força de trabalho em autômatos já foi o ideal, mas agora está inquestionavelmente condenado. É a consumação, mais que o consumo, o que as pessoas buscam com maior intensidade, disso extraindo prazer, até o último grau de intensidade, e não apenas para disporem de tempo livre. Preencher o tempo com as mais profundas experiências, na maioria dos casos, envolve outras pessoas. O conselho da primeira geração do Movimento Verde foi consumir o mínimo possível, mas isso foi uma sobra da antiga tradição do ascetismo, que o mundo rejeitou vezes sem conta, e sem dúvida continuará a rejeitar, enquanto perdurarem as desigualdades, enquanto houver pessoas batalhando para escapar à pobreza, pessoas que não provaram da saciedade. O Movimento Verde não se tornará uma força política de expressão enquanto estiver fundamentalmente preocupado com os recursos naturais, em vez de partir para o amplo campo dos desejos humanos. Mas seus reveses constituem outro exemplo do idealismo incapacitado de sair do chão, por não haver contemplado, com a amplitude satisfatória, as aspirações humanas em sua totalidade.

O desejo de um amor e de luxo fazem parte de um conjunto de desejos que encerram também o desejo de cultura e o desejo de ser útil, bem como o desejo de excitação, ou o substituto da excitação proporcionada pelas drogas. Convém lembrar que, ao mesmo tempo em que inventavam a sociedade de consumo, os ingleses também começaram a beber como nunca, e os americanos os imitaram, mas ao longo da última geração tem-se observado uma mudança radical nas atitudes em relação ao álcool, com um movimento em prol do consumo moderado de vinhos de alta qualidade, em vez do consumo maciço de bebidas fermentadas. Assistir tevê pode se tornar um vício, mas aos poucos as pessoas aprendem a desenvolver um discernimento saudável.

O consumo está sempre evoluindo para algo mais complexo. Cobiça e altruísmo já foram inimigos, desejo e abstinência já foram alternativas únicas. Mas o desejo pode encontrar sua consumação na generosidade, e a cobiça, na curiosidade. É questão de saber o que se valoriza mais. Os seres humanos nunca foram vítimas simplesmente passivas de seus desejos, mas brincaram com eles, deram-lhes um polimento. Brincar com a tristeza tem produzido certa arte fina, mas de outra forma seria um desperdício de energia.

A extensão de possibilidades para a boa administração do descontentamento não se esgotou. O ócio não é a única meta que a sociedade pode estabelecer. Eu agora entro por outros desvios que têm sido explorados na busca de vínculos mais satisfatórios entre os seres humanos. Primeiro, trato das viagens, que se transformaram no método mais popular de libertação pessoal, da sensação de que o mundo é um lugar perigoso e hostil, irrevogavelmente governado pelo egoísmo. A seguir, investigo o sentimento de que todos esses esforços estão condenados ao fracasso, porque homens e mulheres são diferentes a ponto de não poderem dar um fim à guerra dos sexos (capítulo 18), seja porque as pessoas não conseguem mudar (capítulo 19, sobre "destino") ou porque estejam se tornando cada vez mais estressadas pela tentativa de fazer coisas em demasia e de irem a muitos lugares (capítulo 20, sobre a falta de tempo), ou, ainda, porque a família entrou em colapso (capítulos 21 e 22). Eu demonstro que a história desses obstáculos aparentes contém elementos positivos, que abrem muitas opções novas. Meus três capítulos finais sugerem, portanto, que a imaginação humana ainda não se exauriu, e que a aventura humana mal começou.

17
Como os viajantes estão se tornando a maior nação do mundo, e como aprenderam a não ver apenas aquilo que procuram

A grande atração de um emprego nas ferrovias costumava ser a segurança, com a garantia de uma pensão aos 55 anos – um paraíso. Os pais de Vivienne descendiam de famílias de ferroviários, há três gerações, no lado paterno. E qual foi o efeito disso nas suas vidas?

Para seu pai, o mundo continua cheio de perigos e insegurança, apesar de todas as garantias. Ele perdeu um olho no trabalho e deixou de ser maquinista para se tornar balconista. Tinha sete irmãos e foi pai de cinco filhos: a vida sempre foi dura, e o medo da pobreza nunca deixou de assustá-lo. A grande vantagem todos os meses consistia em poupar um dinheirinho para o caso de calamidades piores. "Um tostão é um tostão", era sua filosofia. "Ele não vive", diz a filha. "Está no chão, deprimido. Embora possa viajar de graça nos trens, não conhece seu próprio país." Aposentado agora, ele passa três meses por ano à beira-mar, sempre, porém, no mesmo lugar, acampado, jogando bola e cartas. Em que pensa? "Não sei", diz Vivienne. "Nunca perguntei."

Sua mãe também nunca saiu da França, mas "nos seus sonhos é aventureira". Como é isso? Ela lê bastante. As aventuras começam na imaginação. A mãe é responsável pelos cinco filhos serem o oposto do pai. Todos eles, exceto Vivienne, casaram-se com estrangeiros: um alemão, um africano, um americano, um russo. O pai ficou muito abalado, especialmente por causa do africano, recusando-se a falar com a filha quando ela ignorou suas objeções. Por ter sido enviado a um campo de concentração alemão durante a guerra, também não gostava do genro alemão: "Foi muito difícil, mas aos poucos aceitou-o." Agora com 75 anos, o pai continua "chauvinista". Não gosta de mudar.

Vivienne, no entanto, vive para a curiosidade. "Gosto de sonhar. Nasci assim." Pescar é o seu passatempo, "porque gosto de ficar só, o que me permite pensar no futuro. Sou uma sonhadora". Seu autor favorito é Proust, mas ela gosta de outros tipos de livros, sobretudo histórias que são "exatas". Quando assiste a um filme, seu pensamento vagueia, caso ele não a interesse, e ela faz planos para a época em que puder fazer o que lhe der na telha. No momento, trabalha num abrigo de velhinhos e tem a ambição de vir a dirigi-lo, ou chegar a vice-diretora. Mas isso significaria ter de morar no próprio abrigo, o que não deseja: "Eu prezo minha independência." É por isso que Vivienne hesita. Seu marido também está empregado na municipalidade, na manutenção de quadras de esportes e piscinas. São mais pobres que os pais dela e vivem num pequeno e despretensioso apartamento na parte antiga da cidade. Ela tem seguro. Mas a cabeça anda longe.

"Gosto de viajar", afirma. Ainda não pôde arcar com as despesas de se aventurar além da Espanha e da África.

"Mas quando me aposentar, viajarei para descobrir tudo que desconheço. Estou mais interessada no mundo do que na França." Não se importaria de viver no estrangeiro, mas o marido se recusa; seu gosto pelo exterior limitou-se à sua participação como operário da construção civil no golfo. Os feriados do casal são passados num acampamento, em caravana, o que permite a Vivienne conhecer estrangeiros, pois embora "eu não fale outra língua, sou muito comunicativa. Preciso trocar idéias". Educada para acampar desde a infância, "os hotéis não me interessam, porque neles as pessoas não se comunicam". Em contraste, na praia, ou banhando-se, as pessoas acampadas conversam entre si.

Os filhos ficam em casa e estão prestando serviço militar; um tem certificado em comércio internacional. Ela está livre para planejar o futuro. "Sei que vou fazer o que sonho fazer."

Perguntem a trabalhadores profissionais se gostam do seu trabalho e eles dirão sim na maioria dos casos, ainda que tenham queixas. Agora, perguntem se gostam no que o trabalho os transformam, à medida que envelhecem, e eles levarão mais tempo para responder.

Caroline lamenta que, cinco anos após diplomar-se em tecnologia de informação, seu conhecimento não tenha feito dela uma pessoa melhor. Ficar de nariz apontado para o vídeo de um computador lhe dá apenas a impressão de que aprendeu o suficiente para dominar a máquina. Ela tem mudado de emprego, o que se revelou um erro. Seu terceiro emprego, em uma firma de engenheiros, prometia mais viagens e contatos humanos. Então, surgiu uma oportunidade, e não havendo outra pessoa disponível na ocasião, foi encarregada de construir uns armazéns ultramodernos, automatizados. E lá está, sem qualquer treinamento como engenheiro civil, elevada à condição de gerente de um projeto, tendo de fazer contratos e tomar decisões importantes, além de se reunir com pessoas que têm o dobro da sua idade.

Está indo muito bem. Quando um engenheiro representante do cliente protestou: "É incrível que um rabo-de-saia dirija um projeto destes", ela o julgou ridículo e resolveu ignorar o comentário. "Se a sua couraça técnica for resistente", diz ela, "você consegue justificar qualquer movimento." Quando, sem consultá-la, mudou a agenda de uma reunião que ela havia marcado, Caroline saiu da sala. Ela acredita que as mulheres têm certas qualidades ausentes nos homens, quando se trata de convencer pessoas. Consciente de que tem outras habilidades a desenvolver, matriculou-se num curso de gerenciamento; mas se arranja muito bem com a maior parte dos clientes e colegas; sua confiança em si mesma está aumentando; selecionou uma boa equipe de apoio, acha que a obra progride sem dificuldades, e o aprendizado de novas tarefas lhe tem sido uma fonte de alegria.

Contudo, o trabalho exige longas horas e lhe toma os fins de semana. Em certas ocasiões, ela pensa em passar para um setor menos sujeito a pressões, mas se recorda que quando fazia trabalhos rotineiros de computação, durante sete horas por dia, ficava entediada e optara, então, por um emprego de dez horas. "Dou a vida pelo meu trabalho. Não faço outra coisa. Chego a sonhar com ele. E estou sempre estressada, porque nunca tive tanto trabalho para fazer, mas não posso dizer isso ao cliente. Não sei se agüento dez anos; talvez três. Aos 40 ou 45 anos, eu perguntarei a mim mesma: por que dei a vida por este emprego? De que adianta ter mais poder e mais dinheiro? Só para dizer que subi tais e tais degraus na escada? É maluquice; meus amigos garantem que é maluquice; que é um erro trabalhar tanto. Mas não podemos mudar a situação. Nós aceitamos, entramos no jogo e trabalhamos nos finais de semana porque somos forçados pelos clientes, que por sua vez têm prazos apertados." Isso lhe parece ainda mais absurdo quando ela pensa nos desempregados, cujo estado é de doer no coração. Sente-se culpada: "Talvez devêssemos dividir nosso trabalho com eles, aceitar salários mais baixos, trabalhar menos horas, viver mais sensatamente. Mas como agir assim na prática?"

Caroline não é a única inquieta no escritório. A maior parte dos moços muda de posição depois de alguns anos. Mas ela não quer participar dessa ambição. Uma carreira brilhante não é o seu objetivo: "Eu não sabia o que queria fazer quando saí da escola; acho que já fiz muito chegando a esta alta posição. Não pretendo ser diretora-gerente, falta-me experiência. Se eu tivesse diploma de uma grande universidade, precisaria justificá-lo. Mas estou satisfeita com o meu posto."

Infelizmente, as pessoas que conhece no trabalho não chegam propriamente a entusiasmá-la. Os engenheiros tendem a ser "sérios", diz: não desempenham um trabalho que os estimule a ser reflexivos. Num feriado, saiu com um engenheiro inglês (o que acrescentou ao programa um toque de exotismo), mas ele carecia de imaginação: "era quase triste, muito acadêmico nas suas atitudes em relação ao que é proibido"; os franceses são menos disciplinados, acha. Mas tem sido difícil encontrar um francês verdadeiramente indisciplinado.

Existem assuntos que não pode conversar com os colegas. De que adianta discutir com pessoas práticas, que sempre acham que você não pode mudar o mundo? Ela não gosta de engenheiros, mas de homens com empregos que os deixem livres, que tenham viajado muito, que sejam capazes de conversar sobre muitos assuntos, que tenham "abandonado o molde. Só que, por não ter feito isso, talvez passe como aborrecida". Deseja ser inteiramente diferente quando vai para casa depois do trabalho, ser capaz "de surpreender os outros"; quem se profissionaliza estreita seu mundo. "Na escola, tive amigos de todas as classes; agora conheço apenas os que tiveram educação superior, e nós todos fazemos o mesmo tipo de coisa. Não há opção real. Não conheço, por exemplo, o mundo da arte e da pintura. Adoraria conhecer pessoas que assumiram o controle de suas vidas e têm idéias semelhantes às minhas. Gostaria de ter uma família, mas ignoro se estou indo na direção certa. O que aprecio mais é o contato humano. Não fomos feitos para viver sozinhos. É por isso que o meu trabalho não me satisfaz completamente."

Voltar para diante da tela de um computador nem pensar; também não há retorno possível a St. Jean de Luz (população de 15 mil habitantes), onde o tempo se arrasta, onde ela costumava ir à praia na hora do almoço e ao cair da noite, mas onde os empregos interessantes são poucos. Embora as províncias estejam melhorando, as cidades maiores oferecem mais oportunidades, sendo mais difícil mudar de emprego na província do que numa capital nacional. Ir para o estrangeiro é impossível: o que ela sabe de outras línguas lhe parece insatisfatório. Os Estados Unidos não a atraem; lá, o contraste entre riqueza e pobreza é muito grande. "De modo que estamos condenados a isto. Mas não me sinto numa prisão."

Este aparente impasse tem duas conseqüências: ou a vida dela não é ruim, e ela não tem uma necessidade desesperada de escapar, ou ela está livre para escapar, porque não há muralhas que a impeçam, mas, primeiro, precisa resolver para onde ir.

CERCA DE UM SÉCULO ATRÁS o historiador Hippolyte Taine (1829-93) afirmou que existem seis tipos de turistas. O primeiro viaja pelo prazer de se movimentar, absorvido em calcular as distâncias que já cobriu. O segundo anda com um guia na mão, do qual nunca se separa: "Estes, comem trutas nos lugares recomendados no livro e discutem com o garçom quando o preço é mais alto que o indicado no guia." O terceiro viaja somente em grupos, ou com suas famílias, tentando evitar comidas estranhas, preocupando-se em poupar dinheiro. O quarto tem somente um propósito, comer. O quinto é caçador: busca determinados objetos, antiguidades raras ou plantas. E, finalmente, há os turistas que querem "olhar as montanhas da janela do hotel (...) gozar de uma sesta e ler o jornal da manhã numa cadeira confortável, para depois dizerem que viram os Pireneus". Sem dúvida, sempre haverá turistas desejando repetir essas rotinas, mas existem outras possibilidades. Os turistas talvez se satisfaçam em olhar lugares e coisas, mas viajar também implica, e isso é mais interessante, a descoberta de pessoas: é trabalho, requer esforço, e o prêmio é a transformação de ambos, visitante e anfitrião. Por isso, escolhi seis exemplos – entre milhares cujas vidas foram mudadas por viagens –, a fim de examinar o efeito que uma jornada e o encontro com pessoas estranhas podem causar.

"A vida é uma viagem perpétua", disse Vincent Le Blanc, nascido em Marselha, em 1554, que saiu pelo mar aos 14 anos, só retornando aos 70. Depois de visitar todos os continentes conhecidos, veio a encontrar, afinal, uma esposa no Brasil, mas ela se revelou, conforme suas palavras, "uma das mais terríveis mulheres do mundo". A primeira característica dos viajantes que foram além do simples turismo é que não encontraram o que esperavam, ou buscavam. A aptidão para perceber que se está diante de algo novo não tem sido fácil de adquirir, já que a maioria das pessoas vê apenas o que quer ver. A viagem torna-se uma arte quando as surpresas se transformam em vantagens.

"No deserto há muitas fantasias e duendes", queixou-se Le Blanc, "que se empenham em seduzir os viajantes e matá-los de fome e desespero." Um psiquiatra moderno diria que uma jornada revela medos ocultos. O beduíno falou a Le Blanc não de medos ou fantasias, mas de gênios, e afirmou que, se alguém os fitasse, eles desapareceriam. Libertar-se dos medos não pode tomar mais que a metade de uma jornada, pois em seguida vem a descoberta de amigos inesperados.

Todas as religiões estimularam as viagens na crença de que são boas para a alma, embora os governos acreditem mais no oposto, ao obstruírem-nas com impostos e subornos. As viagens começaram sob a forma de peregrinações. O islamismo, que foi a religião mais sistemática na codificação do dever de viajar, exigia muito mais que uma peregrinação a Meca (o *hajj*). Os muçulmanos, que viviam em terras onde não eram livres para praticar sua religião, foram instados a se mudar para onde pudessem (a *hijra*); e não faltou quem interpretasse essa instrução como o dever de se mudar de um país pobre para um país mais rico, ainda que não fosse islâmico, com a justificativa de que ali se poderia divulgar a fé mais amplamente. Visitas a santuários locais foram um terceiro dever (*ziyara*), onde os oprimidos podiam sentir, pelo menos momentaneamente, que todos eram iguais perante Deus, tanto mulheres quanto homens. E, não menos importante, todos eram instados a viajar em busca de conhecimento, visitando homens sábios no mundo inteiro.

Na prática, porém, as viagens não aperfeiçoaram automaticamente a alma, ou pelo menos não da maneira esperada. Houve queixas de que a busca de conhecimento às vezes transmitia ao crente idéias subversivas. As peregrinações eventualmente foram consideradas como expiação, renascimento, libertação do materialismo ou do ódio ou do ciúme, mas também como uma oportunidade de elevar o status social, comercializar ou contrabandear. Quando a lenta e árdua viagem dos tempos medievais, que costumava transformar física e mentalmente as pessoas – as *hajj* para Meca podiam durar anos –, é substituída por um pacote de quatro semanas financiado pelo governo, torna-se mais difícil ao peregrino adquirir a impressão de que pertence a uma grande comunidade internacional.

Para descobrir o que as viagens têm feito às almas, mentes e hábitos das pessoas, é preciso ir além das façanhas técnicas de exploradores, do desenho de mapas que não existiam antes, do relato de fatos desconhecidos. Por exemplo: como Ibn Battuta (1304-68), que visitou o território onde hoje estão 44 diferentes países, cobrindo uma distância de 117.457 quilômetros, conseguiu melhorar sua vida, ou então a vida de outras pessoas? Originalmente "sacudido por um poderoso impulso no meu íntimo", aquele filho de um juiz foi para Meca na idade de 21 anos apenas para completar sua educação e, no seu retorno, qualificar-se como juiz; mas a comichão da novidade, ou mera bravata, levou-o à decisão de nunca mais trilhar a mesma estrada duas vezes. Tornou-se um viajante profissional ao perceber que não era um estudante nato, que o seu talento prendia-se mais à observação da vida diária, à tagarelice; contando histórias como um jornal ambulante, relatando visões e costumes surpreendentes, fazia as bocas se escancararem de assombro. Foi um ato de bravura não tentar tornar-se erudito da maneira tradicional, pelos livros, e confiar, em troca, na sua capacidade de impressionar os estrangeiros pela mera força da personalidade. Foram necessários seis anos para que encontrasse alguém que parecia ser sua alma gêmea, Muhammad Tughluq (1325-51), sultão da Índia.

Esse excêntrico visionário estava recrutando deliberadamente estrangeiros para governarem o seu império, estando mais interessado por culturas distantes do que pelas realidades domésticas, aprendendo persa e árabe, escrevendo poesia, praticando caligrafia, estudando filosofia grega, convidando sábios hindus para discussões – um sultão cuja mente não parava de viajar. Ibn Battuta foi designado alto funcionário de sua administração em Délhi e viveu em grande estilo, construindo sua mesquita particular, até verificar que a política não lhe convinha. Uma pessoa poderosa precisava fingir que era mais poderosa ainda, e Ibn Battuta arruinou-se com ostentações extravagantes. Não havia como escapar à estrada: retomou as viagens, roubaram-lhe todos os bens, por um triz escapou, várias vezes, à morte em mãos de bandidos, mas continuou a ser tratado com extrema generosidade por pessoas completamente estranhas. Voltou para casa, no Marrocos, após uma ausência de trinta anos. Ninguém demonstrou maior interesse, embora lhe pedissem para ditar suas memórias. Viveu o restante dos seus dias como obscuro juiz "numa cidadezinha aqui, noutra ali", o que teria acontecido se tivesse voltado diretamente para casa com 22 anos.

Houve determinadas coisas que Ibn Battuta não quis descobrir. Casou-se com um número considerável de mulheres em diferentes lugares, algumas por apenas poucas semanas, deixando para trás um rastro de descendentes desconhecidos. Ainda assim, houve limites no número de novidades que conseguiu digerir. Em Mali, um muçulmano africano recebeu-o em presença de amigas: "A união com mulheres é agradável para nós", disse-lhe o anfitrião, "e faz parte da boa conduta, não atraindo suspeitas. Elas não se parecem com as mulheres do seu país." Ibn Battuta saiu imediatamente, e embora convidado várias vezes a voltar, jamais aceitou.

Salvo breve missão na China, nunca saiu do mundo muçulmano; mesmo em Hangchow, hospedou-se com uma família egípcia. Em toda parte, como um sufi, preferia a hospitalidade de fraternidades sufis. Após nada menos do que quatro peregrinações a Meca, sua espiritualidade ainda recusava-se a florescer. O encontro com um anacoreta sufi, que vivia unicamente de peixe, nos pântanos de Abadan, emocionou Ibn Battuta a tal ponto que, "por um momento, entretive a idéia de passar o resto da minha vida a serviço daquele xeque". No entanto, a humildade jamais o sensibilizou por muito tempo. Um rei africano que o recebeu com apenas três côdeas de pão, um pedaço de carne frita e uma cabaça de iogurte mereceu-lhe o desprezo, como "mesquinho e de fraco intelecto". "Tenho viajado pelos países do mundo e conhecido os seus reis", respondeu ele secamente. "Agora, eis-me em seu país há quatro meses, sem que o senhor tenha me dado um presente de boas-vindas ou lá o que fosse. O que direi do senhor na presença de outros sultões?"

O que as viagens fizeram por Ibn Battuta foi liberá-lo da obsessão convencional por uma carreira segura pela vida inteira. Já que os viajantes ainda eram raros, e portanto vistos como diversão e recebidos com presentes e hospitalidade gratuita, bastou-lhe manter-se em movimento para financiar as jornadas. Descobriu que, na sua condição de viajante, a vida se tornava bem mais interessante do que em casa. E isso era tudo que queria.

OUTROS, NO ENTANTO, muito menos conhecidos, viajaram para se liberar mais profundamente. Shakespeare estava certo ao chamar os viajantes de rebeldes, "sem amor por seu berço (...) quase censurando Deus" por tê-los feito como eram. E o seu contemporâneo, o escritor chinês Tu Lung, descreveu até que extremos uma rejeição à existência comum podia chegar. O livro *As viagens de Ming-Liao-Tzu* conta a história de um homem cansado da hipocrisia e de não poder conversar à vontade, "quando temos tanto para dizer um ao outro". Um homem que se sente "como um macaco enjaulado", no sentido de que, "mesmo quando um piolho nos morde o corpo e nossa pele entra em comichão, não podemos coçá-la"; enfim, cansado do "desejo da posse e do medo da perda". Esperando "emancipar o coração e liberar a vontade", Ming-Liao-Tzu "se lançou às viagens na Terra da Indiferença". Levando cem moedas sempre que uma dádiva ultrapassava aquele valor, ele a distribuía com os pobres. Para ele, viajar equivalia a fugir da vida normal, da "riqueza, poder e glórias deste mundo, nos quais as pessoas são facilmente mergulhadas"; fugir, em suma, das preocupações do amanhã. Na ocorrência de uma desgraça, morreria ou não morreria, e se não morresse, prosseguiria na jornada. Tinha por objetivo treinar a mente para ficar imune à tragédia da vida, aprender a comungar com a natureza, ser capaz de ver tudo que queria em cada planta ou inseto e estar contente a ponto de passar um dia inteiro contando os pistilos de flores. Estas, e não os seres humanos, eram suas almas gêmeas. Na companhia das flores, Ming-Liao-Tzu não se sentia sozinho. Quando adquirisse a verdadeira paz de espírito, estaria pronto a voltar para casa, erguer uma cabana e nunca mais viajar.

Viajar em grupo foi uma maneira de fazer descobertas acerca dos companheiros e dos países visitados. A primeira expedição européia à Arábia, de 1761 a 1767, organizada pelo rei da Dinamarca, foi importante não só pelas descobertas geográficas, mas, sobretudo, pela dramática revelação do que a independência de espírito provoca nos viajantes. Não foi por serem cientistas de variadas nacionalidades, dinamarqueses, suecos e alemães, que os participantes de tal expedição consideraram difícil a tolerância mútua. Seu líder, o botânico Peter Forsskal, "desprezava todos os perigos, obstáculos e privações, [mas] suas deficiências eram um atestado à pronta argumentação, à teimosia e ao temperamento exaltado". Ele tinha escrito uma tese sobre liberdade civil, exigindo liberdade ilimitada de expressão, e argumentava que "o perigo único à liberdade humana vem daqueles que, por seus cargos, posição ou riqueza, se tornam todo-poderosos em seus países". A faculdade da Universidade de Uppsala proibiu-o de publicar a tese; ainda assim, ele a publicou, distribuindo-a entre os estudantes, enquanto continuava a protestar, até os suecos abolirem a censura em 1766. Pioneiro do que mais tarde veio a se chamar cultura da juventude, Forsskal recusou-se a admitir que a juventude fosse muito arrogante. Sua exigência para participar da expedição foi que todos os membros tivessem tratamento igual, que lhe dessem o título de professor – ainda que só contasse 27 anos – e que, na volta, recebesse uma pensão substancial a ser sacada em qualquer país do seu agrado, porque "não me sujeitarei à limitada liberdade de pensamento e de expressão existentes na Suécia e, provavelmente, também na Dinamarca". Obteve tudo que queria e, antes de partir, pintaram-lhe um retrato.

Embora a ciência fosse recompensada com muitos cestos de plantas desconhecidas, mapas e informações de todos os tipos, aqueles exploradores não descobriram como se tolerar uns aos outros. O antropólogo Von Haven, um homem de cultura, que gostava de convocar todos os diplomatas franceses que encontrava no caminho para uma conversa civilizada sobre assuntos como as idéias e a vida privada de Voltaire, equipou-se com "arsênico suficiente para aniquilar dois regimentos", com o intuito de proteger-se dos colegas. "Estamos convivendo com o maior perigo", mandaram dizer em casa, não porque a Arábia fosse hostil, mas porque ameaçavam matar-se. O organizador real respondeu de Copenhague: "Nada me parece mais fácil do que viver em estado de compreensão, paz e harmonia com todos os homens. Para isso, basta a pessoa libertar-se dos preconceitos impeditivos e pagar tributo à voz da razão." Mas como poderia Von Haven ser razoável quando estava adicionalmente obcecado pela areia na comida, pela água poluída que bebia e pelos árabes que, segundo se queixava, não lhe permitiam comer em paz, obstruíam-lhe a pesquisa e recusavam-se a deixá-lo rastrear os passos de Moisés? O médico da expedição fez amigos com a prescrição de afrodisíacos a velhos xeques, mas suas artes não impediram que todos os expedicionários, à exceção de um, sucumbissem à doença.

O sobrevivente, Carsten Niebuhr, era o único participante humilde do grupo: recusara o título de professor e jamais se entregara aos amuos, cuidando apenas de filosofia ou poesia. Seu prazer limitava-se a registrar e comparar o que via, fazendo um mapa de todas as povoações e compilando cinco volumes de informações imparciais. Como o herói de Tu Lung, não queria honras do mundo, pedindo como prêmio apenas que o nomeassem funcionário do conselho de uma aldeia nas mais desoladas terras da Dinamarca. Mesmo naquele ermo, "sentiu saudades intensas da paz digna dos orientais". A Academia Francesa elegeu-o membro correspondente, mas ele declinou da visita a Paris, por não querer o gozo da fama. Sua conclusão foi: "Se pelo menos nos tivéssemos precavido mais contra o frio e, também, desde a partida, procurado, em geral, viver mais de acordo com o costume dos orientais; se os vários membros da expedição demonstrassem um pouco mais de confiança entre si e não ocupassem a viagem com frustrações, suspeitas e disputas, então talvez voltássemos todos, e felizes, à Europa." Uma conclusão que transcende, sem dúvida, sua aventura pessoal.

VIVER DE ACORDO com o costume local: será esta a chave? A maior parte daqueles viajantes não falava árabe. Mas o conhecimento de língua estrangeira acaso abre caminho a um tipo diferente de jornada? A resposta pode vir de Sir Richard Burton (1821-1890), um dos mais dotados lingüistas do seu tempo, dominando 25 idiomas, ou, incluindo dialetos, 40, com tamanha perfeição que podia passar por um nativo; bastavam-lhe dois ou três meses para se tornar fluente. Os especialistas o consideraram fraco em apenas duas línguas – russo, inexplicavelmente, e alemão, cujos sons ele disse que o irritavam. "Nada abre mais depressa a cabeça de um homem do que conversar no seu patoá", acreditava Sir Richard. Não é de admirar que ele fosse um desastre como estudante em Oxford, porque gostava de aprender uma língua como era falada e disse aos professores que a maneira como pronunciavam o latim era absurda (e era mesmo, inventada que fora artificialmente após a Reforma). Com isso lhe foi poupado o destino de se tornar professor, ficando livre para empregar seu talento na busca de algo menos ilusório que o saber.

Não é necessariamente prejudicial descobrir, logo no início da carreira, sem esperar por decepções, que a pessoa é, conforme disse Burton de si mesmo, "um abandonado e sem lar". O motivo não foi ser descendente (supostamente) de um dos filhos bastardos de Luís XIV, enviado para a Irlanda; nem que fosse filho de pais ricos que não soubessem o que fazer consigo ou com ele. Educaram-no não na Inglaterra, mas em Tours, onde lhe inculcaram a hipocondria:

"Nunca chegamos a compreender inteiramente a sociedade inglesa", escreveu ele, com certa satisfação, "e tampouco a sociedade nos compreendeu." Nasceu para ser viajante. "Viagem é vitória", tentou se convencer. No entanto, não era auto-suficiente, precisava de auditório que o aplaudisse. "É muita vantagem pertencer a uma paróquia. É muito bom vencer uma batalha ou explorar a África Central e, de volta a casa, receber as boas-vindas de uma pequena esquina do Grande Mundo, orgulhosa de suas explorações porque nelas você projeta honra." O preço a ser pago era o respeito por aquela pequena esquina, deferência para com sua autoridade, mas Burton era demasiado cético para atestar respeito por alguém, e menos ainda por seus pais. Ainda menino, tornou-se um mentiroso completo. Mais tarde, disse que se havia devotado a falar a verdade, mas que isso só lhe causara encrencas. Não foi à toa que o esporte da esgrima se tornou "o grande consolo da minha vida".

O Exército indiano deu-lhe oportunidade de aprender meia dúzia de línguas; e, de imediato, ele começou a se disfarçar de mercador persa de roupas e jóias, habilitando-se, assim, a entrar no mundo fechado das mulheres, até mesmo nos haréns. A melhor maneira de conhecer pessoas, afirmava, era conhecer mulheres. De modo que iniciou uma vida inteira de entrega à sexologia, durante a qual traduziu o *Kama Sutra,* o *Jardim dos perfumes* e as *Noites árabes.* Contudo, o brilho da sua erudição não lhe ensinou muita coisa acerca das mulheres. O grande desapontamento da sua carreira indiana foi a revelação de que não passava de um amante incompetente. "Embora milhares de europeus tenham coabitado com mulheres nativas, e com elas constituído família, jamais foram amados por elas, que eu soubesse." A sexologia era a chave para "compreender as mulheres" tanto na era vitoriana quanto nos florescentes anos 1960.

Ouvir o que as mulheres diziam – e pensavam e não ousavam dizer – não lhe constava do programa. Sua opinião sobre as mulheres revelou-se no seu casamento com uma que desprezava o próprio sexo e que, impossibilitada de ser homem, como teria desejado, imaginou-se parte de Sir Richard e dedicou a vida a dar-lhe prazer, esboçando um código de conduta em que prometia ocultar ao mundo os defeitos do marido, jamais o censurando, jamais respondendo quando ele a acusava de uma falha, jamais lhe pedindo algo e, em contrapartida, "deixando-o descobrir na esposa o que ele e muitos outros homens imaginam encontrar apenas numa amante".

A mais famosa exploração de Burton foi a viagem a Meca como peregrino, disfarçado de médico afegão e dervixe, escurecendo o rosto com suco de noz, deixando a barba crescer e rapando a cabeça: ficou irreconhecível. Ele próprio se havia circuncidado, "tendo o cuidado de adotar a moda muçulmana de preferência à hebraica". Não havia ritual ou prece que não lhe fosse familiar, e citações do Corão entremeavam-lhe a conversa. Durante a peregrinação, tornou-se médico de fato, tratando de pacientes. Apesar do calor – comparado ao hálito de um vulcão, o que levou vários companheiros a tombarem exaustos durante a marcha – e de investidas assustadoras de bandidos – que estriparam um peregrino, deixando que os abutres e chacais o matassem –, Burton nunca se traiu. Provavelmente, aproximou-se mais que qualquer cristão do que significa ser um peregrino muçulmano. Contudo, um obstáculo permaneceu.

Ao chegar, afinal, ao mais sagrado dos santuários de Meca, estava profundamente comovido, mas reconheceu, "para confessar a humilde verdade", que embora a emoção sentida por seus companheiros peregrinos fosse "o ardente sentimento do entusiasmo religioso, a minha era o êxtase do orgulho satisfeito". O ardil contava mais que a iluminação interior. Seu respeito formal pelo islamismo era, em última análise, superficial. Um árabe que se inteirou da sua identidade comentou: "Ele riu nas nossas barbas."

Esse foi o significado da vida de Burton. Apesar de admirado como o maior intérprete do Oriente no Ocidente – e seguramente portador de um sem-número de informações acuradas –, ele não encontrou maneira satisfatória de reconciliar sua participação em civilizações diferentes, o que constitui o objetivo supremo de um viajante. Burton disse que os indianos se julgavam, em segredo, superiores aos seus governantes britânicos, que, por seu turno, os desprezavam. A única solução era resistir, governar com mão-de-ferro. O liberalismo seria entendido como fraqueza porque "a disciplina oriental é o respeito pessoal baseado no medo".

TALVEZ ALGUMAS MULHERES tenham chegado quase a dissolver as fronteiras porque viram nas viagens uma alternativa para o casamento. Para elas, as viagens foram, sem dúvida, um ato desafiador, de convenção e também de perigo. A vienense Ida Pfeiffer (1797-1858), por exemplo, parecia aos vizinhos uma séria e prática dona de casa, "carente de encantos externos", forçada a desposar um viúvo 24 anos mais velho e que havia dissipado a fortuna. Após criar penosamente os filhos, ela descobriu uma vida nova como viajante. "Eu aprendera a temer mais a meus pais", escreveu, "do que a amá-los." Ei-la, agora, à procura de novos tipos de relacionamentos. Por sua conta, com um mínimo de dinheiro, fez a volta ao mundo duas vezes, visitando terras onde europeu algum estivera antes – uma mulher pequena, simpática, envelhecida, nada mais possuindo além de um "talento para, sempre atenta, beneficiar-se da simpatia de pessoas com quem entrou em contato".

Depois da história de nações e de famílias, resta outra história a ser escrita: a dos desajustados de uma ou outra espécie, ou que nelas se sentiram incompletos, e criaram novas afinidades longe do seu torrão natal. Os viajantes formaram uma nação de caráter todo especial, sem fronteiras, com a tendência a se tornarem a maior nação do mundo, na medida em que a viagem deixa de ser mera distração para ser parte básica de toda uma dieta pessoal. Hoje em dia, mais de quatrocentos milhões de pessoas viajam todos os anos entre os continentes. Os personagens mais admiráveis, na história das viagens, são os que se tornaram muito úteis a quem os hospeda. Uma jornada tem êxito quando o viajante retorna como um embaixador do país que acaba de visitar, assim como um ator obtém mais aplausos quando entra na pele de um personagem e descobre algo de si mesmo no papel que desempenha.

Viagens não envolvem, necessariamente, idas a regiões distantes. Examinarei, em seguida, o mais secreto de todos os destinos: a jornada que homens e mulheres fizeram, mutuamente, ao interior das mentes.

18
Por que a amizade entre homens e mulheres ficou tão frágil

Absa diz que não tem amigos. Nunca freqüentou a escola, e foi um grande acontecimento na sua vida quando a filha, de 17 anos (a primeira da classe), passou nos exames. Resolveram festejar convidando um grupo de colegas para uma festa. Ela preparou bolos e limonada. Somente duas apareceram.

Absa N'dai, 34 anos, com quatro filhos, mora há dez no mesmo quarteirão de Bordeaux. Durante esse período, nunca conversou com os vizinhos. É senegalesa. No mesmo pavimento, há quatro famílias francesas e uma portuguesa. Ela nunca as ouviu conversar uma com a outra. Também jamais lhe deram um bom-dia. "Sou eu quem dá bom-dia, e às vezes não respondem. Uma vez, uma pessoa ficou presa no elevador e eu chamei os bombeiros, tudo que ela disse foi muito obrigada. Em outra ocasião, senti cheiro de gás, e minha filha telefonou, perguntando se precisavam de socorro, e por causa disso só recebemos cara feia. Minha vizinha do lado, cuja porta de entrada fica a um metro da minha, tem dois filhos que nunca falaram com os meus."

Tampouco em sua casa se conversa muito. O marido trabalha numa fábrica de biscoitos, em troca de salário mínimo, e vive ameaçado pelos excessos à sua volta. Chega cansado em casa e se senta diante do televisor; então, "cada um de nós fica quieto no seu canto. Ele é triste, não fala sequer com os filhos. Eu também não falo muito com o meu marido. Ele é calado. Isso me deixa muito cansada. Mas não tenho problemas de comunicação com meus filhos. O menino é muito simpático comigo, perguntando sempre: 'Mamãe, por que você é tão calada?'" Ela ri. Os filhos são sua fonte de prazer. Mas dispor de dinheiro para vesti-los e darlhes o que precisam na escola é como abrir uma guardachuva numa tempestade.

O marido chegou à França em 1976. Ela ficou no Senegal, com as crianças, até 1983, quando foram ao seu encontro. Os primeiros dois anos, dedicou-os a aprender a ler e escrever em francês, e desde então anda à procura de trabalho, em vão. "Estou disposta a fazer qualquer tipo de trabalho. Tenho me oferecido como faxineira, corro para os empregos vagos toda semana, embora gaste uma hora de ônibus.

Preencho formulários, prometem me telefonar e nunca telefonam. Tenho feito tudo para achar emprego. Não sei por que não consigo nada. Pago para pôr anúncio no jornal. Estou sozinha, não conheço ninguém."

No Senegal, as coisas não eram muito melhores. Não havia trabalho, embora ela ganhasse algum dinheiro como costureira. Na França, o governo admitiu-a num curso de treinamento, que envolve trabalho prático numa fábrica. O coordenador diz que está muito satisfeito com o seu rendimento, mas que não tem vagas e, portanto, não pode contratá-la. Absa gostaria de abrir um pequeno ateliê de costura: as seis pessoas da sua família vivem em três quartos pequenos; não há espaço em casa, mas mesmo que conseguisse arcar com uma loja, os impostos que teria de pagar logo a levariam à falência. "Gosto de trabalhar. Odeio a ociosidade."

Sua filha mais velha tinha uma amiga na escola que era filha do professor de matemática. A menina causou grande prazer a Absa ao demonstrar interesse pela culinária senegalesa e, então, preparou-lhe um maravilhoso jantar. A amizade dissolveu-se quando o professor foi transferido para outra região do país; agora, restam somente telefonemas ocasionais. A filha de Absa está pensando em voltar para o Senegal.

Absa tem saudades da vida familiar africana. "No Senegal, nós todos vivemos juntos. Esquecemos tudo. Não pensamos. Comemos juntos. Aqui a gente tem de pensar, e sozinho. Quando meus filhos vão para a escola e meu marido sai para o trabalho, penso muito e então choro. Quando meu pai morreu, chorei uma semana, me sentindo completamente só. No Senegal, a família ajuda, mas aqui ninguém me dirige a palavra. Quando meu marido faz plantão noturno, fico sozinha com os meninos, e penso: por que não há ninguém para me ajudar, caso aconteça alguma coisa?"

O coordenador do curso de treinamento, supostamente destinado a preparar Absa para o trabalho (segundo o qual, no entanto, somente um quinto dos candidatos encontra empregos), é cabila de nascimento e elogiado economista. Ele diz que quando morava em Paris e dava bom-dia aos vizinhos, ninguém lhe respondia.

OS MAIS RICOS ou instruídos fazem amigos mais facilmente? Martine Bedin, internacionalmente conhecida como arquiteta e projetista, pertence a uma das famílias burguesas de Bordeaux, mas, quando criança, a primeira pergunta que as mães das colegas sempre lhe faziam era: "O que o seu pai faz?" A respeitabilidade ainda é mantida por gradações infinitamente sutis de distanciamento. Por isso, Martine Bedin tentou fazer amigos agarrando-se às oportunidades dos encontros casuais: não se pode escolher os amigos em potencial que se conhece por acaso, mas sempre se tem a oportunidade de selecionar e tentar manter amigos, esforçando-se, é claro, na demonstração de amizade. Desse modo, não são as ligações familiares que ela acentua, mas a independência e excentricidade da sua herança. Sua mãe corsa, nascida na Venezuela, era uma estudante de teatro sem um vintém quando conheceu seu pai. Todos os corsos, afirma Martine, têm algum sangue originário de marinheiros que aportam, ela própria tem olhos azuis e é loura, e gosta de imaginar que também podia ter um pouco de sangue judeu. Sua avó pelo lado paterno foi a primeira mulher a ser admitida como estudante na Escola de Comércio de Bordeaux, chegando a fazer fortuna como empresária industrial. Martine Bedin foi inspirada por essa mulher voluntariosa, que a estimulou a ser política ou líder.

"Mas não tenho autoridade." Martine Bedin não queria ser obedecida, mas sim apreciada, e não somente em casa. Aprendeu quatro idiomas estrangeiros. Em Londres, aos 13 anos, melhorando o seu inglês, conheceu o sobrinho do cineasta Visconti, que freqüentava a mesma escola de idiomas, embora vivesse no Brown's Hotel. Essa amizade abriu-lhe a Itália. Empreendeu no país seus estudos de arquitetura, freqüentou as aulas de Natalini e ficou cativada com sua oratória carismática. "Sou fascinada por pessoas que empreenderam realizações." Tanto assim que ela tem coragem suficiente para falar-lhes. Perguntou a Natalini se queria ajuda. Trabalhando como criada para se manter, ela dormia sigilosamente no escritório do professor. Quando ele descobriu, levou-a para sua casa. Então Sottsass, o projetista dos móveis de escritório Olivetti, vendo os planos dela para uma casa em mostruário, cumprimentou-a, dizendo: "Vamos construir essa casa juntos." "Ponha sua assinatura no projeto e será possível", respondeu ela. É difícil resistir a jovens discípulos. Natalini tinha protestado: "Mas não sou melhor que seu pai." Sottsass protestou: "Mas o que faço é tedioso."

Aos 23 anos tornou-se um dos membros fundadores do Grupo de Desenho Sottsass's Memphis. "É preciso coragem para se associar a mim", disse ele. Mas ela e seus colegas lhe deram coragem. Eram quase todos jovens estrangeiros capazes de fazer em Milão o que não sonhavam fazer em casa. Sottsass não tinha filhos e foi um pai para eles, com a diferença de que foram eles que o adotaram por livre e espontânea vontade, e "ele era ciumento, preocupado com a possibilidade de o abandonarmos". Martine Bedin entregou-se a um "frenesi de desenho". A radical visão de beleza do grupo, sua insistência em que a beleza podia ser encontrada em todos os objetos que ninguém jamais tinha considerado dignos de atenção, a mistura de materiais caros e baratos, o uso de cores fortes, a destruição deliberada do gosto tradicional, vieram a conquistar interesse internacional, mas depois de sete anos eles concluíram que tinham esgotado as idéias e se dispersaram.

Será este tipo de associação de artistas e artesãos trabalhando juntos a forma mais satisfatória de amizade? Em Milão, ainda existe a impressão de que os projetistas locais, trabalhando independentemente, mas se ajudando de forma generosa, descobriram o que a fraternidade significa de fato. Para Martine Bedin, porém, ficar famosa muito jovem trouxe problemas. Ela continua a projetar mobiliário e casas, ônibus e lavatórios públicos, jóias, lâmpadas, tapetes, torneiras, adornos de porcelana, bolsas e óculos de sol. Também tem dado consultoria às mais prestigiosas e caras empresas do mundo e recebido encomendas. E, no entanto, anseia por uma intimidade mais próxima com os que usam seus produtos. Dessa forma, fundou La Manufacture Familiale, que faz móveis domésticos e os vende sem intermediários a pessoas que vão à sua própria casa para escolhê-los.

O projetista, então, se torna amigo do freguês? Martine Bedin cria aquilo de que gosta, não o que o freguês quer, porque este não sabe e jamais poderia explicar, do mesmo modo que ela não sabe explicar, o que fará até o trabalho estar concluído. Um projetista, pensa ela, é uma espécie de terrorista pacífico, que cria o que ninguém espera, o que ninguém é capaz de prever: nisso reside a originalidade. Mas quando cria seu próprio projeto, há sempre o medo de não ser compreendida, de o cliente não ver que deu a cada objeto sua personalidade particular, sua dignidade independente. Talvez a única maneira de obter, aos poucos, tal compreensão seja entrar na consciência das pessoas sem que estas percebam, como um parasita. Somente outros especialistas, que tentaram fazer a mesma coisa, podem compreender o que um colega realizou. Motivo por que a arte modernista não vende para um público amplo: ela prefere chocar ou surpreender, prefere permanecer "profundamente individualista".

Seus dois maridos, ao contrário, eram projetistas industriais bem-sucedidos, com trabalhos que inundaram os supermercados. Sua amizade com eles é de duas espécies. O primeiro marido era mais velho, um italiano introvertido: "Não tenho certeza se o compreendia. Ele não tinha necessidade de se comunicar com os outros, ensinou-me a trabalhar sozinha." Depois de 12 anos de um casamento satisfatório, um dia eles se apaixonaram por outras pessoas, separaram-se amigavelmente e continuaram amigos, pois não se pode desperdiçar 12 anos do passado. Da mesma maneira, a filha e a ex-esposa de seu segundo marido também ficaram amigas, após alguma hesitação, e assim permanecem. Ele é Piotr Sierakowski, que desistiu de uma carreira próspera nos Estados Unidos para viver com ela na paz rural da Gironda, embora adore cidades: eles têm estilos diferentes, idéias diferentes. Ele é daltônico, enquanto as cores são o coração do trabalho de Martine, e não tem simpatia alguma pela arte da Memphis. Emocionalmente estão juntos, mas intelectualmente continuam independentes. Os filhos, a bela casa em estilo século XVIII, que eles próprios modernizaram por dentro, sua sociedade comercial em La Manufacture, são os domínios em que se encontram. Contudo, quando ambos foram convidados a dar aulas na escola de arte e ela sugeriu que formulassem um curso conjunto, ele preferiu atuar separadamente. Piotr nunca mente: para ele, a mentira é o grande problema de um projetista que precisa de encomendas dos industriais, que querem que você finja que compartilha suas idéias, que querem que ele repita o êxito anterior em vez de se aventurar no desconhecido, enquanto o que ele gosta é de refletir sobre a essência de objetos e seu ideal é ser um Mozart da madeira, ter um estilo cheio de inventiva e surpresa.

Martine Bedin, às vezes, pensa em La Manufacture como uma revivescência do clã corso ou da antiga família de trabalhadores artesãos, mas em outras ocasiões diz: "Para ser franca, não gosto de trabalhar com homens. Quero ter a oportunidade de dizer que não me sinto bem para trabalhar nesse ou naquele dia, e que é melhor irmos para o campo; mas só é possível fazer isso com mulheres; e eu tenho trabalhado sobretudo com mulheres, com as quais crio intimidade, transformando o trabalho num ato feminino, abolindo a distinção entre trabalho e vida. Os homens com quem trabalhei tinham todos um lado feminino, gostavam de estar com mulheres e conversar sobre temas femininos, porque criatividade é a aplicação do lado feminino dos homens. Quando projeto um móvel, eu o vejo, no fundo da minha mente, como parte de uma cena doméstica. Sottsass também explicava seus móveis como se fossem uma cena ou anedota, tinha o seu lado feminino, era emotivo, chorava, zangava-se. Homens e mulheres têm ritmos diferentes de pensamento: eu nunca senti minha mente inteiramente livre, estou sempre preocupada com algo."

Parece que mesmo homens e mulheres educados muitas vezes só se conhecem em parte.

POR QUE A AMIZADE entre homens e mulheres é tão rara e difícil? A resposta habitual é sexo. Mas isso é para esquecer que a amizade entre homens também não tem sido fácil. A primeira amizade verdadeira de que há registro histórico, entre os babilônios Gilgamesh e Elkidu, por volta do ano 2000 a.C., não demorou a criar conflito, porque seus temperamentos eram muito desiguais. Elkidu era um "homem selvagem". Tinham de negociar antes de concordarem em sair juntos "para livrar o mundo do mal". Não é o sexo que frustra a amizade, mas, sobretudo, o medo de pessoas que são diferentes.

Em 1936, os americanos saudaram o livro de Dale Carnegie, *Como fazer amigos e influenciar pessoas*, como a solução de suas frustrações. Cinco milhões de cópias foram vendidas em vinte anos. O livro quase se transformou em uma nova Bíblia, pois embora não abrisse as portas do céu ensinava como bater à porta de estranhos e não levar a porta na cara. Carnegie (1888-1955) foi um viajante comercial, complexado por sua baixa estatura, que triunfou contra a pobreza dando aulas à noite sobre a arte de falar em público. Num país de imigrantes, percebeu que as pessoas eram bloqueadas pelo medo de abrir a boca e passar por tolos. Seu remédio era simples: sorria, não discuta, nunca diga que a pessoa está errada, nunca aponte uma falta, seja uma pessoa simpática. Não seja diferente dos outros, e os outros serão seus amigos. Em outras palavras, não seja você mesmo: o grande obstáculo à amizade era a infelicidade de serem as pessoas diferentes e de não se empenharem em ocultar as diferenças. Carnegie voltou a escrever um livro, dizendo que o mesmo princípio valia para mulheres – *Como ajudar seu marido a progredir na vida social e comercial*: também elas deviam aprender a desempenhar sua parte. De acordo com o princípio de que a cura mais fácil para um medo consiste em estimular outro medo, ele substituiu o medo de passar por tolo pelo medo de ser descoberto.

Nada havia de especificamente americano no remédio de Carnegie. Shakespeare escreveu que a amizade é, "na maioria dos casos, fingida". A exemplo dos europeus, os americanos eram meio cristãos e meio pagãos, sem sombra de dúvida pagãos na sua devoção ao sucesso e na tolerância tácita da insinceridade. Os que acusaram Carnegie de pregar a hipocrisia não lhe causaram mossa: se era o sucesso aquilo que queriam, então ele lhes mostrava como obtê-lo: os pensamentos particulares de cada um não lhe diziam respeito. Na maior parte da história, amizade nada teve a ver com afeto. Um amigo costumava ser, acima de tudo, um protetor ou alguém útil a quem vender lealdade em troca de favores, e durava enquanto durassem os favores. Os antigos romanos, que chamavam de amigos todos com quem tinham negócios a tratar, não se envergonhavam de dividi-los em três categorias: os que recebiam em casa, os que ficavam no pátio vazio em frente às suas casas, em grupos para uma saudação matinal, e os clientes inferiores, que esperavam fora, sob o olhar dos criados.

Não é de ideais que o mundo carece, mas sim de métodos para evitar que se tornem um fingimento, uma mentira. Na Itália de hoje, um especialista em amizade, Francesco Alberoni, diz que a palavra "amizade" ainda carrega uma conotação de enganar, de comprar privilégios por meio de subterfúgios. De fato, onde quer que o progresso tenha dependido de cultivar amigos, gostar dos amigos foi um luxo. Um especialista na arte da bajulação pode dizer: "Ele é meu amigo e eu o desprezo." Apenas em data muito recente os serviços de funcionários do governo, banqueiros, advogados, gerentes de hotéis ou seguradores deixaram de ser obtidos como um favor pessoal e pagos com uma parte da independência da pessoa. Enquanto as pessoas continuarem famintas por bajulação, continuarão a saborear a receita doce e ácida de Carnegie. Enquanto suas opções de fazer amigos se limitarem aos que detêm o poder, não terão opção alguma.

O elo entre amizade e medo emerge nitidamente entre os maias ou, pelo menos, entre seus descendentes observados na Guatemala, que criaram um clima de desconfiança universal pendendo-lhes sobre as cabeças, qual nevoeiro permanente, perpetuado ao longo de quatrocentos anos de conquista. Os jovens tentavam combatê-lo tornando-se *camaradas*. Saíam aos pares, inseparáveis, abraçados em público, dançando juntos, e até mesmo dizendo que se casariam de boa vontade com o outro, se ele fosse mulher. Não eram relações sexuais, pois ajudavam uns aos outros em seus avanços amorosos com as moças; mas o casamento não lhes oferecia tudo que queriam em termos de intimidade. O homem foi feito para sentir necessidade de que um *camarada* lhe assegure que, emocionalmente, não está sozinho. Escolher um *camarada* equivalia a fazer a corte, e um contrato formal selava a união. "Todos já tiveram um *camarada*", explicou um ancião, "e fizeram a mesma coisa. Mas é difícil manter um camarada por toda a vida." Apesar da devoção amorosa mútua, foram incapazes de evitar a desconfiança que lhes permeava a parceria. Cada um sentia orgulho de ter um amigo, mas também um ciúme intenso se o parceiro demonstrava interesse por qualquer outra pessoa: cada ato que não fosse dirigido exclusivamente ao prazer do outro parecia uma ameaça velada. Embora apreciando a confiança mútua, eram incapazes de espanar das cabeças a idéia de que o amigo era um inimigo em potencial, e raras vezes tinham coragem de confiar completamente. Em geral, o idílio acabava em recriminação: amigos se tornavam inimigos. Ansiando por uma impossível perfeição no amigo, exigindo uma admiração exaltada, preferiam acabar aquela amizade a dividi-la com outro. A moral retirada pelo ancião foi esta: "Não se pode e não se deve confiar sempre numa pessoa." O nevoeiro de suspeita mútua não se dissipou.

Não se dissipou também entre os gregos, ainda que eles estivessem apaixonadamente interessados pela amizade; mas foram mais perspicazes na conquista de admiração e, além disso, queriam justiça, de modo que continuaram perseguidos pela preocupação de que nem todos viessem a ter uma fatia justa dessas três delícias. Aristóteles disse que só podia ser amigo de um homem bom como ele. Este princípio limitou-lhe as opções de forma radical. Ele julgou mais aconselhável cultivar apenas alguns amigos: a possibilidade de uma democracia resultar numa grande amizade entre os cidadãos foi idéia por ele levantada somente para descartá-la. O que aconteceria, perguntou, quando dois amigos não fossem completamente iguais? Como decidir se o mais virtuoso recebia mais ou menos do que a merecida recompensa de admiração e respeito? Esse mesmo problema atormentou os gregos em seus amores homossexuais, que não foram apenas uma questão de desejo físico, de estar, como Zeus, "inflamado por uma coxa". O adulto que conquistava o amor de um jovem sentia-se orgulhoso, acima de tudo, por haver provado que seus méritos e experiência eram dignos de admiração. Quanto mais o jovem resistisse, quanto mais admiradores tivesse, mais orgulhoso ficava o vencedor. De modo que também a amizade se confundiu com o orgulho e entrou em rota de colisão com a competitividade. Embora Aristóteles fosse, sem dúvida, um dos homens mais inteligentes que já existiram, embora escrevesse capítulos muito perceptivos sobre a amizade e falasse de maneira impressionante (após longa pausa para reflexão) acerca de qualquer assunto debaixo do sol, na velhice, entregando-se à sua ocupação favorita de banhar-se em óleo quente, disse: "Quanto mais solitário e isolado estou, mais me atenho a amar mitos." A amizade continuava um mito.

O persa Abu Hayyan Al-Tawhidi (932-1023), cujas *Epístolas a propósito da amizade* formam também uma autobiografia de honestidade excepcional, não via como reconciliar a amizade com suas outras aspirações. "Sou um homem dominado por um desejo de segurança", escreveu. A amizade não lhe deu segurança, porque ele acreditava (seguindo Aristóteles, cujas opiniões inspiraram considerações a esse respeito ao longo de dois milênios) que os amigos deveriam ser "uma alma em corpos gêmeos", tão parecidos quanto possível. Seu par ideal de amigos – Suleyman, o filósofo, e Ibn Sayyar, o juiz – tinha os mesmos desejos, paixões idênticas e medos semelhantes, e até os sonhos coincidiam; contavam tudo um ao outro, "como se ele fosse eu", partilhando tudo, jamais se zangando entre si. Mas semelhante modelo revelou-se inútil na vida social de Al-Tawhidi. Ele era um copista e calígrafo de profissão, ansioso por superar-se; lamentava que, para resistir à ambição, tivesse de ser profundamente religioso e não dar importância alguma aos prazeres do mundo, "o que é difícil". Não pôde ficar amigo do grão-vizir, de quem procurava conseguir emprego e honrarias: eram, por temperamento, muito diferentes. Quando sobreviveu ao filho e aos letrados com quem se associava e se correspondia, sentiu-se profundamente solitário: "Minha energia enfraquece, minha mente se turva, minha eloqüência se esvai, estou ficando mais obsessivo e me desespero com todos os seres humanos." Assim sendo, incendiou a biblioteca, o patrimônio que amava acima de tudo, "embora me sentisse um assassino (...) [mas] não quis deixar os livros para pessoas que deles zombassem e expusessem minha ignorância e meus defeitos". A amizade fora o seu "consolo" e, no entanto, o deixara tão inseguro quanto no início. A falha tinha sido aquele ideal de harmonia totalizante, que a tornava uma raridade e que, quando obtida, isolava o par, então unido, do resto da humanidade.

SE AMIGOS TÊM DE SER idênticos, então os homens e as mulheres podem perder a esperança de ser amigos. Não obstante, sabe-se que, em partes da África, entre os *bangwa*, na República de Camarões, por exemplo, e entre os *nzema*, em Gana, homens e mulheres vivem em estado de amizade íntima que dura a vida inteira. Quando estão juntos, "a mulher relaxa seu habitual procedimento de quase teatral deferência perante o homem e se permitem brincadeiras, falam com franqueza e até mesmo comem juntos – uma prática normalmente proibida entre homens e mulheres, particularmente marido e mulher". As amizades prosseguem depois que se casam com outro; e chegam a intervir para proteger o amigo em suas brigas com o cônjuge. Quando Ibn Battuta (discutido no capítulo anterior) visitou Mali, no século XIV, ficou surpreendido de encontrar homens e mulheres gozando de mútua companhia fora das limitações do casamento.

Os homens nem sempre se mostraram obcecados pelo relacionamento sexual quando se tornaram íntimos de uma mulher. No século XII, muitos cavaleiros não esperavam que sua devoção pela mulher que admiravam viesse a consumar-se sexualmente. Na Inglaterra do século XVII, o casamento era adiado até o final da casa dos 20, e, no entanto, a taxa de nascimentos ilegítimos era de apenas 3%, uma mísera fração do que representa hoje em dia, apesar dos anticoncepcionais. Samuel Pepys, um dos homens sexualmente mais excitados, que escreveu um diário, com detalhes minuciosos, de seus casos amorosos, beijava e acariciava quase todas as mulheres que conhecia, mas raras vezes passava dos limites. Em sua época, era habitual que um homem cortejasse uma mulher para que ela o convidasse a "se deitar na sua cama, ambos completamente vestidos", o que significava que se acariciavam, conversavam e dormiam, mas sem tirar as roupas, embora, às vezes, a mulher se despisse até a cintura ou tirasse os sapatos e meias; havia, no entanto, um "claro compromisso de que inocentes afagos não deveriam passar disso". A prática foi considerada "tão pouco perigosa quanto um *tête-à-tête* numa sala de estar", porém preferível porque era mais cálida. O ato de se deitarem vestidos na cama ocorria somente no inverno, muitas vezes após o ofício religioso dominical, e não se limitava a casais que se cortejassem, já que muitas vezes um marido convidava um visitante a deitar-se, sempre vestido, com sua esposa ou filha. Esta era uma prática comum na Inglaterra, nos Estados Unidos, na Holanda (onde era conhecido como *kweesten*) e, aparentemente, no Afeganistão. O francês La Rochefoucauld recusou-se a crer que isso fosse possível e atribuiu a população densa de Massachusetts àquela prática. O costume sobreviveu ali até 1827, sendo Cape Cod o último lugar a resistir à opinião elegante de que se sentar ao lado de uma mulher no sofá de uma sala de estar era mais apropriado. Somente nos séculos XVIII e XIX estabeleceu-se um tabu contra o toque físico, e a cópula substituiu-o como símbolo de intimidade.

A intimidade significou coisas diferentes ao longo dos anos. Referia-se, originalmente, a espaço e objetos – um quarto íntimo, por exemplo, em que a pessoa refugiava-se da algazarra de parentes e vizinhos –, que eram prezados como se neles houvesse um ambiente de magia. No âmbito do casamento, intimidade queria dizer domesticidade. Amigos exprimiam intimidade atirando-se aos braços um do outro, deitando a cabeça no regaço do parceiro. Em países onde prevalecem costumes antigos, o toque físico continua a ser sinal de intimidade.

Os românticos disseram que isso não bastava e inventaram uma segunda espécie de intimidade, que foi de fato revolucionária porque afirmava a possibilidade de um homem e uma mulher apaixonados experimentarem aquela união de duas almas que os antigos tinham admirado, mas que haviam limitado aos homens. Os românticos acrescentaram que o coito era o meio de se obter aquela união. Antes, um homem que se dizia apaixonado tinha de provar suas intenções sérias mediante a demonstração de que possuía meios materiais para sustentar a mulher; tinha de ser prático e imprimir respeitabilidade à paixão – o que costumava ser expresso sobretudo fora do casamento –, com a declaração de que tencionava se casar. Da mulher, esperava-se que estivesse apaixonada antes de se envolver em sexo. A grande inovação consistiu em afirmar que o sexo os manteria felizes. Dessa forma, não havia necessidade de se preocuparem, caso nada tivessem a dizer um ao outro: a união de almas era considerada etérea, situava-se além da comunicação. No processo, o casal, teoricamente, perderia a impressão de identidade separada. Não era preciso amar um dos parceiros como indivíduo, já que se amava, acima de tudo, o amor, uma vez apaixonado e sendo amado.

Tudo isso constituiu uma fase transitória na crônica das relações entre homens e mulheres, produzida pela dificuldade que tinham em se comunicar. Afastou a necessidade de se conhecerem mutuamente, possibilitou que uma relação desequilibrada fosse vivida de forma amigável e desinteressada. Acima de tudo, aboliu todos os pré-requisitos para o amor, ao torná-lo desafiadoramente inexplicável, na medida em que se idealizava o ser amado. Habilitou, assim, qualquer um a apaixonar-se por outro, e induziu à suposição da eternidade do amor. Esta foi uma das invenções mais maravilhosas da humanidade. A intimidade adquiriu um par de asas, não era preciso aprender a voar. Mas os que conseguiam incorporar este ideal às pressões do dia-a-dia do casamento eram em verdade raros. Houve um longo debate no século XVIII para decidir se era a amizade ou o amor apaixonado que mantinha homens e mulheres juntos com mais firmeza. A questão foi levantada a partir da admissão daquela idéia de que o sexo era o melhor aval da harmonia.

Desde então, uma terceira espécie de intimidade foi imaginada, uma intimidade de espíritos, para as pessoas que lêem, pensam, observam os outros e a si mesmos, e para quem a vida é uma exploração constante. Em vez de viverem a perguntar um ao outro: "Você ainda gosta de mim?", passaram a perguntar: "Você ainda se interessa por mim, me estimula, me ajuda, me consola e cuida de mim, à medida que mudo e cresço? E acha que faço o mesmo por você?" A intimidade é uma parceria em busca da verdade, possibilitando à pessoa ver o mundo duas vezes, pelos olhos do parceiro e pelos seus próprios olhos. Penetrar na mente do outro não envolve submissão nem domínio: os parceiros tentam se auscultar, enquanto continuam a ser pessoas distintas, conscientes de que a intimidade pode ser um motivo de conflitos ou, então, tornar-se muito próxima e sufocante, ou por demais defensiva. A intimidade pode não vir a ser uma retirada totalmente segura das hostilidades do mundo, e a dedução, nesse caso, é que duas pessoas são incapazes de satisfazer, na sua inteireza, as necessidades mútuas. Mas suas diferenças lhes permitem ajudar um ao outro e a explorar, juntos ou em separado, o que não seria possível isoladamente.

Como combinar as três formas de intimidade e ter o melhor de todos os mundos possíveis? Durante pelo menos dois séculos, e provavelmente muito mais tempo entre os pobres, perduram as tentativas de combinar casamento e amizade. Em 1872, ao mesmo tempo em que um juiz inglês defendia a legitimidade de um marido espancar a esposa, desde que o varapau não fosse mais grosso que o seu dedo polegar, uma inglesa retrucava: "Eu creio (...) absolutamente necessário à felicidade conjugal que o marido tenha tal opinião da inteligência, princípios e integridade de coração da esposa, a ponto de ser induzido a colocá-la na categoria de seu primeiro e mais querido amigo." Havia numerosos preconceitos no caminho. Michel de Montaigne, cuja vida foi dominada por uma ligação aristoteliana a um homem com a mesma opinião, achava que a amizade com uma esposa podia ser, de fato, o mais perfeito dos arranjos, mas infelizmente as mulheres não eram "comumente capazes" disso: "suas almas não parecem bastante firmes para suportar a pressão de um nó tão apertado e duradouro." Os presidentes dos Estados Unidos começaram a aparecer de mãos dadas com as esposas nas plataformas de campanha política, e em 1980 uma pesquisa americana constatou que 60% dos homens casados e 50% das mulheres casadas descreviam o cônjuge como um amigo muito íntimo.

O casamento sem formalidades legais, tipo coabitação, revelou-se uma construção frágil, desabando com maior freqüência no divórcio. A razão era que a amizade lhe dava sustentação apenas por dentro; a amizade com o sexo oposto fora do casamento não era algo que tivesse aprovação, podendo fazer desmoronar o casamento ao menor assomo de ciúme. Do lado de fora, as amizades continuavam suspeitas, e muitas pessoas julgavam-nas impossíveis. Tinha-se como certo que mulheres e homens assumiam atitudes fundamentalmente incompatíveis em relação à amizade. Os homens entendiam-na como o ato de fazer coisas juntos, mantendo seus mais recônditos pensamentos (caso os tivessem) para si mesmos, enquanto para as mulheres amizade significava troca de intimidade e emoção, de conversa franca sobre suas preocupações autênticas. Pesquisas recentes não confirmaram ser este um fato inalterável. Historiadores femininos, embora frisando a riqueza e intensidade da amizade da mulher, também advertiram contra a sua idealização, mostrando que, quando assume a forma de uma troca de resmungos, estimula a "hipocondria psicológica" e a "dependência da terapia". Os sociólogos calculam que somente metade das amizades entre mulheres pode ser considerada legitimamente de apoio, o restante, dizem, é visto como uma drenagem de energia, tolerada somente pelo medo de não se ter amigos. Uma pesquisa verificou que muitas das mulheres casadas entrevistadas prefeririam confiar nos maridos, mas recorreram a amigas porque não eram ouvidas. Janice Raymond, ex-freira, uma das escritoras que celebrou a amizade entre mulheres com particular brilho e erudição, insiste, porém, em que ela requer uma reforma drástica para se tornar mais "refletida". A amizade entre mulheres emergiu menos como paixão intuitiva do que como obra de arte delicada e laboriosamente criada, e, em conseqüência, essencialmente flexível.

Uma parcela de homens continua a repetir que não quer amizade de mulheres, que suas amizades são feitas entre os companheiros e que as mulheres estão reservadas aos filhos e ao sexo. Mas a pesquisa de Karen V. Hansen, por exemplo, na correspondência de trabalhadores comuns da América do século XIX, demonstrou que o estereótipo da amizade masculina não é tão imutável e impermeável quanto se costuma pensar. Suas cartas particulares mostram que eles tinham amizades próximas e íntimas entre si, em nada diferentes da amizade entre mulheres da classe média, e também que a supressão da emoção não lhes parecia essencial à demonstração de virilidade. Visita, permuta de serviços, atendimento aos enfermos com demonstrações de ternura e hospitalidade organizada faziam parte da rotina daqueles trabalhadores, que não raro mantinham relações afetuosas também com suas irmãs. Não existe um número satisfatório de cartas para se garantir que tal procedimento fosse típico, mas elas demonstram essa possibilidade, e também até que ponto o costume pode alterar a conduta tanto quanto altera a maneira de vestir. Quando os homens tinham de se apaixonar romanticamente para se casar, as relações quase românticas, entre eles, declinavam, e era então que exibiam sua rudeza de maneira mais agressiva, a fim de compensar o que temiam fosse tomado como fraqueza. Investigações recentes quanto à fonte do alimento emocional dos homens, a quem visitam com freqüência e com quem conversam, mostraram que uma minoria nada desprezível tem discussões íntimas e autoreveladoras entre si, particularmente quando solteiros. É o casamento que traz a discrição. Depois, é dentro da privacidade do casamento que eles são despidos em grande parte da sua hipocrisia. Já que nas histórias de biógrafos modernos muitos heróis varonis são transformados em pessoas pateticamente desamparadas e solitárias, não se sabe ao certo se um casamento, mesmo combinado com uma amizade, basta para afirmar os homens. A coabitação pura e simples tem sido apenas uma solução parcial.

O que ficou sem solução mesmo foi o enigma da amizade entre os sexos fora do casamento. Este é o próximo item na agenda da humanidade. Quando a novidade é temida como uma espécie de sacrilégio, o amigo leal é um clone de si mesmo, mas assim que o tédio se torna a grande ameaça, e a originalidade a grande proteção contra ele, a amizade tem de ser uma parceria que mata o tédio. Para aqueles que, separadamente, ignoram o que querem, a amizade tem o potencial de ser o meio através do qual, na condição de casal, eles podem encontrar um objetivo. Quando os amigos têm idéias diferentes, quando são de sexo diferente, quando apreciam suas diferenças, quando se tornam curiosos acerca das singularidades de cada um, a curiosidade pode então se tornar a força motriz do seu relacionamento; partindo da curiosidade mútua, pode evoluir para uma curiosidade acerca do que jaz fora deles, conduzindo a experiências inéditas, que também são assustadoras para um confronto solitário. A curiosidade é a energia da qual cresce um propósito, quando sua satisfação não chega a ser um propósito em si mesmo.

A curiosidade implica uma visão de vida em que passado, presente e futuro se assemelham a uma gigantesca bola de neve, uma acumulação incessante de experiências novas e ideais ou, como o próprio universo, sempre em expansão. A amizade entre os sexos ultrapassa a absorção romântica no momento efêmero, esquecendo todo o resto, sonhando somente com a paixão. Se a paixão for a única realidade, a vida pode não ter outro significado, e todos sabem que a paixão fenece. É cada vez maior o número de indivíduos difíceis de contentar e que não encontram parceiros à sua feição, consumindo-se na procura de algo mais que admiração mútua de um casal em circuito fechado. Tentando satisfazer ambições aparentemente irreconciliáveis, eles precisam de relacionamentos que não sejam tão rígidos quanto um *rigor mortis*.

A amizade entre os sexos requer uma predisposição de não pensar em estereótipos, de não insistir em que se é amante, amigo ou família, e de que não existe maré alta nem maré baixa entre tais categorias. A marquesa de Lambert (1647-1733), cujo marido foi governador do ducado de Luxemburgo e que tentou provar, a partir de sua experiência, como, lado a lado com o amor, as amizades mistas poderiam florescer (por estar convencida de que haveria sempre uma "animação" ausente nos encontros do mesmo sexo), concluiu que o coração precisava ser educado, a exemplo do cérebro, e o afeto estudado como uma forma de arte. Uma amizade amorosa (*amitié amoureuse*) é, na verdade, uma nova forma de arte, tão interessante quanto uma coabitação.

Logo após a marquesa escrever isso, alguns homens e mulheres começaram a buscar a companhia mútua, deliberadamente, por obra da amizade. Em 1765, o primeiro clube misto, o Almack's, foi fundado em Londres. Os sócios masculinos eram eleitos pelas mulheres, e as mulheres eleitas pelos homens. E a partir de então, os clubes esportivos e de passatempo, embora mantendo muitas vezes a separação dos sexos, ocasionalmente os juntavam. A possibilidade de uma nova era nas relações humanas parece de vez em quando um Muro de Berlim derrubado.

PROVAVELMENTE, A EXPERIÊNCIA de maior êxito na amizade mista, que provocou surpreendentes resultados práticos, foi o da Society of Friends (Sociedade de Amigos) – também conhecida como os quakers. Fundamentava-se no princípio de que os indivíduos devem reformular suas mentes quanto à maneira como vivem: não tinha doutrina, nem regulamentos, nem padres, e em suas cerimônias nupciais não constava promessa de obediência. Dirigida de forma democrática, seus membros diziam o que pensavam nas reuniões em que decisão alguma era tomada antes que todos concordassem. Ignoravam classe e status e todos se tratavam por você. A maneira de enfrentarem os perseguidores consistia em ir-lhes pessoalmente ao encontro e conversar cara a cara, o que, por incrível que pareça, funcionava com os adversários mais fracos, mesmo quando desafiavam os alicerces da sociedade. A explicação do seu êxito foi uma amizade entre o fundador George Fox (1624-91), aprendiz de sapateiro, e Margaret Fell, a esposa de um juiz. A igualdade entre os sexos foi uma crença básica, reforçada pela educação igualitária, de forma que a sociedade produziu algumas mulheres notabilíssimas. Uma delas, Mary Fisher, viajou 2.400 quilômetros a pé para encorajar o sultão da Turquia a mudar de conduta, e ele a recebeu: quando ela lhe perguntou se tinha entendido sua mensagem, respondeu: "Palavra por palavra", e era verdade. Mas, é claro, nada mudou no império otomano.

Talvez pareça tolice esperar que tudo pudesse mudar só porque algumas pessoas praticam a amizade, geralmente considerada tema particular, de menor conseqüência na vida pública. A Sociedade de Amigos, após três séculos de existência, apresenta, com efeito, pouco mais de 250 mil membros, espalhados pela Terra. São mais fortes na Bolívia, nos Estados Unidos, no Quênia e na Inglaterra, mas tem exercido mais influência na maneira como os seres humanos se tratam entre si do que qualquer governo já exerceu, incluindo o mais poderoso império. Nada alcançou mediante força ou decreto, não moveu montanhas, apenas mostrou até que ponto ações exemplares puderam levá-los a se dispersar um pouco, gradualmente. Os quakers fundaram a primeira sociedade antiescravagista, que provocou a primeira lei contra a escravidão: todo escravo que desembarcasse na Inglaterra se tornaria livre. Foram os primeiros a organizar um boicote, no século XVIII, contra produtos procedentes de países escravocratas. Foi o primeiro povo no mundo a clamar pela abolição da pena de morte. No século XVIII, John Belley propôs um programa de saúde nacional gratuito, bem como um estudo da medicina praticada na Índia e nos Estados Unidos, para complementar a medicina européia. Elizabeth Fry (1780-1845) foi uma das primeiras instigadoras da reforma penitenciária: a Society of Friends não discutia se os seres humanos eram basicamente bons ou maus, mas achava que se devia tentar tirar deles o que tivessem de bom, independentemente dos crimes que houvessem cometido. Esta sociedade teve a idéia de oferecer ajuda humanitarista a civis devastados pela guerra: no período de 1870 a 1871 seus componentes levaram comida, roupas e remédios aos dois lados da guerra franco-prussiana. Foram presos em 1914 por estabelecerem os direitos de opositores conscienciosos. Quatro das cinco líderes do movimento feminista na América do século XIX pertenciam a sociedade, um terço era de pioneiros da reforma penitenciária, 40% eram abolicionistas. Eles redigiram a Emenda dos Direitos Iguais. A Anistia Internacional nasceu com eles.

E, no entanto, jamais tentaram controlar as instituições humanitárias que fundaram, em parte porque verificaram sua inabilidade para fazer política em estágio muito precoce. Na Pensilvânia, fundaram uma colônia quaker, notabilizando-se por sua insólita e pacífica atitude para com os índios e por seu governo excepcionalmente democrático. Deixaram claro que amizade e mando eram incompatíveis e que o sistema da amizade não convinha a grupos numerosos. Não foi apenas porque se recusaram a pagar impostos que poderiam ser canalizados para a guerra que vieram a perder o controle da Pensilvânia. O quacrismo também perdeu substância nos negócios, onde fora originalmente bem-sucedido, já que oferecia completa integridade. O problema foi que a qualidade das relações com empregados e fregueses importava mais que o lucro, inviabilizando, desse modo, a expansão a qualquer custo. A maioria dos quacres transferiu-se agora para o setor de prestação de serviços e de assistência pessoal.

A experiência dos quakers, cuja tolerância a divergências internas é notável, sugere que não há necessidade de os amigos pensarem da mesma forma, caso a amizade seja vista como um campo para investigações pessoais, em vez de uma busca de segurança, e caso cada parceiro seja reconhecido como senhor de uma dignidade igual. Ainda que tomassem suas próprias decisões, eles acolhiam as opiniões dos amigos como parte essencial do seu método, e foi particularmente importante que tais amigos pertencessem aos dois sexos.

A HISTÓRIA DE AMIZADES no âmbito de outros agrupamentos – nações, cidades, famílias – ainda não está escrita e, quando estiver, os obstáculos e as perspectivas talvez sejam mais bem entendidos. A Polônia, por exemplo, obviamente conta com uma rica história de amizade. Veio a ser famosa por sua Constituição, que impossibilitava a aprovação de uma lei a menos que todo membro solteiro da nobreza governante concordasse: tratava-se da mais perfeita expressão política de amizade jamais vista, e provocou o caos. Mas existe algo de precioso nessa herança, algo que diz respeito, em última instância, à individualidade. Os partidos políticos atuais na Polônia são partidos de amigos. Talvez porque sejam jovens, mais de uma vez adveio o caos, mas a atmosfera parece menos envenenada do que estaria de outra forma. O *srodowisko*, ou círculo social, unindo famílias, amigos, colegas e conhecidos, geralmente acaba em troca de influência e serviços, uma forma de enganar a imposição do Estado, mas há nele um aspecto nobre. Meninos e meninas brincam juntos, do que não se deve deduzir logo que as relações adultas sejam fáceis. Até agora a amizade não produziu os frutos que se esperavam, assemelha-se a uma árvore cujas flores são destruídas repetidamente pelas geadas. Tirania e pobreza, às vezes, também a destroem e, em outras ocasiões, a estimulam. É claro que não existe plano qüinqüenal capaz de criar amizades. Amizade não é uma ideologia, que convém mais a uma época cansada de soluções temporárias. Não há como prever os resultados desejáveis que insinua, mas o inesperado tornou-se agora, pelo menos, alguma coisa que as pessoas aguardam.

Na década de 1970, Igor Kon, especialista russo em amizade, contou que as moças russas, no final da adolescência, tinham o dobro de amizades "coloridas" que os rapazes. Por mais isolados que se sentissem em outros aspectos, os russos tentaram estabelecer a igualdade entre os sexos, e aquelas mocinhas exprimiam aspirações originárias do parcial malogro e do êxito parcial de semelhante conduta. Essas aspirações ecoam, para mais ou para menos, em todos os demais países empenhados no mesmo objetivo, quando as moças falam em estabelecer "relações" em vez de se concentrarem no casamento, não porque o rejeitem, mas porque a intimidade e a troca têm substituído as velhas obsessões convencionais. O mais recente estudo americano de relacionamentos "coloridos" revela que muitos homens ainda têm dificuldades enormes com a idéia. A falta de modelos para imitar faz com que retrocedam. Mas tudo que está acontecendo entre os sexos gira em torno de questões relacionadas à amizade. Após duas fases, quando os sexos reconheceram sua igualdade e, depois, suas diferenças, a próxima etapa só pode ser uma nova síntese. A amizade "colorida" figura agora na vanguarda não só da vida particular, mas também da vida pública. Perguntaram aos franceses, recentemente, o que eles mais prezavam, se amizade, família e crianças, se liberdade e independência, se justiça, lealdade, trabalho ou o sentimento do dever, se o amor, a honra, o êxito, a ascensão social, o casamento, o sexo, o patriotismo, a religião. A relativa popularidade desses ideais varia um pouco de pesquisa a pesquisa, mas não chega a se destacar: a amizade sempre aparece em proporção alta, e em uma pesquisa ela alcançava 96%, enquanto, dos outros itens, na ordem que mencionei, a religião vinha em último lugar, com 51% – de qualquer forma, uma maioria. Somente os franceses dirigem a si mesmos tais perguntas de maneira tão abstrata. Mas talvez estejam falando outra vez pela humanidade, como o fizeram em 1789, ou, pelo menos, por aquele segmento da humanidade que gosta de saber para onde vai.

Um dos maiores obstáculos nesse caminho sempre foi a convicção de que existem forças muito grandes a serem superadas, de que não se pode desafiar o destino; mas, como se verá no capítulo a seguir, tais proibições são, muitas vezes, enganadoras.

19
Como até mesmo os astrólogos resistem ao destino

Ter um propósito na vida significa decidir, mas nada é mais ilusório do que uma decisão firme e plenamente satisfatória. Até mesmo os brilhantes diretores da companhia de automóveis Citroën não encontraram maneira de decidir em que dia lançar um novo modelo e, assim, perguntaram a um astrólogo. Entre tantos candidatos a empregos, quem a companhia de pneus Michelin selecionaria? Chamaram um astrólogo. Quando se sofre de indecisão, é fácil presumir que há alguma coisa de errado, por isso, existe um astrólogo parisiense, um ex-professor de filosofia, que trata seus clientes como "pacientes" e afirma que a doença resulta de não terem crescido, devem, portanto, "parar de se comportar como crianças". Por outro lado, um pastor protestante francês desistiu de se tornar astrólogo, decidindo que somente a reencarnação poderia explicar o seu filho seriamente deformado, e agora ele está de volta, praticando simultaneamente as duas profissões.

Ghislaine Bourgogne mostra de que forma uma mulher se junta às fileiras dessas figuras vagas que se ocultam por trás das decisões importantes do mundo, as razões públicas pelas quais pessoas tão diferentes se escondem. A astrologia trata supostamente do destino. Mas toda a vida de Ghislaine tem sido um protesto contra isso, e uma série de deliberadas opções pessoais. Sua qualificação principal para aconselhar pessoas acerca do seu futuro vem do fato de ser infeliz.

Ela foi educada usando a máscara da respeitabilidade burguesa, mas empenhou-se pouco na escola e menos ainda na universidade, onde cursou medicina. Seus pais se divorciaram, o novo casamento do pai foi um fracasso, ela então foi morar com os avós, e aos 16 anos começou a viver sozinha, "profundamente solitária, fazendo a mim mesma perguntas sobre o futuro". Então alguém lhe deu um livro de astrologia, que parecia oferecer algumas respostas, não respostas suficientemente pessoais, mas pelo menos mais pertinentes, segundo lhe pareceu, do que as dos professores de medicina. Faltando às aulas, dedicou oito horas por dia ao estudo da astrologia. Mas não gostou de ser definida como um "tipo". Além disso, seu horóscopo revelou que era inteligente e sensível, de temperamento artístico e intuitiva, mas com problemas de relacionamentos emocionais. Tudo verdadeiro. Aborreceu-se porque o diagnóstico não oferecia esperança acima de tudo, assustou-se.

Para tomar uma decisão quanto ao futuro, consultou um astrólogo profissional, que reforçou todos os seus medos: a vida dela seria dura, com "acontecimentos bem desagradáveis", embora não ficasse claro exatamente de que tipo seriam, tudo iria ruir por volta dos seus 24 anos de idade. Ela estava desperdiçando sua boa sorte ao abandonar a vocação para médica. Seu namorado, com quem não se dava bem, seria o único que lhe era destinado. Todos os seus amores futuros acabariam em fracasso. "Não pense que estou lhe enfiando uma faca", disse o astrólogo. "Estou dizendo só o que vejo. E olhe que a culpa é sua: quando preferiu viver dessa maneira, sabia o que estava fazendo."

Depois da consulta, Ghislaine ficou 48 horas arrasada. "Eu havia tirado um número azarado, disse para mim mesma. Jamais serei feliz." Hoje ela acha que o astrólogo foi "desumano"; além do mais, "é impossível prever uma vida inteira trinta anos à frente". Decidiu estudar astrologia a fundo, a fim de provar que o astrólogo estava errado – e abandonou a medicina para sempre.

O objetivo da astrologia, pelo menos no caso de Ghislaine, não era conhecer seu destino. É verdade que, de quando em quando, ela dizia a seus botões: "Se a vida vai ser mesmo assim, então eu aceito a vida." Mas não aceitou. "Nossas vidas são feitas a partir do livre-arbítrio e da determinação. Descobri que eu era a única pessoa capaz de me ajudar. Tinha de aguardar as oportunidades e então nadar a favor da maré." Ghislaine afirma que a astrologia permitiu-lhe descobrir-se, mas queria muito mais. A distância, divisou uma serenidade maior. Só que, até aqui, a serenidade visitou-a apenas em momentos raros. Todas as fases da sua vida têm sido difíceis. Sempre que entro em contato com Ghislaine, ela me diz que está passando por "momentos difíceis".

Seu diagnóstico é que "não pode escolher entre dois tipos diferentes de homens". O marido queria que ela se interessasse exclusivamente por ele. "Não pude. Eu precisava de contato com outros. Ele disse então que eu não o amava, proibiu-me de conhecer outros homens. Sentia-se ameaçado, como se eu pensasse em fugir. Meditei a respeito e concluí que não desejava me comprometer, motivo por que o tinha escolhido."

Estar presa a um destino é tão ruim quanto estar presa a um estereótipo. Um lado de Ghislaine é pessimista. "Temos a ilusão de conhecer outras pessoas, mas só vemos o que estamos procurando. Mesmo quando duas pessoas conseguem se unir, perdura um espaço vazio: elas não podem se abrir uma para a outra. Só conhecemos a nós mesmos, não podemos eliminar a solidão." Todavia, suspira por alguém a quem reconhecer como uma pessoa coerente, não a fim de se "fundir": precisa de alguém que seja diferente dela, de modo a que cada um "encontre sua própria verdade". A independência também é necessária. O inevitável só é aceito se levar, mais adiante, a uma liberdade maior. "É por isso que a atração é química", diz, "e conhecemos apenas quem estamos destinados a conhecer: estou feliz com esta limitação da minha liberdade, porque significa que não tenho de me desgastar consumindo homens." Foi então que ela fez sua escolha.

Após cinco anos de casamento, divorciou-se e foi viver com um filho, às vezes turbulento e impulsivo, mas que lhe ensinou numerosas coisas e que lhe transmite felicidade. Mas acrescenta: "O amor de um homem é fundamental." A prática da astrologia preenche suas necessidades de expressão. Ela o faz automaticamente, como uma terapia para si mesma, da mesma forma que canta e dança. Se beneficiar os outros, tanto melhor. E, com efeito, o fluxo de palavras que dela emana tem o gosto do mentol, frio e balsâmico. Não é preciso anunciar, clientes de todas as origens – administradores, médicos, artistas, capatazes, secretárias – chegam "naturalmente". Estar ocupada a convence de que fez a opção certa quando sacrificou a medicina e assumiu o risco de se tornar uma marginal sem status na sociedade. É com certo orgulho da sua coragem que afirma não ser possível descobrir a felicidade onde pensava encontrá-la, ou seja, fazendo o que fazem as outras pessoas; a confiança em si é que facilita tal aproximação, e seus clientes também sabem disso. O que querem, acima de tudo, é "se encontrar, porque somente a partir daí poderão encontrar os outros". Melhor dizendo, querem se conscientizar das suas possibilidades. O dom de Ghislaine são as "intuições" que tem sobre o que lhes está acontecendo, sem que nada lhe digam. Limita a aplicar o que "vê", cabendo-lhes interrompê-la caso não se reconheçam. "Não quero ouvir isso." Ela os "ouve" sem necessidade de falar. Essa capacidade de ouvir é a carne no sanduíche da sua astrologia. Ghislaine conhece muita coisa acerca de estrelas, mas não confia nelas para dar-lhe o que procura, ou seja, uma opção muito individual. Sua conclusão é que "existem tantas verdades quantos são os seres humanos". Sua conversa está repleta de máximas que nada têm a ver com os planetas: "Aprenda a viver o presente, embora seja muito difícil, porque o presente está condicionado pelo passado, ouça você mesmo, comunique-se, ouça o que os outros dizem."

Acaso não é significativo que ela não possa seguir seus próprios conselhos? Que continue, conforme admitiu, tímida, vulnerável e solitária? A característica dos astrólogos de êxito é que eles não julgam os clientes e não são julgados como indivíduos. Eles são valorizados, paradoxalmente, por ajudarem pessoas, esmagadas pela incerteza, a fazer opções.

A DECISÃO DE VIRAR uma página nova da vida sempre apresentou duas dificuldades: como jogar fora velhos hábitos e como vencer a impressão de que a pessoa nasceu com sorte ou sem sorte e que não há jeito de mudar. "Os destinos governam o mundo", disse um cidadão romano da África do Norte no ano 10 d.C. "Nosso fim depende do começo: dali flui riqueza, poder e pobreza; dali são formados os temperamentos e os dons pessoais (...) Ninguém consegue livrar-se do que lhe foi dado, nem possuir o que não lhe deram, e também não pode agarrar, mediante preces, as sortes que lhe foram negadas (...) Cada pessoa deve suportar o seu fardo." Hoje, as palavras utilizadas para exprimir isso talvez tenham mudado; o sentido, no entanto, permanece.

Para compreender o que pode ser feito com velhas idéias que persistem de forma tão obstinada convém examinar mais de perto uma das mais velhas idéias: a astrologia. Ela tem sobrevivido, apesar das suas predições erradas, e ainda que tenha sido condenada repetidamente pela religião, pela ciência e pelos governos. Sugere que novas idéias não bastam para alterar a conduta, porque velhas idéias não podem simplesmente ser varridas. A astrologia mostra como o velho e o novo, no passado, se combinaram e lutaram.

"É possível escrever a história da astrologia, agora que ela está finalmente morta", disse um professor da Sorbonne, em 1899. Mas em 1975 um grupo de 192 cientistas de renome, incluindo 19 vencedores do Prêmio Nobel, chefiados por um professor de Harvard, publicou um manifesto declarando-se "preocupados com a crescente aceitação da astrologia em muitas partes do mundo (...) A aceitação da astrologia mina a sociedade moderna. O que só poderá contribuir para o crescimento do irracionalismo e do obscurantismo". E a guerra não passou de uma briguinha entre cientista. Um dos signatários, um professor de astronomia da UCLA, queixou-se de que um terço dos estudantes do seu curso professava uma crença na astrologia, o mesmo acontecendo à sua esposa. Paul Feyerabend, professor em Berkeley, recusou-se a assinar, dizendo: "A ciência é um dos muitos modos de pensar desenvolvidos pelo homem, mas não necessariamente o melhor."

Se todos os habitantes do mundo fossem interrogados hoje, talvez houvesse uma maioria de adeptos da astrologia, e o mesmo provavelmente ocorreria se todos tivessem acesso a bolsas de estudo em Harvard. Na França, onde a lucidez é uma virtude nacional, três quartos da população se declaram não-supersticiosos, mas 45% dão pancadinhas na madeira para esconjurar o azar, e pelo menos um terço diz que acredita na astrologia. (A mesma proporção de ingleses se declara crente.) Entre os franceses, às vezes a cifra sobe a dois terços, dependendo da pessoa com quem se fala; certamente, 90% conhecem os signos do zodíaco. O que mais intriga os cientistas é que os crentes não são velhos camponeses analfabetos. A maioria dos jovens (55%) diz acreditar em fenômenos paranormais, o mesmo acontecendo a muitos diplomados em profissões liberais e a 69% dos ecologistas. A França tem agora o dobro de astrólogos profissionais e ledores da sorte em comparação com sacerdotes. E o mesmo vale para os Estados Unidos...

A astrologia em que o mundo ocidental acredita, hoje, não é a mesma que excitava os babilônios, que não se interessavam pelo destino dos indivíduos e não inventaram o horóscopo, surgido pela primeira vez no ano 410 a.C. Eles não acreditavam que os deuses fossem se incomodar com algo tão trivial quanto os pormenores da vida diária: pessoas comuns não têm destino, porque ninguém se preocupa com elas. O que preocupava fundamentalmente os primeiros astrólogos era a chegada de guerras e as colheitas, bem como as regras secretas da predição, que somente eles podiam entender. À medida que o mundo parecia cada vez mais complexo, as regras se tornavam mais intrincadas. Os maias foram mais longe que os babilônios, descobrindo ciclos de 374.440 anos para explicar os acontecimentos, com incríveis e obscuros cálculos matemáticos. Mas isso não teve muita utilidade na solução dos problemas do escravo na rua. Os inventores da astrologia tinham horror à incerteza, mas também nenhuma perspectiva de eventualmente atingir a certeza; assim, todas as formas de adivinhação pareciam dignas de serem experimentadas ao mesmo tempo

– oráculos, por mais imprecisos que fossem, aruspicação, por mais perplexidade que causasse, exame de fígados de galinha em busca de nada menos que seis mil sinais de advertência. Desde o início, a astrologia esteve associada a outras formas de reafirmação, não necessariamente compatíveis.

Os gregos, estando interessados no indivíduo, voltaram-se para a astrologia quando sua fé nos deuses do Olimpo começou a decrescer, mas não se desligaram de um sistema para passar a outro: ao contrário, misturaram novas e velhas idéias. Começaram por adicionar pequenas doses de astrologia à melhor medicina da época. O refugiado caldeu que introduziu a astrologia na Grécia, Berosus, estabeleceu-se na ilha de Cos, que era a residência do famoso físico Hipócrates, e foi assim que a medicina passou a utilizar a astrologia como ferramenta de diagnóstico, modelando-a numa arte clínica, sem oferecer predições rígidas, mas interpretando possibilidades em cada caso individual.

Coube a Ptolomeu de Alexandria (cerca de 127-51 d.C.), o mais bem-sucedido escritor de livros didáticos de todos os tempos, transformar a astrologia em credo internacional. Tudo que se conhecia sobre matemática, astronomia, geografia, história, música e ótica foi incluído nos trabalhos de Ptolomeu, que constituíram o manual de informações "faça você mesmo" do mundo durante 1.400 anos, e a astrologia estava incluída como um ramo da ciência. Ele costurou tudo tão bem que se tornou quase impossível pensar fora do contexto do quadro mundial, ou embarcar em alguma exploração técnica, ou fazer-se ao mar, ou encontrar um lugar no mapa sem a sua ajuda, ainda mais porque ele fornecia a mais completa descrição dos instrumentos científicos que existiam no mundo antigo. Naturalmente, muitas vezes, não sabia do que estava falando, extraindo erudição de outros livros, desenhando seu famoso atlas sem sequer ter viajado, confiando muito em informações de boca, mas mereceu confiança porque fazia tudo isso parecer razoável. A astrologia não foi considerada irracional. Nunca a fantasia foi tão elaboradamente entrelaçada quanto por Ptolomeu, com engenhosos cálculos matemáticos. Jamais a obra de um homem conteve tantos erros plausíveis – tais como o de subestimar a distância entre Europa e Ásia em 50 graus de longitude, o que estimulou Cristóvão Colombo a navegar em busca do que se veio a revelar como América.

A astrologia foi apresentada como uma forma de tecnologia, que fez os fatos da vida espantosos, assombradamente misteriosos e praticamente úteis. Seduzia os que não tinham conhecimento astronômico porque se enxertava nas tradições do oráculo e reforçava o fascínio pelo exótico. O futuro foi efetivamente posto no mapa como um país estrangeiro, que precisava de olhos estrangeiros para explicá-lo. Assim, enquanto no mundo ocidental a astrologia era percebida como uma descoberta oriental, no Oriente ela se espalhou como uma ciência ocidental. O sistema de Ptolomeu, escrito na Grécia do século II d.C., chegou à Índia por volta de 500 d.C.; ali foi adotado, depois de fundir-se com costumes locais, como a espinha dorsal de uma fé nas estrelas que permanece até os dias de hoje. Foi traduzido do sânscrito para o árabe no século VIII e se tornou parte da cultura islâmica. A adaptação sempre envolveu intermediários de curiosidades estrangeiras: no caso do islamismo, ela foi obtida por Abu Mashoor (805-85), um afegão estabelecido em Bagdá e procedente da "mãe das cidades", Balku ou Bactra (outrora rival de Babilônia e Nínive, e a capital da religião zoroastriana), uma cidade povoada também por budistas, hindus, judeus, nestorianos e cristãos maniqueístas, muito habituada a misturar idéias gregas, hebraicas, indianas e persas. Somente quando fortalecida pelo prestígio de ser parte da ciência árabe, e expandida para incluir consultas a um leque mais amplo de preocupações, a astrologia veio a ser adotada na Europa, no século XII. Ptolomeu foi traduzido em latim, do árabe, por viajantes ao Oriente originários de Bath, Sevilha e Caríntia.

Aonde quer que chegasse, a astrologia continuava estrangeira. Se fosse um credo oficial, as pessoas teriam buscado uma alternativa mais exótica. Quando não conseguiam tomar uma decisão, voltavam-se para ela como algo completamente fora de suas vidas normais, como uma corte de apelação com o poder de arrebatá-las das confusões que lhes atormentavam o penoso trabalho diário. Os astrólogos modernizaram o paganismo, adaptando-o para uso dos moradores urbanos, sobrecarregados por opções em número crescente, mas que, sendo pagãos, preferiam não se comprometer com um só deus ou um credo único. Na utilização da astrologia não havia exigência quanto ao abandono de outras crenças. Ptolomeu, por exemplo, casou astrologia e estoicismo, uma filosofia favorita dos desiludidos homens do seu tempo, cuja ambição consistia em evitar ansiedade e que valorizavam as advertências relativas a desgraças futuras; acreditavam na vida de conformidade com as leis da natureza, e ele ensinou-lhes como a natureza agia. Nada se conhece ao certo sobre Ptolomeu como pessoa: não passava mesmo de um manual, e sua anonimidade inspirava confiança.

Originalmente, cristianismo e islamismo rejeitaram a influência planetária como sendo uma noção ofensiva à onipotência de Deus, mas ambos não tardaram muito a encontrar espaço para ela como parte da astronomia, subordinada à vontade de Deus. Em 1348, a faculdade de medicina da Universidade de Paris, desnorteada com a Peste Negra, fortificou-se com uma dose de astrologia e explicou a calamidade como originária de uma conjunção da influência de Marte, Saturno e Júpiter. Os europeus cultos apaixonaram-se pela astrologia quando ela foi revestida com os trajes em moda da erudição clássica; do século XIII ao século XVI, quase todo príncipe, e até mesmo os papas, usavam a ciência das estrelas como uma arma secreta, semelhante a uma nova espécie de artilharia.

Em pouco tempo, a credibilidade de Ptolomeu arruinou-se, porque ele pusera a Terra no centro do universo. Seu mapa tinha proclamado a impossibilidade de se navegar em torno da África e, quando essa façanha foi realizada, atiraram o mapa e tudo que ele tinha escrito pela janela. Seguiram-se três séculos de solitária zombaria, e os astrólogos quase desapareceram. Parecia que as velhas idéias estavam destinadas de uma vez, e para sempre, à lata de lixo. Mas não, elas não desaparecem, e quando há uma crise, quando as pessoas perdem a esperança, ou sentem que o mundo está mudando muito rápido e não lhes está dando o que querem, ou não sabem para onde se voltar, descobrem que as velhas idéias continuam empacotadas no fundo da gaveta. Retiram-nas de lá e tentam outra vez.

A astrologia moderna renasceu durante a Revolução Industrial. A Inglaterra foi pioneira em ambos os domínios: o *Almanaque* de Moore vendeu 393.750 exemplares em 1803, 560 mil em 1839; *O astrólogo errante*, primeiro semanário mundial dedicado por inteiro ao assunto, surgiu em 1824. A França, desiludida com o seu Iluminismo, editou 170 autores sobre astrologia entre 1890 e 1941. A Alemanha tornou-se ao mesmo tempo a mais poderosa nação industrializada e a mais devotada à astrologia, a ascensão de

Hitler tendo ocorrido no auge de um movimento de interesse pelo paranormal. Ernst Röhm, chefe do exército secreto de Hitler, a SA, pediu a leitura do seu horóscopo, dizendo: "Quero descobrir que tipo de pessoa eu sou; francamente, juro que não sei." Quem mais poderia dizer-lhe? O próprio *Führer* era um cético e, realmente, mandou liquidar os astrólogos, mas Hess, Goebbels e muitos outros nazistas estavam interessados em astrologia, o mesmo acontecendo a muitos adversários do nazismo.

Hoje, naturalmente, os Estados Unidos investem prodigamente em astrologia e ninguém a chamou de arte não-americana. Quando o Presidente Reagan tornou-se cliente habitual da astróloga de Hollywood, Joan Quigley, e quando o horóscopo de Gorbachev, feito por ela, decidiu pelo fim da Guerra Fria, ele estava refazendo os passos medievais do sagrado imperador romano Ferdinando II, rei da Sicília e Jerusalém (1194-1250), que, havendo desposado a filha do rei João, da Inglaterra, "recusou-se a conhecê-la carnalmente até que a hora certa lhe fosse anunciada por astrólogos". O imperador, num mundo dominado pela religião, não pôde tomar sua decisão com base no conselho contraditório de seus sacerdotes, de modo que se voltou para o que acreditava que fossem os cientistas da sua época, mas sem deixar de ser religioso. O presidente, por seu turno, concluiu que a ciência se tornara muito complicada para tomar decisões por ele, e não o satisfazia emocionalmente. Tranqüilizou-se com as afirmações de que certas descobertas científicas apoiavam conclusões da astrologia, segundo a interpretação de alguns cientistas, e assim manteve ao mesmo tempo sua piedosa fé no cristianismo. Dessa maneira um tanto confusa, uma idéia antiga, a astrologia, possibilitou a aceitação de uma nova idéia, segundo a qual o leopardo podia mudar suas manchas e a Rússia não era necessariamente o eterno inimigo.

Os estadistas costumavam manter em segredo as descobertas de astrólogos, perseguindo os que não estavam ao seu serviço porque temiam profecias de assassinato e morte. Mas, a partir de 1930, os jornais de circulação de massa tornaram-se os astrólogos da democracia, depois que o *Sunday Express* publicou um horóscopo sobre o nascimento da princesa Margaret, que despertou um grande interesse público. Agora, a grande maioria dos leitores de jornais, esmagados pela infindável massa de informações acerca da velocidade das mudanças do mundo, dá uma olhadela no horóscopo para ver o que continua permanente, pelo menos em suas vidas pessoais. Os vencedores do Prêmio Nobel foram por demais simplistas ao chamarem isso de retorno às superstições e irracionalidade medievais. À medida que cresce a embrulhada dos fatos no cérebro, as pessoas ficam mais contraditórias. E voltam-se, portanto, para a "intuição", a fim de resolver conflitos insolúveis. A astrologia mostra-os na busca simultânea de certezas e no combate a certezas que desaprovam, avançando em todas as direções na tentativa de encontrar algo que antecipar. A astrologia transformou-se no mercado negro da esperança.

Uma conclusão a retirar-se de sua história é que, no intento de mudar os hábitos da humanidade, os reformadores repetiram o mesmo erro, vezes sem conta, ao esquecerem que novos hábitos mentais não podem ser adotados como quem troca de camisa. Inumeráveis precedentes históricos deviam tê-los advertido de que os comunistas da Rússia se comportavam, pelo menos em certos aspectos, da mesma maneira que os czares de que se julgavam livres. Relíquias do paganismo sempre sobreviveram, mesmo em religiões severas, determinadas a extirpá-las. Antigos preconceitos varonis, a julgar pela história dos preconceitos, provavelmente foram ocultos, não deixando subitamente de existir, como se supõe.

Existem plantas incapazes de se reproduzir com facilidade pela semente. Para desenvolver hábitos novos em vez de hábitos antigos, convém aderir à arte do enxerto. Geralmente, o velho e o novo se atritam, provocando dores mútuas, mas o enxerto é definido como "a cura em comum de feridas". A descoberta do sofrimento comum sempre foi a melhor base para a reconciliação e a coexistência pacífica entre o irracional e o racional. Hábitos novos, além disso, requerem tempo para se firmar. De modo que eu me volto, agora, para o problema de não dispormos de tempo suficiente.

20
Por que as pessoas são incapazes de encontrar tempo para viver várias vidas

"Minha vida só começará de fato quando eu parar com essa simulação." O mundo acredita que ela seja uma cirurgiã. Na verdade, passou em todos os exames, venceu muitos concursos e faz seu trabalho com perícia. Mas se julga covarde porque continua cirurgiã.

Para ser cirurgiã, é preciso desempenhar sua parte. Os colegas não têm misericórdia. Você não deve demonstrar fraqueza; se cometer um erro, não espere piedade. Seus pacientes sabem que basta um simples desvio da mão, um instante de distração, para ficarem paralíticos ou morrerem.

Esperam que você se comporte como um deus infalível. E por isso ela é uma pessoa diferente na sala de cirurgia daquela que é em particular. Para seus pacientes, é sempre fria, prática, confiável, tranqüilizadora, interessada nos problemas de cada um, jamais negligenciando os doentes terminais: "Nunca me esquivei de um paciente moribundo em minhas rondas, como alguns colegas fazem."

Mas, em particular, ela se vê como uma pessoa nervosa, irrealizada, hesitante, exatamente o oposto da sua fria personalidade pública. E não apenas por se sentir amedrontada por sua timidez diante das trivialidades da vida não-profissional. "Odeio entrar em lojas, falar com balconistas; basta uma vendedora responder que não tem o que eu procuro, em um tom levemente desagradável, e eu bato em retirada. Digo a mim mesma: mas sou uma médica, não posso reagir dessa forma. Até parece que não cresci." A incerteza da vida deixa-a confusa, como quando hesita muito tempo em comprar um par de sapatos e depois lamenta a escolha. Seu marido diz que isso acontece porque vê ambigüidade em tudo. Na verdade, se veste com muita elegância.

Seu desempenho público é uma simulação, porque sente que não está jogando para valer, que é somente uma espectadora, e não parte integrante do jogo, como se observasse o mundo da medicina num filme. Os colegas a vêem com o respeito devido a um profissional mais velho – têm aguda consciência da hierarquia – e às vezes brincam, porém mantendo distância. Ela acha que suas relações com eles não merecem ser chamadas de relações. Seu marido diz que talvez ela use o trabalho como paliativo de suas ansiedades íntimas.

Mas assim está organizado o mundo. A vida privada guarda seus segredos, mesmo quando fragmentos destes se dispersam no palco. Não há pessoa que não seja um mistério.

Quando menina, não tinha amigos, apenas fingia brincar com outras meninas a fim de que o professor não percebesse. A partir dos 8 anos, fechava-se no quarto para escrever poesia. Estudou medicina sem motivo forte, sem um sentimento particular de vocação mas, uma vez comprometida, não pôde mais parar, não pôde se contentar em "ser medíocre", não quis se tornar clínica geral, não quis desapontar os pais ou os professores. O conhecimento é sempre um incentivo para mais conhecimento, um excitante para novas descobertas. Agora sua especialidade lhe permite aplicar sempre técnicas mais modernas, e ela aprecia o lado manual da cirurgia, seu "lado destro": operar "equivale a espremer massa numa fôrma".

Mas a cirurgia é basicamente uma técnica. As emoções não entram. E, no entanto, são "as emoções que nos impedem de morrer de tédio; nada somos sem elas; a vida não teria interesse se não existissem". O que a aflige sobre as emoções é que não consegue decidir se os seres humanos são meras partículas de emoção agregadas, se não passam de marionetes governadas por forças externas, até que ponto podem modificar seu destino e se os sentimentos são inatos. Em suas horas de folga, escreve histórias curtas, que lhe permitem decidir o destino dos personagens criados, os quais, quase sempre, lutam para fugir ao destino. Ela quer, acima de tudo, controlar sua própria vida, dominar as ansiedades que a consomem. Escritos com grande força e sentimento, seus contos revelam uma imaginação solta e invariavelmente acabam de forma surpreendente – o fascínio do inesperado. Algumas vezes, escreve no consultório, e se sente culpada da encenação como doutora, do nome e dos diplomas emoldurados à porta. O que pensariam se soubessem onde anda seu espírito? O próximo livro será sobre um impostor. Embora os editores costumem devolver romances de autores desconhecidos sem ler, um manifestou interesse. A menos que se dedique à literatura, ela se sentirá sufocada. Com um estilo bem pessoal, ilustra seus próprios textos. É também uma pintora e seus retratos, muitas vezes, mostram pessoas com uma parte dos corpos fora da tela, pessoas lutando para escapar à moldura. E musicou seus poemas, já que também é compositora. Quando estudante de medicina, trabalhou como pianista de jazz num bar – a mãe nunca soube –, porque dar prazer aos outros lhe dá um prazer maior. Gosta de ver o seu talento artístico reconhecido. Somente na arte a máscara de frieza se dissolve, ou seja, aquela aparência de perfeito autocontrole que o mundo exterior vê e que até o seu empregador aceita, ao dizer: "Você nunca fica nervosa." Da maneira como está organizado, o trabalho raramente oferece às pessoas uma oportunidade de florescer. De modo que ela não deseja a promoção, que lhe tem sido insinuada, nem outras responsabilidades, mas sim dias de 48 horas. Sua sensação de vazio é pior do que a sede ou a fome: só pode ser saciada com mais tempo do que o mundo contém. A emoção é insaciável.

Prometendo a si mesma que só se tornaria mãe depois de se realizar pessoalmente, adiou a chegada dos filhos. Para a maioria das mães, os filhos são suas obras-primas, mas ela decidiu que quando finalmente os tivesse, não a impediriam de escrever, não seriam o objetivo final da sua vida. "Tenho tido muitas alegrias com as crianças (...) Nelas encontro poesia, humor e imaginação, amo-as, mas não sou mãe coruja. Lamento não ser homem para poder lhes dar menos tempo, embora goste de estar com elas." E, naturalmente, está preocupada com o poder de alterar o destino de outro ser: se pelo menos pudesse limitar-se a dar aos filhos confiança em si próprios...

Seu marido se admira que a liberação das mulheres não as esteja matando ao abrir-lhes todas essas opções. Mas, naturalmente, os homens também se cansam muito na luta para cumprir o que deles se espera, com tudo o que querem fazer. Para ele, não há a menor possibilidade de largar o trabalho por um ano – para ela também não. Por quê? "É impossível." Basicamente, é o medo de perder o lugar, perturbar os hábitos, ofender o patrão criando-lhe problemas: ela sequer ousa requerer licença-maternidade. Mudar um hábito requer que numerosos outros também sejam mudados.

A cirurgiã a que me refiro é anônima. Ela pediu para ver-me, mas disse mais do que deveria dizer num mundo em que pacientes e empregadores não admitem que seus médicos tenham emoções. Gostaria de dizer seu nome, porque espero que, um dia, se torne uma escritora e uma artista famosa. Quando isso acontecer, estarei livre para identificá-la, e os que se beneficiaram com sua perícia profissional terão o orgulho de saber que foram tratados por uma médica que está muito além do padrão profissional.

COMO AS PESSOAS PODEM se julgar livres, se não têm espaço em suas vidas, nada se espera delas e se estão sempre atrasadas ou correndo? Os liliputianos observaram, dois séculos atrás, que o deus de Gulliver era o relógio, e que "ele raramente fazia alguma coisa sem consultá-lo porque ele marcava o tempo de cada ação da sua vida". Montesquieu filosofou que os ingleses não eram polidos porque "são pessoas ocupadas, que sequer dispõem de tempo para tirar o chapéu quando se encontram". O tempo era curto até mesmo nessa época supostamente descontraída. Desse modo, qual a possibilidade de se escapar às pressões do tempo?

A autora de *Por que as supermulheres estão fartas*, Michelle Fitoussi (colunista da revista *Elle*), conclui em nome delas: "O que nos falta, acima de tudo, é tempo." Mas não vê solução. Enquanto os magnatas masculinos decidiram sacrificar as famílias em benefício de suas carreiras, as supermulheres, afirma, estão determinadas a se fazerem admiradas em todos os seus papéis, recusando-se a escolher entre serem úteis, bonitas, inteligentes, divertidas, trabalhadoras firmes, duras nos negócios e sempre refinadas. "As barras da prisão mudaram. No passado, acorrentadas aos homens (...) nós lutamos por causas justas. Hoje, nós mesmas nos amarramos (...) O desejo de ofuscar tornou-se a pílula amarga em que nos viciamos." Ela não divisa esperança para a sua geração, nem para a geração de suas filhas; talvez as netas tenham uma idéia...

Antes que inventassem os relógios, a frustração tinha uma forma diferente. O tempo então não se compunha de pequenos pedaços, de horas e minutos, precisando ser poupado e planejado, mas sim com uma grande nuvem envolvendo a Terra, e a humanidade esperava o momento de clarear. O passado era parte do presente; os indivíduos viviam cercados, em sua imaginação, pelos ancestrais e seus heróis míticos, que pareciam tão vivos quanto eles; muitas vezes, não sabiam exatamente quantos anos tinham e, assim, não se preocupavam mais com a morte do que com o tempo, que era somente uma música anunciando outra vida, que duraria para sempre. Toda civilização tem feito uma previsão diferente quanto ao tempo que falta para o advento da eternidade. Os hindus poupavam-se da ansiedade imediata calculando trezentos milhões de anos; os chineses insistiam em afirmar que o tempo andava em círculos (em ciclos de 129 mil anos, disse Shao Yung), e que nada mudaria de fato; e os zoroastrianos diziam que Deus levara 3 mil anos para criar o mundo.

Mas, então, os judeus inventaram uma nova noção de tempo, que foi adotada por todas as sociedades modernas:

separaram claramente passado e presente. Fizeram contrato com Deus, esperaram sua implementação para o futuro, não no céu, mas neste mundo. Foram os primeiros a imaginar um tempo em que a justiça seria estabelecida, em que os desertos se tornariam férteis e em que haveria comida e bebida farta para todos. Essa visão foi sua resposta à perseguição e o começo de uma nova tradição de sonhar com o futuro, espalhando-se do Livro de Daniel para as heresias medievais, utopias socialistas, revoluções industriais e ficção científica. Os primeiros cristãos acompanharam os judeus na promessa de um futuro melhor, até possuírem uma Igreja estabelecida e poderosa, com um alicerce neste mundo. No ano 431 d.C., condenaram a crença num milênio – uma época melhor nesta vida – como sendo superstição. Em troca, insistiram em que este mundo fora feito para durar somente 6 mil anos, e seguramente acabaria muito cedo.

A maior parte dos seres humanos, antigamente, não se preocupava muito com a passagem do tempo. A idéia moderna de tempo é peculiar porque inclui um novo sentido de que algo aconteceu, de que esse acontecimento passou, de que tempo significa mudança e, por conseguinte, insegurança. Os seres humanos deram as boas-vindas ao tique regular do relógio, com seus hábitos inalteráveis e sua tirania, porque ele os consolava daquela nova insegurança. Uma tirania que começou como libertação, como, aliás, acontece a tantas tiranias. Os monastérios medievais foram os primeiros a determinar um dever fixo para cada minuto do dia e da noite, de maneira a libertar as pessoas da dor de não saber o que fazer consigo mesmas e libertá-las, também, das tentações da indolência. Mas alguns acharam o preço da segurança muito alto. Rabelais protestou: "Jamais me submeterei às horas; as horas são feitas para o homem e não o homem para as horas." Ele empregava a palavra "horas" porque havia uma divisão de tempo da qual as pessoas mal começavam a se dar conta. "Eu trato as minhas horas como estribos, que encolho ou estendo como melhor me convier." Estava anunciando uma disputa entre os indolentes e os metódicos, que iria durar vários séculos, até que as horas vencessem. Mas agora essa vitória está sendo desafiada.

Em 1481, alguns cidadãos de Lyon fizeram uma petição para erguer um relógio na cidade, na esperança de que ele os ajudasse "a levar vidas mais metódicas" e ser mais "felizes e contentes". Comerciantes e industriais tornaram-se os principais advogados da exata observância do tempo. Depois de construir catedrais, puseram relógios nas torres, com o objetivo de mostrar que havia ordem no mundo. O relógio de torre de Estrasburgo, iniciado em 1527, levou 27 anos para ser concluído, e talvez tenha intensificado a desordem dos habitantes. Mas somente na década de 1770 a palavra "pontualidade", significando uma exatidão de minuto, entrou em uso. Despendeu-se enorme esforço para persuadir operários de fábricas a considerarem virtude a obediência ao tempo. Na primeira parte da Revolução Industrial, um industrial escocês escreveu sobre "o supremo desgosto que os homens sentiam em seguir as horas ou hábitos regulares" e sobre a incompreensão quanto à "impossibilidade de saírem e entrarem como bem entendessem, e ter os feriados que lhes agradassem".

A regularidade, porém, nunca veio a ser uma resposta completa à administração do tempo. Tampouco a poupança de tempo, que imperadores japoneses se apressaram a recomendar aos súditos em decretos baixados no século XVIII, pois mesmo os trabalhadores eficientes continuavam a ser exauridos por exigências excessivas em seus horários. Lutar contra o tempo, a fim de permanecer jovem para sempre, não resultou em vitória. E tampouco matar o tempo, pois existem mais pessoas entediadas do que nunca, e o tempo sempre acaba por matá-las. As burocracias existem agora para reforçar a lei de Parkinson, segundo a qual jamais haverá tempo suficiente e o trabalho aumentará sempre, a fim de preencher o tempo disponível. Os antigos chineses acreditavam que o ato sexual freqüente ajudasse a viver mais, e essa idéia ainda era propagada pelas prostitutas do século XVIII em Londres, que abordavam os fregueses com estas palavras: "Senhor, posso dar corda no seu relógio?"; mas nem enchendo o tempo de prazeres, nem vivendo até idade avançada, nem trabalhando menos horas, as pessoas modernas chegaram a estabelecer uma relação perfeita com o tempo.

A vaca passa 22 horas por dia comendo. Será a maneira natural de empregar o tempo? A mosca caseira passa apenas um terço do tempo comendo e 40% descansando, tirando 12% para vadiar ou voar indolentemente e 14% para namorar. Isso quanto à mosca fêmea. O macho descansa menos e come mais depressa, de forma a ter 24% do tempo disponível para seus passeios e 20% para o namoro – o que significa 44% de ócio. Após muitos séculos de luta, os ocidentais não lograram melhor desempenho. Não foram capazes de reduzir as horas de sono, que ainda lhes absorve 40% do total da vida. É bem verdade que tiveram êxito na redução do tempo do trabalho em cerca de 10% – cerca de 60 mil horas ao todo, ou sete anos, o que é a metade do volume de trabalho feito em 1945 –, mas agora têm de adicionar cerca de 12% para a educação de que necessitam para se qualificarem para o trabalho, e boa parte de suas viagens (8%, seis anos ao todo) fica por conta da necessidade de ir para o trabalho e de lá voltar. Tudo isso lhes deixa menos de 30% para o ócio, para andar, voar e não fazer nada.

William Grossin, que levou muitos anos estudando de que forma os franceses empregavam o tempo, verificou que dois terços sofriam de tensão nas suas relações com os horários, e que os bem-educados e os ricos eram os mais insatisfeitos. Quanto mais amplas as oportunidades à sua frente, quanto mais numerosos os desejos, menos tempo tinham para atender a cada um. O ócio tornou-se uma atividade organizada, tão cheia de oportunidades tentadoras que não se pode perder, que não oferece necessariamente a liberdade. O desejo de viver o mais intensamente possível sujeitou os humanos ao mesmo dilema da pulga-d'água, que vive 108 dias a 8 graus centígrados, mas somente 26 dias a 28 graus, quando sua pulsação é quatro vezes mais acelerada, embora em qualquer caso seu coração pulse 15 milhões de vezes ao todo. A tecnologia acelerou rapidamente o ritmo cardíaco, na medida em que reduz o trabalho doméstico, as viagens, os entretenimentos, espremendo cada vez mais o tempo disponível. Ninguém esperava que ela fosse criar a impressão de que a vida se movimenta depressa demais.

Outro sociólogo, Stoetzel, afirmou que uma proporção bem maior de franceses mostrava-se calma na sua atitude para com o tempo – 36%, mas ele incluiu muitos que não trabalhavam. Grossin, que estudou somente pessoas no trabalho, encontrou apenas 7% plenamente descansados: concluiu, então, que a tensão, o rigor e a monotonia do trabalho exercem um efeito decisivo na maneira como as pessoas utilizavam o tempo de sobra: algumas se tornam submissas, perdendo a capacidade de continuar no controle de seu lazer, enquanto outras são estimuladas a se rebelar contra as restrições aceitas à força durante as horas de trabalho. Os rebeldes são, em primeiro lugar, os jovens, que ficaram imunes às tentativas de arregimentação da escola. Demonstram sua resistência até o ponto de receberem de braços abertos acontecimentos e oportunidades inesperados. Da totalidade da população francesa, 42% acolhem bem os acontecimentos inesperados e 38%, não; o restante não sabe. Esse tipo de divisão não chega a causar surpresa. Mas 68% das pessoas entre 20 e 25 anos de idade apreciam o inesperado. E a segunda categoria de pessoas que assim agem são as mulheres: uma em duas, contra apenas um homem para cada grupo de três. A aliança de mulheres e jovens, em favor da improvisação e contra a imposição de planos fixos dos quais é impossível escapar, constitui, com efeito, a nova e explosiva mistura. Mas que não explodirá até que possam combinar um senso do objetivo com o desejo de manter suas opções em aberto.

O fato de estarem inflamados pela mudança não significa que venham a mudar. À medida que envelhecem, muitos se tornam mais regulares em seus hábitos: metade dos solteiros franceses e dos casais sem filhos não fazem refeições em horas certas; no entanto, quanto mais filhos têm, mais metódicos se tornam. Hábitos regulares significam, segundo Grossin, o acatamento de restrições, um realismo maior, expectativas mais reduzidas, menos esperança quanto a um futuro radicalmente melhor. Quando as pessoas se especializam em fazer o que delas se espera, deixam de ver tais exigências como tirânicas; na verdade, encontram o certo tipo de liberdade no que seus detratores chamam de complacência. Cerca de 45% dos franceses, de acordo com estimativas de Grossin, levam vidas ordeiras e 22% estão positivamente enquadrados. Com semelhante maioria, não é de surpreender que novas soluções para o tormento viver muito ocupado não sejam pensadas a sério. Dois terços não conseguem pensar em trabalhar menos de trinta horas por semana. Não sentem vontade de seguir o exemplo da mosca.

Existe uma nova sensibilidade à textura do tempo, quanto aos fatores que o fazem fluir suavemente, agradavelmente, sensualmente. As pessoas sonham em gostar mais de seu trabalho, fazendo-o num ritmo que lhes convenha e variando-o para ocupações diferentes. Esta idéia de ritmo pessoal foi o que a Revolução Industrial combateu e tentou destruir. Como isso aconteceu, pode-se ver na esquecida história do final de semana. A palavra inglesa *weekend* foi adotada por quase todas as línguas, mas representa um presente envenenado dos ingleses à humanidade.

Nas oficinas de artesãos de Birmingham do século XVIII, um visitante escreveu: "a indústria das pessoas era considerada extraordinária; sua peculiaridade de vida, notável. Viviam como os habitantes da Espanha, ou seguindo o costume dos orientais. Às 3 ou 4 horas já estavam no trabalho. Ao meio-dia, muitos faziam a sesta; outros passavam o tempo comendo e bebendo nas oficinas, que se transformavam muitas vezes em tabernas, e os aprendizes em serventes; outros divertiam-se jogando bola de gude ou boliche. Três ou quatro horas eram gastas, assim, em 'divertimentos', e depois retomava-se o trabalho até 20, 21 e, às vezes, 22 horas, o ano inteiro". Trabalhavam mais duro às sextas-feiras, estendiam o trabalho aos sábados, mas folgavam aos domingos e às segundas-feiras, e muitas vezes também às terças e, mais raramente, às quartas-feiras. Isso, em parte, para se recobrarem da bebida, em parte para se divertirem com lutas de cães, galos e pugilismo, mas, sobretudo, porque "os homens são regulados pela despesa das famílias e suas necessidades; sabe-se muito bem que eles não ultrapassarão o que a necessidade lhes exige, pelo menos a maioria deles". Em outras palavras, seguiam os mesmos princípios dos camponeses indianos, que decidem quanto ao padrão de vida que mais lhes convém, e trabalham o necessário para mantê-lo.

O feriado de sábado foi inventado pelos manufatureiros, para eliminar essa irregularidade de suas fábricas. Destronaram a santa segunda-feira mediante o artifício de oferecer uma redução de três horas de trabalho na tarde de sábado em troca de trabalho o dia inteiro na segunda. Os trabalhadores aceitaram com medo de desemprego, mas, sobretudo, porque novos "divertimentos racionais" lhes foram oferecidos ao mesmo tempo, para apartá-los aos poucos dos "perniciosos". As primeiras excursões ferroviárias, que partiram de Birmingham, organizadas em 1841, saíam às segundas-feiras, e as festas em clubes eram marcadas para as noites de segunda. E, gradualmente, o sábado se transformou em dia para compras; maior disponibilidade financeira foi necessária para a boa vida; empresas construtoras estimularam poupanças para a compra de casas com o produto do trabalho árduo. Uma longa guerra dos empresários com os inimigos da santa segunda-feira findou em divórcio entre trabalho e lazer.

Agora, as pessoas exigem que o trabalho seja, acima de tudo, interessante. Impõe-se uma nova atitude em relação ao tempo. A santa segunda-feira talvez tenha ressuscitado, ainda que completamente transformada, não como um fim de semana esticado, mas como um feriado que as pessoas concedem ao longo da vida. A divisão atual da existência parece fixada para sempre porque se esqueceu como quão recentes são a aposentadoria e o fim de semana. Os inventores ingleses do fim de semana (a palavra data do final do século XIX e foi importada pela França em 1906) esqueceram-se também de que o número dos seus feriados caiu verticalmente nos séculos XVI e XVII, que seus feriados bancários das segundas-feiras são sobrevivências simbólicas do reino da santa segunda-feira. Mas o mundo, que copiou "a semana inglesa" porque a Inglaterra era, na época, a nação industrial mais rica, deve lembrar-se de que se trata apenas de uma moda, e que a moda pode mudar.

O fim de semana é apenas metade do sabá. Deus também instruiu os judeus a tirar um feriado sabático de sete em sete anos, no qual deviam parar de lavrar a terra, cancelar as dívidas e libertar os escravos. O ano sabático poderá tornar-se o direito humano exigido pelo século XXI. Desde 1971 os franceses estão legalmente autorizados a gozar anos sabáticos, para melhorar suas especialidades ou adquirir novas, ou simplesmente para "clarear suas idéias"; na prática, porém, poucos o fazem. Agora que a expectativa de vida dobrou, a vida não pode ser encarada como detentora de apenas uma oportunidade, de apenas uma profissão. A experiência de mais de uma disciplina tornou-se a chave do êxito. Já que o conhecimento tem de ser renovado constantemente, e já que os indivíduos se sentem cada vez mais infelizes por desperdiçarem talentos que não utilizam nos empregos, o ano sabático talvez tenha futuro, oferecendo uma oportunidade para se mudar de rumo ou simplesmente para fazer o que as pessoas ocupadas não têm tempo para fazer, isto é, pensar, ou, então, dar um longo passeio.

Claro que isso não se tornará viável a menos que feito compulsoriamente por lei, a exemplo da semana de 44 horas, porque, do contrário, o medo de perder a competição permanecerá muito forte. Se todos gozassem um ano sabático, como agora gozam um fim de semana, não haveria sugestão que implicasse deslealdade, ou falta de compromisso; e não haveria possibilidade de objeção à licença-maternidade ou licença-paternidade. O ano sabático não poderia ser financiado, salvo se reconsiderada toda a idéia de aposentadoria, que não precisaria ocorrer de uma vez só, no final da carreira. Segundo a lei britânica, já é possível tirar-se uma fatia da pensão da aposentadoria por antecipação, adiando-se a aposentadoria final por um ou dois anos, a título de compensação. No momento, é preciso esperar até os 50 anos, mas talvez os quarentões venham a descobrir o atrativo de uma mudança, e aos poucos um, dois, três ou mais anos sabáticos ao longo da vida se transformem em norma mais cedo do que se pensa. A indústria dos seguros está ainda nos primórdios da sua criatividade. O ano sabático é muito mais que uma maneira de lutar contra o fato de não haver empregos de horário integral em número suficiente para todo mundo.

Somente quando a idéia de tirar licença por um ano, de vez em quando, parecer natural, as pessoas serão capazes de inserir a vida familiar num currículo sem perda de status, sem ter de justificar-se; tirar sete anos também poderia ser natural. Seguir uma dieta temporal significa não apenas organizar o dia ou a semana, mas pensar em lapsos de pelo menos sete anos. Os hábitos são confortáveis, mas quando se fossilizam a humanidade começa a ser gradualmente drenada dos seres humanos.

21
Por que pais e filhos estão mudando de opinião acerca do que esperam uns dos outros

Minha primeira história começa na China. Ele era comunista, um dos primeiros a se juntar ao exército de Mao, e ela, filha de um rico proprietário rural, que teve sua fazenda confiscada e foi obrigado a trabalhar como camponês.

Ela era bonita, sonhava em ser atriz; casou-se contra a vontade, só para agradar ao pai, que queria viver em paz com os Vermelhos. O amor não entrou no casamento, e ela não demorou a ter os seus amigos homens, pois as esposas já não eram forçadas a obedecer aos maridos. A filha deles, Weiling, cresceu em meio a brigas constantes, que se tornaram intoleráveis, e aos 12 anos preferiu ir para um colégio interno. Contudo, isso em nada diminuiu-lhe o afeto ou respeito pelos pais. "Não acredito", diz ela, "em amores eternos entre homens e mulheres, mas acho que eles existem entre filhos e pais. Meus pais me alimentaram, levaram-me ao hospital quando eu estava enferma, educaram-me, investiram muito em mim. O primeiro salário que ganhei, enviei-o todo para eles. Nossos pais nos permitem muita independência, mas conservamos nosso respeito pelos idosos. Nada pode ser mais forte que a ligação entre pais e filhos."

Wei-ling não cresceu para ser uma mulher que faz o que lhe mandam. Sua explicação é que, devido às brigas dos pais, ela teve de se cuidar sozinha. Talvez seja verdade no mundo inteiro que quando os pais se hostilizam, fazem o possível para libertar os filhos, da mesma forma que grandes libertadores lutaram contra governos tirânicos, mas a liberdade nunca disse a ninguém o que fazer das suas vidas. Wei-ling estudou idiomas estrangeiros, embebeu-se de idéias francesas, viu filmes franceses e conheceu franceses em busca de um mundo melhor que o mundo tedioso que conhecia. Nesse ínterim, ela estava sob observação, de modo que, ao chegar a ocasião de arranjar emprego, ficou decidido, pela recomendação do "conselheiro político" da escola, que iria ser professora no distante norte, o equivalente a um exílio siberiano. Como escapar? Ela passou no vestibular de um afamado colégio de pós-graduação. Mas ainda sem descobrir a liberdade. Um chefe de departamento deu as boas-vindas aos estudantes com estas palavras: "Vocês são soldados sem uniforme", significando que esperava obediência total; qualquer contato com estrangeiros estava proibido. Wei-ling tinha muitos amigos estrangeiros e havia estudado francês exatamente porque, para ela, os estrangeiros representavam um sopro de vida. Seus novos colegas, interessados somente no progresso de suas carreiras, eram-lhe impróprios. Recusou-se a entrar para o Partido Comunista, embora ele contivesse a chave do sucesso, mas fazer juramento, levantar a mão, querer sacrificar a vida pelo partido, era demais. Chamaram-na de "egoísta", de "individualista". Seu irmão não tivera nenhum desses problemas ou escrúpulos: "Ele não se sente constrangido numa sociedade de extrema igualdade, como eu me sentia, onde se espera que todo mundo faça a mesma coisa, e se você fizer mais que os outros, provoca ciúmes e lhe recusam prêmios, que sempre têm de ser divididos; uma sociedade onde sempre se tem de estabelecer compromissos com os superiores, freqüentemente estúpidos, com os membros do partido ou pessoas a ele ligadas, que concordam em obedecer e são escolhidas para líderes só porque fazem o que lhes mandam. Os comunistas sabem julgar o caráter das pessoas e só dão empregos aos conformistas."

Para Wei-ling, o fato de ser natural da China a transforma em membro de uma outra espécie de família, a quem deseja ser tão leal e agradecida – apesar das possíveis divergências – como é com os pais. Aos desleais, que fazem "coisas escandalosas", jamais se permite o esquecimento: "carrega-se o opróbrio nas costas pelo resto da vida. Sou corajosa: sei quando avançar e também quando recuar. Os anticonformistas devem lutar, mas é um erro cortar relações com o seu país." Wei-ling conseguiu encontrar emprego onde havia uma atmosfera tolerante, com apenas uma tarde por semana para debates políticos. Entrou em contato com poetas e cineastas e visitou a França. Após os acontecimentos da praça Tienanmen, decidiu ficar lá. Mas manteve boas relações com seus professores chineses e pagou as passagens aéreas para sair da China, a fim de eliminar prováveis queixas. Ela quer voltar regularmente, para ver a família.

Vai se casar com um francês, mas não é um amor louco que a impulsiona. Está construindo um novo tipo de família: "Há limites para as relações que franceses e chineses podem ter. Se eu me comportasse com meu noivo francês à maneira chinesa, já estaríamos separados. Ele é totalmente francês. Cabe-me fazer o esforço, me comportar como francesa, o que às vezes me aborrece. Eu tento explicar, mas pequenos incidentes se acumulam. Ele come o queijo que eu compro. Mas quando vai às compras, se esquece que sou chinesa e preciso de soja e arroz. O pai trabalha no exterior e a mãe vive sozinha, a cerca de 300 quilômetros de distância: se eu fosse ele, telefonaria uma vez por semana, iria convidá-la para os feriados, compraria presentes..., mas ele só telefona uma vez por mês. Assim, não entende que, ao receber carta da minha mãe, eu fique muito feliz; telefono para o escritório, a fim de perguntar o que devo comprar para minha mãe. Quando isso acontece, ele responde: 'Olhe, estou trabalhando, os clientes estão sentados à minha frente.'" Wei-ling acha que, no relacionamento de ambos, ela tem maior polidez em relação a parentes e amigos.

O que mantém unidas as duas famílias, a nova e a velha, é o ideal de justiça que compartilham. Esta é a qualidade que ela mais respeita no noivo. Os chineses, afirma Wei-ling, são mais oportunistas, mais ansiosos em se comprometer, em acreditar que a conduta da pessoa deve depender das circunstâncias em que se encontra; por esse motivo é que comunistas ardentes têm sido capazes de assumir empresas capitalistas: "Os chineses são adaptáveis de uma forma que os ocidentais não podem ser no Oriente. Tudo se deve ao fato de não terem um deus, mas um porco numa aldeia e um cavalo em outra; seus deuses representam equilíbrio, compromisso, conformismo. Entre os franceses, é claro, há pragmáticos que só pensam em dinheiro, mas também há pessoas com uma fé profunda, o que me sensibiliza."

Wei-ling está se preparando para tornar-se protestante, porque é a religião de seu noivo. Ela não tem religião, mas "a religião é a base da civilização e, se eu quiser compreender a civilização, devo compreender a religião". Para ela, a atração do protestantismo, como religião oposta ao catolicismo está em sustentar que há muitas maneiras de aproximação com Deus, cujo amor se assemelha ao amor entre filhos e pais. "Minha experiência tem me dado uma espécie de fé."

Na China, segundo diz, nunca foi "totalmente chinesa", desenvolvendo-se, aprendendo, mudando de conduta. Há chineses que pensam que ela os traiu. Mas "fico constrangida se perguntam se sou chinesa ou francesa: quero ser eu mesma." Uma aspiração, naturalmente, que tende a se tornar cada vez mais comum. Wei-ling pertence à imensa nação nova de pessoas que não pertencem inteiramente a ninguém.

Ela afirma que, pelos padrões de algumas pessoas na China, seu noivo é um marido inadequado, por ser um "egoísta". O antiquado critério chinês para um bom marido diz que ele deve ser gentil com a mulher, ter uma boa posição social e financeira e ser honesto. Mas quando lista as boas qualidades do noivo, põe, em primeiro lugar, sua inteligência.

SANDRINE PASSOU A INFÂNCIA querendo fugir de casa por motivos diversos. Sua história talvez pareça oposta à de

Wei-ling, mas suas ambições têm muito em comum. A mãe morreu quando estava com 6 anos, e o pai casou com uma mulher que, segundo ela, a odiava: "Eu era sempre um estorvo." Isso a fez pensar no desejo de viver intensamente. Vê o pai somente três ou quatro vezes por ano e não o considera pessoa fácil ou adequada. Não se trata de um homem ruim, afirma, apenas lhe falta coragem. "Ele não quer que coisa alguma perturbe sua vida e chega a ponto de obstruí-la; mas é claro que não vê as coisas dessa maneira. Diz que gosta de me ver, mas não demonstra afeto com atos concretos, não quer assumir riscos para me ajudar." Sandrine deseja uma afeição claramente demonstrada. Às vezes acha que devia cortar os laços com o pai.

Assim, ela também resolveu construir outro tipo de família. "Adotou" uma mulher mais idosa como mãe. Sua independência de espírito não é desafiada, mas ela não tenta a independência emocional. Divorciou-se quando o marido se tornou uma barreira ao desejo de encarregar-se da sua própria vida. Tentou viver sozinha quatro anos, mas sentia falta do prazer de dividir, de fazer coisas em conjunto, de ter alguém para ouvi-la. Agora vive com um homem com quem gosta de estar, um jornalista estrangeiro que viaja muito para o exterior. "O telefone é minha âncora." Ele é seu apoio moral, uma fonte de estímulo. "Ele vem em primeiro lugar. Preciso de afeto ao meu redor. Não posso sacrificar tudo pelo meu trabalho. Não sou ligada a dinheiro, nem a poder."

Contudo, Sandrine muitas vezes passa menos tempo com o marido do que com sua sócia comercial, de quem diz: "Temos as mesmas atitudes éticas, as mesmas convicções acerca de como negociar, acerca do que não faremos, a mesma determinação de não obter o que desejamos através de mentiras. Eu sei que ela pode enfrentar qualquer problema na minha ausência. Gosto de partilhar, de me apoiar em pessoas nas quais confio." Sua colega é, com efeito, uma irmã adotiva.

Costumava trabalhar ajudando o governo francês a salvar a cultura francesa de ser sepultada viva no cemitério onde os assírios, os maias e outras civilizações mortas descansam em paz, esquecidas. Seu trabalho consistia em persuadir as pessoas a assistir a um filme francês de vez em quando, por mais incrível que isso pareça, libertar pessoas do vício de Hollywood. A mulher para quem trabalhava a dominava como um pai autoritário: "Eu era escrava. Ela queria ser Pigmalião. Chegava a dizer-me como devia me vestir, me interrogava sobre minha vida particular, tomava partido em minhas brigas com meu marido. Queria mudar-me. Uma vez, disse: 'Você não é ninguém sem mim.' Um dia eu lhe disse que não a suportava mais e saí. Fugi."

Sandrine fugiu várias vezes na vida. A única forma de segurança que tem, a única em que confia, é sua habilidade de escapar, quando a atmosfera em volta fica sufocante e incompatível com o que ela considera mais essencial à sua personalidade. Seu livro favorito é *Em louvor da fuga*, de Laborit, tema que discuto no capítulo 13. Talvez o mundo da televisão e do cinema, que ajuda as pessoas a escapar da realidade à simples pressão de um botão, seja feito para os descendentes espirituais daqueles nômades que, ao longo da história, fugiram do campo para a cidade, do Velho para o Novo Mundo, sempre para um destino imprevisível.

Somente ao completar 13 anos Sandrine percebeu o significado do seu instinto de fuga. Ofereceram-lhe a opção de voltar ao velho e confortável emprego que tinha antes de casar, ou aceitar um convite arriscado para se aventurar em terreno desconhecido. "Como você pode hesitar", perguntou-lhe o antigo patrão, "entre um emprego que vai durar até sua aposentadoria, com uma boa pensão, e a insegurança da televisão?" "Isso decidiu o meu destino", diz ela agora. "A idéia de nunca mudar, de fazer a mesma coisa a vida inteira, de ser como todas aquelas pessoas que conhecia, que tinham escolhido seguir caminho e se fossilizado, me horrorizava."

Assim que veio a dominar o primeiro emprego na televisão, quis outro, que a desafiasse ainda mais. Transferiu-se para uma companhia cinematográfica recém-instalada, que lhe prometia a oportunidade de tomar parte em filmagens. Essa experiência foi uma decepção: o novo patrão não utilizou sua experiência ou seus talentos de modo satisfatório. Não sabia delegar poderes, aceitava como fato normal que ela trabalhasse nos fins de semana sempre que necessário, o que Sandrine fazia de boa vontade porque era parte de uma pequena equipe cheia de entusiasmo, mas não aceitava que tirasse um dia de folga quando lhe conviesse. "Ele me usava como se eu fosse uma mocinha, pedindo-me para encontrar seus óculos quando os perdia, para arranjar táxi quando estava atrasado para um encontro." E ela fugiu outra vez. Desistiu de ser assalariada. Divorciar-se do emprego, divorciar-se do marido, divorciar-se dos pais, fazem parte da mesma busca de um novo conjunto de prioridades.

Fundou sua própria empresa, para não desperdiçar mais seus talentos numa organização que exija sacrifícios da sua vida particular, uma empresa onde, afinal, possa criar a exata mistura de dedicação e descanso que se ajuste às suas necessidades. O princípio básico dessa empresa é que o trabalho não constitui a única fonte de alegria. Ela (e os que trabalham com ela) quer dispor de tempo para ler, para viajar e cultivar afeições. As afeições estão em primeiro lugar na lista de Sandrine.

É TEMPO DE OS PAIS transmitirem aos filhos os fatos da vida, não somente os que as crianças geralmente descobrem por si mesmas, mas também aqueles acerca do que aconteceu no passado em razão de viverem numa mesma família. A julgar pela experiência passada, a família existe para produzir o inesperado. Nunca foi possível conseguir que ela fizesse exatamente o esperado. Claro que família significa o aconchego seguro, o refúgio protegido e memórias que nem a morte consegue destruir; mas também é um laboratório empenhado em experimentos aventurosos. Em particular, a família oferece treinamento na arte de lutar com as incertezas da vida. A incerteza é uma precondição de liberdade, mas sem a família tudo seria inevitável e nada restaria com que sonhar. De modo que é importante conhecer as areias movediças em que as raízes da família estão fincadas.

Quando o teatrólogo sueco Strindberg (1841-1912) denunciou a família como uma casa de repouso para mulheres desejosas de vida fácil, uma prisão para os homens e um inferno para os filhos, exprimia apenas o desespero em face de famílias que não davam às pessoas o que estas esperavam, o desespero de "sofrer a dor de não ser capaz de ser a pessoa que eu desejava ser", mesmo depois de três casamentos. E, no entanto, as expectativas das pessoas têm sido muito simples, porque elas esqueceram seu passado.

O primeiro fato da vida é que os pais nunca se sentiram totalmente no controle da situação. No começo, houve medo nas relações de pais e filhos. Pais mortos eram ainda mais temidos do que pais vivos, pois acreditava-se que ancestrais ausentes dirigissem a maior parte dos acontecimentos do mundo. Os pais foram originalmente aterrorizados pelo fato de um dia se transformarem em ancestrais, espíritos que tinham de ser aplacados. Os chineses foram responsáveis pela primeira grande revolução nas emoções do mundo, quando transferiram a supremacia aos pais vivos. Os pais chineses travaram uma batalha contra o medo dos mortos e ganharam. No lugar dos mortos, colocaram a religião da piedade filial, que era mais simples e que todos podiam praticar com eficácia, sem necessidade de sacerdotes, sem preocupações acerca do que os mortos queriam. Uma boa proporção de pais espalhados pelo mundo é cópia mais ou menos pálida dos pais chineses, pois cristãos, muçulmanos ou judeus não podem ser tão poderosos, já que têm um deus que já é todo-poderoso e um livro divino que lhes exige submissão total.

Os pais ansiavam por serem tratados como deuses, mas os filhos poucas vezes se comportavam exatamente como os pais esperavam. Dessa forma, foi preciso inventar meios para diminuir a irritação do desapontamento causado pelos filhos. Os chineses encontraram não a cura, mas um paliativo. A solução deles consistiu em salvar as aparências, envolvendo a piedade filial em etiqueta. Confúcio sabia que a obediência cega era impossível. "Um pai tem um filho crítico", escreveu ele, e desse modo aconselhou o filho com um pai injusto a redobrar suas manifestações de reverência, embora continuando a protestar. Na impossibilidade de um acordo, o filho deveria evitar danos à reputação de sabedoria do pai, sendo preferível sair de casa a desonrá-lo publicamente. O respeito, ou a suposição de respeito, tornou-se uma cerimônia. Um visitante estrangeiro diria, de um lado, que na China a desobediência aos pais era o pior dos crimes e que todas as faltas eram imputadas à falta de piedade filial e, por outro lado, que "os filhos chineses não têm disciplina adequada, nenhuma idéia de pronta obediência".

Já que a autoridade paternal estava sempre mais ou menos em xeque, os pais tentaram mudar a base de seu domínio sobre os filhos do medo para a gratidão, e por longo tempo a gratidão revelou-se parcialmente efetiva, como uma cola que nem sempre gruda, impedindo, assim, as famílias de se desagregarem. Mas quando, no Ocidente, até mesmo Deus deixou de merecer gratidão, os pais não ficaram atrás. O colapso da gratidão foi acelerado pelo cinismo, pela inveja e pelo engenho. Alguns a condenaram como inspirada apenas por uma secreta esperança de maiores favores, enquanto outros argumentaram que os seres humanos odiavam a tal ponto sua inferioridade que a gratidão era uma forma de vingança e que retribuíam os benefícios recebidos não por prazer, mas porque julgavam a obrigação dolorosa. Bernard Shaw indagou: "Você gosta de gratidão? Pois eu, não. Se piedade se assemelha ao amor, gratidão se assemelha a outra coisa."

O primeiro fato da vida é que a obediência nunca teve garantias, e a gratidão sempre foi imprevisível. Nada há de errado nas famílias quando os pais não conseguem realizar os seus sonhos; ao contrário, é surpreendente que os realizem.

Os SEGUNDO FATO é que sempre houve intrusos tentando interferir no relacionamento de pais e filhos, o que tornou suas relações incertas. O cristianismo, por exemplo, embora pressionando os filhos a honrar os pais, também os convidou a adorar a Deus como seu pai e a abandonar o mau exemplo dos pais naturais. A Igreja se opôs à idéia do pai humano onipotente, que os romanos haviam acolhido em sua jurisprudência e que sobreviveu muito tempo em muitos países. Pais espirituais competiam em influência com pais naturais. A partir do século VIII, a confissão, que costumava ser uma cerimônia pública, transformou-se, aos poucos, em inquisição moral particular (os monges irlandeses foram os primeiros a adotar a moda). Os padres começaram a dar orientação sobre os assuntos mais íntimos, insistindo que os filhos fossem nomeados depois dos santos, e não depois dos pais, e oferecendo um modelo alternativo para imitação. Aos padrinhos foram dadas responsabilidades de reparar as deficiências dos pais, tornando os filhos membros da paróquia tanto quanto das famílias. Casamentos entre primos foram proibidos, para frustrar a ambição dos pais de tentar transformar as famílias em clãs cuja religião fosse a adoração em causa própria.

No Novo Mundo, os missionários viram os filhos como "ministros da destruição da idolatria". Sistematicamente os atiraram contra os pais pagãos, aliciando-os com presentes e depois humilhando os pais em presença dos filhos. Entre seus métodos de conversão figurava a "emasculação", que consistia em agarrar homens pelos testículos até que desmaiassem de dor. Fizeram esposas rirem de maridos ao alterarem a tradicional divisão de trabalho, forçando as mulheres a tecerem, trabalho considerado de homem, e os homens a construírem casas, trabalho que as mulheres costumavam fazer. A Igreja ofereceu-se como mãe universal e como protetora das mães.

Na Europa, do século XVI em diante, os pais deram o troco. Os reis, que estavam estabelecendo seu próprio despotismo contra a Igreja, apoiaram os pais, porém os pais mais famosos tentaram controlar os filhos, por mais que os adversários do despotismo protestassem em benefício dos filhos. A Declaração dos Direitos Humanos aboliu o dever da obediência filial. "Quando a República decepou a cabeça de Luís XVI", escreveu Balzac, "decepou igualmente a cabeça de todos os pais." Embora Napoleão procurasse restabelecer os direitos dos pais ao restaurar o despotismo, os paladinos dos filhos retaliaram. A batalha continuou por um século e meio. O resultado foi inesperado: ainda que os pais perdessem a maioria dos seus direitos, um a um, os vencedores não foram os filhos; o poder sobre eles veio a ser transferido em boa parte para os professores, médicos, tribunais e assistentes sociais. Depois surgiu outra surpresa: um movimento de resistência dos filhos, que exigiam o direito de emitir opiniões e limitavam a influência de especialistas, tornando imprevisíveis as conseqüências da intervenção.

OS PAIS TENTARAM SUBSTITUIR sua autoridade perdida pela conquista do afeto dos filhos. Outra incerteza foi introduzida, pois o afeto, como o vento, sopra apenas quando lhe apraz, e nenhum fingimento cerimonioso será jamais um substituto adequado. Quando pais e filhos se deram conta de terem opiniões e personalidades diferentes, os ventos da afeição transformaram-se em tempestades. Todavia, as tentativas dos pais de se transformarem em amigos dos filhos, em vez de tiranos, foi uma das grandes aventuras humanas, em que os pobres, com freqüência, obtinham mais êxito do que os abastados, já que estes tinham outras prioridades e usavam os filhos para satisfazer suas próprias ambições. Embora não tenha havido virtualmente uma única civilização em que os pais não gozassem da companhia dos filhos, brincando com estes como se também fossem crianças, a severidade em geral triunfava quando a criança se tornava capaz de ganhar um salário. Contudo, até mesmo os vitorianos, agora famosos por serem, pelo menos em aparência, pais frios e distantes, incluíam muitos que eram o oposto: entusiasmados, calorosos, frívolos. Sempre houve famílias que rompiam as regras em particular: para isso existia a privacidade. Os pais romanos, responsáveis pelo exemplo de austeridade que os vitorianos adotaram e que a certa altura de suas vidas pareceram prisioneiros da formalidade e de sutilezas legais, às vezes tinham relações íntimas e ternas com as filhas, que apreciavam mais os pais do que os maridos: quanto a isso, eles estavam inventando uma forma de amizade que nem os etruscos nem os atenienses conheciam.

Os pais não se limitaram a seguir a tradição: também foram inventores, e não há motivo para supor que parassem de inventar novos tipos de paternidade, ainda mais agora, com a mudança do significado de hereditariedade.

"Idiotas geram idiotas", eis a opinião de Santo Tomás de Aquino e da maioria até data bem recente. Nada poderia mudar, se isso fosse verdade. Mas quando Francis Galton (1882-1911) examinou cuidadosamente os filhos dos gênios, verificou que, em geral, não eram gênios em absoluto. No século XIX, idéias acerca de herança biológica mudaram por completo, mas a maior parte das pessoas não lhes deu aquela atenção que concede às suas vidas privadas. Os pais ficam bem diferentes, se vistos como um saco de genes e moléculas.

Costumava-se acreditar que os filhos se pareciam com os pais em uma de três maneiras. Alguns diziam que as características da mãe e do pai se misturavam; outros, que o esperma do pai continha uma versão em miniatura do filho, de modo a ser este uma reprodução fiel do pai, enquanto poucos sustentavam que a versão da miniatura estava no óvulo da mãe. O motivo pelo qual os filhos, a despeito disso, diferiam dos pais, não era um mistério que as pessoas quisessem decifrar, pois não podiam suportar a idéia de que a rebelião dos jovens pudesse ser predeterminada pela natureza.

A nova consciência dos pais pode ser datada de 1850, quando o filho de um camponês foi reprovado no exame para professor. A humanidade deve muito a fracassados, hereges e pessoas que dão respostas erradas em exames; às vezes, elas mudam o rumo da história. Gregor Mendel (1822-84) foi reprovado por eminentes professores da Universidade de Viena, por ser em parte autodidata. Também era anormal, para a época, porque, embora fosse monge, acreditava que a história da criação não estava concluída, significando com isso que o mundo não permaneceria para sempre o que era. Ao contrário, não tomava o mundo muito a sério: continuou como professor sem diploma, ignorando a reprovação, dando aulas em tom de gracejo, enrubescendo e rindo com suas próprias piadas, "com piscadelas travessas, jamais demonstrando indiferença para com alguém", falando sobre sexo em linguagem franca e, caso alguém titubeasse, dizia: "Não seja tolo, são coisas naturais." Só tinha medo de correntes de ar, colocando instantaneamente o chapéu quando ouvia a harpa eólia soar no jardim, soltando a nota de aviso. Pequenos medos são úteis quando protegem grandes medos. Mendel não temia que suas idéias fossem difíceis de conciliar com as idéias correntes da época:

> "Para que criaram o homem?", indagou numa
> tentativa de versejar.
> "O trabalho incessante,
> A nobreza e o desdobramento das energias
> São deveres do homem aqui embaixo."

Esse otimismo permitiu a Mendel realizar experiências sobre diferentes espécies de ervilhas, que demonstraram não conter mistura de características herdadas. Combinando hereticamente a matemática com a botânica, executou os passos de dança dos dominantes e recessivos genes através das gerações. A genética moderna se fundamenta naquela idéia.

Um século depois, em 1953, Watson e Crick revelaram a forma que os pais davam aos filhos. A exemplo de Mendel, ambos haviam se consagrado pelo fracasso: Watson fora rejeitado por Harvard, Crick não conseguira entrar para a University College London; Watson era um solitário, Crick, um extrovertido. Ambos atribuíram seu êxito na descoberta da hélice dupla, a estrutura molecular dos ácidos nucleônicos no gene, ao fato de serem tão diferentes, sempre a se criticarem, a se complementarem e a se estimularem. As diferenças entre pessoas têm sido encaradas tradicionalmente como incômodas: seu valor somente agora se torna aparente. As fronteiras que separam os diferentes ramos da ciência costumavam produzir especialistas que não se compreendiam entre si, mas o conhecimento está sendo impulsionado cada vez mais pelos buracos causadores de trepidação naquelas fronteiras. Foi lendo *O que é a vida?*, do físico Schrödinger, que Watson e Crick se convenceram de que a biologia podia ser acelerada pelos conceitos da física e da química, que na fronteira entre o ser e o não-ser havia uma ponte, não um abismo.

Agora ficou claro que a vida jamais se repete: suas irregularidades e surpresas são o encanto que imprime à matéria. As diferenças no indivíduo são reorganizadas em cada geração, e as mutações acrescentadas sem razão aparente. Os pais não podem passar para os corpos dos filhos as peculiaridades que adquiriram na vida. Eles estão muito menos assustados agora, quando vistos mais de perto, não mais como autoridades que sabem o que é direito, mas como uma massa de DNA, lutando, um tanto cegamente, para produzir ainda mais DNA.

O QUARTO FATO DA VIDA é que os "valores familiares" mudaram tanto ao longo dos séculos que seu significado tornou-se cada vez mais incerto. Às vezes, os filhos mal se distinguiam dos criados, postos a trabalhar assim que aprendiam a caminhar, de forma que no século XIX mantinha-se uma família com um terço ou metade do que ganhavam os filhos. Quando isso cessou, e as esposas, em troca, passaram a trabalhar, ocorreu outra grande revolução emocional: o papel dos filhos era gastar o dinheiro dos pais, em vez de ganhá-lo. Hoje, 70% dos franceses dizem que os pais não têm direito de exigir sacrifícios dos filhos; 62% acham que não devem pedir fatia alguma dos salários dos filhos.

Dar amor, em vez da parceria econômica, valor básico da família, não foi fácil. Nos Estados Unidos, o reverendo Dr. H. J. Kerr, em seus *Contos morais para crianças* (1911), narrou a história de uma criança chamada Bradley, que apresentava uma conta à mãe: "Mamãe deve a Bradley, por dar recados, 25 centavos; por ser bonzinho, 10 centavos; por tomar lições de música, 15 centavos; extras, 5 centavos Total: 55 centavos" A mãe deu-lhe os 55 centavos e apresentou, por sua vez, sua conta: "Bradley deve a mamãe: por ser boa, 0 centavo; por cuidar dele na sua longa escarlatina, 0 centavo; pelas roupas, sapatos e brinquedos, 0 centavo; por todas as refeições e seu lindo quarto, 0 centavo. Total que Bradley deve à sua mamãe: 0 centavo." Os olhos de Bradley se encheram de lágrimas e devolveu o dinheiro, dizendo: "Eu quero amá-la e fazer coisas para você." O sonho do pregador quanto a famílias desinteressadas e não-calculistas continuou sonho enquanto o amor foi medido quase como dinheiro, embora em moeda inconversível. Assistentes sociais queixaram-se, mais ou menos à mesma época, dos pais imigrantes: "Embora amem os filhos, não os amam da maneira mais certa." Forma alguma de amor era aceitável. Todavia, ter alguém a quem amar tornou-se cada vez mais necessário; de modo que, enquanto a educação dos filhos ficava crescentemente cara, o valor que se lhes dava subia sempre. No *Anais da academia americana* (1908) foi assinalado que "a criança vale o sacrifício dos pais". Antes daquela data, costumava haver pessoas que se livravam de um filho ilegítimo por 10 dólares. Por volta de 1920, os pais em perspectiva pagavam 1.000 dólares por uma criança a adotar, e a Sra. Georgia Tann, de Mênfis, foi a primeira mulher do mundo a ficar milionária com uma agência de adoções. Uma pesquisa americana na década de 1970 mostrou que os filhos contribuíam tipicamente com três horas e meia semanais para as tarefas domésticas, em comparação com as cinqüenta horas da mãe.

Quando a família se baseava inteiramente no amor, o filho ficava na incerteza quanto ao que se esperava que fizesse em troca do amor recebido. Só conseguia julgar seu valor quando aplicava dinheiro em casa, mas, no caso de ser economicamente inútil e financeiramente um dissipador, dependia de sua egolatria para assegurar-se do amor e admiração paternais, sem qualquer garantia de que tal admiração fosse partilhada pelo resto do mundo. Às vezes, era preciso reembolsar os pais, transformando fantasia em realidade, tornando-se a pessoa ideal que os pais gostariam de ter sido. Outras vezes, o filho era compelido a crescer como pessoa independente, "feliz", embora o amor fosse retirado, se o resultado parecesse por demais chocante. Depois, alguns pais decidiram que fazer os filhos felizes não seria a razão única das suas vidas, que havia limites aos sacrifícios que tencionavam fazer, e embora o filho fosse um rei, poderia ser destronado. Os divórcios comprovaram que o filho nem sempre tinha a primazia. Houve grande diferença entre o valor familiar do amor como um dever e o amor espontâneo que precisa de renovação constante.

Sempre houve, também, um conflito entre o valor familiar da continuidade e a busca infindável de renovação. À parte os faraós do antigo Egito, que desposavam as irmãs, o casamento, para a maior parte das famílias, significava a introdução de sangue novo de estranhos. Os cônjuges sempre foram uma indispensável lufada de ar fresco, quer provocassem estragos ou não. Não é um sintoma de colapso da família os filhos não cumprirem as expectativas dos pais, nem uma quebra da tradição não receberem a exclusiva e indivisível atenção da mãe. A família é a mais velha de todas as instituições humanas porque é a mais flexível. Seus objetivos, ao longo dos séculos, mudaram repetidas vezes. Com um ou dois filhos, ela tem pouco em comum com as casas que incluem criados, hóspedes, mordomos e prole ilegítima, bem como parentes de várias gerações. Um século atrás, mesmo na França, que tomou a dianteira na constituição de pequenas famílias, metade dos filhos tinha pelo menos dois irmãos ou irmãs.

É um fato da vida a família estar sempre mudando sua forma de pensar acerca do que está tentando fazer, e de como atingir os objetivos.

A reviravolta da família consiste em passar de uma organização de emprego a uma organização preocupada primordialmente com o ócio. Como fornecedora de empregos, seu desempenho foi pobre. Os pais costumavam jogar com segurança, tendo mais filhos do que necessitavam para assegurar a continuidade do seu negócio e deixar a prole excedente resolver seus problemas nas cidades ou no estrangeiro. Foi por esse motivo que órfãos e quase órfãos inventaram a modernidade: não lhes cabia outra opção. A educação complementar supostamente habilitava os jovens a fazerem mais e melhor que os mais velhos, mas, salvo raros períodos de prosperidade, nunca houve empregos suficientes e do tipo adequado, ou soluções lucrativas, para os de livre imaginação. Nas décadas de 1820 e 1830, "os jovens encontraram uma saída para a energia inativa na afetação do desespero", conforme observou Alfred de Musset: "Escarnecer da glória, religião, amor e de todo mundo é o grande consolo dos que não sabem o que fazer." A adolescência, concebida para ser um paraíso antes que a vida real começasse, revelou-se terreno fértil em neuroses e delinqüência. Então, os adultos ficaram fascinados por essa invenção, pelo milagre de serem para sempre jovens e pelos perigosos prazeres de cultivar a imaginação. E assim finalmente se concluiu, um tanto por acidente, que a família era pelo menos tão boa para estimular aventuras quanto para garantir estabilidade.

A descoberta mais positiva para os pais foi descobrir o quão interessantes as crianças poderiam ser, quão mais compensadoras como seres humanos, cheias de curiosidades imprevisíveis, do que como escravos trabalhadores e obedientes. A paternidade foi se tornando um jogo, na medida em que os filhos foram se tornando uma fonte de indagações irrespondíveis, que faziam as antigas respostas parecerem vacilantes, forçando a que se repensasse tudo quanto fora aceito sem discussão até então. Não se apresse em compreender o mundo, disseram a Tom Brown, você ainda não é bastante velho para entendê-lo. Mas a nova atitude envelheceu mesmo: há muitos fatos que não se podem mudar, e outros que talvez nem sejam fatos.

Ao longo dos séculos, houve tão pouco progresso na tentativa de tornar as famílias mais estáveis e fontes mais confiáveis de virtudes, que chegou a hora de pensar como utilizar melhor toda essa incerteza contida na sua história. O quadro histórico, até aqui, mostra a tentativa de libertação da incerteza. Mas não se trata de deduzir que a vida seria tediosa sem ela. A segurança em si mesma deixou de ser um ideal adequado, porque nunca posto à prova. E, assim, os planos vão sempre por água abaixo. No processo, boa proporção de experiência se desperdiça, ainda que os fracassos venham a ser reciclados como oportunidades. A forma da esperança é sempre incerta, e a incerteza, por sua vez, é indispensável à esperança.

Só que isso não basta para orientar uma vida. Sendo assim, o próximo capítulo examinará as novas metas que a família pode estabelecer, mesmo que produzam resultados inesperados. A pessoa gostaria de saber para onde mais deseja ir, mas lhe conviria conhecer também o risco de chegar a um objetivo bem diferente.

22
Por que a crise familiar é apenas um estágio na evolução da generosidade

"Como você foi educado?"

"Pessimamente." Ele está com 18 anos e goza de todos os privilégios que uma família de profissionais bem-sucedidos é capaz de proporcionar.

"Eu via pouco meus pais, que costumavam sair para o trabalho às 8 horas e voltar no começo da noite. Ficará pior se homens e mulheres também trabalharem mais freneticamente. Os filhos ficarão desprotegidos."

Seu pai é um advogado de renome, defensor dos direitos humanos; sua mãe, Monique, tem um bom emprego no mundo da música. Na juventude de ambos, no início dos anos 1970, eram rebeldes, pioneiros de um novo estilo de vida. Conheceram-se quando conseguiram bolsas para os Estados Unidos, onde todos os que pensavam no futuro como uma aventura iam se batizar em modernidade. Monique é uma mulher muito moderna. Filha de um radialista, estimulada a estudar em vez de lavar pratos, muitas vezes deixada sozinha, a pensar por si mesma, diplomou-se na melhor escola francesa de comércio. (Isso foi em 1968, antes da explosão do feminismo.) Passou um ano ensinando crianças pobres na África e mais tarde ajudou a organizar a campanha de Angela Davies na França. Seu marido era um dissidente consciencioso que em vez do serviço militar preferiu ensinar na República dos Camarões. Ali nasceu o filho, que agora diz não ser francês, mas camaronês.

Monique não queria ser apenas uma esposa. No interior da França, isso era difícil evitar quando se casava com um membro de uma daquelas famílias tradicionais e ricas, em que a mulher, ainda que tivesse vigor intelectual, deixaria sua vida girar em torno do marido. A sogra, apesar de ter uma conversa brilhante, não sabia preencher um cheque. Numa cidade pequena, onde toda família abastada vivia sob observação direta de todo mundo, onde ninguém se cansava de calcular o padrão desta pessoa ou daquela, uma esposa nova e forasteira causava a mesma sensação de uma borboleta jovem espetada por um alfinete para que todos os vizinhos a admirassem. Monique procurou distrações em Paris, mas sempre voltava chorando para casa. Os deveres esperados da esposa de um advogado importante não a seduziam; preferia conversar com artistas na periferia da sociedade. Recusou-se a entreter os colegas do marido ou acompanhá-lo a recepções de rotina. "Deixei-o cuidar da sua própria vida." O trabalho que fazia era o seu "jardim secreto", assegurando-lhe independência em relação ao marido. Ele aceitou a situação.

Como cuidar de dois filhos era um problema. O marido que se arrumasse. "Eu sempre quis poupar as crianças, pondo-as à frente da nossa vida de casal." Ele fez sua parte nos trabalhos caseiros, chegou a cozinhar para os meninos e a ficar em casa quando ela trabalhava até tarde. "Levávamos vidas paralelas." Foi fácil obter ajuda doméstica, mas agora ela se sente culpada, ou, mais exatamente, confusa, pensando se, por acaso, não foi negligente com as crianças. Todas as suas amigas tinham o mesmo problema, assunto principal das conversas: quando os filhos estão pequenos, fazem o que lhes dizem; agora que se aproximam da independência, matam os pais de ansiedade. "Somos rejeitados pelos adolescentes." Depois de todas as suas corajosas rebeliões, verificam que obtiveram pouco mais que as suas mães, que, no entanto, se sacrificaram por eles.

Monique lamenta que o filho mais velho, agora na universidade, seja um estranho e todas as conversas com ele sejam tensas. Um em cinco adolescentes franceses, segundo pesquisas de opinião, se queixa de que é incapaz de discutir seus problemas com os pais. "Meu pai não me diz o que pensa; eu preferia que brigasse em vez de ficar calado." Ele se recusa a comer no mesmo horário da família, faz da casa um hotel, levanta-se ao meio-dia, volta para o almoço no fim da tarde, nunca diz aos pais para onde vai. Mudou-se uma vez, mas voltou, porque o apartamento não tinha banheiro: dá impressão de que só vive na casa dos pais por questão de conveniência. Eles nunca sabem onde o filho anda, tal como, quando criança, ele ignorava o paradeiro da mãe.

Por que a mãe não aceita a independência do filho, já que ela própria defendeu tanto sua independência? "Porque ele não está motivado. Se tivesse uma paixão forte, nós aprovaríamos." Mas não é o caso. Monique admite que o filho aceite muitos dos valores que ela preza. Ele diz que quer dedicar a vida aos pobres, quer viver no país mais pobre do mundo, Burkina Faso, e providenciar comida, educação, remédios. Os países ricos têm problemas demais, não há esperança de resolvê-los; portanto, é melhor abraçar uma causa humanitária. "Já que meus pais não se dedicaram a mim, eu me dedicarei aos outros."

"Nesse caso, as divergências com seus pais significam vingança?"

"Sim. Quando eu tiver filhos, eles serão minha prioridade número 1."

Talvez algum bem resulte da negligência com que o trataram: pelo menos ele se preocupa com os outros.

"Se seus pais o tivessem educado direito, você acha que seria egoísta?"

"Sim."

Ele não tem ambições, é o que afirma; ambições no sentido convencional, entenda-se. Não se importa de tirar notas baixas. O problema maior não é a falta de entendimento dos pais, mas o fato de não o aceitarem como ele é, afastando a idéia de que ele é um fracassado, condenando sua decisão consciente de não ser, como eles, um ótimo estudante. A tensão em casa, segundo ele, é muito alta.

A questão é saber se a decisão de Monique de limitar a vida familiar por amor ao seu florescimento pessoal produziu frutos que a justifiquem. Provavelmente, não poderia ter agido de outra forma. Ela é muito admirada como o modelo de uma moderna mulher profissional que foi longe em sua carreira e, sem dúvida, tem sido fonte de estímulo para outras mulheres. Seu filho é igualmente impressionante, e ela está errada em acreditar que o prejudicou. Mas ela não acha que encontrou o caminho adequado à vida plena de uma mulher.

Apesar das suas altas qualificações, mesmo numa empresa de publicidade supostamente moderna, teve de começar como assistente e fazer carreira numa "profissão feminina". Em face das circunstâncias, essa carreira é uma das que as mulheres, em sua maioria, mais invejam: participar, como relações-públicas, da instalação de uma emissora de tevê, organizar festivais de cinema e de música, administrar uma orquestra dirigida por um regente carismático. Que maravilhosa sucessão de artistas conheceu nesses vinte anos, sempre a conversar até tarde, mas voltando cedo ao escritório na manhã seguinte, viajando e dando as boas-vindas a músicos do mundo inteiro, levantando fundos de patrocinadores e pessoas no poder, divertindo-se, excitando-se, trabalhando até a exaustão, demonstrando um tato inexaurível!

No entanto, agora no início dos 40 anos, ela começa a fazer perguntas a si mesma. Deve-se passar a vida inteira sendo o número 2? Não que deseje poder ou mais reconhecimento; os homens com os quais trabalha precisam mais de uma reafirmação constante do que ela; esta, aliás, é a fraqueza básica deles. Os cumprimentos que recebe despertam-lhe suspeitas; Monique prefere prestá-los a outros, encantar pessoas, observar o processo de encanto em ação, o que não é apenas um jogo sexual; os políticos vivem do encanto pessoal, da mesma forma que o regente seduz a orquestra; as mulheres, pensa ela, podem ter um poder enorme sem estarem à frente do palco. Mas um homem jamais se satisfaria em limitar suas ambições como ela faz; Monique se considera muito tímida para aspirar a um cargo elevado; falar em público ainda a assusta. Sua vida febril, por mais prazeres que proporcione, a empobrece, porque não lhe deixa tempo suficiente para leituras, viagens de ócio, acima de tudo, para desenvolver a criatividade. Durante a vida inteira, Monique ajudou os artistas a criar; não seria tempo, agora, de criar algo por si mesma, ainda mais quando sente que o trabalho lhe suga as energias? Será um sinal da idade? Sente-se mais amadurecida, capaz e estável. Teria utilizado bem todos os talentos? Quando entrou pela primeira vez numa emissora de televisão, levava a esperança de dirigir filmes, e lhe agradaria muito, agora, fazer documentários, tentar algo novo, a infindável busca pela novidade. "O que eu mais preciso é de tempo para mim." Mas a orquestra não pára de fazer coisas novas, de dar concertos em escolas, fábricas, prisões, seguindo-se conversas maravilhosas e emotivas. Isso faz Monique concluir que o seu trabalho se justifica, "poderia mudar o mundo".

Por que um rapaz que empenha a vida a serviço dos pobres carrega uma trouxa de queixas formuladas pelos pais e por si mesmo? Duas personalidades históricas citadas num capítulo anterior, que optaram por uma vida de pobreza, seriam hoje encaminhadas a um terapeuta como crianças problemáticas. São Francisco de Assis é, no consenso universal, um dos homens mais admiráveis que já existiram e, no entanto, decepcionou o pai rico, primeiro por passar a adolescência como líder de um bando de jovens desordeiros, pela caça aos prazeres, e, depois, por distribuir suas posses com os pobres, unindo-se aos "fracos de espírito", "chamando os animais pelo nome de irmão e retirando da estrada os bichinhos, a fim de não serem esmagados pelos pés". Embora se sentindo sempre desajustado num mundo cruel, manteve sua personalidade encantadora e alegre; o pai preferia vê-lo como um esperto comerciante de roupas, como ele. Albert Schweitzer teve uma mãe que a nora viria a lembrar como "muito dura, muito severa", e a quem ele descreveu como dada freqüentemente às lágrimas porque ele se atrasava na escola: "Eu jamais conheci o sincero *joie de vivre* da juventude (...) Não passava de um indivíduo alegre", disse, recordando que costumava rir do pesadelo da sua infância. No entanto, longe de ficar amargurado, tornou-se exemplo supremo de generosidade, na condição de médico na África, fazendo da "reverência à vida" seu credo. Sem guardar mágoas da sua educação, insistia em dizer: "Meus pais nos prepararam para a liberdade." Com efeito, a liberdade tem sido encontrada onde não parece estar. A generosidade é uma expressão da liberdade.

Idealmente, a família foi o lugar onde as pessoas praticaram a generosidade entre si, porém, ao mesmo tempo, como uma unidade, geralmente colocava seus interesses acima dos interesses dos outros e não demonstrava misericórdia para com os membros que não conseguiram cumprir com suas obrigações. Sua primeira grande idéia consistiu em eliminar essas tensões, desistindo de famílias numerosas, tendo somente alguns filhos, concentrando as afeições e isolando-se das torpezas do mundo. O que nem sempre produziu o efeito desejado. Desde então, a família grande, ou o clã, veio a ser restabelecida sob nova forma, não mais como um grupo de relações de sangue, mas como um círculo de indivíduos unidos pela afeição e, muitas vezes, mais próximos emocionalmente do que os parentes jamais foram. Em suas vidas íntimas, os não-consangüíneos vieram a desempenhar papel tão importante quanto os consangüíneos, e as crianças aprenderam tanto dos seus pares quanto dos seus pais. A política interna da família – preocupada em evitar divergências domésticas e em ser mais democrática – constitui apenas parte da história; sua política externa, ou seja, como tratar os de fora, foi menos comentada, ainda que tenha tido influência decisiva no desenvolvimento da liberdade e da generosidade.

Os pais raramente ousavam assumir o risco de deixar o filho crescer para ser um sujeito de terceira classe, um santo desempregado. O objetivo era assegurar a felicidade do filho. No entanto, esse objetivo provou ser inatingível pelo método tradicional de abrir todas as portas do prazer e do desejo, já que é impossível ser feliz se outros são infelizes.

Naturalmente, muitas pessoas foram felizes no sentido restrito de estarem contentes, fechando os olhos aos horrores ao seu redor. Ou, então, tentaram ser felizes rindo, em vez de se mostrarem zangadas, da loucura humana. Ou, ainda, se consolaram com momentos de êxtase, aceitando-lhes a inevitável brevidade. Mas felicidade alguma é completa, se egoísta. Não ser útil para ninguém implica desprezo por si mesmo, que, mesmo para aqueles que o cultivam – porque consideram os seres humanos fundamentalmente vorazes e bestiais –, constitui um prazer cruel. Ter filhos felizes só pode ser o início de um sonho. Os filhos só podem ficar satisfeitos com sua felicidade se o mundo tirar vantagem de sua passagem. O que dá à criação dos filhos ou, melhor, à vida dos filhos, uma finalidade mais que prosaica.

O conselho que se costumava dar aos filhos era que aceitassem seu quinhão na vida, mas alguns se recusavam a ouvir. Depois passou-se a aconselhá-los a buscar um sentido de identidade, definido por Erik Erikson como "um sentimento de estar em casa no corpo de alguém, um sentimento de saber para onde se vai, e a certeza interior da identificação antecipada de pessoas com quem se pode contar". A história apresenta poucos registros de pessoas assim tão coerentes, e as que existiram foram por demais complacentes para se aproximarem da perfeição. O próprio Erikson não veio a obter o que pregava. Como filho ilegítimo que ignorava a identidade do pai, sua filosofia foi inspirada por uma ânsia de normalidade que jamais experimentou. A idéia de um sentido de identidade foi inventada por pessoas que desejavam um mundo menos complicado. A alternativa é ser uma pessoa diferente, em diferentes circunstâncias, fazer da abertura das simpatias e da compreensão dos outros uma prioridade mais alta do que a compreensão de si mesmo. Famílias aprisionadas no seu próprio casulo, em geral, não estão preparadas para isso.

Freud, um filho mais velho que viveu no auge de um governo autoritário, não surpreende ao fazer da rebelião contra os pais o foco da sua diagnose. Hoje, no entanto, a ameaça já não está na autoridade dos pais, mas na sua falta de objetivos; não é a luta pelo poder que mais interessa, mas sim a busca de um propósito na vida. Os pais já não dominam as imaginações dos filhos. Dois mil meninos australianos da escola primária, interrogados sobre sua atitude em relação ao mundo que conheciam, revelaram a mudança: definiram o pai como a pessoa que cuida da gente, compra coisas para a gente, gasta dinheiro com a gente, protege a gente: "Eles me amam porque sou deles e sou tudo que têm." Acrescentaram que a professora ajuda a abrir as janelas do mundo e explicá-lo, ainda que não o faça de forma satisfatória, e anotaram que "ela nem sempre é justa". Mas um amigo é de vital importância – um amigo que os compreenda, divida divertimento e outras coisas e lhes diga para não se preocuparem. A principal queixa dessas crianças foi a de não terem tempo de sobra para fazer o que querem: fazem-lhes muitas exigências, há uma quantidade enorme de coisas curiosas a escolher.

O desejo de participar plenamente do que o mundo oferece, de ser humano no mais amplo sentido, tem sido obstruído pela suspeita e desdém que os humanos sempre demonstraram entre si e pela dificuldade de torná-los generosos com os estranhos. Até aqui, a experiência na tentativa de cultivar-se a generosidade sugere que não existe vínculo necessário entre generosidade no seio da família e sua manifestação em relação a estranhos. Concentrar-se na generosidade e na harmonia dentro do lar, como faz o pensamento moderno, e esquecer o que se passa lá fora, é como olhar um campo e não observar o horizonte.

"Não faz sentido. Vocês, franceses, só amam seus filhos, mas nós amamos todas as crianças da tribo." Foi o que disse um índio americano *nakapi* (outrora conhecido como "pele-vermelha") a um jesuíta do século XVIII, que queria ensinar-lhe o que vinha a ser bom comportamento. Embora entre os ameríndios, em geral, uma criança não tivesse educação sistemática na escola, a quantidade excepcional de amor que indiscriminadamente recebia de pais, parentes e outros de fora surpreendeu todos os viajantes europeus. Qualquer criança era um visitante bem-vindo aonde quer que sua fantasia a levasse, e sempre tinha a certeza de receber amor de alguém, ainda que nem sempre da mesma pessoa. Raramente participava sozinha de atividades adultas ou juvenis. O afeto lhe era dado a despeito de ter nascido dentro ou fora do casamento; os órfãos eram criados em completa igualdade, da mesma forma que os prisioneiros de guerra, pois os poupados ao escalpo eram adotados e se tornavam parentes: um número substancial de brancos que se incorporaram aos "peles-vermelhas" após a captura recusaram-se a voltar à "civilização" quando libertados. Entre os *mohave*, não havia palavra para castigo. Uma criança delinquente era chamada de selvagem, maluca ou odiosa, porém tratada com uma leve e exasperada tolerância, pois acreditava-se que o mau comportamento fosse causado por forças sobrenaturais e temperamentais fora de controle do indivíduo: semelhante criança era, por conseguinte, reconhecida como um futuro xamã, capaz de se comunicar com o invisível, e muitas vezes não tardava a se tornar um xamã respeitado. Somente a violência bruta ultrapassava os limites.

Tal complacência com as crianças era possível porque lhes ensinavam que elas pertenciam muito mais à comunidade do que aos pais, o que, aliás, representava a atitude dos ameríndios em relação a qualquer propriedade. Para eles, a generosidade era a virtude suprema. O chefe não era o homem que possuía mais propriedades, mas sim o menos aquinhoado, por ter dado mais que os outros, por haver demonstrado maior gratidão. Entre eles não havia compra e venda, somente uma troca de presentes. Destruir tudo que pertencera a um morto eliminava a tentação de acumular fortunas familiares. A riqueza não dava prestígio na maioria das tribos, mas sim a dignidade, a sabedoria e a espiritualidade. Qualquer um podia entrar à vontade na casa de outro e esperar que lhe servissem uma refeição; e podia apropriar-se de qualquer objeto que não estivesse em uso. Os brancos chamavam os "peles-vermelhas" de ladrões, sem compreender que as posses eram tidas como particulares somente enquanto em uso ativo e necessário. Embora os homens passassem grande parte do tempo na floresta, com as mulheres e os filhos na clareira, de ambos os sexos esperava-se que soubessem desempenhar todas as tarefas, os homens costurando e cozinhando também, as mulheres atirando e seguindo rastros. Em certas estações do ano, as famílias viviam em tendas separadas, mas em outras compartilhavam uma habitação comunal.

O preço da difusão de suas afeições foi que "os adultos se enamoravam de muitas pessoas, mas raras vezes demonstravam amor profundo ou se ligavam a alguém de pés e mãos atados". Entre os apaches, os casamentos eram frágeis. O divórcio ocorria quando a esposa punha as roupas do marido fora de casa, sinal para ele retornar à casa da mãe; ou, então, quando ele dizia que ia caçar e não voltava. Pagavam por suas atitudes despreocupadas – por sua recusa em se zangarem, por seu horror ao confronto cara a cara – o preço de dirigirem a raiva contra outras tribos e se destruírem na guerra. Para eles, a guerra significava a cura das mágoas; e constantemente precisavam de novos cativos para substituir as perdas da guerra. Adorando o equilíbrio das forças naturais e negando a existência do mal, encontravam uma paz superficial dizendo sempre sim – "Estás no teu direito, irmão" – e recusando a coação mútua, sentimentos que consideravam tão hostil quanto uma doença física. Eram atormentados pelo medo à trapaça; discussões infindáveis, inconclusivas, além da parcialidade, que lhes minavam os poderes de resistência. Sua civilização destinava-se a amplos espaços abertos para os quais os insatisfeitos se retiravam em silêncio: 16 mil *cherokees* tinham 250 mil quilômetros quadrados do Texas à sua disposição.

As antigas civilizações ameríndias arruinaram-se, entre outros motivos, porque, apesar de desenvolverem políticas domésticas impressionantes, careciam de uma eficaz política externa. Era grande sua perplexidade na presença de estranhos. Aceitavam o conflito como parte da ordem natural, mas não podiam lutar com agressores que tinham uma idéia completamente diversa do que era natural. É possível cultivar um pouco de generosidade no meio de pradarias sujeitas à cobiça, mas isso significa dificuldades em dobro. Os ameríndios desmoronaram, em última análise, porque seu sentimento de comunidade era restrito.

Hoje, os descendentes dos ameríndios, misturados aos descendentes de africanos e europeus, ainda se mostram incapazes de conviver efetivamente com os descendentes dos invasores. No Brasil, por exemplo, eles são pobres demais para reconhecer as gradações infinitas entre ser "humilde" e ser "pobre", entre ser "verdadeiramente miserável" e ser um "cadáver ambulante". No Nordeste, onde o salário mínimo mal chega para manter uma pessoa viva, e muito menos uma família, onde mulheres e crianças trabalham ao sol cortando cana-de-açúcar, onde a ambição principal de um bom trabalhador consiste em poupar dinheiro suficiente para pagar despesas de enterro, onde as nações ricas investem grandes somas para que os ricos fiquem mais ricos, deixando metade da população no analfabetismo, o desamparo estimulou certo tipo de generosidade. Os pobres lamentam que a fome os tenha tornado tão vorazes; têm a consciência de que uma pessoa de respeito não gosta de pedir ajuda; por conseguinte, incluem entre as suas tarefas a de prever as necessidades de vizinhos, distribuindo pequenas dádivas – um pouco de feijão, talvez, ou bananas, embrulhados em papel pardo –, enquanto tomam o cuidado extremo de assegurar que, na distribuição da caridade, os mais miseráveis recebam primeiro, mesmo que isso signifique que eles próprios nada recebam e voltem para casa chorando; os vizinhos se lembrarão deles na próxima oportunidade. Trinta e oito por cento das mulheres criam filhos dos outros, mas esta também é a medida das hordas de crianças abandonadas ou que saem de casa porque não há comida suficiente para todos. "Sua mãe a ama?" Uma menina de 9 anos, que pede esmolas, responde: "Ela tem de me amar. Eu levo dinheiro e comida para comer." Um marido não passa, muitas vezes, daquele homem que leva comida para casa, ainda que possa sumir a qualquer momento; o casamento formal é raro em tais condições de vida.

A generosidade não sobrevive facilmente à ambição. Quando os migrantes se mudam para as favelas em volta das cidades, à procura de trabalho, a lei é cada um por si; depois, começam a cooperar; no entanto, mal começam a juntar dinheiro, voltam, com freqüência, ao cada um por si. Os ricos acham que exprimem generosidade levando uma criança pobre para criar como empregada doméstica, e se satisfazem com o fascínio permanente dos pobres pelos abastados, mas o efeito dessa política é estimular os pobres a se sentirem desesperançados e envelhecidos: "Estou liquidado", dizem, mesmo em plena juventude. "Não tenho medo de morrer", afirma um brejeiro garoto de rua de 10 anos.

Cerca de 7 milhões de crianças vivem nas ruas do Brasil, lado a lado com gatos desgarrados, um pedaço de papelão servindo-lhes de cama, e as classes médias, que demonstram tanto carinho por seus filhos, não observam, muitas vezes, esses infelizes passarem, vendo-os não como crianças, mas como ameaças à sua propriedade. Como uma criança abandonada pode sobreviver a não ser roubando? "Qual é sua ambição?" Uma menina de 9 anos detida sete vezes por furto responde: "Entrar para a polícia." "Para quê?" "Para roubar sem ser presa." Os proprietários de lojas empregam grupos de extermínio para eliminar crianças de rua, no interesse da boa ordem, e um esquadrão da morte denominou-se "Os Discípulos de Jesus". Um matador profissional de 16 anos diz: "Matei apenas gente que não prestava para nada." Isso acontece no único país do mundo que tem um Ministério das Crianças e algumas das mais avançadas leis sobre direitos das crianças.

O Brasil está repetindo a experiência da Inglaterra do século XIX, onde a classe alta costumava visitar Bedlam como uma diversão dominical, mas se recusava a visitar orfanatos, embora Charles Dickens insistisse nessa recomendação, pois os órfãos enxameavam "como gafanhotos" pelas ruas das cidades da primeira Revolução Industrial (enquanto os órfãos de Nova York costumavam ser conhecidos como "pequenos árabes"). Os órfãos do conto de fada, Hansel e Gretel, que, pelo menos, contavam um com o outro, foram criados como uma contrapartida ao sonho de casais viverem felizes após o casamento e continuam vivos porque a prosperidade teve o efeito, a princípio, de tornar a generosidade mais difícil, sem aumentar o número de casamentos felizes. Por isso, as mães argentinas, que se uniram contra a ditadura que seqüestrou seus adversários políticos e expressaram suas preocupações com todas as crianças, e não apenas as suas, dissolveram aquelas preocupações no âmbito de suas próprias famílias tão logo a vida voltou mais ou menos ao normal. Contudo, a prosperidade não termina necessária e regularmente num beco sem saída da auto-absorção. Desfrutar os prazeres do lar e da família tem estimulado a acumulação de posses somente num primeiro estágio; em seguida, vem a época em que o lar, apesar do conforto, transforma-se em apertado confinamento, sem oferecer maiores estímulos. Colecionar objetos é prática substituída pela de colecionar "pessoas interessantes". E, em última análise, a curiosidade se torna mais importante que o conforto.

O papel da curiosidade como estímulo à generosidade tem sido crucial. Contudo, pais e filhos raras vezes se sentem capazes de revelar-se completamente um ao outro, e, em tais condições de relacionamento, há limites ao que a curiosidade pode descobrir ou conquistar. Entre os franceses, por exemplo, embora as crianças em geral dêem aos pais a satisfação das boas notas, sete em dez dizendo que eles as ajudam "a se encontrar", os pais permanecem em dúvida: somente quatro em dez julgam os filhos afetuosos ou estão convencidos de que os filhos os consideram "receptivos e jovens"; 26% acreditam que eles parecem exasperados; 30%, exigentes e autoritários; 20%, preocupados; 44% dos filhos acreditam que os pais os julgam preguiçosos, mas somente 12% dos pais confirmam essa impressão. Em outras palavras, eles se atormentam tentando adivinhar corretamente o que se passa na cabeça do outro.

Freqüentemente, as pessoas procuram cultivar fora das famílias os prazeres da generosidade, onde não lhes cobram obrigações. Pode-se observar esse processo entre os Swat Pukhtun do norte do Paquistão, graças ao quadro aterrador pintado por um antropólogo, em cores violentamente contrastantes e com um toque de exagero necessário para iluminar um dilema universal. Ele descreve essa gente como fazendeiros que sonham em ser autoconfiantes e fortes, lutando entre si para manter os padrões de honra, independentes a ponto de preferirem comer apenas o produto do seu solo, considerando um rebaixamento trabalhar para outros. Até os médicos preferem dar consultas de graça a serem tomados como criados. O orgulho individual e a coesão familiar são, nesse caso, parceiros incômodos, a exemplo do que ocorre no Ocidente. A competitividade domina de tal forma as crianças que a conversa vem a ser uma longa disputa acerca de posses: isto é meu, isto não é meu. Elas são ensinadas a ser agressivas, a mentir para evitar castigos, a temer somente a humilhação pública, mas a não sentir culpa enquanto dedicam as energias a enganar o favoritismo aberto dos pais. Os pais retratados sentem orgulho de ter filhos, porém gostam menos deles com o passar dos anos, quando começam a sentir ciúmes, e os filhos aguardam com impaciência a herança da terra, porque um homem sem terra nada vale. As relações entre eles se tornam inteiramente econômicas, uma luta pela riqueza e influência, e, às vezes, a rivalidade culmina em homicídio. É como se tudo fosse organizado para dar a todos um inimigo ou um rival. A conseqüência é que todos encontram um amigo, porém sempre entre aqueles com quem não estão em competição direta.

Embora as irmãs sejam rivais, irmãos e irmãs convivem intimamente, sendo o laço afetivo mais poderoso na comunidade. As irmãs pranteiam a morte dos irmãos mais do que as mães; e um homem procura primeiro a irmã mais velha quando se encontra em dificuldade. Os pais têm relações "de guerra" com as esposas – trocando insultos acerca da linhagem um do outro –, porém demonstram uma atitude amorosa e até mesmo galante em relação às filhas. As mães, que demonstram pouco afeto pelas filhas, cuidam mais dos filhos e os protegem contra os pais. Os irmãos estão normalmente em guerra, corneando-se, e até os sobrinhos são inimigos. Contudo, encontraram uma saída. Eles vêem Alá não como um pai, mas como amigo e amante: a palavra zoroastriana para Deus é Amigo. Uma de suas preces é: "Ó Deus, concede-me um amigo verdadeiro que, sem pressa, me demonstre seu amor." Eles precisam de um amigo em quem possam confiar, a quem possam demonstrar dedicação e lealdade. O amigo ideal vem de fora da tribo, nada exigindo, sem querer dominar. Eles sonham com um estrangeiro que será seu amigo, a quem possam prodigalizar hospitalidade, que constitui seu maior prazer. Em público, vangloriam-se dos seus planos de obter honrarias e riqueza, mas em particular se queixam de que se sentem aprisionados pelos ciúmes da família; por isso, emigram voluntariamente, para se perderem em outro mundo. Então, queixam-se de que o novo país demonstra menos generosidade do que tinham em casa, e muito menos hospitalidade. Mais uma vez, descobre-se que a generosidade floresce mais livremente em solo hostil, embora a desumanidade seja seu melhor fertilizante. Não se trata de conclusão pessimista, tendo em vista que a desumanidade parece disponível em quantidades ilimitadas.

No mundo inteiro, o desapontamento que os indivíduos têm com os irmãos e irmãs os leva a buscar irmãos fora da família, a inventar relacionamentos dos quais esteja excluída a inveja. A irmandade de sangue criou, com a ajuda de cerimônias mais ou menos bizarras, a lealdade que irmãos comuns não garantiam. Em Timor, por exemplo, as partes contratantes costumavam golpear os braços e encher um pedaço de bambu de sangue e vinho, como símbolo de união. Segundo Tácito, os príncipes armênios e ibéricos atavam os polegares, perfuravam-nos e sugavam o sangue um do outro. De acordo com a *Canção de Brunhilda*, os escandinavos irmanavam-se deixando que o sangue se juntasse numa pegada. Em alguns países, roupas eram trocadas; em outros, nomes ou armas; em outros, ainda, os parceiros esfregavam a saliva um do outro em seus corpos. Em muitas ocasiões, plantavam-se árvores para festejar o acontecimento. Às vezes, irmãos de sangue partilhavam de tudo, inclusive as esposas; mas, acima de tudo, eles pretendiam afirmar que a lealdade era inquebrantável, totalmente confiável, e chegavam mesmo a ocasionalmente pensar em si próprios como duas metades da mesma pessoa.

Viajantes do século XIX registraram lugares onde todos os jovens iniciados ao mesmo tempo se tornavam irmãos e tratavam a esposa do outro como esposa, e o filho do outro como filho. Em Montenegro, encontraram três graduações de irmandades voluntárias, a pequena irmandade criada por um beijo três vezes repetido, enquanto laços mais profundos requeriam a bênção de um sacerdote e a aceitação da eucaristia. Mulheres, casadas e solteiras, entravam para círculos semelhantes bebendo vinho juntas, beijando-se e trocando presentes, a união sendo finalmente solenizada nos degraus do altar; e depois, dizia-se, elas se dirigiam uma a outra como "irmãzinha" ("meu ouro" ou "minha pequena corça"), muitas vezes usando roupas e ornamentos idênticos. Cerimônias desse tipo também ocorriam entre pessoas de sexo diferente, embora consideradas mais comuns em um passado distante. Na Sérvia, Croácia e Bulgária há registros de laços de irmandades renovados todos os anos. A irmandade podia ser criada até mesmo por uma moça que, atravessando sozinha a montanha, convidasse o primeiro homem avistado a ser seu irmão; ele era obrigado a protegê-la como se ela fosse de fato sua irmã. Um homem em perigo extremo podia, da mesma forma, suplicar a outro que se tornasse seu irmão. Em Fiji, "colegas de armas eram referidos como homem e mulher, para indicar a intimidade da sua união militar". Mas se as irmandades se limitavam a dois ou alguns indivíduos, se não tinham uma política externa para o restante do mundo, salvo a guerra, eram a longo prazo autodestrutivas.

OS NUMEROSOS ESFORÇOS para persuadir todo mundo a ser irmão de todo mundo, indiscriminadamente, em escala maciça, não conheceram muito êxito. O cristianismo, por exemplo, embora proclamando os mais elevados ideais de fraternidade universal, independentemente de raça, sexo, padrão social ou caráter, na prática travou guerra contra hereges e infiéis, o que o comunismo também fez. Toda fé, assim que prova o poder, esquece por que quis o poder; apenas em data recente, tendo perdido o status político, a Igreja retornou a seus ideais. A Revolução Francesa foi mais hesitante acerca da fraternidade do que acerca da liberdade ou igualdade, e não avançou muito além dos meros gestos, como o plantio, nas fronteiras, de árvores que simbolizavam abrigo e boas-vindas. O advogado que tentou impulsionar a fraternidade, ao insistir que o júri do tribunal de Paris devia incluir um católico, um protestante, um judeu e o único homem de cor que ele conhecia, "para consagrar a fraternidade das cores", foi chamado de "uma serpente coleando viscosamente entre os partidos de oposição". Essa suspeita é remanescente do medo inspirado quase mil anos antes pela Irmandade Islâmica da Pureza (fundada em

951 d.C.), que se interessava por todas as religiões e encontrou elementos de verdade em cada uma, apenas para ter sua *Enciclopédia do conhecimento geral* condenada a ser queimada por ordem do califa. O moderno estado de bem-estar social, ainda que concedendo a toda pessoa marginalizada o direito legal de ajuda, foi incapaz de incluir calor humano na oferta; e agora os teóricos conservadores estão sepultando inteiramente o ideal de fraternidade, descartando-o como ameaça à privacidade e à competição. A convocação do líder americano negro Marcus Garvey à "fraternidade universal de todas as raças" continua um nobre sonho.

Pequenas fraternidades têm brotado discretamente, tentando fazer o que as grandes fraternidades não lograram. A moça da fazenda perto de Cognac que despeja no papel seus pensamentos íntimos para os amigos correspondentes de outros continentes, mais do que os revela à família, simboliza a busca, em âmbito mundial, de almas gêmeas e confidentes com que formar outra espécie de família e ligações de um novo nível: famílias do coração e da imaginação, escolhidas livremente, incapazes de impor obrigações punitivas. Os seres humanos não podem mais ser considerados mais que residentes da cidade em que habitam, já que, de forma crescente, falam, escrevem e ouvem pessoas a centenas e, às vezes, milhares de quilômetros de distância, mais do que aos seus vizinhos. São mais cidadãos da república das letras, da ciência, dos negócios, do futebol ou seja lá de que paixão for, do que do seu próprio país. Cada pessoa está construindo devagar uma confederação internacional de indivíduos escolhidos pessoalmente. Um número crescente de seres humanos está se recusando a ser vegetais, enfiados na lama, inseparáveis das raízes da família. Alguns ainda tentam se comportar como tal, alimentar-se inteiramente de sua própria seiva, mas isso se torna quase impossível e, sub-repticiamente, despacham pedidos a regiões distantes em busca de nutrientes mais variados. Agora que o ar contém não apenas oxigênio, mas também sinais de rádio e televisão, família alguma, por mais bem estruturada que seja, pode resguardar-se de pensamentos que entram voando como abelhas pelas janelas, fertilizando a imaginação e levando pólen de uma mente para outra, tornando-as assim parentes de pessoas que jamais encontraram. Eis aí um tipo completamente novo de fraternidade, mais efêmero, mutável, acidental e, no entanto, menos propenso à asfixia.

Próximos, sim, mas não muito, mantendo certo grau de independência; este é um ideal de acordo com as mudanças nas disposições familiares que são chamadas de crise da família; mas em toda crise existe uma oportunidade. O envelhecimento da população também significa que mais e mais avós, com maior serenidade e desapego do que os pais, estão em disponibilidade para agir como mentores dos jovens, compensando, em certos aspectos, aquilo que irmãos e irmãs mais velhos faziam outrora em famílias numerosas: no curso dos séculos XVIII e XIX, a proporção de pessoas de 20 anos que ainda tinham avós dobrou de um quarto para a metade. Os traumas do colapso marital apresentam como subproduto uma reviravolta nos papéis a desempenhar, de modo que os filhos, às vezes, se tornam conselheiros dos pais, e os pais pedem indulgência aos filhos; e indivíduos sem vínculos, salvo os criados por amores esporádicos de parentes, são criados juntos, numa versão nova e mais solta da tradicional família grande; as barreiras rígidas que costumavam separar famílias e estranhos estão ruindo. Nem a inveja nem a ambição voraz diminuem, mas o grande aumento no número de pessoas que vivem sozinhas tem se assemelhado a uma migração em massa para longe da confrontação direta: em vários países ocidentais, um quarto das famílias consiste em uma só pessoa. O crescimento da adoção, não mais como forma de assegurar a propriedade, mas como um ato gratuito de afeição, é muito recente, e o mesmo acontece à adoção aberta, em que não há segredos ocultos à criança, à adoção por pais solteiros e à adoção inter-regional. São o começo de outro tipo de fraternidade, que introduz a escolha na família.

Quando as obrigações da família tradicional perderam o vigor, novos relacionamentos que sensibilizam igualmente o coração e a cabeça apareceram para tomar-lhes o lugar. Uma nova fase na história da generosidade foi aberta precisamente quando esta mais parecia em perigo, com a competição sendo honrada como nunca. A generosidade ficara atada por nós fortes ao passado, porque as pessoas queriam manter o coração e a cabeça separados, exigindo uma da outra que fizessem a coisa certa sem pensar no dever, como quer que se sentissem, ainda que de má vontade, convencendo-se de que acabariam por se tornar virtuosos se adquirissem o hábito de praticar atos de caridade. E os beneficiários dessa caridade exigiam ajuda como um dever, e se recusaram a adotar, em contrapartida, os valores dos benfeitores. De modo que, para desatar o nó, a generosidade teve de superar o dar e o receber, além do pagamento na mesma moeda. Com a dádiva pura e simples do tipo tradicional, o recebedor se transforma em devedor e, por conseguinte, o benfeitor poderá passar facilmente a inimigo. A generosidade só conseguiria evitar isso sendo o esforço conjunto de duas pessoas que lograssem se colocar uma no lugar da outra.

QUANTO MENORES AS FAMÍLIAS se tornaram, mais necessidade de uma política externa; mas isso não é apenas uma questão de conseguir. O instrumento favorito para lidar com o perigo costumava ser a magia, que controlava o encontro do invisível com o visível e provocava o medo. Hoje, o amor é a magia em que a maior parte das pessoas acredita, quando dois estranhos se encontram e descobrem que não podem viver longe dos braços um do outro, o que também amendronta: o medo de perder o amor. A família pequena baseou-se nessa magia. No entanto, há uma terceira espécie de mágica, na qual um indivíduo se importa com a maneira como o mundo gira, ajudando outro indivíduo sem nada pedir em troca, sem ofender o orgulho, sem mutilar a liberdade, sendo pura e simplesmente generoso. O medo que advém dessa prática é o medo de ser tomado por tolo ou de ser explorado. Os cientistas que estudaram tais questões costumavam se mostrar sarcásticos com os que julgavam isso possível, insistindo em que as pessoas querem sempre algo em troca, e que a inveja é um dos subprodutos inevitáveis da existência, como o dióxido de carbono.

Os seres humanos têm a opção de estabelecer relacionamentos prosaicos ou mágicos, frios, econômicos e garantidos, ou que buscam algo maravilhoso e assustador, ainda que mais ou menos real. Agora são estimulados à audácia pelas descobertas científicas que mostram não ser a generosidade mera fantasia. Costumava-se acreditar, por exemplo, que as crianças nasciam egoístas, mas a observação recente de seu comportamento (a partir dos 14 meses de vida) revelou que são capazes de muitos tipos diferentes de generosidade, não por acaso, mas como uma reação adequada às necessidades alheias. As crianças podem reconhecer os sentimentos e perspectivas de outrem muito mais cedo do que se julgava. De igual modo, até o século XIX os cientistas insistiam em que o preconceito racial era um sentimento natural, mas agora alguns estudos em crianças sugerem que a discriminação, longe de ser algo formulado por si mesmas, lhes é ensinada pelos adultos, e que se torna ainda mais virulenta quando uma pequena minoria enfrenta uma grande maioria, porém de aceitação mais lenta, onde os brancos e os negros se igualam em número.

Não é somente a idéia de natureza humana, ou seja, o que significa ser humano, o que está sendo modificado, mas também a idéia da natureza animal. A crença de que os animais só cuidam de si na sua luta pela sobrevivência está sendo desafiada pela descoberta, em algumas espécies, de cooperação inteligente. Até os morcegos vampiros, por exemplo, contrariando a fama de bichos assustadores, ao retornarem com êxito de uma investida noturna em busca de comida, dão parte a outros morcegos que não tiveram igual sorte. A abelha rainha não só alimenta a prole, como também ajuda os pais a criar a nova descendência. Contudo, o debate para decidir se os seres humanos e os animais têm uma bondade fundamental, ou sordidez, não merece maior atenção. Importam mais as lições que eles aprenderam no processo de praticar a generosidade.

Sempre que as famílias avançaram em suas ambições, precisaram inventar ferramentas novas. Por exemplo: quando já não se contentavam com o que os vizinhos mais próximos lhes ofereciam, utilizavam padrinhos para ajudá-los a ampliar os horizontes. Nos Andes, longe da modernidade, as crianças têm nada menos de seis padrinhos para compensar as fraquezas dos pais. Pessoas convidadas para padrinho não podem recusar. Elas são indicadas nas grandes datas infantis – o primeiro corte de cabelo aos 4 anos, na crisma, no casamento –, e, depois de receberem uma bênção religiosa, se tornam pais verdadeiros e se comportam como tais. Os pais tentam encontrar padrinhos que ajudem os filhos a fazer carreira; camponeses buscam comerciantes na cidade, num relacionamento mutuamente proveitoso.

Agora que compreender os outros tornou-se a grande ambição, a idéia de padrinhos, madrinhas e afilhados adquire significado novo. No sistema tradicional, cada pessoa tem um padrinho diferente, que não será dividido com um irmão e que pode ser um intérprete independente do que acontece na família natural. O resultado inesperado de novas tecnologias de comunicação sinaliza a possibilidade de conceber-se um entrelaçamento de redes pessoais que expandirão esse relacionamento, que cuidarão uma da outra não mais na cidade vizinha, mas em qualquer parte do mundo, e que, por não serem muito íntimas nem competidoras, poderão situar a generosidade antes da inveja. O movimento dos direitos humanos conduz, inevitavelmente, a esse destino, transformando-se, talvez, num agente de desenvolvimento tão importante quanto o crescimento das nações, que resultaram de formas muito mais primitivas de comunicação.

Algumas escolas do Ocidente já tentam ensinar as crianças a compreender outras pessoas fazendo-as desempenhar o papel destas, o que, na verdade, é um convite para que alarguem o conceito de lar. Se o lar é onde a pessoa se sente confortável e compreendida, mas ainda retém sua privacidade e mistério, se é o lugar onde ela cuida dos outros e também recebe cuidados, embora preservando o direito de estar sozinha, e se é uma das grandes obras de arte pessoais e coletivas que todos os humanos passam a vida tentando desenvolver e impedir que desmorone, então a arte de criar lares, tão distinta da arte de construir casas, ainda tem longa estrada a percorrer, e ainda continua nos domínios da magia. O instinto ou a imitação não bastam para criar um lar.

23
Como as pessoas escolhem um estilo de vida, e como este não as satisfaz plenamente

Conheci seis mulheres em seis cidades diferentes. Cada uma, aparentemente, com uma história própria para contar. O que teriam em comum?

Dominique Lepèze, bailarina, não se exprime com facilidade, ou de boa vontade, em palavras. Suas afirmações saem da maneira como ela se move ou se apruma: um aceno de mão, um gesto ligeiro, são seus substitutos para uma frase; seu modo de andar é um parágrafo. Mas não existe dicionário para sua eloqüência. Quando persuadida a tentar explicar o que sente, "parece haver dentro de mim uma pessoa pequenina, que se espanta com as palavras que eu digo: 'Sobre que diabo você está falando?'", pergunta. "Enquanto falo com o senhor, digo a mim mesma: 'Como eu falo mal... Não sou culta. Monsieur é muito culto.'" A intimidação dos silenciosos pelos tagarelas é outra história não-escrita.

Ela começou a dançar aos 12 anos. Até então, se sentia infeliz, o que explica dizendo: "Não tenho raízes." Seu pai era um trabalhador de Lille que conseguiu emprego no Marrocos (onde ela nasceu), mas que depois sumiu; a mãe conheceu outro homem, a quem, por seu turno, abandonou. Mãe e filha estabeleceram-se depois em Toulouse, onde Dominique obteve um lugar no conservatório. "Dançar era toda a minha vida e me fez muito feliz." Aos 17 anos, apresentou-se no palco; aos 18, após ver Felix Blaska dançar, ficou fascinada e jurou que dançaria com ele. Saiu de Paris, sem um níquel, e apresentou-se numa audição com trezentas outras mulheres. Ele escolheu três, e ela foi uma delas.

Durante vários anos dançou numa companhia que a encantava – "cada integrante é um solista". Ela tinha um apartamento, um bom salário e viajava regularmente.

Alguma coisa não funcionava bem. O sonho se transformara em realidade, mas não era feliz. Felix Blaska não entendia por quê. Nem ela. Talvez, pensa agora Dominique, não lhe fizesse bem ter emprego regular, como um funcionário público, poupando para comprar casa própria. Pediu demissão e "meteu mãos à obra para descobrir" nem sabia o quê; trabalhou num teatro italiano, no Balé Nacional do Equador, em Los Angeles; tentou aprender dança indiana ("que requer um conjunto diferente de músculos, e eu fiquei com cãibras"), juntou-se a um grupo flamenco, experimentou uma companhia de dança moderna. Mas ainda não estava satisfeita. Sua conclusão foi: "Eu gostava de dançar, mas não gostava do mundo da dança"; nem da rivalidade, dos empurrões para garantir o primeiro lugar, dos coreógrafos com suas obsessões particulares: "Eles extraíam todo o meu lado dramático, o meu lado sério, mas eu também tenho um lado cômico, e eles jamais o utilizaram." A dança, para ela, tinha de exprimir toda a beleza da vida. "Eu não era uma princesa. Não sou uma pessoa à espera de um príncipe. Não é a técnica que importa, mas o fato de a gente se ultrapassar; o que a gente comunica é o que conta." Quanto mais ela procura, mais se aproxima de uma palavra para o seu objetivo: "pureza." Mas não é a respeito disso que seus companheiros dançarinos querem falar, preferindo infindáveis discussões técnicas e fuxicos sobre os críticos.

Afinal, um dia, teve um lampejo daquela indefinível "pureza" pela qual ansiava: leu Krishnamurti. "Aquele livro falava." Por sorte, um dos seus colegas, um holandês de origem, mas fluente em francês – com quem depois se casou –, também andava à procura, no misticismo oriental, de respostas para seus problemas. Emprestou-lhe livros sobre ioga, tantra e sobre vários gurus modernos. Uma comunidade vagamente hindu, administrada por um casal alemão, situada idilicamente nos Pireneus, atraiu-a, mas mostrou-se muito rígida. A transferência para outro guru, o Bhagwan, também não respondeu às suas necessidades, porque era o oposto, nada pedia aos discípulos, a não ser que usassem roupas vermelhas, ou ele os deixaria entregues às suas próprias soluções; dizia, por exemplo, que se alguém quisesse parar de fumar deveria esperar que o cigarro lhe caísse da boca.

Afinal, ela encontrou um guru com quem podia se comunicar sem palavras. Ele era americano, e ela não falava inglês. Usava pouca roupa (estilo indiano), ao contrário do Bhagwan, sempre muito bem vestido e bonito, só que vivia se repetindo. O novo guru, ao contrário, parecia ao mesmo tempo vulnerável e muitíssimo forte. Franklin Jones era seu nome, diplomado em Colúmbia e Stanford, fundador da Comunidade Livre Daísta, com sede em Fiji e eremitério na Holanda e na Califórnia. O marido de Dominique tornou-se um seguidor dedicado, mas ela hesitou – "ele está sempre um passo adiante de mim" – até conhecer pessoalmente o guru. Foi a primeira dos seus estudantes que, sem saber inglês, ia às suas aulas; não entendia nada, mas ficava cativada "por intuição". "Ele era um homem sem igual."

O marido começou a traduzir as obras do mestre, mas tudo era mais difícil para ela. "Eu duvido o tempo todo. Digo a mim mesma: 'Você está se divertindo, Dominique. Qual é a sua?'" Sentia-se atraída, mas também aborrecida, porque agora tinha um filho e aquele guru monopolizava toda a atenção do marido. No refúgio holandês, a língua comum era o inglês, que ela não conseguia falar; pior ainda, o guru insistia que vivessem em dormitórios, para se liberarem de uma preocupação pessoal excessiva. A comida também não lhe apetecia – ela era francesa, antes de tudo. E os convertidos tinham discussões em grupo nas quais falavam abertamente sobre sexo. "Uma francesa é incapaz disso; é muito interessante, mas não me peça para falar. Fico com dor de estômago. É interessante, sim, mas não para mim. Fico muito constrangida." Apesar de todo o seu encanto, ela era uma mãe nascida em uma pequena cidade provinciana.

O casamento foi ficando tenso. No último ano foram visitar o guru em seu retiro de Fiji. "Os lavatórios estavam em petição de miséria. Lama por toda parte e rãs subindo pelas nossas pernas. Odiei. Mas estava feliz. Tudo que temia eu enfrentava rindo. Ver o guru é como estar apaixonada, e uma manhã acordei perguntando: 'Onde está ele?'" Ele concedia audiências a visitantes, porém em silêncio, e o corpo dela saltou, como eletrizado pela experiência. "Com ele, minha atenção era total. Ele me aceitava, embora eu não falasse sua língua. Aproximando-me para vê-lo, senti aquele medo do palco, como se estivesse num espetáculo de balé, e parecia leve como se tivesse asas, completamente livre. Não sentia mais medo. Disse: 'Não tenho medo da morte, seria feliz se morresse aqui.' Tudo me causava felicidade. Fiquei um mês em Fiji, sem vê-lo todos os dias, porém sentindo sua força, sentindo que trabalhava conosco. Dançar em Fiji me deu a maior felicidade, foi o melhor desempenho que tive, muito melhor que o do Palais des Congrès. Realmente uma beleza, uma fuga do corpo. Agora levo menos a sério minha falta de confiança. Ser famoso não é o que nos faz felizes. Agora não tenho mais ilusões. Porque não posso falar, voltei a dançar. Posso dar algo às pessoas com a minha dança. Um dia, gostaria de dançar para o Mestre, para ver seu olhar. Dancei apenas para as mulheres que o servem."

Os problemas de Dominique estão longe de uma solução. Ela não se sente livre. Ainda entra em pânico e deseja se comportar com mais desapego nessas ocasiões. A vida de mulher casada, metade em público, metade em particular, a deixa desgostosa. Ela deixou de sentir ciúmes do marido, que poderia ter uma carreira de bailarino mais brilhante que a dela – foi convidado a entrar para a companhia de Béjart, mas recusou, talvez para não sobrepujá-la, preferindo atuar como tradutor. E, no entanto, ela não consegue divisar o futuro com clareza. "Eu gostaria de me tranqüilizar quanto ao futuro."

CATHERINE ENSINA PESSOAS a terem êxito. Com isso, ela se refere a sucesso profissional, a auferir lucros, a obter prosperidade, o que sempre envolve dinheiro. Numa pequena sala, onde uma dúzia de pessoas forma uma multidão, em um modesto bloco de escritórios, ela oferece um curso a quem queira fundar seu próprio negócio, e é, ao mesmo tempo, diretora e professora. A maioria dos estudantes está desempregada; somente um terço, se muito, transformará o sonho em realidade e, entre eles, alguns vão se dar mal. E a própria Catherine, embora impressione muito como ser humano, embora transmita um ardor intenso, que desperta entusiasmo no estudante mais tímido, e embora fale com espantosa lucidez, fluência e velocidade, não é, em termos de lucro, dinheiro e dos resultados que obtém, um sucesso total. Não é rica, é divorciada, jamais concluiu a tese que pretendia escrever, jamais se tornou a executiva que aspirava ser. Como enfrentar a recusa da realidade em coroar nossos sonhos?

Sua carreira profissional começou cheia de promessas: um emprego no prestigioso Banco Nacional da Grécia, experiência de seis anos em comércio internacional. Depois, "descobri que tinha talentos até então despercebidos": testes psicológicos demonstraram que tinha vocação de especialista em treinamento industrial. O banco pagou-lhe um curso de administração de pessoal na França. Mas não lhe deu a promoção a que julgava ter direito: ela não contava, segundo observa, com o pistolão sem o qual nada se obtém na Grécia.

Seus estudos foram interrompidos. Embora educada por freiras francesas em Salônica, e equipada com um bacharelado em francês e grego (fala ainda inglês e italiano), ela era uma estrangeira na França. A Sorbonne não tinha quarto disponível, e ela foi morar no interior. Mas seu orientador pedagógico não estava interessado nela, tampouco em comércio, nem na proposta de uma pesquisa para verificar se a produtividade dos bancos aumentava com cursos de treinamento. Obteve um diploma, sim; no entanto, o livro planejado nunca foi concluído. Seus recursos esgotaram-se. O marido abandonou-a. Ela precisava de emprego. "Eu considerava meus estudos um investimento e desejava obter lucro." Mas o banco não concordou, e ela saiu. Sozinha com um filho pequeno, tinha de começar outra vez, e logo.

Seu trabalho atual, ela mesma inventou, persuadindo as autoridades de que se fazia necessário. Isso é o que significa ser empresário: identificar uma demanda insatisfeita. Catherine está orgulhosa da façanha, porque se trata de uma atividade que aprecia. Introduziu um novo método de treinamento, originário do Canadá francês, que acentua não a experiência, mas o conhecimento de si próprio. O que os estudantes descobrem nos seus cursos é a resposta ao que ela chama de "problemática shakespeariana" – ser ou não ser empresário. Nem todos podem. Não que ela assuma uma visão elitista, insiste em frisar: as pessoas devem ser francas consigo próprias e indagar se estão em condições de correr riscos. Negócio envolve risco. Infelizmente, observa ela, as mulheres são mais cautelosas quanto ao risco do que os homens; é uma questão de educação; por isso, na França, elas iniciam menos de um terço de todas as empresas novas. Todavia, a maior parte dos seus estudantes é constituída de mulheres.

As mulheres, lamenta ela, tendem mais a entrar no comércio, na propaganda, na consultoria do que na indústria, mesmo quando têm mais oportunidade de êxito a longo prazo na atividade produtiva. Não há muitas mulheres engenheiras; e nenhuma de suas alunas teve uma idéia original para abrir um negócio. Mas Catherine lhes diz isso? Não, ela tem tato, precisa ser prudente. O objetivo do curso é estimular. (Há limites ao conhecimento de si próprio.) O que importa, gosta de repetir, é a ambição, a força de vontade, a audácia. "Tudo é fácil, somos nós que complicamos as coisas." Ela faz esta afirmação mesmo enquanto repete suas próprias dificuldades.

Naturalmente, Catherine não entrou para a indústria, nem sequer arranjou um emprego que lhe proporcione lucros no sentido convencional. O seu trabalho não a enriqueceu: "Não se cria uma firma para enriquecer", retruca. Se quer fazer dinheiro com rapidez, então vá para o negócio do petróleo. Mas se quer combinar negócios com prazer intelectual (...) a mistura feita lhe convém muito. É verdade que é uma trabalhadora assalariada, o que não se ajusta muito ao seu ideal de independência, nem à sua tradição familiar. O pai, um grego da Ásia Menor, mas em parte francês, educado pelos franciscanos em Alepo, expulso pelos turcos, abriu uma empresa têxtil em Salônica, que durou quarenta anos. A mãe, nascida na Bulgária, filha de um merceeiro, fundou uma pequena firma de confecção de roupas. Mas Catherine pelo menos criou sua atividade a partir do zero, embora sendo assalariada.

A França é seu país de adoção, sente-se perfeitamente integrada, escolheu-o por livre vontade e admira a lógica francesa. Talvez o malogro com seus empregadores gregos, que não souberam apreciá-la, tenha deixado um gosto ruim na boca, pois ela teria preferido retornar à Grécia. Seu filho não fala grego, preferindo fazer do inglês seu segundo idioma – é mais útil para os negócios. "Ele é ambicioso, puxou a mim." O marido contentou-se em ser professor de uma escola secundária a vida inteira; por isso romperam: ele não entendia a ambição, o desejo de lucro. "Comunista do tipo linha-dura", casou-se de novo e sua nova esposa não trabalha, talvez ele tenha se assustado com mulheres ambiciosas. Catherine continua sua amiga e admira seu intelecto; compartilham uma paixão por história e filosofia, mas lhe "falta o lado prático". O melhor que ele faz para obter renda extra é dar aulas particulares. Deveriam ter percebido que tinham ambições diferentes, mas os gregos não têm o hábito de viver juntos antes do casamento; só vêm a conhecer o parceiro muito tempo após o enlace. Catherine e o marido subestimaram as diferenças de classe entre ambos; ele, filho de operários, que desaprovavam o pai capitalista da nora. O ex-marido se sente feliz do jeito que é. Catherine também se diz satisfeita. Mas, além disso, sonha. "Sonho por mim mesma e por meu filho."

Ao mesmo tempo, no entanto, Catherine diz que a maneira de descomplicar a vida é planejar, organizar. Mora perto do trabalho, para ter tempo de ler, cozinhar ("não por obrigação, mas da mesma maneira que leio um romance"), divertir-se com amigos. "Acredito um bocado na amizade." Os amigos devem ser, acima de tudo, sinceros; seriam inúteis se fossem hipócritas, aduladores. "Sou muito exigente comigo; gosto muito de uma autocrítica; é uma coisa soberba de se fazer, e também induzir os outros a se criticarem, porque, assim, você não guardará rancor das pessoas; dirá que falhou porque os banqueiros foram intratáveis; compreenderá o que não é capaz de fazer." Eis como ela raciocina: a força de vontade é o que conta; mas, pensando bem, há coisas que você não pode fazer. Não haverá conflito se você se conhece. Mas será que ela se conhece? Sua arte de viver consiste, ao mesmo tempo, em ver e em evitar a complexidade da vida. Acredita em planejamento, mas não fará nada para encontrar outro marido, prefere que o encontro se dê por acaso. Acredita na amizade, mas tem poucas amigas íntimas. "Se quer amigos leais até a morte, é bom desistir. Não os encontrará."

O amor é ainda mais hipócrita, um estágio pelo qual os jovens têm de passar: "É importante cometer erros, não começar a filosofar desde cedo; você não lamentará os erros se aprender com eles. Em toda experiência há um lado positivo."

Nesse caso, qual o objetivo do novo herói moderno, o empresário? No que lhe toca, ela não quer "refazer o mundo", mas somente adaptar-se ao mundo como é. "O mundo é o que é, e não é de todo mau." Por um lado, Catherine diz que as mulheres não sofrem com desigualdades: "Tudo está na cabeça, é questão de força de vontade, que se tem ou não se tem." Por outro lado, a força de vontade, no seu caso, não operou milagres. Contudo, acha que abriu seu caminho. "As mulheres que admiro são as que conseguiram impor suas aspirações e suas idéias."

Catherine é francesa ou grega? "Européia", responde ela. Depois de ouvi-la, fica-se especulando se os europeus não seriam aquelas pessoas que não se ajustam completamente às nações atuais, que vêem tudo sob dois ângulos ao mesmo tempo, exatamente como ela faz. Catherine nos leva a montar a imagem de uma Europa povoada de pessoas que tiveram muitas decepções, porém continuam determinadas a transformá-las em fontes de energia.

TODOS NA FAMÍLIA de Victorine tinham cabelos pretos, mas ela nasceu loura. O segredo familiar corria o risco de ser revelado. Sua mãe – embora nenhum dos vizinhos em Fontainebleau soubesse – era filha de um soldado alemão, de passagem por ali na Segunda Guerra Mundial. Para esconder o estigma, abandonaram Victorine duas semanas após o parto. O casal de fazendeiros alsacianos que a adotou era bondoso e terno, mas quando ela fez 12 anos eles morreram numa batida de automóvel. Os irmãos adotivos disseram que não podiam cuidar dela. Os pais verdadeiros foram procurados, e ela foi viver com a família, só que sua felicidade havia acabado. Deixou-os assim que pôde. Recentemente, no nascimento de sua filha Mélodie, os pais dela vieram visitá-la e pediram perdão. "Eu lhes disse que os perdoava, mas, no fundo, não perdoei. Talvez jamais venha a perdoar. Eu faria tudo por minha filha; fosse ela loura ou ruiva, eu a amaria da mesma maneira."

Quando adolescente, Victorine passou cinco anos vivendo em hospedarias, mudando-se com freqüência, desqualificada por este ou aquele regulamento, suplicando que abrissem uma exceção. Às vezes, lhe permitiam fazer faxina e cozinhar sem salário, em troca de um leito, mas, "sempre que mudava de hospedaria, perdia os amigos (...) Ficava sempre sozinha. Foi duríssimo. Conversei com os assistentes sociais, mas eles se limitavam a fazer seu trabalho, não demonstravam sinais de afeição. Meu moral ia lá para baixo, especialmente no Natal, quando eu via outras moças andando de mãos dadas com as mães, fazendo compras em lojas. Eu ficava sorumbática, irascível: tudo me causava raiva, e quando as pessoas se aborreciam comigo, eu não ligava.

Estava de fato sozinha. Se você me conhecesse quando eu tinha 18 anos, eu teria recusado conversarmos, ou então negaria que tivesse problemas. Inventaria uma família, mentiria". O curso de escriturária não lhe rendeu nenhuma oferta de emprego.

Sobreviver sem dinheiro – ou com os benefícios ocasionais do seguro social – significa estar sob ameaça constante de cadeia. Quando viajava de trem, Victorine não pagava a passagem. Uma vez, num café, não pagou a conta e ficou detida 48 horas na delegacia. Outros jovens, nas mesmas dificuldades, "tentaram encaminhá-la para o mal; fiquei tentada, mas resisti. Tive medo de pegar uma pena de vinte anos ou mais. As hospedarias já eram muito duras. A prisão seria ainda pior. Não que eu fosse tímida. Estava no fundo do poço e não queria afundar mais. Não tomava a pílula, mas tinha muito medo de engravidar. Não queria ter um bebê infeliz".

Um dia, num passeio, roubaram-lhe a bolsa, e ela ficou sem nada no mundo. Seu assistente social acabara justamente de recusar-lhe outros tíquetes de alimentação, e a hospedaria pedira que saísse. Ela decidiu que não valia a pena viver. Estava a ponto de pular da ponte no Loire e acabar com tudo quando um rapaz alto e esbelto, de sorriso simpático, ia passando. Ele parou e observou-a. "Sabe nadar?", perguntou.

Ele também vivia numa hospedaria. Também estava desempregado. "Venha comigo", propôs. Conseguiu introduzi-la dissimuladamente na hospedaria e dividiu com ela os seus tíquetes. Conversaram. Ele era gentil e sensível, tinha o mesmo tipo de problemas. "Era uma amizade. Ficamos íntimos."

Nascido nas favelas do 19º distrito de Paris, Antoine jamais conhecera o pai bretão. A mãe, martiniquense, com câncer de mama e asma, fora obrigada a enviá-lo a uma ama-de-leite que "não me queria, porque minha pele era preta. Sua avó falava crioulo e era criada de um padre. Cuidou dele, mas "morreu de cansaço". Transferido de uma escola conventual para outra, ao todo seis, foi perseguido por queixas de que se negava a aprender as lições. "Eu queria aprender", diz, mas jamais conseguiu. Não tem qualificações de qualquer espécie, e foi reprovado quatro vezes no exame para motorista: "Não consigo decorar os sinais." É extremamente cordial, ri muito, fala ligeiro e com grande energia, dando a impressão de dinamismo e curiosidade, transbordando de alegria enquanto formula planos para o futuro. Gostaria de ser veterinário. Ou motorista de caminhão, como treinamento para se tornar piloto de corridas. Tentou arranjar emprego na Renault, mas o recusaram "porque não tenho qualificações". Ou então criaria cavalos, participaria de corridas e, famoso, representaria a França, até ficar independente e comprar uma casinha bonita... Ou talvez fosse para as Antilhas Ocidentais reclamar seu pedaço de terra ancestral.

Uma escuderia, impressionada com seu entusiasmo e jovialidade, deu-lhe emprego, mas logo descobriu que suas esperanças não passavam de fantasias; sua pretensão de entender de cavalos era exagerada, e ele foi despedido. Teve a sorte de arranjar emprego num supermercado; volta cansado para casa, "sobretudo porque me pagam muito mal".

Agora Victorine e Antoine estão casados e têm uma linda filha, de modo que lhes cederam um apartamento público de dois quartos, num quarteirão triste dos arredores de uma cidade pequena. A umidade é tão forte e existem tantos fungos nas paredes que eles têm de trocar o papel de parede a cada ano. A mobília pobre é do tipo que outras pessoas jogam fora: a tela das cadeiras está furada; os assentos, lascados; a toalha de plástico da mesa tem buracos. Embora as crianças das redondezas lhes dêem bom-dia, os adultos, em geral, não os cumprimentam; às vezes, alguns pais lhes falam sobre os filhos, mas se estão desacompanhados da menina são ignorados. No verão passado, decidiram ir a uma discoteca e foram barrados. Ela tem medo de andar com ele pelas ruas da vizinha cidade de Tours, que acha "sufocante". As pessoas dizem que a filha (que é branca) é uma doçura e perguntam: "Onde está o papai?" Quando Antoine responde que é o pai, viram-lhes as costas. Ele está "ferido até a alma" pelo racismo e as diatribes de Le Pen.

"Não me importo que outros tenham uma vida mais luxuosa", diz Victorine, "porque eu mesma tomo conta da minha casa. Aqui, faço o que quero." E, acima de tudo, Mélodie é feliz. Mélodie é o centro do mundo e sua fonte da alegria. "Às vezes eu ainda me sinto sozinha", diz ela, "mas com o bebê, quase nunca." E ela acha que o marido ficou "realizado" com o nascimento da criança, ainda que deteste o emprego.

No entanto, não pensam em ter outro filho. Já é duro viver do singelo salário mínimo de Antoine. "A gente aperta o cinto por causa de Mélodie. Ela tem prioridade."

NA INGLATERRA, a pomba-de-coleira (*Streptopelia decaocto*) é uma ave nativa muito querida. Viveu durante séculos somente na Ásia. Nos primórdios do século XX, amostras da espécie cruzaram o Bósforo e se estabeleceram nos Bálcãs. Entre 1930 e 1945, ela abrigou-se na Alemanha Central. Por volta de 1970, tornou-se uma ave comum na Inglaterra, norte da França e sul da Escandinávia. Depois, foi vista rumo ao oeste, cruzando o Atlântico. Talvez se americanize em breve. Segundo os especialistas, uma mutação genética pode explicar essa súbita expansão por três continentes.

Parwin Mahoney pertence também a três continentes. Seus ancestrais viveram originalmente na Índia, depois mudaram-se para a África Oriental, onde ela nasceu. Com 10 anos foi enviada a uma escola interna na Inglaterra, e só via os pais, que permaneceram na África, uma vez, ano sim, ano não. Casou-se com um advogado irlandês estabelecido na Inglaterra e que obteve emprego em Estrasburgo, no Tribunal Europeu dos Direitos Humanos. Os filhos freqüentaram escola francesa; o mais velho fez do alemão sua primeira língua estrangeira e agora passa a semana em Freiburg, numa escola bilíngüe franco-alemã.

Houve época em que os seres humanos não tinham mais necessidade de um passaporte do que os pássaros quando queriam mudar de cenário. No entanto, com a multiplicação dos funcionários governamentais, levantaram-se objeções às movimentações constantes, mesmo de uma cidade para outra, sem os documentos comprobatórios de que eram de fato o que diziam ser. A Revolução Francesa aboliu os passaportes, julgando-os inconsistentes em relação à liberdade individual, mas eles retornaram lentamente e na surdina. Foi em vão que, no século XIX, os ingleses se recusaram a levar passaportes quando visitavam a França, embora a lei os advertisse de que poderiam ser presos. Durante certo tempo, a lei foi ignorada em seu favor, e de fato repelida após a revolução de 1830, pautada sobretudo na liberdade. Contudo, o medo de espiões retorna sempre que há uma guerra – e os passaportes voltaram. Em 1872, os ingleses foram mais uma vez libertados da necessidade de levar passaportes, bastando-lhes assinar o nome quando cruzavam a fronteira, mas as guerras mundiais restabeleceram mais uma vez os passaportes. O motivo de sobreviverem até hoje é que as nações ricas têm medo de invasões de pobres, e os países sob ditadura temem a saída de seus súditos escravizados. No entanto, Parwin é uma dessas raras pessoas que conseguem perambular pelo mundo usando um passaporte semelhante às asas de um pássaro – seu encanto pessoal.

"Quando eu vivia na Inglaterra, sentia-me inglesa e aceita como inglesa. Acho que meus filhos são ingleses. Falávamos apenas inglês em casa. Em Estrasburgo, as crianças adquiriram hábitos franceses, como o de limpar os pratos com pão, ou molhar o pão no café, ou trocar apertos de mão. Brincam em francês, mas adotamos a regra de que, em casa, não devem falar francês." O plano é encaminhá-las a uma universidade inglesa.

O que os outros pensam de Parwin? Disseram-me que ela é uma "estrasburguense". Ela afirma: "Meu lugar é o lugar onde estou." De início, pensavam em passar somente alguns anos em Estrasburgo, mas o trabalho do marido tem sido muito interessante, enquanto ela construiu imagem própria e se tornou uma cidadã útil. Logo na primeira semana da sua chegada, disse a todas as pessoas que conheceu no Conselho da Europa que pretendia arranjar emprego. Elas riram. Algumas esposas davam-se por felizes com uma datilografia ocasional ou leitura de provas. Riram também quando manifestou a esperança de fazer amigos franceses. Parwin foi para casa e chorou. "Esta cidade será mais negra do que a África Negra?" Os alsacianos pareciam não precisar dela. Todos os seus esforços para ser aceita fracassaram. Ela resolveu então tomar a iniciativa: "Ninguém ia dizer: 'Você parece estrangeira, eu gostaria de conhecê-la.'"

A princípio, Parwin e o marido tentaram imitar o comportamento dos nativos, cuja preocupação fundamental parecia ser a culinária, pois falavam de comida mesmo quando não comiam: "Os ingleses contam mais piadas e discutem menos política." Parwin começou a cozinhar como as senhoras de Estrasburgo, porque não tinha nada melhor para fazer, "mas isso nos engordou e nos deixou mais pobres, de forma que voltamos aos costumes ingleses". Naquela ocasião, meados da década de 1970, as mulheres de Estrasburgo lhe pareceram cidadãs de segunda classe: corretoras imobiliárias, por exemplo, não a levariam a sério. Relutando em desistir, entrou na universidade para aprender francês. Ali conheceu uma mulher que a convidou a ensinar inglês, para o qual havia uma grande demanda. "Não seja tola", disse Parwin, "eu nunca ensinei." "Nós a ajudaremos", disseram-lhe, e assim o mundo alsaciano abriu-se para ela.

Graças ao ensino, fez amigos. Mas, após o nascimento do terceiro filho, decidiu abandonar as aulas. Seus alunos é que não abriram mão da professora, procurando-a em casa para aulas particulares. Ela criou uma escola de inglês em casa, aberta durante as horas em que os filhos estavam na escola. Sua casa tornou-se, aos poucos, um lugar de encontro de pessoas de todas as profissões: advogados, médicos, mulheres, que diziam querer aprender inglês para ir a coquetéis, homens que desejavam fazê-lo em um mês e estavam dispostos a pagar mais. Um agente fiscal, após consultar um fonoaudiólogo e saber que "tinha bom ouvido para o inglês", freqüentou as aulas e dominou a língua "em 210 horas": agentes fiscais têm de ser precisos. Parwin tem a vantagem de escolher os alunos, já que estes vão à sua casa; é como organizar festinhas para quatro, seis ou oito pessoas. Eles lêem textos compatíveis com seus interesses profissionais.

A experiência básica em torno da qual tudo gira é o afeto de Parwin pela família. O ensino enquadra-se nas horas em que a família não a requisita. Mas exige muitos preparativos; a demanda tem crescido, de forma que agora as pessoas lhe dizem: "Você parece cansada" ou "O casamento não está dando certo?". Mas, ao contrário, o marido tem facilitado tudo: se fosse um desses homens que estão sempre *493* pedindo os chinelos e o jantar, não conseguiria ensinar. "Se eu quero sair à noite, digo a Paul: 'Por favor, dê comida às crianças', e ele responde: 'Está bem, divirta-se.' Um marido francês diria: 'Você vai sair sozinha?' E exigiria sua refeição. Você não poderia aconselhá-lo a comer sanduíches." (Os franceses não se gabam dos seus sanduíches, mas se houvesse um campeonato mundial de sanduíches, eles e os americanos estariam em confronto belicoso e constante.)

O problema, agora, é saber se Parwin será destruída pelo trabalho, mesmo não sendo ambiciosa. Sua única ambição é ver o êxito da família. "Não vivo do meu trabalho. Não poderia dar-lhe cem por cento de mim. Quero ser capaz de esquecer coisas, de ver minha família; não estou querendo me sacrificar demais." Mas a armadilha da tecnologia ameaça fechar-se ao redor. Talvez, pensa, fosse bom investir em apoio visual, projetores de transparências, copiadoras, expansão, fazer do ensino de inglês uma atividade organizada, obter ajuda, tornar-se consultora. Teria, então, maior ou menor liberdade? Ela pensa na expansão do negócio, embora a única maneira de mudar esteja em se preocupar menos.

No momento, preocupa-se em se habilitar mais a conversar inteligentemente com o marido e seus colegas: isso é mais difícil do que responder a perguntas científicas dos filhos, pois sempre poderá ler as revistas antes que eles o façam. Ela está se forçando a ler *Dinheiro*, de Martin Amis: "Não me entra na cabeça. Mas vou ler. Eu acabo fazendo o que me imponho fazer. E lerei, também, porque preciso de argumentos." Antes, lera *A fogueira das vaidades*: assim que descobrira o enredo, não tivera mais problemas – nem surpresas, o que fora decepcionante: "Gosto de sair da vida real. O trabalho é duro, a noite não deve envolver esforço demasiado."

Parwin criou um mundo próprio: "Sempre criei", declara.

UMA GRANDE DIFERENÇA entre o século atual e os anteriores é que agora existem muito mais mulheres jovens cuja preocupação não se concentra em achar marido, mas em se encontrar. Corinne, com sua longa e lustrosa cabeleira solta, não é um anúncio de um xampu de luxo, mas uma mente com dois rostos. Às vezes está pensativa, e o rosto é um véu elegante, em que se adivinha apenas uma furiosa acrobacia mental. Outras vezes ela ri, não com o meio sorriso de Mona Lisa, mas com o equivalente a um sorriso de cortesia, e este diz que tanto os seus pensamentos como os nossos estão prontos para uma dança. E, naturalmente, já que está tão empenhada em saber o que pensa, ela fez da descoberta do que os outros pensam sua profissão.

O que as crianças pensam é o que mais lhe interessa. Começou a carreira como uma "psicomotriz", ajudando crianças que não falavam nem andavam. "Para andar, precisa-se querer ir a algum lugar", afirma, e a frase não se aplica somente a bebês. Aos poucos, descobriu por que as crianças significam tanto para ela. Quando era pequena, sentiu que tinha de ouvir os outros, mas ninguém a ouvia. O mundo adulto não parava de dizer-lhe "não faça isso, não faça aquilo"; tudo era perigoso. Então, mais tarde, compreendeu que fora educada para seguir os modelos de adultos, e, agora que ela se tornara adulta, não lhe pareciam modelos dignos, eram muito egoístas para serem admirados. Os adultos costumavam assustá-la por sua força e conhecimento, até ficar claro que ela os estava idealizando. Por volta dos 20 ou 21 anos, percebeu que as verdades incontestáveis pregadas pelos adultos não existiam, que eram uma caixa vazia, que o mundo não era assim tão simples quanto haviam pintado. Por isso, lamenta que jamais lhe permitissem viver plenamente a infância. Está à procura das peças fragmentadas. E no seu trabalho tenta preparar outros para o mesmo mister. "Quero que as crianças sejam ouvidas."

O que elas têm a dizer não é óbvio. "Uma criança é um enigma." O mundo, na opinião dela, está cheio de enigmas. "Nunca se sabe muito acerca de outra pessoa." Ela também é um enigma para si mesma: "Sinto que existe algo além do meu conhecimento quando olho dentro de mim – e ninguém consegue dizer-me. A conformidade é o que me assusta acima de tudo: ficar capturada num molde, ser passiva, dependente – como se nós todos fôssemos a mesma coisa, o que não acredito. Minha finalidade é descobrir alguma coisa em mim e, se me conformar, estarei falhando nesse propósito. Portanto, ser um enigma me energiza. Acredito que estou construindo alicerces para mim mesma. Confio estar a caminho de criar algo novo. Eu costumava ter medo do que era, de desaparecer sob a desaprovação dos outros. É importante criar um ser que os outros não possam tocar."

Trabalhando com crianças que receiam falhar, ou que foram estragadas pela pressão, Corinne não tenta oferecer uma cura milagrosa ou provar sua capacidade de fazer o que os pais não fizeram. "Não estou atacando os pais; sem os pais uma criança seria um animal, e a criança precisa da proteção deles." Ela não afirma saber o que está fazendo a criança sofrer, dizendo apenas: "Vamos fazer coisas juntas, descobrir o que é difícil, e então seremos capazes de encontrar um novo caminho." A criança encontrará o caminho por si mesma. Não há necessidade de dizer em palavras o que é insuportável; isso se fará em meio às brincadeiras; ela brincará com isso; se brincar de ser mãe, por exemplo, mostrará tudo o que se precisa revelar acerca da mãe. O que mais importa é tentar fazer as coisas de modo diferente: "Vamos tentar juntas. Eu obtenho êxito quando uma criança é capaz de ficar sozinha e eu posso partir." Uma criança não pode viver independentemente, mas está cheia de potencialidades, sendo capaz de ensinar aos adultos mais coisas do que eles pensam.

O medo de falhar na sua vida pessoal também a preocupa. Corinne está sentindo abrir-se o caminho para uma atitude que drenará os venenos do fracasso. Teve uma ligação com um colega. Ele tentou criar um sentimento de rivalidade entre ambos, para ver quem chegaria primeiro ao seu objetivo. Ela achou intolerável. Ele protestou que ela se recusava a fazer coisas conjuntamente. Corinne admirava algumas coisas que ele fazia, mas "eram coisas estranhas para mim, não me pertenciam, e eu não desejava seguir a mesma estrada. Eu não me reconhecia nele". Um dia, ele aceitou um convite para ambos falarem numa conferência, sem consultá-la. Disse que era importante ela passar pelas mesmas experiências. "Foi o rompimento entre nós. Não falo em voz alta; gosto de escrever, mas não de publicar. Tenho potencialidades diferentes. Quero evitar rivalidades. Se eu perder, ainda poderei prosseguir no trabalho, sabendo por que perdi. Um vencedor sempre tem os perdedores contra ele, precisa usar de toda a sua energia, não para se aperfeiçoar, mas contra os outros, a fim de manter seu lugar."

Nem todos, afirma ela, podem ou querem mudar, porque isso significa abandonar o familiar. Deve-se deixar que todo indivíduo decida se quer ou não mudar: os que assim o fazem, são pessoas que percebem que não são perfeitas e demonstram humildade, pessoas que sabem que não podem mudar sozinhas e que necessitam de ajuda. A experiência dela é que pessoas altamente educadas são as mais difíceis de ajudar. Trabalhar com iletrados tem sido mais compensador: gera um sentimento e afeição mútua.

"Eu sempre receio repetir-me, pensar que estou mudando quando não estou. É em períodos de crise que eu mudo de verdade, quando perco a confiança e, em consequência, as ilusões." A primeira mudança na sua vida ocorreu quando começou a trabalhar; a segunda, quando se separou do amigo, perdendo a fé em sua capacidade de amar e de realizar seu trabalho ao mesmo tempo. A cura veio quando treinou um ano para uma carreira nova, como psicoterapeuta. Isso devolveu-lhe a confiança, mas não resolveu tudo. "Sinto que tenho algo a conquistar, mas não sei o quê." Cada pessoa moderna canta a mesma canção. "Nós sempre temos uma possibilidade", insiste ela, mas há portas demais a escolher.

Nos tempos antigos, as pessoas eram capazes de adquirir um sentimento comunitário travando guerras. A geração dos pais de Corinne sustentou-se com os mitos de 1968. Sua própria geração, segundo afirma, não tem um objetivo visível. Contudo, hoje o que ela mais aprecia nas crianças em idade escolar é que elas estão tentando encontrar algo em comum, porém partindo da aceitação básica de que são todas diferentes. Aceitar as diferenças, serem aceitas como diferentes – eis o ponto de partida de Corinne. Até aqui ela foi capaz de aplicar tal princípio com mais facilidade em crianças do que em adultos. Os adultos ainda têm de aprender a dar mais peso às crianças que há dentro deles.

TODAS AS SEMANAS, a revista *Glamour*, em sua versão francesa, em meio a centenas de fotos de modelos, roupas e tendências da moda, traz um artigo que parece deslocado, escrito por uma filósofa, historiadora ou antropóloga, tentando explicar o que significa a vida. Anne Porot descobre os grandes intelectos e lhes diz o que explicar, com uma mistura de solicitude e humor. Como ela sabe em que os leitores estão interessados? Está ali para lhes dar o que eles querem ouvir ou espera pôr-lhes idéias na cabeça? Que idéias ela tem e gostaria de transmitir? Estas não são perguntas a serem feitas. Anne Porot nunca comprou uma revista feminina em sua vida. "Tenho má opinião de pessoas que compram revistas de mulheres." *Glamour* jamais tentou promover pesquisas de opinião para descobrir os gostos dos seus leitores. É um trabalho de arte, e aos leitores cabe perceber isto. Ela vive com Jean-Pierre Mougin, editor da revista cômica *À Suivre*, cujo amigo, Martin Veyron, um cartunista de quadrinhos igualmente famoso, é o marido da editora de *Glamour*, Anne Chabrol. A conexão com cartunistas de quadrinhos não é fortuita. A edição parisiense de *Glamour* é, em vários aspectos, uma extensão das típicas revistas cômicas francesas, que se tornaram extremamente populares porque combinavam inteligência e finura de espírito com um senso de iniciação a uma visão desapegada do mundo. Anne Chabrol, que foi editora-assistente de *Elle*, metamorfoseou *Glamour* numa série de estudos da arte de não se tomar as coisas demasiado a sério. As fotos de moda equivalem a cartuns. As pessoas que escrevem para *Glamour* jamais dão as coisas por certas.

A seção regular de Anne Chabrol, *Un homme mis à nu* (Um homem nu), entrevista uma famosa personalidade, fotografada no grau de nudez que permitir; apesar disso, não se espera dela uma total revelação da sua alma. Anne Chabrol trava com a pessoa um jogo verbal, cheio de ironias e trocadilhos, inteligente porém deliberadamente superficial, um jogo reconhecível como uma forma de parisianismo, a arte de transformar os relacionamentos em epigramas. O jargão da revista chega a minúcias que muitos integrantes do conselho editorial não entendem; o efeito é criar a sensação de que existem mundos privados maravilhosos, "panelinhas" especiais, linguagens privativas – diferenciando da turba os que penetram em tais santuários.

Anne Porot é muito exigente com seus leitores, com os quais tem muita coisa em comum, e também é muito exigente consigo mesma. O problema é que ela sofre por ser educada, inteligente, observadora, autoconsciente, quando não tem uma verdadeira confiança em si mesma. Se fosse acreditar em Freud, poria a culpa nos pais. Mas não acredita em Freud, deixou de acreditar; sua falta de confiança não é, segundo observa, culpa de ninguém, tem de ser aceita como se aceita o cabelo ruivo, porém tentando reduzir os desastres que a insegurança causa e consolando-se com a crença de que pessoas confiantes não parecem ser melhores. "Vivo assustada a maior parte do tempo. Dou chutes em mim mesma 24 horas por dia. Até os 30 anos, a vida foi um desafio permanente, eu andava em doloroso conflito comigo mesma. Agora as coisas estão melhorando um pouco."

Ela já experimentou várias soluções. Originária de uma família altamente educada, que nunca a oprimiu, não encontrou problemas para entrar na universidade, mas aos 18 anos não tinha idéia do que queria da vida, menos até do que hoje. "Eu andava mentalmente tão confusa que o feminismo chegou no momento exato." Negligenciando intencionalmente sua boa aparência, lutou pela causa, e o resultado positivo, conforme acentua, é que as mulheres possuem agora privilégios que não adquiriram por nascimento, ou direito divino, mas por seus próprios esforços, através do mérito – uma satisfação que os homens não têm. As mulheres tiram um prazer mais intenso do fato de estarem vivas, sentem o impulso maior de se aventurar em novas experiências. "Transformamos o que costumava ser a marca da nossa opressão, nosso interesse em cozinhar ou fazer arranjos florais, por exemplo, num delicioso prazer." Ela tem pena dos homens, a quem falta tal sensibilidade.

Por outro lado, o feminismo confirmou a existência de duas espécies de seres humanos: homens e mulheres. "Tanto melhor, digo eu. Não quero chegar ao extremo de dizer que qualquer comunicação seja impossível, mas existe uma falta de entendimento entre os dois. Por mais fortes que sejam os laços do amor, cada um continua estranho para o outro. Há coisas que só podemos confidenciar a outras mulheres. Não há nisso nada de errado; é enriquecedor, é excitante que exista uma diferença... Quando em dúvida, eu me acalmava dizendo: 'Se eu o amo, é porque ele é digno de ser amado.'" Contudo, isso significa que não é fácil para os homens ajudar as mulheres a se tornarem confiantes, porque elas agora têm de resolver seus próprios problemas; e Anne Porot não consegue imaginar o que as mulheres deveriam fazer a seguir. Ela anda triste porque já não consegue formular o que está tentando fazer, para onde está indo, mesmo quando sustenta que as mulheres têm "atitudes básicas, mas que nunca se refletem sobre elas, satisfazendo-se com presunções comuns, enriquecidas de anedotas e pequenos signos, que recontam uma a outra". Quando pensa no que seria a solução para os problemas femininos de hoje, afirma logo, como se impulsionada por um reflexo automático: "Devemos lutar." Mas logo depois acrescenta: "Eu só lutaria se tivesse forças, mas, no fundo, não quero, porque não teríamos êxito."

Por isso, Anne Porot buscou a solução para sua falta de confiança tentando conquistar o respeito das pessoas que ela respeitava. "Em meu emprego, eu sofria, sobretudo, pela falta de reconhecimento profissional." Um pequeno desvio se impôs, um trabalho que automaticamente confere prestígio e um sentimento de ter chegado lá. Como editora de livros de arte, ela entrou no remoinho de pessoas em moda, que trocam manifestações de admiração mútua. Agora, porém, acha que cometeu um erro: foi uma solução superficial. A dificuldade era que se estava constantemente sob observação dos outros, em julgamento constante, e era preciso ter bom senso em todas as ocasiões, evitar uma frase estúpida: foi uma luta contra uma nova forma de opressão, a falta de tempo para fazer tudo que se espera de nós. Só dá certo com pessoas incapazes de ficar paradas, e que, se tivessem o telefone desligado, se sentiriam protagonistas de um filme de horror.

"Mas eu sou diferente. Realmente preciso de solidão." Ela se mudou para um chalezinho no campo, a uma hora e meia do escritório, onde só aparece alguns dias por semana. Cercada de flores e pássaros pode trabalhar dez horas por dia sem se sentir cansada, ou, pelo menos, não da mesma maneira: nada daquela aflição permanente criada por pessoas que circulam ao seu redor. Anne pode olhar o jardim e mostrar-se amável com a família. Todo o estímulo social de que precisa, ela o obtém nos seus poucos dias parisienses, e depois está de volta ao casulo e às árvores.

Mas esses prazeres bucólicos agitam-na um pouco: parecem egoístas. Às vezes ela pensa que tudo quanto se pode fazer, se as coisas não andam como deveriam, é fechar os olhos, mas isso nem sempre é possível. A idéia de repensar tudo, de limpar a fonte das opiniões preestabelecidas, requer, segundo ela, aquela espécie de inteligência ampla que não possui. "Se a oportunidade de fazer isso viesse, tudo bem, eu iria gostar, mas prefiro não provocá-la. Formular perguntas, ficar no estaleiro, é cansativo. Também cansa lutar contra o inesperado. Com pessoas que conhecemos, ainda continuamos no estaleiro, mas sem tanta agonia." Quando tinha 20 anos, vivia num mundo imprevisível, mas agora tornou-se fatigante conhecer pessoas novas. O trabalho exige isso, uma readaptação diária. Que alívio voltar para casa, para pessoas com quem temos tantas coisas em comum... "Meu trabalho me proporciona novidades suficientes para mitigar meu gosto pelo novo. Em casa, posso retornar ao lado mais profundo da vida, distante da batalha pela perfeição, de volta às amizades fáceis, em condições de passar uma tarde inteira preparando uma refeição, a fim de demonstrar afeto." A criatividade, declara, está além das suas ambições; bastar-lhe-ia não aborrecer pessoas em volta e se dar bem com o seu homem.

Em casa, faz o oposto do que faz no escritório. Em Paris, acende fogueiras parisienses; depois, volta correndo ao campo, para evitar a dispersão das cinzas. A vida moderna requer que se viva em dois mundos.

Isso vale também para a editora de *Glamour*. O interesse pela cultura, aperfeiçoamento e realização pessoal, por todas as expressões de uma personalidade vigorosa, é contrabalançado pela incerteza. Anne Chabrol é severa com as pessoas famosas que entrevista para a sua revista, às quais não permite saber por antecipação o que o texto dirá a seu respeito. A única exceção a esta regra tem sido seu vidente, por quem nutre um respeito quase religioso. O vidente foi professor de filosofia, mas os tempos mudaram.

ATÉ AGORA, OS SERES HUMANOS só extraíram seis lições de suas tentativas de encontrar a melhor forma de sobreviver com o mínimo de dor. Parecem ter concluído que há seis métodos de viajar pela vida, seis meios de transporte. O que essas seis mulheres têm em comum é o fato de cada uma delas ter optado, predominantemente, por uma dessas formas, embora tendo decidido que, para elas, o melhor seria viajar de ônibus, de trem ou de avião, e se agarrar à sua opção. As filosofias morais mais populares do mundo, as que aconselham como viver, são de seis categorias, mas já que cada uma acredita possuir sozinha a resposta certa, nunca houve o equivalente a uma agência turística para dar aos visitantes da vida na Terra uma seleção completa de possibilidades. Parece haver milhares de alternativas, parece que a história é uma gigantesca lixeira de diferentes tipos de conselhos tentados e descartados, mas, na verdade, a maior parte dos conselhos adveio de uma daquelas seis categorias.

O primeiro método consiste em obedecer, em ceder à sabedoria dos outros, em aceitar a vida como ela é. No passado, provavelmente a maioria dos seres humanos viajou por este método, muitas vezes porque forçados, mas não menos porque ele lhes oferecia paz de espírito e a confirmação de estarem em harmonia com os seus vizinhos. Para convencer os duvidosos, foram feitas experiências em ratos, que demonstraram que aqueles que evitavam a confrontação eram mais saudáveis e menos tensos do que os ratos dominadores, que ficam rígidos de ansiedade, como se temendo que os explorados eventualmente deixem de obedecer. Os seres humanos também tentaram limitar o número de decisões que tomavam, na esperança de ter um sono mais saudável. Não há um censo mostrando quantos ainda optam por esta estratégia, além da estatística que já citei (confirmada para um período de três anos), segundo a qual um terço dos bretões diz que preferiria ser instruído sobre o que fazer a assumir responsabilidades. A obediência sobreviveu tão tenazmente porque é impossível formar a opinião de uma pessoa sobre cada assunto, razão pela qual a maioria das pessoas continua sempre conformista em segmentos mais ou menos largos do seu comportamento.

Nunca foi fácil obedecer, e está se tornando mais árduo à medida que o tempo passa, enquanto aumenta o leque de opções. Muitos acreditaram que a religião era simplesmente uma questão de seguir regras, e não apenas um começo: o modo como as regras são seguidas conta mais, e quanto mais profundamente religiosos são os seguidores, mais conscientes se tornam das dificuldades; não há limites às suas tentativas de perfeccionismo. Não é de admirar que toda religião discorde, dentro do seu âmbito, quanto a detalhes que muitas vezes parecem triviais ou acadêmicos – mas em religião os detalhes pesam. O islamismo é a religião da obediência: a palavra significa "capitular" ao desejo de Deus. Mas também quer dizer reconciliação, o que requer esforço constante. Não é apenas a obstinação que explica por que o cristianismo está agora rachado em cerca de trezentas igrejas independentes, cada uma obedecendo de maneira diferente.

Fundamentalmente, a religião ou ideologia particular professada pelos indivíduos diz menos acerca deles do que a forma como a praticam. Os que aceitam uma fé e deixam de questioná-la tem muito em comum, qualquer que seja sua fé. Por outro lado, a religião também pode significar desobediência, uma rejeição do mundo, uma busca de algo melhor, um perpétuo autoquestionamento. Quando Dominique Lepèze, a bailarina, afastou-se da sua herança ocidental para a filosofia oriental, ela se rebelava e tinha muita esperança que a obediência lhe desse o oposto, liberdade, mas ainda não encontrou a liberdade partindo das incertezas que a importunam.

A religião de obediência às regras da moda ou etiqueta, buscando aprovação de outras pessoas, fazendo o que os demais fazem, tem tantos tolos quanto seguidores. Tornou-se cada vez mais difícil descobrir exatamente o que os outros fazem, que mentiras se ocultam por trás da fachada do conformismo ou saber com o que se conformar. As pessoas têm desejado acreditar que são capazes de equacionar seus problemas tomando uma grande decisão, mas isso não elimina o grande número de pequenas decisões que ainda têm de ser tomadas diariamente. Quando entram no ônibus da obediência, a jornada apresenta sempre muitas paradas e muitas tentações das quais se livrar.

O SEGUNDO MÉTODO consiste em viajar como negociador, barganhando para tirar o melhor possível da vida. Os pagãos, antigos e modernos, praticam-no de preferência aos demais métodos. Pessoas vivas ainda se comportam hoje como os romanos, para quem o mundo estava cheio de poderes que podiam prejudicar ou trazer felicidade, mas cujos favores se podiam comprar. A habilidade consiste em saber qual o preço mais baixo a ser pago, os sacrifícios mínimos a serem feitos, para obter os desejos pessoais ou, em linguagem moderna, ter êxito. Barganhar poderia ser agradável, um jogo, como ainda o consideram alguns competidores modernos. Os romanos fizeram acompanhar seus sacrifícios aos deuses com festivais gastronômicos e granjearam amigos e influenciaram pessoas em fraternidades que honravam deuses individuais; Baco era quase um amigo. Não submetiam crenças particulares a inquisições; sua religião consistia, simplesmente, no desempenho de rituais em troca de benefícios. Sua originalidade era insistir em que os seres humanos podiam alcançar o sucesso em conseqüência de sua arte de negociar (com alguma ajuda dos deuses), enquanto outras religiões e filosofias faziam perguntas grosseiras acerca de moral e justiça, ou, então, estavam certas de que tudo seria decidido por forças incontroláveis (e muitas ainda sustentam esta opinião).

Se você preferiu ser negociador, então eliminou preocupações sobre se merece ou não o êxito. O sucesso pessoal veio a ser o objetivo das democracias porque todo mundo tem direito igual a ele; e deve ocorrer nesta vida, sem necessidade de se esperar pela próxima. O sistema pagão de satisfazer desejos pessoais é o legado mais influente da antiga Roma à Europa e à América. Os que governam já não alegam ser divindades, mas ainda concedem favores da mesma maneira que os deuses pagãos, em troca de sacrifícios, aliviando medos, prometendo segurança, quebrando promessas. Complicado é saber que desejos são esses e sentir-se satisfeito quando são realizados. É difícil comprar segurança.

O problema acerca da barganha, uma vez abandonada a crença de haver deuses no céu desejando entabular acordos, é que quando se perde numa competitiva negociação particular, as possibilidades de vencer a negociação seguinte são, freqüentemente, reduzidas; a pessoa se desespera para ganhar; em seguida, não sabe mais o que oferecer aos outros em troca do que quer, e numerosos negociadores jamais têm a possibilidade de fazer um lance. Se escolhe dirigir seu próprio automóvel, não deve desprezar a possibilidade de que alguém, algum dia, provoque uma colisão de veículos. Catherine, especialista em empresas comerciais, não considerou do seu gosto todos os aspectos da vida de negociador e teve de buscar consolo em outros mundos, onde não existe a necessidade de vencer.

A TERCEIRA OPÇÃO está em cultivar o próprio jardim, calar os líderes e os rivais, bloquear o acesso de vizinhos ao seu mundo e concentrar-se na vida particular. No início, não havia vida privada, ninguém se escondia da vigilância pública e da crítica incessante. Depois, as classes médias começaram a cultivar segredos. Quanto mais a pessoa se fechasse, pensavam elas, mais chances teria de evitar a inveja provocada por sua riqueza, ou por seus gostos, e desfrutar da estima em geral, desde que apresentasse uma imagem pública cuidadosamente polida. O quarto privativo – grande raridade antes do século XX – tornou-se uma declaração de independência. Casais adiavam o casamento público até decidirem a quem amavam de fato. Em particular, você podia manter seus próprios pensamentos, mas cometer erros sem ser repreendido ou desprezado.

Os que cultivavam seu jardim e deixaram o grande mundo cozinhar nele com seus temperos complicados viam a democracia como o direito de serem deixados em paz, em troca do pagamento de impostos, como se o dinheiro fosse uma proteção. Debates políticos deixaram de ter significado, e os políticos tornaram-se, para aquelas pessoas, marionetes num palco, inebriados por fantasias de poder. Mesmo no mundo comunista, onde o adultério, os hábitos de se embebedar e de altercar com os vizinhos costumavam ser discutidos publicamente em reuniões do Komsomol, a privacidade, aos poucos, tornou-se o recurso principal contra a pressão do governo, contra o tom inquisitorial dos colegas, contra intimidações na família. Em Moscou e São Petersburgo, somente um décimo dos habitantes vê agora os vizinhos com regularidade. Privacidade significa ver pessoas somente quando se quer vê-las. O restante não existe, exceto como fantasmas ou deuses na televisão, a grande protetora da intimidade.

Cultivando seu próprio jardim, aqueles a quem o mundo tratou com crueldade, como Victorine e Antoine, podem dar o primeiro passo para a liberdade. Mas a exploração da privacidade, particularmente por mulheres, tem revelado alguns problemas. Quando elas se permitem parar de trabalhar e retirar-se para a reclusão da vida doméstica, libertando-se para fazer o que desejam, às vezes acham que a vida privada também pode se transformar em prisão. Cultivar o jardim apenas em benefício próprio é como cultivar plantas e não saber o que fazer delas quando chegam ao apogeu. Victorine e Antoine têm tirado muita satisfação da descoberta de um pedacinho de mundo que, embora temporariamente, podem chamar de seu, mas não vivem para si mesmos e sim para a filha.

Alguém talvez imagine que tomar um barco que se distancia de tudo significa levar a vida em brancas nuvens e não se comprometer com objetivo algum. Mas não deixa também de ser um propósito, e muitas pessoas tentam assumir o leme ou lançar âncora de vez em quando. Alguém talvez pense na possibilidade de dedicar a vida a dar um sentido a seus negócios, mas isso, em última instância, significa tornar-se um santo ou um sábio, cuja ambição inclui ser útil, de alguma maneira, ao próximo. Jamais estaremos totalmente interessados em ser o objeto único da nossa própria atenção.

A QUARTA OPÇÃO é sair à procura de conhecimento. A idéia de que possa ser adquirido é recente: durante a maior parte da história, o conhecimento foi raro e secreto, e sua herança esotérica, com sonhos de dominação e mistério, sobrevive no jargão com que cada profissão se protege. O conhecimento ainda é uma serpente a devorar a própria cauda.

A Índia, mais ou menos entre os séculos V e XI, representava quase a metade da humanidade e acumulava conhecimento suficiente para desfrutar da melhor alimentação e das melhores roupas do mundo: os que buscavam melhor padrão de vida invejavam-na e tentavam obter parte do algodão, arroz e açúcar. A Índia talvez tenha produzido os mais importantes cientistas de todos os tempos, os matemáticos anônimos que inventaram o sistema de contar com nove dígitos e um zero. E, no entanto, o hinduísmo ensinou que o único conhecimento digno era aquele que eliminava os desejos e mostrava que o indivíduo não passava de uma massa de ilusões: o conhecimento, insistiu o hinduísmo, não abolia o sofrimento. De igual maneira, a China, primeira civilização tecnológica, embora acumulando um exército de um milhão de homens na dinastia Sung (960-1279) e desenvolvendo a maior indústria de ferro do mundo, capaz de produzir 16 milhões de pontas de setas por ano, descobriu que muitos dos seus cidadãos mais capazes adquiriam conhecimento somente para passar nos exames e memorizar decretos governamentais. O ensino tem, repetidamente, se deteriorado em repetição, duplicação e paralisação da mente. Os árabes – cuja ciência possibilitou o descobrimento da América – foram os primeiros a concluir que o conhecimento é uma aspiração essencialmente internacional. Como fundadores da primeira academia de tradução do mundo, no século IX, sob a direção do muito viajado Dr. Hounain, que fizeram da Bagdá daquela época um dos centros mundiais de debates inteligentes, acabaram 509 exaustos e irritados pelos conflitos do conhecimento, e durante muitos séculos puseram uma pedra em cima da curiosidade.

Talvez pareça que o Ocidente demorou tanto a descobrir os encantos do conhecimento porque, após os fogos de artifício intelectuais dos gregos, o cristianismo colocou a caridade acima de todas as virtudes: embora o conhecimento pudesse mover montanhas, disse São Paulo, sem o amor "eu nada sou". Lutero chamou a razão de "prostituta do demônio". Mas outros demonstraram a mesma atitude, e até os chineses, que adoravam a erudição, incluíam os taoístas, segundo os quais a aquisição de conhecimento conduz à perda da felicidade.

É possível se fazer uma jornada mais prazerosa em busca do conhecimento, mas é também provável que o trem em que se viaje entre num ramal e se recuse a avançar mais, esquecido do seu destino. Buscar conhecimento por amor ao conhecimento é outra maneira de evitar uma decisão para saber porque você precisa disso. Parwin Mahoney não tem dificuldade em encontrar alunos que queiram aprender línguas, e o que eles fazem de tal conhecimento não é da sua conta, mas ela própria, como todos os mercadores profissionais de conhecimento, sabe que o conhecimento não basta.

O QUINTO MEIO consiste em falar, emitir as próprias opiniões, revelar-se aos outros, libertar-se das trevas trazendo à tona os segredos, memórias, fantasias, conscientes e inconscientes, investindo contra a hipocrisia e o decoro. Seria como andar de bicicleta, sem destino, acenando para todos os que passam. A fé na conversa teve, primeiro, de vencer a crença de que o uso das palavras era perigoso, e que as palavras, conforme disseram os sumerianos, faziam parte do sopro dos deuses que "fazia a terra tremer".

Em Antígua, a conversa às vezes é tratada como uma forma de música, e das pessoas se diz que "fazem rumor" (na época de Shakespeare, rumor podia significar uma briga, um grupo de músicos ou um som agradável em que cada instrumento emitia seu solo particular) quando se jactam, praguejam e brigam, cada um com o seu tom distinto. Não há necessidade de esperar por um ouvinte, porque a conversa tem origem dentro de quem fala, de forma que vários podem falar ao mesmo tempo, e quando outro se junta ao grupo, começará a falar quando estiver pronto, mas não necessariamente sobre o mesmo tema, e os olhos poderão ou não se voltar para ele; mas se não for ouvido, repetirá uma vez, muitas vezes, sua fala, quase sempre com a mesma observação, até que eventualmente lhe dêem ouvidos ou, então, desista. As pessoas se vangloriam apenas porque se julgam boas, e a jactância faz com que se sintam melhores, da mesma forma que cantar faz bem, para desafogar os sentimentos, como o demonstraram o pugilista Muhammad Ali e Beowulf e os vikings.

O século XX, ao proclamar o advento de uma nova era de comunicação e informação e inventar máquinas de gravação para imortalizar a fala, esqueceu-se de cuidar do grande problema da fala, que consiste em descobrir o ouvinte. Porque não basta haver um número crescente de pessoas que falam apenas pelo prazer de falar, sobretudo a seu respeito, como os pássaros cantam na fronde das árvores. O orgulho da humanidade em poder comunicar-se melhor do que qualquer outra criatura é inchado por muita conversa inútil, ouvida em silêncio ou com sinais de incompreensão. As frustrações do sexo nada representam comparadas à frigidez dos ouvintes. Corinne está longe de ser a única dominada pelo desejo de procurar alguém capaz de ouvi-la e entendê-la ao mesmo tempo.

ESTES CINCO MÉTODOS de transporte ao longo da vida conservam seus atrativos, malgrado as decepções. Há um sexto, porém tentado poucas vezes, o "ser criativo", que equivale a viajar em foguete. Originalmente, apenas Deus era um criador – o Criador. Somente na década de 1870 a palavra "criativo", aplicada aos mortais comuns, entrou na gíria francesa, usada por artistas quando as multidões nos salões não conseguiam entendê-los. E só quando a originalidade veio a ser valorizada – o que ocorre apenas em alguns círculos – foi possível creditar-se criatividade aos indivíduos. Os gênios do passado, que hoje despertam admiração por terem provado a todos os outros que eles estavam enganados, invariavelmente sofreram a vida inteira. Mas o ideal da criatividade se espalha depressa.

Numa pesquisa francesa entre adolescentes dos dois sexos sobre o trabalho que lhes pareceria ideal, praticamente a metade desejou empregos que lhes ensejasse o cultivo do lado artístico, criativo; dinheiro, ócio e segurança não eram tudo. Em outra pesquisa, envolvendo mulheres francesas dos 18 aos 24 anos, 32% queriam ser jornalistas, 30% artistas, 29% advogadas, 26% diretoras de empresas, 25% diretoras de uma agência publicitária, 25% médicas, 19% pesquisadoras científicas, 18% donas de casa, 13% atrizes de cinema, 12% executivas em bancos ou organizações financeiras, 8% engenheiras, 7% estrelas de televisão e 5% exercer cargos políticos. Os adolescentes de hoje não se matam por uma solitária vida de mártir. Nem afirmam, como o fez Mozart, que a morte é "o verdadeiro objetivo da nossa existência... a chave para a nossa felicidade" (4 de abril de 1767).

Alguns anos atrás, o editor palestino Naim Attallah, achando que gostaria de compreender as Mulheres com M maiúsculo, entrevistou trezentas mulheres de êxito em vários países, e esse trabalho o levou "a pensar que talvez as mulheres sejam mais interessantes que os homens". Ele não esperava por isso – mas cada mulher parecia ter opinião diferente. No entanto, concordavam todas num ponto: não acreditavam que as mulheres fossem criativas, ou, pelo menos, disseram que raramente as mulheres eram geniais, porque dissipavam as energias – quer fossem sensuais, quer estivessem satisfeitas com o mundo ou não fossem muito corajosas, quer fossem rudes ou tão desequilibradas quanto os homens. A criatividade era o substituto masculino para a arte da gravidez e do parto, suficiente para absorver todos os impulsos criativos da mulher. Uma das mulheres que Attallah entrevistou, uma egípcia educada na Malásia, Nigéria e Inglaterra, disse que, socialmente, as mulheres eram mais criativas do que os homens, como anfitriãs, mães, amigas; contudo, não tiravam disso vantagem alguma, por não ser uma qualidade vista como o aspecto central de suas vidas, mas sim uma qualidade complementar que as enriquecia e que gerava tendência ao estresse, já que tinham de se submeter a pressões para se comportarem como mulheres.

Sem dúvida, a maioria dos homens, se fosse sincera, responderia com reticências similares acerca da sua criatividade; diriam que a atrofiavam a fim de se ajustarem, que lhes faltava a necessária franqueza e estavam absorvidos demais por seus passados, suas famílias ou seu trabalho. Numerosas pessoas (como Anne Porot) se atormentam por não poderem chegar ao nível que desejam. Mas o grande problema da criatividade permanece – não oferecer garantias de que produzirá resultados que todos valorizem, ou compreendam, ou, melhor dizendo, que não sejam uma imitação disfarçada. Portanto, é preciso subir mais um degrau.

ATÉ AQUI O MUNDO tratou seu meio de transporte da mesma maneira que buscou um cônjuge: aguardou o clique mágico, depois se acomodou, esperando que durasse a vida inteira. Não chegava a ser uma atitude tola na época em que a vida era curta, como, por exemplo, na antiga Índia, quando a vida conjugal durava em média sete anos, ou quando, na próspera *belle époque* francesa, 15 anos juntos era o máximo que os casais esperavam; mas numa época como a nossa, em que o período de vida dura quase um século, é hora de repensar se desejamos passá-lo todo em viagem no mesmo ônibus ou se tentar os seis métodos é necessário para quem espera uma vida plena, ou se eles não bastam.

Quando se escolhe um meio de transporte, é preciso saber para onde se vai.

24
Como os seres humanos se tornaram hospitaleiros

"Posso levar pancada, mesmo tendo tido uma infância difícil." Para Francine, uma francesa de ascendência africana, 18 anos incompletos, essa certeza é o fundamento sobre o qual constrói a confiança em si, deliberadamente, como se levantasse os alicerces de uma casa. Seu método consiste em refletir, fria e extensivamente, acerca da sua experiência, jamais admitindo que um infortúnio deva necessariamente marcar-lhe a vida.

Os pais se divorciaram; Francine foi colocada num albergue, mas não fez cara feia. Sua mãe, diz ela, tinha problemas. Em vez de se ressentir dos tempos duros pelos quais passou, e de "umas poucas coisas que aconteceram", maravilha-se de ter sobrevivido a tudo, o que a faz sentir-se capaz de enfrentar qualquer hostilidade pela frente. Não tinha essa confiança antes, mas andou pensando muito em si mesma, agora que está sozinha, e chegou às suas próprias conclusões.

"Adquiri isso tudo com meu esforço." Ela não possui amigos. "De dez pessoas que venho a conhecer, apenas uma provavelmente me interessa um pouquinho. Desde que atingi a idade de escolher meus amigos, encontrei somente três pessoas que me interessam, mas nem por isso são amigas." Uma delas quase se poderia chamar de amiga, mas esta palavra é muito forte, Francine prefere dizer "companheira". "Não que eu seja de convivência difícil", insiste. É que não lhe basta encontrar uma pessoa apenas agradável. "É natural que a pessoa seja agradável, se ela não fez nada de mau. Parto da premissa de que todo mundo é simpático." Nesse caso, ela procura os que se situam além dessas qualidades, os que não são apenas divertidos. "Divertimento é somente parte do meu programa."

Então, que programa é esse? "Gosto de debater." Seu primeiro critério para fazer amigos, se chegar a encontrar um, é que tenha gosto pela reflexão, carinho por uma boa conversa sobre uma grande variedade de assuntos. Então estaria criada "uma certa cumplicidade", o que significa não se parecer com o outro, nem serem opositores, mas algo meio lá, meio cá, de modo a se "clicarem". Seus valores devem ser idênticos, "porque são os valores que formam um indivíduo, e eu considero meus valores bastante amplos para qualquer um". Mas, acima de tudo, o amigo deve ser exigente, forçá-la a superar-se – o que valeria para ambos. Ela não aceitaria um amigo com pendores egoístas: o encontro deve acontecer "exatamente assim". Estabelece as exigências de modo fluente, como se as houvesse ponderado com o maior cuidado.

Nenhum garoto se aproximou dela – "vejo os garotos de longe" –, e para isso Francine tem duas explicações. Antes de mais nada, por seu próprio temperamento esquivo: ela não é uma pessoa propriamente calorosa e acha que este traço é herdado. Todas as meninas na escola se beijam quando se encontram, mas ela, não: "Está muito além de mim." No melhor dos casos, oferece a face. Mas essa atitude pode mudar: "É um hábito, o ardor é uma coisa que não tenho, e sei por que, de forma que posso remediar isso." Mais difícil é lidar com outra fraqueza sua: ela é vagarosa, tanto mental quanto fisicamente. Come muito devagar, todo mundo termina antes (mas está fazendo progresso nessa parte). Pior, no entanto, é pensar com lentidão: "Os relatórios escolares dizem isso, as pessoas se referem a isso, eu tenho de acreditar." Apesar de admitir o fato, Francine acredita que outro defeito seu é não ser suficientemente modesta. "Pouco tempo atrás disseram-me que eu era pretensiosa." Não é tarefa fácil construir a confiança em si quando se é atacada pela pretensão. "Eu gosto de mim como sou. Tenho uma grande dose de narcisismo." Antes não era bem assim, mas Francine tem dado boas notas a si mesma, em particular, pela capacidade de sobrevivência, e aos poucos, devagar, levanta a opinião acerca de si própria, como se fosse outra pessoa. E mesmo assim indaga a que outras faltas não estaria indiferente.

A segunda explicação para o seu estado de desamparo é que a escola quase desestimula a formação de novas amizades. Crianças que mudam de escola e de turma tendem a se agarrar aos amigos que já conhecem. A turma de Francine, segundo ela crê, é sobremodo exclusivista; muitos alunos nunca falaram um com o outro; os mais adiantados não ajudam os mais fracos; os tímidos se mantêm a distância dos adeptos da moda; há pouca conversação de fato, exceto quando se fica sozinha com alguém. "A gente se acolhe mutuamente sem chegar a se conhecer." Ela mesma se senta numa carteira dupla com a mesma moça que se sentava perto em outra turma, um ano atrás, simplesmente porque já o tinham feito, não porque fossem íntimas; e essa companhia impede-lhe o acesso a outras duplas.

De qualquer modo, Francine foi eleita monitora da turma. A razão não está na sua popularidade, mas no fato de ter protestado em voz alta quando o diretor, a quem se refere ironicamente como "o cavalheiro encantador", decidiu desativar alguns cursos contra o desejo dos estudantes. "Fiquei em evidência sem me dar conta. Aceitei, não porque quisesse ser monitora, mas pelo prazer de ser eleita", do que, aliás, ela se envergonha um pouco. A turma não estava enganada a seu respeito. Quando um professor deu lições que todos consideraram incompreensíveis, ela teve a coragem de dizer-lhe, e o mestre não aceitou a crítica com boa vontade. As notas de Francine começaram logo a cair ("Eu sei as notas que mereço"); o professor continuava a voltar-se para ela e perguntar se havia entendido, "como se eu fosse mais estúpida que os outros, ignorando o fato de que eu falara em benefício da turma inteira". Contudo, os colegas jamais lhe disseram que apreciavam seus esforços; pouco lhe falam a respeito de qualquer coisa. "Alguns talvez não estejam satisfeitos porque esperavam que eu fizesse por eles o que eles poderiam fazer por si mesmos; e eu os coloquei no seu lugar." Mas Francine acha que os professores, a quem encontra nas reuniões da diretoria, a consideram boa delegada, "porque eu defendo os alunos que merecem ser defendidos". A conclusão dela é: "Existem coisas em que eu sei que sou boa."

Em quem Francine modela sua conduta? Ela não tem modelos. Personagem algum da literatura a atrai com força: Madame Bovary, diz, repassando os personagens ficcionais que conhece, não é modelo, a Columba de Mérimée tem qualidades, mas tampouco serve para modelo. Os políticos também não são seus heróis. Mas haverá alguém a quem admira? Sim, já que insistem, aprova Jack Lang. "Parece sério, sincero, com um caráter forte, interessado em ouvir o que se tem a dizer, e, acima de tudo, é homem de esquerda." Terá defeitos? Não que ela veja. Há políticos que ela não admira? Todo o restante, eles são fracos, se perdem em explanações. Lang, ao contrário, é dinâmico, parece querer lutar por causas dignas, conseguir feitos notáveis; tem, sobretudo, o mérito de não ser totalmente um político.

Jack Lang está sempre denunciando discriminações de toda sorte. Mas Francine elaborou sua própria resposta ao racismo, mais uma vez através da reflexão solitária. "Tenho minhas idéias a respeito." Le Pen a exaspera, mas acha os que o apóiam mais estúpidos do que racistas. Não se entregam à reflexão; se não encontram trabalho, concluem que deve ser por causa do número excessivo de imigrantes. Ou são pessoas que, tendo passado por uma experiência desagradável no metrô, tiram conclusões falsas. Ou, ainda, pessoas ricas preocupadas somente com o seu conforto físico. Se pelo menos conhecessem pessoas bem-intencionadas, certamente as apreciariam. Francine vê o racismo como parte do viver diário; é preciso enfrentá-lo; quando criança, teve algumas brigas, principalmente com meninos, porque eles são mais racistas que as meninas; mas ela sente-se capaz de lutar.

Embora muito dada à reflexão, Francine, muitas vezes, responde a perguntas dizendo: "Nunca pensei sobre isso." À parte uma vaga nostalgia de uma forma mais simples de vida, de mais contato com a natureza (ainda que goste de cidades pequenas) e de um ritmo mais lento – está pensando em desistir das máquinas de lavar e costurar suas próprias roupas –, o Terceiro Mundo a atrai, mas "sem os seus problemas". Não tem receita para eliminar esses problemas. Quer ser psicoterapeuta, não para se conhecer melhor, porque sente que já se conhece bastante, nem para compreender a mãe, que também compreende, mas apenas pelo prazer de estudar e depois ajudar os outros. Contudo, seu objetivo é muito específico. Ela quer ser feliz. Isso não significa ser feliz como outras pessoas o são. O que chamam de felicidade, ela chama de bem-estar. A experiência em que está interessada fica mais próxima do êxtase, "o ponto máximo que surge de vez em quando, dura pouco e ninguém pode induzir". Mas é possível "provocá-lo", e ela espera chegar lá constituindo família.

Uma família, para Francine, significa marido, filhos e uma casa agradável, em que todos pareçam florescer. Mas não existem tantas famílias, incluindo a dela, que são infelizes? Sim, porém ela acredita, mais uma vez, que a inteligência conseguirá dirimir o problema. "Deve haver famílias, embora eu nunca tenha conhecido uma, em que os filhos falem dos seus problemas." Na casa de Francine nunca houve um debate, a mãe sempre tinha razão. E ela nunca conversou sobre famílias com seu companheiro, que não está interessado no assunto, quer apenas alcançar êxito social. No entanto, Francine insiste: não está pondo todas as suas esperanças numa família. Diz que as pessoas não percebem direito que a felicidade é o que desejam. Pois é o que quer. A família é apenas um meio de consegui-lo. Se não der certo, buscará a felicidade por outro caminho.

Ela também está preparada para o fracasso. A filosofia é uma das matérias que mais aprecia na escola, que a faz pensar acerca de coisas em que não pensava antes. A lição mais importante, por ela tirada, é que não há necessidade de ter medo da morte. Se eventualmente tivesse de enfrentar a morte na sua família, seria capaz de não pensar no caso de maneira trágica. Esta é a medida da marcha de Francine para a independência. Ela concebe a possibilidade de ficar ainda mais só, completamente só no mundo.

Se a maneira de enfrentar a vida é pensar mais a fundo na vida, será preciso um gênio para pensar bem? Desde que se entende por gente, Olga teve bons motivos para crer que poderia ser um gênio. Com apenas 12 anos, fazia um roteiro pela URSS como um prodígio no xadrez. Tudo prenunciava que seria uma campeã mundial. Mas quando encontrou outros prodígios, concluiu que eram mais espertos e que jamais chegaria ao topo. Este é o processo de desestímulo por que centenas de milhões de crianças passam, gênios ou não, mas até mesmo os gênios legítimos, reconhecidos como tal, são frustrados por não terem maior habilidade. Com efeito, quanto mais inteligente se é, mais objetivos aparecem fora do alcance.

Decidindo também que ser campeã de xadrez não era um "emprego verdadeiro", Olga estudou matemática e tornou-se um quase gênio, a ponto de obter um dos melhores empregos do país, na Academia de Ciências. Agora, diz, "a coisa mais importante da minha vida é o meu trabalho, que vem antes da família e dos filhos"; e fala abertamente, na presença deles, embora admitindo que sua atitude "não é digna de admiração". Ser uma estudiosa da matemática, afirma, é como ser artista, e não uma atividade rotineira. Requer da sua parte "intuições", semelhantes a visões, que, depois, têm de ser comprovadas; a simples habilidade técnica não faz um bom matemático. O prêmio está no prazer de pensar. "Sou viciada nisso. É a melhor maneira de pôr o resto para fora da cabeça." Os gênios não acham fácil decidir o que é digno de ser pensado e o que não é. Eles gozam da fama de serem totalmente absorvidos por sua especialidade, mas o pensamento criativo é, de fato, o oposto, uma jornada por um território desconhecido, uma busca de conexões onde parece não haver nenhuma. O que distingue os gênios é a convicção de que um dia encontrarão a trilha e sairão da selva; não estão assustados por se encontrarem perdidos.

Antes da glasnost, o fato mais importante na vida de Olga era combater o regime, como editora de um jornal clandestino. Todos os seus amigos tinham sido presos. Não restava mais ninguém para continuar a publicação. "Eu tive de assumir." Não lhe interessava a política, e era cética quanto ao que os dissidentes poderiam conquistar; mas não podia suportar que o jornal acabasse, que tudo que era bom acabasse; além do mais, as pessoas tinham direito à informação, ao maior volume possível de informação: "Sou louca por informação." Ela não ignorava que poderia acabar na prisão também, mas não se assustou, esperando, quase fatalisticamente, que a detivessem, pensando com toda a simplicidade: "A prisão seria parte da minha carreira." Que mais poderia assustá-la? "Não tenho mais medo de nada."

Depois que a KGB a identificara como dissidente, "eu tinha mais liberdade do que o homem de rua, que se aterroriza a qualquer contato com a organização". Os métodos da KGB tornam-se familiares para os que são caçados: Olga aprendeu a reconhecer o que era seguro e o que não era; o inimigo é assustador apenas quando nada se sabe a seu respeito. Quando estava a ponto de ser presa, ficou deliberadamente grávida, salvando-se, porque sabia que a KGB, apesar de toda a sua violência, não botava mulheres grávidas na cadeia. Naturalmente, às vezes, sentiu medo físico, como acontecera ao ver os amigos serem presos; mas nem assim hesitaria, se eles fossem presos outra vez, em se tornar uma vez mais dissidente. "Só que agora a vida melhorou, posso viajar para o exterior, posso ganhar dinheiro." Essa distinção entre o medo do corpo e o medo do espírito tem sido um dos pilares do heroísmo através dos tempos.

A coisa mais relevante na vida de Olga, em outras épocas, foi ficar "loucamente apaixonada". Isso costumava ser um problema, porque até os 25 anos se julgava capaz de um controle completo. Através de uma "auto-educação" iniciada aos 17, tentou "dominar-se". Por ser tímida, empenhou-se em se transformar de introvertida em extrovertida. Quando conheceu o primeiro marido, sua crença de estar sob controle não foi contestada, porque escolheu-o "racionalmente": "Acho que o enganei, fazendo-o casar-se comigo." O casamento garantia-lhe a permanência em Moscou. "Naturalmente, disse a mim mesma que estava apaixonada." No entanto, ao chegar aos 25 sofreu uma crise nervosa, não por causa da dedicação à matemática, nem em conseqüência do divórcio, mas por não ser capaz de escolher entre dois homens. A agonia convenceu-a de não ser "totalmente racional". Da outra vez que se apaixonou, pelo atual marido, foi "paixão verdadeira, sem escolha, atração física, amor à primeira vista". Num olhar retrospectivo, acha que ele representa sua tentativa de se aproximar mais do que significa um ser humano. "Não é o bastante ser auto-suficiente, nem ter um casamento feliz. Eu preciso da companhia de outras pessoas." Casar, com ou sem paixão, é uma experiência proveitosa; divorciar-se não chega a ser mau: "Os dois acontecimentos curam nossos complexos."

Amigos são igualmente muito importantes. Também aqui suas opções não são totalmente racionais: gosta deles como pessoas, não levando muito em conta suas qualidades. Mas o que desqualifica uma pessoa de ser amigo? Ser um traidor, por exemplo. O pai foi o primeiro a perder seu amor por esse motivo. Educou-a na crença de que certas liberdades jamais poderiam ser sacrificadas, de que seria desonroso, por exemplo, filiar-se ao Partido Comunista. Mas depois entrou para o partido: sendo um bioquímico envolvido em pesquisas experimentais, e apaixonado pelo que fazia, não lhe restava outro meio de obter o equipamento necessário. Olga sentiu que o pai atraiçoara a si mesmo e jamais voltou a aproximar-se dele. Aconteceu quando ela tinha 18 anos. Será que ela não teria agido com muito rigor? "Sem dúvida, sou uma pessoa rigorosa."

A auto-suficiência não basta, mas ela a valoriza e afirma que a possui, tanto quanto a disciplina pessoal. "Tenho condições de decidir sobre o que não desejo pensar e tirar a idéia da mente. Gosto de fazer uma coisa de cada vez." Ela consegue se libertar de "pensamentos desagradáveis" entregando-se à matemática ou lendo um romance. Essa arte data da época em que viveu numa hospedaria: com cinco pessoas no mesmo quarto, Olga aprendeu a bloquear a conversa delas. Conviver com outra pessoa era-lhe muito penoso: a única escapatória consistia em se concentrar. Agora, "quando minha família fala comigo, não ouço o que dizem". Ter um quarto só para si é o seu sonho, porque, embora tente resolver problemas matemáticos durante o sono, muitas vezes eles a mantêm acordada e ela gosta de vaguear à noite, para refletir. O individualismo floresceu na maior parte dos lugares em que as pessoas dispõem de quarto próprio, e os complexos desenvolveram-se paralelamente.

De qualquer modo, os arranjos caseiros tradicionais não convêm a Olga. O marido é sua esposa. Enquanto ela trabalha, ele cuida dos filhos. "Nossos papéis se invertem não apenas nesse particular, mas também pelo fato de eu ser cientista e ele, historiador de arte." Escondendo-se atrás da barba, ele fala em voz calma, se movimenta suavemente, sorri com gentileza. Sempre enfermo como uma criança, fisicamente fraco, incapaz de reagir, considerando a escola um tormento, a primeira convicção em sua vida foi que "ninguém gostava de mim". Apesar das notas excelentes, deixou a escola o mais cedo possível, para se tornar o anônimo auxiliar de uma biblioteca, arrumando livros nas prateleiras. Começando a faina às 8 horas, era capaz de completar a tarefa por volta das 10h30, quando ficava livre para ler, com a imaginação disponível. Aos 19 anos casou-se, a fim de fugir dos pais, que viviam a pregar-lhe sermões sobre o que devia fazer: todos eles viviam num único quarto. "Pensei que estivesse apaixonado, porém o mais importante era mesmo o casamento."

Assim que conseguiu o emprego, começou a beber e, quando se divorciou, aos 21 anos, entregou-se inteiramente à bebida. "Eu não me sentia feliz com o que sabia a meu respeito." A isso acrescente-se uma crise de gastrite que o levou ao hospital, onde os médicos anunciaram-lhe que teria câncer dentro de 15 anos. Ele acreditou e esperou. A espera da morte dominava tudo. A princípio, pensou que poderia parar de beber se quisesse; depois, verificou que era alcoólatra, que não queria parar, porque, para ele, a vida acabara. Aos 30 anos, decidiu que beber era a melhor forma de se matar.

O grande consolo da bebida eram os companheiros de copo. A solidão assustava-o; desde a idade de 5 anos tinha medo de ficar sozinho, e nada conseguiu mudar aquela fria sensação de medo. Impossível explicar: "Era irracional." Mas a solidão também tem suas vantagens: aproxima as pessoas. "Para mim, o melhor da vida é ter companhia." Ao desposar Olga, era alcoólatra. O amor livrou-o da garrafa. "Ela não me persuadiu", conta ele. Agora é um homem sóbrio, mas admite, com alguma hesitação, que há sempre o perigo de uma recaída, particularmente se está só. Olga absteve-se de beber socialmente para afastar as tentações. Contudo, quando o governo soviético racionou a vodca, garantindo a cada pessoa uma cota, ele não resistiu e pegou a sua, que ficou entesourada na cozinha, semelhante a um arsenal de bombas.

Outro refúgio contra a solidão é sua coleção de arte. "Não importa o que se coleciona", insiste em dizer. Seu interesse particular vai para os cartões-postais, que constituem uma forma especial de arte russa, já que muitos artistas de renome trabalharam especificamente nessa atividade. Ele se especializou e escreveu um livro. Mas apenas, afirma, "como uma forma de continuar vivo", e, em parte, também como "uma fuga à realidade" – mas, antes de tudo, como uma oportunidade de conviver com pessoas que compartilham de seus interesses.

Ele ganha a vida comprando e vendendo essas obras de arte – uma atividade corajosa. Desistir de um emprego regular na era comunista constituía crime, transformando-o oficialmente num "parasita". Mas ele detesta o trabalho regular. Cuidar da casa agrada-lhe e convém a Olga. Ele inventou seu próprio tipo de coragem.

Quando veio a perestroika, Olga também se encheu de coragem e demitiu-se do seu privilegiado emprego estatal, juntando-se a uma dúzia de outros para fundar uma atividade privada – a venda de dados estatísticos e pesquisas de opinião pública. O salário dobrou, mas, acima de tudo, ficou mais livre do que nunca para meditar sobre problemas matemáticos abstratos e aplicar o conhecimento em software médico e político de computação. Mas, de imediato, começou a pensar numa viagem ao exterior. "Sou cosmopolita, cidadã do mundo, me sinto assim desde a infância. Patriotismo é conversa para boi dormir." Um dos seus poemas, sobre a pátria, diz: "Meu berço não é uma mãe, mas o primeiro amor da minha vida, que quer continuar a ser isso para sempre, um amor ciumento." Ela é por demais "aventureira" para se contentar com a terra em que nasceu: seu interesse se volta sempre para "o que ainda não experimentei". Ama o desconhecido, ou, mais exatamente, o quase desconhecido, visões que em parte lhe aparecem de vislumbre.

Olga escrevia poemas até se dedicar por inteiro à matemática, que, para ela, é verso em números. A literatura continua a ser uma das coisas mais importantes da sua vida.

Proust pode estar morto, mas tem amigos por todas as partes, e mais numerosos a cada ano; ela é um dos que foram tocados pelo seu encanto. Paris lhe é sagrada, pois foi a capital do mundo para muitos grandes escritores russos, que ainda são, a despeito de quem esteja no Kremlin, os verdadeiros governantes da Rússia, os guardiães da sua imaginação. Mas ela só leu Proust em tradução; seu francês anda muito distanciado do seu inglês fluente; a linguagem a limita. Mesmo sendo cosmopolita, ainda não encontrou lugar no coração para as civilizações orientais.

E revela que a única coisa de que tem medo é a passagem do tempo. Não há tempo para se fazer o que precisa ser feito. Não são os anos à frente que a preocupam, porque o medo do tempo está com ela desde os 25 anos, quando a complexidade da vida a sufocou pela primeira vez. É óbvio que a tarefa do gênio de hoje é duplicar o tempo, ou triplicar, para que dure mais.

Por enquanto, Olga se esforça para parecer bela e vestir-se bem; adora roupas porque "é agradável ser admirada". Não precisa da admiração de muitas pessoas. Também em seu trabalho, basta-lhe que uma ou duas pessoas compreendam seus artigos eruditos. Uma idéia vive, ainda que ignorada. "Quando o trabalho fica pronto, basta a satisfação de tê-lo feito."

Longe de ter um objetivo único, a sabedoria multiplica os objetivos do sábio. Olga resume sua finalidade na vida: "Viver decentemente, ter motivo para orgulho. Vencer sem ser hipócrita. Há certas coisas que jamais farei. Por exemplo: lamber as botas de alguém." A marca dos gênios é que eles não se comprometem, são obrigados a pensar que as outras pessoas estão erradas, têm de acreditar em si mesmos. Olga diz: "Eu me sinto igual a qualquer um no mundo da ciência, incluindo os acadêmicos."

Também não acredita que possa ter muita influência sobre o mundo, porque não consegue influenciar o filho adolescente. Ele é fanático pelo rock "pauleira" soviético, devoto do grupo Cinema, cuja canção cita, com admiração: "Se você tem um maço de cigarros no bolso, e uma passagem num avião que projeta sua sombra na Terra, então as coisas não estão tão ruins; sabemos que sempre foi assim, que o destino ama mais os que vivem sob as leis dos outros e que morrem jovens." Ele cantarola outra canção: "Dinheiro, dinheiro, dinheiro, o resto não tem importância." Sua ambição, diz, é comprar sapatos esportivos na moda e um blusão de couro. As pessoas que inveja são os comerciantes georgianos, que se permitem o uso dessas coisas luxuosas, graças aos lucros na venda de frutas e verduras, e que se dão ao prazer de fumar e podem comer no McDonald's. Seu passatempo é o caratê, que o faz sentir-se forte, "física e moralmente, capaz de derrotar os outros". Na escola, contudo, não derrota ninguém, a julgar pelas freqüentes notas baixas. Ele se defende dizendo que isso acontece porque não presta atenção, porque o que ensinam não é interessante – salvo história e tecnologia da informação (mas tampouco tira notas boas nessas matérias, diz a mãe). O que ele faria se pudesse ir para os Estados Unidos? "Lavaria carros", responde.

Esse rapaz acabou de encontrar a primeira namorada, com quem nada tem em comum. "Não temos a mesma atitude diante da vida, eu sou otimista", afirma ela, dando a entender que começou recentemente a freqüentar a Igreja, foi batizada aos 10 anos e introduzida na religião pela avó. O mundo para ela está dividido em honestos e desonestos – os que vão à igreja são honestos, e ela está convencida de que dentro em breve formarão a maioria. O rapaz informa que, às vezes, vai à igreja com ela, "para limpar minha barra", como se sua alma fosse um carro precisando de uma lavagem ocasional. Ela sempre tem medo de tirar notas baixas na escola. Quanto a isso ele se declara destemido, porque sabe, antecipadamente, que as notas serão baixas. Os pais, queixa-se ela, não a compreendem, porque "todo mundo é diferente", ela espera que, com a idade, venha a adquirir novos talentos e "talvez veja tudo segundo a perspectiva deles". Apesar da sua frieza estudada, o rapaz tem receio de que as respostas dela sejam julgadas melhores que as dele. Ele a leva para casa e o telefone toca: envolveu-se numa briga e está ferido. "Talvez eu não seja uma mãe muito atenta", observa Olga.

COM QUANTAS PESSOAS você sente ter muitas coisas em comum: apenas algumas ou absolutamente nenhuma? Francine causa impressão como pessoa, mas tem uma mente tão aguda que dificilmente reconhecerá alguém, no mundo inteiro, com quem possa concordar, porque dirige mais o pensamento para as diferenças entre as pessoas do que para as semelhanças: está aprisionada na sua singularidade. Olga é capaz de fazer as mais engenhosas conexões entre signos matemáticos, mas raramente entre os processos de pensamento dos membros da sua própria família, que continuam um mistério, como se cada um habitasse um planeta diferente. Os indivíduos não podem considerar-se plenamente livres se os encontros com outros são tão difíceis e eles se sentem desligados dos vizinhos porque estes pertencem a religiões, nações, classes e sexos que, através da história, atravessaram fases de incompreensão em relação às pessoas diferentes.

As pessoas acham razoavelmente mais fácil falar com estrangeiros hoje do que no passado? A resposta encontra-se na história da hospitalidade. Hoje, nos países ricos, a hospitalidade significa, acima de tudo, receber e divertir amigos ou conhecidos em casa; mas, outrora, significou abrir a casa a estranhos, dando refeição aos que chegassem, permitindo-lhes passar a noite; melhor dizendo, implorando-lhes para ficar, embora nada sabendo a seu respeito. Este tipo de hospitalidade franca foi admirado e praticado virtualmente em todas as civilizações que existiram, como se preenchesse uma necessidade humana fundamental.

Em 1568, quando um missionário europeu chegava inesperadamente a Nagasaki, davam-lhe um templo budista onde ficar e banquetes que se prolongavam por três noites: a hospitalidade continuava até o missionário abandonar o papel de estrangeiro e começar a interferir nos assuntos locais. A palavra lituana para hóspede é homem do clã (*svetjas*), porque ao comer e dormir em casa alheia um hóspede se tornava membro do clã do hospedeiro. Na Albânia, quem desse hospitalidade a um estrangeiro era obrigado a vingar-se de quem o houvesse maltratado antes que o hóspede alcançasse o próximo destino. Na Irlanda do século VII, o rei Guaire de Connaught, de quem se disse que, "de tanto dar, a mão direita havia crescido mais que a esquerda", prezava tanto a hospitalidade que, quando visitado por uma multidão de 150 poetas "e tantos discípulos quanto criados e mulheres", se sentia na obrigação de construir um prédio e dar-lhes tudo que pediam, embora os hóspedes lhe testassem a generosidade com as mais descaradas exigências de comidas raras: ficou registrado como marco da sua virtude o fato de tê-los suportado um ano e um dia antes de sugerir que partissem. O Grande Plano da China, no terceiro milênio antes de Cristo, enumera "a distração dos convidados" como um dos oito objetivos supremos do governo. Antigos documentos indianos exigiam de cada um o desempenho de cinco sacrifícios diários: a adoração do Espírito Universal, dos ancestrais, dos deuses, de todas as coisas vivas e, finalmente, "a adoração dos homens, oferecendo-lhes hospitalidade". Fracos, muito fracos, ecos dessas tradições insinuam-se na frase: "Olá, estranho."

O declínio da hospitalidade foi observado pela primeira vez na Inglaterra do século XVI, quando os bispos foram acusados de limitá-la a amigos e parentes. Assim que os ricos designaram esmoleres (geralmente monges) para fazer suas obras de caridade, perderam o contato direto com os visitantes; assim que as aflições foram tratadas com impessoalidade pelos servidores, a hospitalidade nunca voltou a ser a mesma. À altura do século XVIII, Smollett escrevia que a hospitalidade inglesa era uma vergonha. A *Enciclopédia* francesa explicou a decadência dizendo que havia viajantes em demasia e muita gente pensando em termos comerciais. A hospitalidade franca foi substituída pela indústria da hospitalidade, sobrevivendo apenas em regiões remotas e pobres: na Andaluzia do século XX, pessoas totalmente estranhas ainda eram convidadas a partilhar uma refeição, até mesmo uma refeição num restaurante; a Grécia rural e a Arábia beduína continuaram a surpreender o viajante. Mas restavam poucos lugares onde todos os forasteiros se habilitavam a colher frutos dos pomares, como fizeram na Virgínia colonial, onde era uma honra dar, um prazer ver um rosto novo. O pedinte que vendia mercadorias invulgares, o vagabundo que contava histórias espantosas, o estranho que trazia novidades interessantes, já não se fazem necessários na era da televisão e dos supermercados.

Começa uma nova fase da história, em que a antiga e simples hospitalidade vem a ser sucedida por uma hospitalidade mais profunda, que muda o rumo da ambição humana. Isso ocorre quando as pessoas se tornam hospitaleiras a idéias estranhas, a opiniões que jamais ouviram antes, a tradições que lhes parecem totalmente estranhas, e quando encontros com o desconhecido modificam opiniões acerca de si próprios. Quando viagens internacionais se tornam uma necessidade e não mais uma exceção, quando os noticiários de televisão se referem mais a lugares distantes do que à cidade do espectador, quando as emoções são eriçadas pelas desgraças sofridas por pessoas inteiramente estranhas – o que acontece em outro lugar se torna um ingrediente crucial na modelagem da vida da pessoa. Fica impossível decidir o que fazer, a menos que se conheça a experiência do outro. Trata-se de uma hospitalidade mais funda porque não vale apenas pela polidez, porque envolve a entrada de novas emoções e idéias temporariamente em nossa mente. Para que tal aconteça, a mente tem de trabalhar por meios incomuns.

Descobriu-se que o cérebro tem 10 bilhões de células, cada uma capaz de estabelecer 5 mil conexões; muitas conexões jamais são feitas, e mensagens, sentimentos, visões e pensamentos nunca registrados simplesmente batem um contra o outro, sem qualquer resultado. Fui à Rússia observar o que as pessoas faziam dos seus cérebros no momento em que ficavam subitamente livres para pensar e dizer o que mais lhes agradasse, e vi como a liberdade política é sempre o primeiro estágio: a mente tem de lutar para romper seus hábitos; a liberdade política não a libera automaticamente. Cientistas da percepção demonstram que nas conexões processadas pela mente, nas categorias utilizadas, no que ela considera relevante e no que ignora, a mente inclina-se a seguir padrões preestabelecidos. Isso explica por que a história está tão repleta de oportunidades que passam despercebidas, por que tantos pensamentos e sentimentos acabam estéreis, como espermatozóides e óvulos que nunca se encontram. Nem todos reconhecem de imediato um destroço de naufrágio como uma possível ponte até uma praia que parece inatingível; a maior parte das pessoas que tentam iniciar vida nova descobre que voltou a levar a mesma existência. Por conseguinte, colocar mais informações novas no cérebro só faz piorar o congestionamento: as pessoas já não ouvem parte do que lhes dizem, não conseguem ser hospitaleiras porque não percebem o que as confronta cara a cara. Apenas quando mudam, deliberadamente, a maneira de pensar, a maneira de perceber, recordar e imaginar, são capazes de vencer o medo às idéias estranhas, como se estas fossem monstros.

Em sua maior parte, o pensamento sempre ocorreu automática e inconscientemente, mas há partes do processo que é possível dominar. Embora as percepções que alimentam o pensamento sejam normalmente classificadas em categorias convencionais – de modo que os estranhos são postos automaticamente no compartimento dos perigosos, ridículos ou bizarros –, ocasionalmente não o são. Os artistas captam, de milhões de pedacinhos de informações recebidas do mundo, o que os demais não observam, como a forma do espaço vazio; os perfumistas identificam trinta ingredientes no mesmo odor; para minha mãe, que era dentista, o mais notório nos seres humanos era o estado de seus dentes e a qualidade dos tratamentos realizados. As percepções se modificam quando as interrogações abrangem diferentes questões, dando-lhes outro objetivo almejado ou desestimulando-as a partir de estereótipos reforçadores que criaram por lhes exigir menor esforço. A informação jamais chegou em pedaços convenientes, com todas as suas implicações decifradas ou o conteúdo claramente rotulado; em conseqüência, os caminhões carregados de fatos a rodarem pelas nossas mentes raramente são descarregados de forma adequada; somente separando as cargas em pequenos fardos conseguem entregá-las ao destino que lhes der a devida atenção. Este é o primeiro motivo por que existem tantos congestionamentos de tráfego no cérebro: as estradas estão bloqueadas pelos comboios de transportadoras que desejam entregar as mercadorias nos mesmos e poucos lugares. Captar as percepções de tamanho certo, em pormenores infinitamente pequenos ou em panoramas vastos, é uma arte, a base de todas as artes e de todas as realizações. Este livro tem procurado mostrar até que ponto chega a capacidade de alterar o foco das percepções de alguém no governo da vida diária. Para ser receptivo às nuanças da vida, não adianta tratar a mente como uma câmara automática; somente pela composição do nosso quadro e com os jogos de luz e sombra podemos ter a esperança de ver algo interessante.

O sentido retirado das percepções depende das suposições que as cercam, e a mais importante delas advém da memória, a segunda maior fonte de bloqueio da mente. Tradicionalmente, a memória tem sido preguiçosa, preferindo lembrar-se das mesmas coisas: certas memórias estabelecem uma supremacia de tiranos, e grande parte das informações é então utilizada para reforçá-las, confirmando velhas crenças em vez de dissecá-las para descobrir fatos novos não facilmente reconhecíveis. No entanto, houve pessoas que lograram direcionar a memória para uma fonte de energia, em vez de se deixarem controlar ou constranger. Fizeram-no mediante o esboço de novas implicações a partir de velhas memórias, estimulando-as com novos questionamentos, ou, melhor, expandindo as memórias, incorporando as experiências de outros à sua experiência pessoal. Muitos russos que conheci não conseguiam parar de falar sobre as lembranças do seu país, que tinham sido traumáticas; ainda que fascinados por tudo que viam no exterior, sentiam dificuldade em procurar suas próprias memórias pelos olhos de um forasteiro. A mente tem de ser treinada para semelhante tarefa. Ao longo deste livro, tentei demonstrar até que extremos a memória tem sido mal utilizada, superutilizada, subutilizada, e quantas memórias que pertencem a outros, mas podem ser tomadas de empréstimo, são negligenciadas. Os que acreditam no progresso geralmente presumem que a tradição precisa ser riscada da memória para se criar um mundo melhor, mas a memória é indelével, embora passível de ser temporariamente deslocada, motivo por que as instituições reformadas, muitas vezes, acabam por assumir os modelos das instituições que substituíram. A manipulação da memória também constitui uma arte a ser aprendida. Não basta apenas memorizar – ritual que se transforma com extrema facilidade em obsessão.

O engrandecimento da memória, por via da imaginação – o terceiro fator – tem ajudado, às vezes, pessoas presas nos congestionamentos de tráfego do cérebro, mas em outras ocasiões faz o oposto, impossibilitando até mesmo a saída delas próprias. Por isso a imaginação é, há muito tempo, considerada perigosa. A Bíblia condena-a como um mal (Gênesis, 6:25) porque implica desobediência. Mesmo aqueles que quiseram libertar a humanidade da tirania temeram a imaginação como uma ameaça à razão. O filósofo John Locke (1632-1704), por exemplo, um inimigo de qualquer dogmatismo, advertiu os pais que descobriam uma "veia fantasiosa" nos filhos a "abafarem-na e suprimi-la o mais possível". Sensível como era à fragilidade humana, tísico, asmático, pregando a tolerância para todos, Locke achava, no entanto, que a certas coisas a imaginação não deveria ter acesso, como, por exemplo, imaginar que Deus não existia.

Por outro lado, os românticos, que puseram toda a sua fé na imaginação, esperaram demais. Odiando a prosaica rotina da existência, viram a imaginação como um tapete mágico, que os arrebatava para destinos desconhecidos, assemelhando-os a deuses, habilitando-os a devassar os mistérios do universo. Com tal ajuda, tiveram notáveis visões de beleza e, algumas vezes, a impressão de que haviam descoberto a si próprios; porém, com maior freqüência, apenas adquiriam consciência do que lhes estava fora do alcance. A imaginação levada ao extremo do heroísmo produziu figuras trágicas, que morreram jovens ou enlouqueceram, experimentando somente alguns instantes de felicidade inexprimível.

A imaginação só se liberou de verdade quando foi construtiva, quando compôs casamentos férteis entre imagens e sensações, quando não apenas dissolveu os obstáculos à frente, mas também os remanejou de forma a se tornarem úteis, quando afinal detectou o que é singular e o que é universal. Mas a visão além das aparências encerra riscos, como, por exemplo, adivinhar o que pessoas e situações poderiam ter em comum, dar significado a acontecimentos aparentemente sem significação ou investir emoção em encontros imprevisíveis. É impossível à pessoa sentir-se plenamente viva a menos que corra riscos, de modo que quem se recusa a correr riscos, presumindo que a imaginação seja algo que se possui ou não, nada se podendo fazer a respeito, hesita em levar uma vida plena.

A direção do pensamento tem sido decidida por intuições, que são, às vezes, hipóteses e, outras vezes, julgamentos alcançados tão depressa que as razões não são notadas. A intuição das mulheres não é mágica nem genial, mas o resultado de uma atenção íntima de pequeníssimos indícios e de um interesse pelas emoções mudas: é tão racional e ilusória quanto um diagnóstico médico, usando a experiência passada em face da incerteza; mas nunca é fácil aprender a partir da experiência, porque duas experiências raramente são iguais; é preciso um salto imaginativo para reconhecer as similaridades. Isso significa ser receptivo a fatos em geral ignorados. Infelizmente, embora os seres humanos ruminem, cogitem, ponderem, brinquem com idéias, sonhem e vivam a fazer inspiradas suposições sobre os pensamentos de outras pessoas, não há um *Kama Sutra* da mente para revelar os prazeres sensuais do pensamento, para mostrar de que forma as idéias flertam entre si e aprendem a aceitar.

"Ele pensa demais. Homens assim são perigosos", disse Shakespeare. E numerosas pessoas têm feito advertências contra o pensamento, da mesma forma que contra o sexo. Freud estava nessa linha quando afirmou que as mulheres não estavam interessadas em pensar porque eram proibidas de pensar sobre sexo, exatamente o que mais lhes importava, de forma que havia uma "imbecilidade fisiológica nas mulheres" (3 de maio de 1911, discurso na Sociedade Psicanalítica de Viena); mas, na sua opinião, os homens não eram muito melhores, porque se engajavam no pensamento para satisfazer o desejo erótico de posse. Agora que os ideais sexistas e militaristas perderam a credibilidade, é possível escapar ao círculo vicioso da razão e da emoção alternativamente em moda. Já foi dito que para os que "sentem", a vida é uma tragédia, e para os que "pensam", uma comédia. Não há necessidade de viver somente metade da vida. Para aqueles que pensam e sentem ao mesmo tempo, a vida é uma aventura. Fazer as duas coisas é a maneira de sermos receptivos a tudo que está vivo.

Como? Vou ilustrar com alguns exemplos. Nos capítulos anteriores, tentei mostrar de que forma as preocupações contemporâneas podem ser elucidadas com a ajuda das memórias de outras civilizações. Agora volto-me do particular para o geral, e para as barreiras entre as civilizações como um todo. A distância, cada uma parece um castelo fortificado, estranhíssimo, cercado por um fosso. Mas eles têm muitas janelas, e olhando por essas janelas as pessoas podem se comunicar, apesar das profundas diferenças que possam separar tais civilizações.

NÃO É A PRIMEIRA VEZ na história que os seres humanos pensaram que tudo se torna muito complicado. Na China da dinastia Ming, por exemplo, queixavam-se de que "o céu ia cair" quando se sentiam infelizes com o governo, frustrados com a burocracia, incensados pelo crime, desesperados pela fome e desamparados em face do aparente colapso de todos os valores. Da infinita riqueza de suas reações, eu pincei uma, de autoria de Lu K'un (1536-1628), que não consta da maior parte dos livros de história. Magistrado de profissão, ele subiu, devagar, até se tornar chefe do corpo de censores auxiliares. Atraiu a atenção do imperador pelo que a sua censura revelava, ou seja, que "o povo está abrigando pensamentos de rebelião", e mostrava-se indignado pelos impostos usados em extravagâncias pomposas. O imperador não deu ouvidos. Por isso, Lu K'un demitiu-se do serviço público e passou o restante da vida pensando no que fazer como indivíduo. "Lutar pela fama", concluiu, não interessava; seus títulos já não o impressionavam: "Eu sou apenas eu", disse. Não era sua ambição resolver todos os problemas: comparava-se mais com um médico, que não deve receitar por antecipação, já que todo indivíduo é diferente. De forma que, enquanto outros que haviam compartilhado sua insatisfação cercavam as aldeias pregando um retorno aos valores tradicionais, ele tentava fazer algo mais prático, ajudando pessoas a se encontrarem e trabalharem juntas em projetos pragmáticos na sua própria localidade.

Sua *Canção da boa pessoa*, escrita para ser salmodiada pelos analfabetos, explica o que Lu K'un pretendia. A "separação" entre as classes alta e baixa, e entre os indivíduos, parecia-lhe "a mais desastrosa para os sentimentos humanos". O que as pessoas precisavam aprender era como se colocar no lugar de outras, mas sem ilusões, porque toda pessoa era diferente. "Olhar os outros como a si mesmo, mas ciente de que os outros não são necessariamente como nós, chama-se compreensão." A educação não fornecia uma resposta completa, pois "crianças educadas são rebeldes". Nada espere da burocracia do governo, que apenas gasta papel e tinta vermelhão. Não tente exterminar a pobreza apenas por meio da caridade, porque esse método perpetua a dependência. Reconheça, antes de tudo, que "todas as boas pessoas são doentes", que há algo de errado com todo mundo: é perigoso acreditar que estamos certos e os outros, errados. A única cura consiste em "dividir experiências pessoais". Mas "somente homens com mentes cheias de amargura podem dividir enfermidades e ser simpáticos". O sofrimento compartilhado talvez origine um sentimento comunitário. As pessoas educadas não deviam orgulhar-se da sua polidez, mas "dividir as dificuldades cotidianas com pessoas comuns": somente o grau de discernimento que conservam no fundo de suas doenças, mais que os resultados e a riqueza, os torna dignos de respeito. O egoísmo individual, admitia Lu K'un, seria sempre a base da ação, mas ele julgava possível conduzi-lo à cooperação e ao sentimento comunitário, se a preocupação com a hierarquia fosse substituída pela troca de informações. A causa principal da discórdia social não era o egoísmo nem a ambição, mas a incapacidade que a pessoa tem de se pôr no lugar da outra.

Era costume promover oficiais após a morte com honoríficos títulos póstumos: Lu K'un foi nomeado ministro da Câmara de Punições. O governo não se pôs no seu lugar, não entendeu que ele não estava interessado em castigos, que fazia parte de um movimento empenhado em fazer coisas que os governos não conseguiam fazer. Muitas associações voluntárias foram criadas, naquela época, por pessoas como ele: a Sociedade pela Divisão da Bondade, por exemplo, ou a Sociedade pela Difusão do Humanitarismo, que melhoraram a vida diária em pequenas cidades que aos poucos se associavam, construindo estradas e escolas e enquanto também ofereciam oportunidades de lazer e entretenimento, como clubes onde se bebia e conversava.

A história está cheia de pessoas que falavam como se vivessem hoje e, no entanto, presume-se que a experiência do Império Celestial foi tão exótica que nenhuma importância teve para o Ocidente, o qual vê a China apenas como um país em desenvolvimento, à espera de seguir o caminho ocidental da prosperidade. Mas a China teve sua Revolução Industrial e experimentou a produção em massa, enquanto a Europa ainda permanecia na Idade Média. Mil anos atrás, a China passou por uma revolução financeira e nas comunicações, quando inventou o papel-moeda, a impressão e um sistema barato de transporte aquático através de canais, criando um vasto mercado nacional e uma indústria de exportação poderosa, que se transformou na principal fonte de produtos de luxo no mundo. Provavelmente, a China lucrou mais com a descoberta das Américas do que qualquer outro país, pois metade da prata ali minerada antes de 1800 acabou em seus cofres, para pagamento de seda, cerâmica e chá, que eram os refrigeradores, televisores e computadores dos dias de hoje. Àquela altura, Kwantung, que recentemente provocou a admiração ocidental como a economia mundial de mais rápido crescimento, já era precursora da economia de serviços, vivendo da perícia profissional e do comércio, e importando alimentos. A agricultura era tão científica que o trigo produzido suplantava em 50% o da França. Por volta do ano 1108, os chineses já possuíam tratados enumerando 1.749 medicamentos básicos. O império sobreviveu tanto tempo porque, apesar da guerra e da corrupção, a tributação foi reduzida ao longo dos séculos de 20 para 5% do Produto Nacional Bruto. O Exército, em vez de ser uma despesa sem retorno, cultivava a terra para se abastecer. O serviço público, recrutado mediante exames de candidatos a poeta e a eruditos, despertava a inveja de todos os brilhantes europeus cujas carreiras eram estorvadas pelos privilégios de nascimento. A Rebelião de Paiping de 1851-1864 teve como objetivo declarado a absoluta igualdade dos sexos; as mulheres receberam uma fatia igual de terra e formaram seus exércitos. Embora os chineses empreendessem a destruição do meio ambiente como qualquer outra nação, sobretudo pelo desflorestamento, sua consciência das reações da natureza, sua percepção de que dela faziam parte, era particularmente profunda, pois enquanto nos países monoteístas se acreditava que a natureza existia para servir à humanidade, a atitude chinesa afirmava que os humanos constituíam parte dela. Segundo o pensamento budista *mahayana*, plantas e árvores seriam outros tantos budas que integravam a mesma comunidade moral. As hortênsias, forsítias, rododendros, magnólias, glicínias e rosas-chás dos jardins ocidentais, todos originários da China, servem para lembrar muitas outras artes de vida em que os chineses foram pioneiros.

A China sofreu também as inconveniências do desenvolvimento: era tão próspera, tão confortável, tão cheia de pessoas cultas que chegou o tempo em que nada de novo parecia possível. Ideais outrora liberados tornaram-se então rígidos. A prosperidade chegava facilmente, as graves desigualdades geradas eram ignoradas pelos ricos, e o país quase se destruiu nas lutas para impor a justiça, abrindo o flanco aos competidores estrangeiros, que entraram como aves de rapina para recolher os despojos.

Seguramente existem profundas divergências de perspectiva entre a China e a Europa. Depois da polidez inicial, os missionários cristãos eram, muitas vezes, recebidos com escárnio. Os confucianos não consideravam justo que uma pessoa maligna e anti-social viesse a conseguir perdão apenas por via do arrependimento, nem que os prazeres da Terra dessem motivo a tamanha suspeita; insistiam em dizer que os seres humanos não precisavam das ameaças do inferno para se comportarem com decência, e que uma ação só podia ser moral se desinteressada, sem esperança de recompensa. Não compreendiam a distinção cristã entre aparências transitórias e realidade, já que, para eles, a realidade estava em fluxo constante, sempre em mudança – uma visão bem próxima da visão científica de hoje. Mas Sun-Yet-Sen, o primeiro presidente da China, foi cristão.

Os chineses nunca se viram prisioneiros de uma única filosofia. Aspectos diferentes da personalidade foram fornecidos pelo confucionismo, budismo, taoísmo, e eles sabiam combiná-los. Por exemplo, punham de lado as divergências no templo Tao, que não era somente a morada dos deuses – muitos deuses diferentes –, mas também um lugar de encontro onde todas as classes de pessoas acorriam pela prazer da conversa e onde adeptos da música, do teatro, da caridade, do xadrez, da leitura, do pugilismo e os clubes médicos se encontravam, cada um reverenciando o seu deus patrono no templo. A atração principal era a "partilha de incenso", com o que se obtinha um sentimento de comunidade, ou melhor, o sentimento de pertencer a umas poucas comunidades entre centenas de comunidades diferentes, as quais, precariamente interligadas, formavam uma rede cultural popular de caráter não-oficial, coexistindo lado a lado com o Estado, mas independente deste. Ali os seres humanos pareciam tão complexos quanto o universo, com muitas almas cada um, recorrendo à vida para valorizar as qualidades masculina e feminina, a fim de se completarem. As mulheres desfrutavam de um status igual no interior daqueles templos, mesmo que fora não o tivessem; podiam ostentar a classe de Mestre Celestial, uma dignidade que cada mestre dividia com o esposo ou com a esposa; a iniciação estava franqueada apenas a casais; e havia tantos mestres femininos quanto masculinos. O sexo significava mais que uma união de órgãos genitais; os chineses o julgavam capaz de unir todos os sentidos: "os olhos, as narinas, os seios, as mãos", além do orgasmo mecânico, visando mais refrigério e transformação do que exaustão sexual. O ideal era não ser um deus – tinham pena dos deuses, aos quais viam como almas errantes em busca de repouso –, mas uma montanha que se elevasse acima das crueldades do mundo. No entanto, como acontece à maioria das religiões, a magia veio a ser usada como um curto atalho para a felicidade, e o charlatanismo, muitas vezes, substituiu a sabedoria.

A China, como qualquer país, naturalmente tem sofrido com a crueldade, opressão, violência, insensibilidade e todos os vícios que os seres humanos perpetram entre si por toda a Terra. Todavia, a maneira de sermos receptivos ao que aconteceu na China, sem esquecermos esta observação, é nos aproximarmos, primeiro, através de pequenas aberturas, através das experiências íntimas de indivíduos, através de pormenores e emoções, e não por meio das leis e doutrinas sólidas, que constituem barreiras para manter os estrangeiros à distância. Seriam necessárias muitas vidas para conhecer até mesmo uma pequena fração dos sábios chineses, cientistas, intelectuais e poetas com alguma coisa interessante a dizer ao mundo de hoje: é frustrante não haver possibilidade de escrever sem limites a respeito, tal o prazer que se tira de sua companhia. Mas este livro não é um sumário de história: limitou-se, deliberadamente, a encontrar fechaduras que parecem emperradas, e mostrar de que forma abri-las.

Um exemplo será suficiente para mostrar como um ocidental pode se tornar receptivo às coisas chinesas. O bioquímico Joseph Needham (nascido em 1900), autor dos muitos volumes da obra *Ciência e civilização na China* e um dos que mais contribuíram para a compreensão da China pelos ocidentais, era filho de um anestesista de Aberdeen, que em suas horas de folga compunha canções ainda hoje ouvidas, mas que brigava quase sem parar com a esposa. Needham disse que cresceu em meio a um campo de batalha. Historicamente, as disputas conjugais tiveram um lado positivo também; no caso de Needham, estimularam-lhe o interesse na reconciliação. Ele sofreu a vida inteira de "sintomas da neurose de ansiedade", que apenas estimularam sua fé, a qual sempre permaneceu ligado, justificando que assim o fazia por haver nascido protestante. No entanto, interpretou-a à sua maneira e trabalhou ativamente para ressaltar-lhe as atitudes acerca de sexo, raça e justiça social. Ao seu anglicanismo, acrescentou uma simpatia por muitas outras religiões e filosofias, sustentando que a essência da religião não estava no dogma, mas na poesia e na ética – uma conscientização impossível de ser provada cientificamente. Os ensinamentos de Confúcio, afirmou, embora não contivessem espaço para um Criador, não trariam dificuldades às pessoas educadas para admirar os antigos gregos, e Needham gostava muito de uma máxima do mestre: "Comporta-te com todo homem como uma pessoa que recebesse um grande hóspede." O taoísmo lhe agradava por causa da ênfase na vitória dos fracos sobre os fortes, devido à sua crença na espontaneidade e naturalidade e seu amor místico pela natureza – e Needham ressaltou o importante papel desempenhado pelos taoístas no desenvolvimento das ciências sociais e da tecnologia. O budismo preocupou-o a princípio porque negava a possibilidade de redenção do mundo, porém contatos posteriores com budistas cingaleses convenceram-no de que sua compaixão era mais significativa que a idéia do vazio.

Confúcio escreveu: "Para quem respeita a dignidade do homem e pratica o que o amor e a cortesia exigem, para ele todos os homens, dentro dos quatro mares, são irmãos." O interesse de Needham pela China foi maior que a cortesia, maior que o prazer de descobrir a unidade do mundo: também encontrou na China muita coisa diferente daquilo em que acreditava e valorizou-a como essencial à apreciação plena de seus próprios princípios.

A MAIS DESAFIADORA de todas as barreiras talvez seja a que mantém o islamismo separado dos descrentes. E, no entanto, o árabe é a única língua em que a palavra "homem" deriva da raiz "simpatia": ser homem, etimologicamente, significa ser polido ou afável. Os árabes se definem em seus provérbios como "pessoas que gostam de ser queridas". É certo, então, acreditar que não haveria um fim para o conflito dos muçulmanos e seus vizinhos, já que a guerra sagrada (*jihad*) contra os infiéis é um dever islâmico? O ideal islâmico da vida boa é a sociabilidade, não a guerra. No Corão, nos capítulos sobre Meca quase não se menciona a guerra. O Profeta, retornando de uma de suas campanhas militares, exprimiu o prazer de se poder voltar da guerra menor para a guerra maior, que se trava dentro da alma de cada pessoa; e, ao longo dos séculos, o lado espiritual do islamismo tornou-se cada vez mais presente nas vidas particulares dos crentes. É verdade que depois das rápidas vitórias militares do Islã os versos "guerreiros" do Corão foram tidos como suplantados pelos versos pacíficos; mas os teólogos, como sempre, divergem. Sayyd Ahmad Khan (1817-98), por exemplo, argüiu que a guerra sagrada só era um dever para os muçulmanos se estes estivessem de fato impedidos de praticar sua religião. Foi o sentimento de não merecer o devido respeito, e de ser humilhado pela colonização, que fez os versos "guerreiros" pontificarem uma vez mais.

"Cuidado com as inovações", aconselhou o Profeta. Numa análise superficial, parece que o Islã seria hostil a qualquer modernização, mas durante seus primeiros 250 anos ele concedeu grande liberdade de ação à razão individual. *Jihad* significa não somente guerra, mas esforço. Havia outra espécie de esforço que também era estimulado – *itjihad*, significando que se esperava dos fiéis o polimento da individualidade, de forma a se conduzirem bem em questões não diretamente tratadas pelos textos sagrados. Os que estudavam o Corão e se empenhavam em formar opinião própria tinham certeza de uma recompensa do Profeta, ainda que estivessem errados. Divergências (*ikhtilaf*) eram permitidas por Alá, segundo declarava Abu Hanifah (700-767), um dos maiores juristas islâmicos, fundador da escola de direito com o maior número de seguidores; e três outras escolas de direito, embora diferentes, foram consideradas igualmente legítimas.

Tempo houve em que alguns teólogos exigiram que a era do julgamento pessoal (*itjihad*) fosse encerrada, porque os julgamentos acumulados provocavam todas as incertezas possíveis. Mas outros insistiram na abertura do processo. Ibn Yaymiyya (1263-1328), por exemplo, embora inspirando-do formas conservadoras do islamismo, observou que um muçulmano estava obrigado a obedecer somente a Deus e a seu Profeta, não aos mortais comuns; a cada um era assegurado o direito de emitir opinião "dentro dos limites da sua competência". Tanto ele quanto Abu Hanifah passaram um período na cadeia porque outros muçulmanos lhes rejeitavam as opiniões. Cisma e divergência têm constituído o quadro permanente da história muçulmana. Estrangeiros que a consideraram um bloco monolítico e imutável esqueceram-se por completo da enorme riqueza das suas tradições, as emoções complexas que ela partilha com a história de outras religiões e o significado da declaração do Profeta de que as crenças íntimas devem ser julgadas somente por Deus. Embora a submissão à vontade de Deus tenha sido muito acentuada pelos muçulmanos, a seita Qadariya insistiu em proclamar que os seres humanos tinham total arbítrio; a seita Kharajist chegou a argumentar a legitimidade de ter-se uma mulher como líder das orações (*imam*) e, numa das rebeliões chefiada por Shabib b. Yazid, havia um exército de mulheres. A seita Azraqite fez da revolta contra um governo injusto um dever. Os xiitas têm alternado acomodação e desafio à legitimidade do Estado secular, na sua busca insaciável de perfeição moral.

Naturalmente, há limites ao projeto de acordo entre cristãos e muçulmanos; as religiões monoteístas se parecem com irmãos que seguiram rumos diferentes; séculos de insultos e ridicularias não são facilmente esquecidos. O fato de Jesus estar mencionado 93 vezes no Corão e Santo Tomás de Aquino referir-se a Ibn Sina (Avicenna) 251 vezes não muda muito o quadro. Não é pela disputa teológica que as pessoas chegam a se apreciar, mas é possível encontrar no islamismo um amplo leque de atitudes, como, aliás, em qualquer outra civilização.

Hoje, muitos muçulmanos têm o seu herói no poeta Al-Mutanabbi (915-65), símbolo de pessoa desafiadora, que se recusa a ser intimidada, que não se envergonha de gabar-se dos seus talentos – afirmou que seu verso igualava-se em beleza ao Corão – e que é de uma só vez quixotesca, independente e generosa. Mas igualmente admirado é o vegetariano cego Al-Maari (973-1057), autor da *Epístola do perdão*, que ridicularizou o dogmatismo, acentuando que as únicas pessoas verdadeiramente religiosas eram as que prestavam ajuda ao seu próximo, crenças à parte; e quando falou em "próximo", englobou todas as criaturas, pois foi um dos primeiros e grandes defensores dos animais. O mais famoso médico persa, Ar-Razi ("Rhases", 850-925), é um precursor de Voltaire em seu agudo anticlericalismo, um modelo de cientista cético; foi um especialista em doenças psicossomáticas, efeito placebo e charlatanismos.

Os muçulmanos são herdeiros do legado da Grécia antiga tanto quanto os cristãos. No romance acerca de uma criança numa ilha deserta, escrito por Abu Bakr Ibn Tufayl (falecido em 1185), de Granada, que inspirou Robinson Crusoe, a conclusão é que se pode chegar à verdade pensando por conta própria. E veja-se que o pensamento tem alimentado dúvidas tanto entre muçulmanos quanto entre outros povos: o exemplo mais famoso é Al-Ghazzali (1058-1111), que renunciou à pedagogia para passar muitos anos viajando sozinho na tentativa de resolver suas dúvidas e, afinal, demonstrou como os muitos aspectos do islamismo, racionais, místicos, legais e políticos, se combinavam para satisfazer mentes sofisticadas.

O objetivo de muitos dos mais piedosos muçulmanos – os místicos sufis – tem sido o de se tornarem "um amigo de Deus". Ser homem, disse o poeta sufi Rumi (1207-1283), de origem persa, residente em Konya, Turquia, é ser confuso, perturbado, sofredor, apaixonado, incapaz de decidir o que é certo e o que é errado – mas não há, segundo ele, necessidade de mergulhar no sofrimento. Por meio da música e da dança seria possível descobrir-se o que realmente importa:

> "Ah, ouça a flauta, que tanto se queixa
> Contando como foi a dor da separação."

Fundou a ordem dos Dervixes Rodopiantes para capacitar as pessoas a sacudir do corpo a dor, a incerteza e a separação, e entrar em êxtase. "Não sei como me identificar", escreveu. "Não sou cristão nem judeu, nem pagão nem muçulmano. Não vim do Leste ou do Oeste. Não sou da terra nem do mar. Não sou uma criatura deste mundo." Claro que, entre as muitas congregações que ofereciam orientação e companheirismo na busca de uma felicidade intemporal algumas desviaram-se do seu propósito espiritual e vieram a ser redutos de raiva, até de ódio. A experiência mística tem sido procurada virtualmente em todas as religiões e, no entanto, raramente elas percebem como esse traço comum as une, ainda que o Deus não seja o mesmo.

A posição das mulheres na maioria dos países muçulmanos, provavelmente, é o mais sério obstáculo, e pelo visto insuperável, aos ocidentais, mas, a despeito dos textos sagrados aparentemente não-comprometidos citados em abono da subordinação das mulheres, Zainab, a neta do Profeta, veio a se tornar o símbolo da mulher autônoma e afirmativa, em contraste com Fátima, que é o modelo da obediência e submissão. A situação das mulheres no Islã variou consideravelmente ao longo dos tempos, em diferentes regiões e classes sociais; na economia de subsistência, onde todos trabalham, elas às vezes gozam de um poder considerável; em alguns países, mulheres educadas foram capazes de levar vidas independentes, apesar das restrições. A tentativa fundamentalista de reconduzir as mulheres aos deveres caseiros foi, em parte, uma reação urbana, uma reação à crise: não é peculiar ao islamismo e deverá ser localizada, em graus variados, onde o fundamentalismo se expande, em todos os continentes e em todas as religiões. Nem mesmo as sociedades mais conservadoras são totalmente inflexíveis: o próprio aiatolá Khomeini, dizendo ser um absurdo que se pretenda destruir a civilização moderna e fazer os povos "serem postos a ferros ou banidos para sempre no deserto", permitiu às mulheres aparecerem na televisão e autorizou medidas anticoncepcionais; mas, naturalmente, contrabalançou essa abertura com outros controles. Alguns líderes muçulmanos tentaram levar avante a causa das mulheres, como Mustafa Kemal Atatürk (1881-1938) fez ao transformar a Turquia num Estado secular; os resultados talvez pareçam inconclusos agora, mas talvez surpreendessem se aquele país fosse admitido na Europa. O mufti do Cairo, Muhammad Abduh (1849-1905), que passou muito anos como exilado político em Paris, pensou num movimento feminista dentro do islamismo, e sua influência não está morta.

O nome do mufti é mais lembrado na Indonésia, o mais populoso país muçulmano dos nossos dias. Ali, durante muitos séculos, o islamismo não tentou suprimir as tradições hindu e budista, nem a convicção firmemente estabelecida de que o relacionamento do indivíduo com a divindade era uma questão particular, e que as pressões no rumo da ortodoxia eram inaceitáveis. Aquela convicção iniciou-se como uma religião de mercadores, aceita pelos habitantes nativos como uma fonte adicional de proteção sobrenatural, incorporada a tradições pagãs e místicas, de modo que as deusas do oceano Meridional continuaram como força espiritual para muitos. Ali, as cidades muçulmanas foram fundadas cinco ou seis séculos após as cidades do Oriente Médio e desenvolveram valores diferentes. A Renascença muçulmana, no Sudeste da Ásia – que aconteceu antes da Renascença européia e só recentemente veio a ser redescoberta em tesouros de manuscritos malaios que mal começaram a ser estudados –, deu àqueles mercadores uma visão não de ordem imutável e fixa, mas do extremo oposto, ou seja, um mundo cheio de incertezas, no qual o indivíduo se transformava em estranho. Tudo era possível. Os pobres podiam ficar ricos e a obediência fiel do ritual não bastava para assegurar a sobrevivência para os ricos; a necessidade de generosidade e atos assistenciais era acentuada, a ostentação condenada e uma idéia de igualdade sustentada. As cidades-estado assemelhavam-se às da Itália e de Flandres renascentistas: a idéia de que o islamismo sempre beirou as raias do despotismo oriental não passa de um mito. Já que o comércio era inevitavelmente precário, os mercadores favoreceram uma diversificação multinacional e criaram redes comerciais amplas, envolvendo vários países. Eram cosmopolitas, cooperavam com mercadores chineses, indianos, armênios e árabes, atingindo o pique da sua prosperidade no século XIX, quando seu comércio – e o dos chineses – expandiu-se mais rápido que o comércio dos mercadores ocidentais invasores. Embora acabassem derrotados pela eficiência ocidental, sua longa crônica de êxitos levou-os a considerar o revés como temporário. O poeta mais famoso do arquipélago indonésio, Hamzah Fansuri (outro dos contemporâneos de Shakespeare), autor de *A bebida dos amantes*, insistiu na opinião de que Deus pode ser visto em qualquer pessoa e em todas as coisas, e que as diferenças superficiais entre os seres humanos não enganam:

> "O mar é eterno: quando ele se encrespa,
> Fala-se em ondas, mas na realidade elas são o mar."

No entanto, tudo faz crer que o fundamentalismo cerrou agora a cortina entre o islamismo e o Ocidente, e com isso todas as possibilidades de aceitação mútua. A amargura e a violência de muitos movimentos fundamentalistas criaram, com efeito, uma confrontação não-comprometida. A palavra "fundamentalismo" foi empregada pela primeira vez na década de 1920 por seitas protestantes dos EUA, onde, agora, cerca de um quarto dos habitantes compartilha daquela atitude, quase exatamente a mesma proporção de membros de novas religiões no Japão, por mais diferentes que essas sejam. Como uma atitude, o fundamentalismo reaparece de quando em quando na história. Onde existe um significativo incremento populacional, as velhas instituições são impotentes, as famílias já não conseguem arranjar trabalho, os filhos têm de sair de casa para se defenderem nas cidades, onde não há segurança nem apoio moral, e onde os ricos e poderosos são corruptos, pavoneando-se perante os que não se podem permitir determinados prazeres – então, uma espécie de consolo ou de religião tem de vir em socorro.

Os fundamentalistas do Egito, por exemplo, estão reagindo particularmente à falta de hospitalidade nas cidades. Todas as cidades são inóspitas, os velhos moradores sempre se ressentem da presença de novos, embora dependam desses para as tarefas desagradáveis, de modo que os fundamentalistas de escalão inferior têm de se ajudar. Assim, os fundamentalistas, que incluem cientistas e estudantes altamente talentosos, bem como analfabetos e pobres, compartilham, de maneiras diferentes, a impressão de que não são bem-vindos a este mundo, de que não há lugares adequados em que possam exercer seus dotes nem a possibilidade de êxito do tipo que lhes dá orgulho moral. Eles querem restaurar "valores familiares", muitas vezes, devido ao fato de suas famílias não lhes terem proporcionado segurança ou harmonia, ou, então, a espécie de ajuda e influência de que outrora dispunham. São nacionalistas sem alinhamento, porque sonham com um ideal de nação que cuide de todos os cidadãos e lhes preserve o ego. Organizam-se em irmandades e ligas femininas que afastam os jovens dos pais, criando uma família substituta. Ali, muitas mulheres, usando roupas tradicionais, encontram segurança contra a censura e os amigos, um sentimento de posse, e muitas vezes a possibilidade de desempenhar papel ativo na organização, com a satisfação decorrente do sentimento de estarem ajudando a modelar a próxima geração. Ao admitirem que cada sexo e cada grupo etário só pode executar certas tarefas, limitam a competição; em idade avançada, a pessoa pode divisar, à frente, uma nova tarefa. Longe de acreditarem que retornam assim à Idade Média, estão convencidos de que propõem uma solução viável à crise de modernidade, de que permitem aos jovens triunfar sobre a privação, criando uma nova moralidade, apoiada pelos seus pares. Muito se tem discutido sobre como viver num mundo hostil, ainda que o conformismo cego venha a constituir o ideal de muitos. No principal jornal do Cairo, *Al-Ahram*, Abdul Wahhab, que responde às cartas dos leitores, cita Shakespeare, Balzac, São Francisco de Assis, Dante, Einstein e Helen Keller em apoio ao seu aconselhamento moral. Como sempre, um grande abismo separa os argumentos sofisticados dos filósofos – como o iraniano Abdolkarim Soroush (nascido em 1945), para quem o islamismo não deveria repetir a perseguição a Galileu, nem ser um estorvo à ciência – e os desempregados e analfabetos, para quem o desespero é a única alternativa da raiva.

Nos Estados Unidos, há fundamentalistas cristãos que não querem, segundo disseram, horizontes abertos para seus filhos e que são contra a extensão da hospitalidade a idéias estranhas, determinados que se encontram em controlar os filhos e protegê-los da conduta imprevisível de outras crianças; e, assim sendo, preferem retirar-se para um mundo mais seguro, onde estariam livres das abominações da modernidade. A variedade pentecostal do fundamentalismo na América Latina – por exemplo, na Venezuela – também acentua a supremacia do homem na família, mas é em grande parte uma criação de mulheres, que nele encontraram uma alternativa aos pais ausentes e desempregados: ao prestigiar o homem na família, restauram-lhe o orgulho, enquanto sua aceitação de um papel submisso esconde, na realidade, a criação de uma nova espécie de família, em que as esposas têm participação mais ativa e os homens são mais caseiros e afetuosos. No Equador, a conversão pessoal, ou renascimento, deu a homens e mulheres incapazes de enfrentar o individualismo competitivo uma nova impressão de status, e assim recriaram relações sociais recíprocas e um sistema de bem-estar tecido em volta das igrejas.

O fundamentalismo não pode ser tachado simplesmente de extremismo: é uma força tão poderosa quanto foi o comunismo e representa uma resposta semelhante à injustiça e ao desnorteamento. Quanto mais reprimidos, mais excluídos se sentem os fundamentalistas. Sua rejeição ao diálogo baseia-se na convicção de que não os compreendem. É impossível ser receptivo à violência, mas somente pessoas de memória curta acreditariam numa nova Guerra Fria como solução. Não convém esquecer que o islamismo, quando no auge da prosperidade, no século X, não teve problemas em demonstrar generosidade e tolerância com os estrangeiros: os Irmãos da Pureza de Basra escreveram então: "O homem ideal, o homem perfeito, seria persa de origem, árabe na fé, iraquiano (isto é, babilônio) na educação, judeu na astúcia, discípulo de Cristo na conduta, piedoso qual monge sírio, grego nas ciências individuais, indiano na interpretação de todos os mistérios, mas, sobretudo, sufi na sua vida espiritual."

EM UM CAPÍTULO ANTERIOR, discuti o florescimento vigoroso da hospitalidade da mente na Índia e sua fragilidade. Juntei algumas notas acerca de outros terrenos em que se encontram novas variedades. A Ásia Oriental tem a vantagem de haver passado por uma fase que os chineses chamam *chi*, humilhação, que os coreanos chamam *halm*, remorso ou amargura, e que os japoneses denominam *nin*, resistência e paciência à espera de tempos melhores. Tanto os alemães quanto os franceses sentiram algo bem parecido em 1945 e descobriram os benefícios que a humilhação é capaz de proporcionar, como acontece aos americanos que recordam as tradições de seus imigrantes. A força de muitos países orientais está no fato de terem sido igualmente receptivos a um conjunto variado de idéias ocidentais e orientais.

A Coréia, por exemplo, extraiu, ao longo de vários séculos, uma singular "lição prática" (*Sirhak*) do confucionismo, budismo, xamanismo e cristianismo. O movimento Sirhak possui uma história tão longa e notável quanto o socialismo.

Tomou de empréstimo a discriminação de todas as fontes úteis, apoderou-se rapidamente do catolicismo por sua ênfase na igualdade, desenvolvendo programas amplos de uma sociedade ideal, como está na obras de Yi Ik (1681-1763), autor de *Registro das preocupações para com os excluídos*, e Chong Yag-yong (1762-1836), autor de *Projeto para um bom governo*. Não foi tanto o fato de entre 25 e 30% dos coreanos serem agora cristãos que modelou a originalidade, mas a maneira como conduziram infindáveis discussões sobre ser coreano e "moderno" ao mesmo tempo.

Os japoneses, para citar outro exemplo, fizeram da hospitalidade da mente uma arte refinada, seguindo sua tradição de transformar quase tudo em arte. O processo de absorver a influência da China, depois da Europa, e por fim dos Estados Unidos, tem envolvido mais sutileza do que imitação. Para reduzir o impacto da importação, vestiram sucessivas camadas de roupas que lhes protegem e preservam as tradições. Enquanto absorvem tecnologia estrangeira, riem de si mesmos, por adotarem tal procedimento, e revivem, renovam, recriam antigas religiões para contrabalançar as crenças importadas. Como resultado, vivem em mais de dois mundos ao mesmo tempo. Esta é uma variedade interessante de receptividade, na qual não se vêm sufocados pelo hóspede, e o hóspede não encontra condições para se tornar um intruso.

Pode haver desentendimentos entre anfitrião e hóspede, mas os japoneses pensaram muito a esse respeito e também acerca das dificuldades de comunicação, de produzirem uma comunicação direta e ideal, de mente para mente (*isin-denishin*) – sem palavras, que jamais dizem tudo –, um ideal de perfeita compreensão, quase semelhante à telepatia ou à revelação religiosa. Às vezes acreditam que os únicos receptivos a uma comunicação eficaz são eles próprios, o que explica o hábito nacional de manter um diário, ou o costume muito propagado de se queixar de incompreensão, bem como o desespero dos jovens que fogem de casa. Mas, ao contrário da tragédia grega, que se queixa do Destino, a tragédia japonesa tem mais a ver com a falta de compreensão. A etiqueta exige que não revelem seus pensamentos de forma muito direta, o que implicaria desrespeito à sensibilidade da pessoa a quem se dirigem; submeter um ponto de vista ao fogo de artilharia da lógica constitui sinal de imaturidade.

Os impulsos imperialista e militarista do Japão têm sido contrabalançados, assim, por atitudes opostas, entre elas a paixão pelo fervor. Suas infindáveis investigações do que é incompreensível e especial para os outros (*nihonjinron*), além da imagem de silêncio inescrutável, são compensadas pelo sentimento, conforme escreveu Suzuki Takao, de que "nós, japoneses, necessitamos incessantemente que uma pessoa adequada compreenda o que estamos pensando e quais são nossos sentimentos verdadeiros. O desejo de merecer concordância e aprovação dos outros, de sentir-lhes a simpatia de uma ou de outra maneira, aparece em todos os aspectos da nossa conduta dentro de contextos de relacionamentos interpessoais". Imaginar que tais sentimentos são peculiares a si próprio é um indício da dificuldade de uma pessoa se imaginar no lugar de outra.

Ao analisarem os problemas da hospitalidade, os japoneses revelaram alguns de seus problemas. Ainda estão longe de saber como interessar cada segmento mundial por sua cultura, por sua história. Não é pela definição de si mesmo que se alcança esse objetivo: o romancista Natsume Soseki já zombava dessa idéia em 1905, quando escreveu: "O espírito japonês é triangular ou quadrangular? Conforme o nome indica, o espírito japonês é um espírito. E um espírito é sempre nebuloso e vago... Todo mundo já ouviu falar, mas ninguém o encontrou ainda." É difícil, porém, romper velhos hábitos. A arte de encontrar, apesar da sua longa história, ainda está longe de ser perfeita.

ISSO FICOU DEMONSTRADO também pelas igrejas do mundo inteiro que tentaram dialogar. As negociações para reconciliar pontos divergentes de seus posicionamentos teológicos raramente as aproximaram, porque exigiam uma definição de sua identidade, o que as levou a criar fronteiras mais rígidas do que existem na prática, ignorando as margens indistintas. O primeiro Parlamento de Igrejas, que se reuniu em Chicago, 1893, e o Conselho Mundial de Igrejas (estabelecido em 1945) resultaram tão inoperantes quanto as conferências de desarmamento, apesar de algumas reconciliações, e ainda que seitas diferentes colaborassem em tarefas como, por exemplo, a tradução da Bíblia. Ainda não há indícios de que as guerras religiosas estejam no fim. A Igreja, como instituição, tem relutado tanto quanto as nações em comprometer sua soberania. O grande impulso à hospitalidade entre religiões deveu-se principalmente a indivíduos e grupos informais, interessados em reavivar o espírito primitivo da religião, ignorando a cautela dos que detêm o poder e expressando sua fé mediante a devoção pessoal aos excluídos.

Mas as organizações humanitárias não tardaram a perceber que não estavam imunes ao sectarismo, e também descobriram que se fragmentavam em seitas rivais, tal e qual as igrejas. "Quando se tenta iniciar uma organização fraternal, desperta-se o ódio (...) as guerras entre filantropos constituem o pior de tudo", assegura o fundador dos Médicos sem Fronteiras, Bernard Kouchner. "Os organizadores brigam pelo controle das vítimas das catástrofes e lutam, até a morte, uns contra os outros, depois de terem arriscado a vida juntos." Toda e qualquer experiência da história confirma que a partilha da mesma crença tem sido uma preliminar a divergências quanto à sua exata interpretação. A cooperação funciona melhor entre os que possuem apenas poucos objetivos em comum, entre os que não são rivais, que não se atormentam pensando quem controlará quem: quando procedem de origens diferentes e a elas pretendem retornar assim que a missão estiver cumprida, podem provocar fricções, mas sempre houve menos animosidades cancerosas. Os contatos mais próximos permanecem, em parte, distantes.

Eis o motivo por que a hospitalidade entre crentes e descrentes traduz uma promessa, agora que a guerra está quase encerrada, agora que as igrejas já não tentam dominar os governos e, tendo empobrecido uma vez mais, voltam a atenção para os pobres, acentuam a compaixão mais que o dogma, e as relações humanas mais que o ritual dos cultos. Na prática, crentes e descrentes se descobrem muitas vezes do mesmo lado quando enfrentam violência ou injustiça e, em tais circunstâncias, a distinção crucial entre eles – crer em Deus e num texto sagrado – se transforma num estímulo às suas imaginações, quando os crentes discutem suas dúvidas e os incréus refletem sobre sua busca de valores. Estão destinados a serem os intermediários em cada mundo.

UMA INVESTIGAÇÃO FINAL na maneira como as pessoas, após permanecerem surdas às palavras durante séculos, começam a ouvir o que o outro lhes diz, e a compreender, é possibilitada pela história da música. Se religiões e nações têm alma, a música é o ar que respiram. E, até hoje, nenhuma nação jamais teve dificuldade para aprender músicas estrangeiras. A música de Mozart e de Rossini costumava ecoar através das florestas de Madagascar, tocadas por uma orquestra nacional formada pelo rei Radama. O sultão da Turquia escolheu Donizetti para diretor musical de sua

Corte. É verdade que a música tem sido usada como uma afirmação de diferença étnica ou nacional; e alguns patriotas africanos denunciaram a afirmação de Nietzsche segundo a qual a música é tanto linguagem internacional quanto insulto, e insistiram em afirmar que a função da música consiste em uni-los aos seus deuses e espíritos. Mas as músicas de continentes diferentes eventualmente se encontraram, se casaram e tiveram belos filhos. A maneira como isso ocorreu constitui lição deveras instrutiva sobre a arte da hospitalidade.

O encontro mais satisfatório entre músicas foi o da África, Europa e América. A música africana é considerada, hoje, por musicólogos ocidentais, como mais variada e complexa do que a da Europa. É de tal forma variada que não existe traço fundamental para caracterizá-la. Contudo, contém determinados elementos que se ajustam a certos elementos dos hinos e canções folclóricas européias, e a união de tais elementos produziu uma nova música, compatível com ambas as tradições. Eis um exemplo do que compreendo por almas gêmeas, não um par que se combina à perfeição e se torna um só todo, mas dois seres diferentes com certas qualidades, a exemplo de algumas moléculas, capazes de se combinar para formar algo novo e interessante.

Não é a proximidade o que possibilita uma aliança, porque a música nativa norte-americana não se mesclou à música dos colonizadores. E tampouco a similaridade: a música da Índia tem muito em comum com a música da Europa, no entanto, quase não há interpenetração, à parte música de cinema, porque a música clássica indiana é parte essencial de acontecimentos religiosos hindus e integrada ao ritual dos templos, estando baseada, como está, na memória de grandes compositores e florescentes escolas musicais. Por volta de 1900, já havia quatro mil gravações dessa música disponíveis no catálogo de uma única empresa produtora de discos. De forma que a Índia emprestou tecnologia musical ao Ocidente, mas não os seus ritmos. Não houve espaço a ser preenchido pela Europa. O Irã, ao contrário, contava apenas com dois mil especialistas de sua música clássica na metade do século XX e, em conseqüência, seus compositores populares encontraram maior fonte de inspiração no estrangeiro. Japão e Coréia, enquanto isso, ensinavam a seus músicos tanto música ocidental quanto nativa, e cultivaram um ouvido duplamente musical, duas músicas convivendo lado a lado.

Os que receiam danos da hospitalidade sobre as tradições nativas não têm apenas essas demonstrações em contrário, como também muitas outras na África. Costumava-se pensar que a música africana era algo que retrocedia imutável à origem dos tempos, mas a pesquisa mostrou que ela se desenvolveu, em grande parte, à margem de pressões imperialistas. Assim sendo, a música juju dos iorubas, que se origina em uma "música do vinho da palmeira" mais velha (tocada enquanto se bebia aquele vinho), expandiu-se, ao longo do último século, com as contribuições afro-brasileiras, e depois mergulhou de volta na poesia tradicional, acrescentando-lhe um leque mais amplo de tradicionais solos de tambores, em seguida do soul, reggae, country e música de filmes ocidentais e indianos. O "pai do juju" foi um pregador cristão africano, embora um dos seus principais modernizadores chamasse sua banda de Os Irmãos Internacionais. Os historiadores também demonstraram que a música "Benni", que os ocidentais imaginavam fosse uma imitação, já que os participantes usavam uniformes da Marinha, tem raízes antigas e veio a ser revitalizada por uma rebelião de jovens africanos contra os adultos, incorporando novas idéias com muito cuidado e mudando a discriminação. A influência preponderante sobre a música africana moderna provavelmente resultou do Festival de Artes

Negra, de 1977, que estabeleceu novos contatos e novas formas de hospitalidade entre africanos que antes mal se conheciam.

Na Idade Média, a música da Espanha muçulmana foi levada à Europa pelos trovadores, através dos quais as idéias árabes acerca do amor penetraram no mundo ocidental, em pouco tempo transformando o comportamento de pessoas que não falavam uma só palavra de árabe. No século XX, a música africana ajudou a fortalecer a reação ao preconceito racial. Mas a música precisa de intermediários que a ajudem a cruzar fronteiras. A maioria dos brancos dos Estados Unidos segregou-se da música negra até que ela lhes fosse reinterpretada por pessoas com quem se identificavam: uma realização de Elvis Presley e dos Beatles. Os intermediários modernos entre música árabe e música ocidental ainda têm de abrir caminho: a cantora tunisiana Amina Annabi, embora escolhida para representar a França no concerto de 1991 da Eurovisão, fez mais sucesso no Japão. A tensão entre muçulmanos e europeus ainda é muito forte. A hospitalidade não pode forçar lembranças que se tornaram rígidas.

25
O que se torna possível quando almas gêmeas se encontram

O propósito mais duradouro da humanidade sempre foi o de produzir mais humanidade. A certa altura, isso significou ter tantos filhos quanto possível, mas a quantidade de cuidados dispensados aos filhos veio a importar mais que o número deles. Hoje em dia a humanidade é, acima de tudo, um ideal de ternura e bondade, estendendo-se a qualquer idade e a qualquer ser vivo. Os primeiros rumores dessa mudança histórica ecoaram há muitos séculos, e agora grandes partes do mundo são sacudidas por eles.

Imaginar a forma que um renascimento viria a ter sobre tais bases foi difícil, porque as pessoas nunca foram capazes de uma visão nova do futuro sem primeiro rever sua idéia do passado. Os óculos que ofereci aos meus leitores se destinam a facilitar semelhante revisão, a mostrar que a história não precisava acontecer da forma que aconteceu, e que o que hoje existe é uma camisa-de-força. Escrevi este livro com o intuito de apresentar a experiência humana como uma fonte da qual pode derivar um sentimento de objetivo definido, sem qualquer implicação de inevitabilidade ou necessidade, pois que isso abre também um vasto leque de opções.

Vejo a humanidade como uma família que raramente tentou se encontrar. Vejo o encontro de pessoas, corpos, pensamentos, emoções ou ações como o princípio de mudanças maiores. Cada vínculo criado por um encontro assemelha-se a um filamento que, se fosse inteiramente visível, faria o mundo parecer recoberto de fios de teia de aranha. Todo indivíduo está ligado a outros, de maneira mais frouxa ou mais tensa, por uma singular mistura de filamentos, que se distendem através das fronteiras do espaço e do tempo. Todo indivíduo reúne lealdades passadas, apresenta necessidades e visões do futuro numa teia de contornos diferentes, com ajuda de elementos heterogêneos tomados de empréstimo a outros indivíduos; e esse constante intercâmbio constitui o principal estímulo da energia da humanidade. Quando as pessoas se vêem como fatores de influência entre si, já não são meras vítimas: qualquer uma, por mais modesta que seja, se torna então capaz de estabelecer uma diferença, por mais ínfima e fugaz, para modelar a realidade. Atitudes novas não são promulgadas por lei, mas se espalham, quase como uma infecção, de uma pessoa para outra.

O debate sobre como se conquistar uma vida melhor, se mediante o esforço individual ou pela ação coletiva, perdeu o sentido, porque não passa de dois lados da mesma moeda. É difícil fazer tudo sem ajuda ou inspiração de fora. As lutas individuais foram, simultaneamente, lutas coletivas. Todos os grandes movimentos de protesto contra o menosprezo, a segregação e a exclusão envolveram um número infinito de atos pessoais dos indivíduos, provocando no todo uma pequena mudança pela qual aprendem um do outro, e pela qual tratam os demais. Sentir-se isolado é não ter consciência dos filamentos que ligam uma pessoa ao passado e a partes do mundo onde jamais esteve.

A era da descoberta mal se iniciou. Até aqui, os indivíduos gastaram mais tempo tentando compreender a si mesmos do que descobrindo os outros. Mas agora a curiosidade se expande como nunca. Até aqueles que jamais puseram os pés fora da terra em que nasceram são, nas suas imaginações, imigrantes perpétuos. Conhecer alguém em todos os países do mundo, e alguém em cada volta da vida, poderá tornar-se, em breve, uma exigência mínima de pessoas que desejam experimentar plenamente o que significa estar vivo. O mundo entrelaçado por íntimos filamentos está separado em variados graus do mundo territorial em que as pessoas são identificadas pelo lugar onde moram e trabalham, por aquelas a quem têm de obedecer, pelos passaportes ou saldos bancários. A ascensão do cristianismo e outros movimentos religiosos do Império Romano é um exemplo de uma nova teia se espalhando por sobre uma civilização apodrecida; ainda que, na aparência, imperadores e exércitos continuassem a dar ordens como se nada houvesse mudado, os indivíduos, sentindo que as instituições oficiais tinham perdido a relevância em face de suas necessidades, buscaram consolo entre si. Hoje, uma reviravolta idêntica de atenção está ocorrendo: a terra está nos primeiros estágios de ser recoberta por fios invisíveis unindo os indivíduos que diferem entre si, segundo todos os critérios convencionais, mas que descobrem aspirações em comum. Quando as nações se formaram, todos os fios estavam destinados a se encontrar num ponto central; agora já não existe centro; as pessoas são livres para se encontrar onde bem quiserem.

Mesmo que todo mundo encontre as pessoas com que sonha, isso não significa o desaparecimento súbito dos descontentes. Almas gêmeas, muitas vezes, tiveram histórias trágicas. Encontrar Deus não evitou pessoas piedosas de se tornarem cruéis em Seu nome. Amizades se deterioram freqüentemente em rotinas estéreis. A maior parte das vidas se paralisa no começo da vida adulta, após o que novos encontros não trazem novidade alguma. Os que mais sofreram desse tipo de desenvolvimento travado se dedicaram ao crime, que é a bancarrota final da imaginação.

A imaginação, todavia, não está condenada à fossilização. A descoberta mútua leva pessoas a cuidarem uma da outra tanto quanto de si mesmas. Ser útil ao próximo tem sido reconhecido, ocasionalmente, como um prazer mais profundo e satisfatório do que o exercício permanente do egoísmo, embora tal prazer se torne a cada dia mais delicado, estorvado por sensibilidades cada vez mais complicadas. Algumas relações estabelecidas ultrapassam a crença de que os seres humanos sejam basicamente animais, ou máquinas, ou inválidos crônicos que necessitam de permanente atenção médica. Mas a arte do encontro está apenas na infância.

Uma nova era envolve sempre uma nova categoria de herói. No passado, os seres humanos admiraram heróis porque tinham uma opinião fraca de si mesmos, poucos se julgando pessoalmente capazes de agir com heroísmo; mas também vieram a desmascarar seus heróis, um após outro, como simulacros, e a maior soma de esforços para inventar novos tipos de heróis acabou em decepção. O herói de Maquiavel era por demais insensível. O de Gracian pecava pela pretensão exagerada. O ídolo romântico tinha encanto pessoal, mas levou a sensibilidade ao ponto da autotortura. O Superoperário Herói da União Soviética não tardou a se sentir enganado. Heróis foram outrora conquistadores, mas subjugar já não é admirável, e os que comandam valem agora menos que os encorajadores. O êxito numa carreira já não basta para fazer de alguém um herói, porque a vida privada passou a valer tanto quanto a vida pública. A religião ainda pode inspirar alguns entusiastas a serem mártires, mas pouquíssimos preferem ser santos. O orador carismático e o líder revolucionário são vistos, a cada dia, com maior suspeita, pois o mundo está farto de promessas não-cumpridas e prefere alguém que ouça.

"Feliz o país que dispensa heróis", disse Brecht. Não, sua falta será sentida se desaparecerem. Mas um número exagerado deles se fez passar por deuses: houve uma escassez de heróis modestos. Por isso, os anti-heróis foram inventados; eles jamais poderiam decepcionar. Ser herói hoje não significa criar um padrão para outros seguirem, porque o relacionamento ideal requer que cada parceiro seja mantido vivo pelo outro: heróis devem ser capazes tanto de receber quanto de dar, já que a influência em mão única pode se tornar desanimadora ou corruptora. Para tirar benefício de um herói, deve-se ter um pouco dele; deve-se ter coragem; a relação heróica é uma troca de coragem. Os heróis precisam ser intermediários que abrem o mundo para outros. Ser um intermediário que não engana está ao alcance de qualquer pessoa.

Não basta contar somente com as minúsculas junções dos encontros pessoais. Tornou-se possível, como nunca antes, prestar atenção ao que está acontecendo em cada canto do globo. Todos os seres humanos têm um horizonte pessoal, além do qual normalmente não ousam olhar. Mas, ocasionalmente, se aventuram mais longe, e então sua forma habitual de pensar fica inadequada. Hoje em dia eles se conscientizam, cada vez mais, da existência de outras civilizações. Em tais circunstâncias, velhos problemas assumem aparência nova, porque são revelados como partes de problemas mais complexos. A mudança de foco, das disputas nacionais para o humanitarismo amplo e as preocupações ambientais, são sinal da urgente necessidade de escapar de antigas obsessões, de manter à vista todas as dimensões diferentes da realidade e de enfocar simultaneamente o pessoal, o local e o universal.

A justiça – o mais velho sonho da humanidade – continua ilusória porque a arte de fazer justiça começa aos poucos a ser aprendida. Nos tempos antigos, a justiça era cega, incapaz de reconhecer a humanidade que está em todo mundo. Nos tempos modernos, tornou-se caolha, centrada estreitamente no princípio da impessoalidade, impondo as mesmas regras sobre todos, a fim de evitar o nepotismo e o favoritismo, mas incapaz de observar o que as pessoas sentem quando tratadas de maneira impessoal e fria, ainda que com justiça ou eficiência. Impessoais compensações monetárias do estado de bem-estar social não foram capazes de cicatrizar as feridas da injustiça, porque nada pode compensar de forma adequada uma vida desperdiçada, sobretudo quando, como acontece mesmo nos EUA, que estudaram a eficiência até os últimos limites, ela toma 7 dólares de impostos para pôr 1 dólar adicional de renda em mãos de uma pessoa pobre. Somente com os dois olhos abertos é possível ver que os seres humanos sempre necessitaram não apenas de comida e abrigo, saúde e educação, mas também do trabalho que não destrói a alma e de relacionamentos que fazem mais que expulsar a solidão; os seres humanos precisam ser reconhecidos como pessoas. Este livro é uma história de pessoas.

A humanidade só pode dar uma impressão satisfatória de rumo certo quando calcular suas realizações com a ajuda de uma economia que se refira às pessoas como estas de fato são, que incorpore comportamentos irracionais e altruístas em seus cálculos, que não parta do pressuposto de que as pessoas são sempre e fundamentalmente egoístas e que compreenda, por fim, que o êxito, mesmo no mundo material, não é obtido pelo empenho exclusivo no interesse egoísta. Esta economia de dois olhos está em vias de nascer, como também a política de dois olhos, preocupando-se não apenas em conceder vitória à maioria, mas em oferecer aos perdedores vitórias alternativas mutuamente aceitáveis, estimulando, sem ciúme, o cultivo de lealdades múltiplas.

A religião sempre utilizou dois olhos, essencialmente universais, abrangendo tanto o material quanto o espiritual, equilibrando salvação pessoal e interesse pelos outros, embora muitos crentes tenham preferido ter um olho só e nada mais ver além de sua verdade. No século XII, Maimônides disse que os seres humanos podiam contar com o céu, quaisquer que fossem suas crenças teológicas, desde que se comportassem com decência, aceitando as "Sete Leis de Noé", que foi o pai de todos quando "a Terra inteira tinha apenas uma língua e uma fala". Essas leis nada mais exigiam além do respeito ao próximo; os judeus concordavam que um muçulmano ou um cristão poderia ser "uma pessoa direita". A essência universal da religião é redescoberta sempre que se lembra que a doutrina divide enquanto a ação une; ou que ying e yang não são opostos, mas sim interagentes; ou que a devoção hindu (*bhakti*) envolve o aprendizado da arte de ouvir e ser amigo; ou, como o rabino de Varsóvia declarou antes de sua comunidade ser aniquilada, que ninguém está sozinho – *yahid* (solitário) e *yahad* (juntos) estão separados apenas por uma letra. Descobrir compatibilidades através das fronteiras do dogma é o próximo item na agenda dos crentes e descrentes que não desejam ser confundidos pelas diferentes metáforas que cada sistema de crenças adota. Os fantasmas do passado podem ser postos no trabalho útil sem precisar causar estragos.

Enquanto cada segmento da humanidade, esquecendo que a busca do respeito é uma preocupação universal, exigilo somente para si, os resultados serão medíocres, como foram no passado. Os métodos tradicionais de agitação, legislação e infiltração vagarosa nas posições do poder nunca foram suficientes para mudar mentalidades. As mulheres abrindo caminho em profissões antes fechadas, geralmente se obrigam a aceitar as regras dos que estão no poder, os quais fazem concessões na suposição de que os recém-chegados irão jogar, mais ou menos, da maneira como se jogou sempre. Ademais, a independência econômica, o direito de trabalhar e de receber salário igual, não constituem fins em si mesmos, mas um meio voltado para uma vida mais completa, que a maior parte dos empregos não está destinada a estimular. Além da luta pelo poder, jaz a possibilidade de conquistar-se o respeito próprio ajudando os outros a se respeitarem mutuamente.

Tentei fornecer uma base onde salientar não uma retirada dos assuntos públicos para uma auto-obsessão particular, mas uma consciência do que é mais legitimamente público, o que os seres humanos compartilham. O que é único acerca da época atual é que a humanidade nunca esteve tão consciente da supremacia de suas preocupações íntimas, nem as exprimiu de forma tão franca, em quase todas as partes do mundo.

A busca do que temos em comum, apesar das nossas diferenças, nos enseja um novo ponto de partida.

"MINHA VIDA É UM FRACASSO." Foram estas as palavras com que iniciei este livro, e agora o encerro com a história de um assassino que repetiu esta frase muitas vezes, até que um dia...

Meio minuto basta para transformar uma pessoa aparentemente comum num objeto de ódio, um inimigo da humanidade. Ele cometeu um homicídio e foi condenado à prisão perpétua. Depois, na sua cela desolada, meio minuto foi o suficiente para transformá-lo outra vez, agora em herói. Salvou a vida de um homem e foi perdoado. Mas ao chegar em casa encontrou a mulher vivendo com outro, além do que a filha nada sabia a seu respeito. Não o queriam, de modo que ele decidiu morrer.

Sua tentativa de suicídio também fracassou. Um padre chamado à beira do seu leito disse-lhe: "Sua história é terrível, eu nada posso fazer para ajudá-lo. Tenho família rica, mas renunciei à herança e fiquei apenas com dívidas. Gastei tudo que tinha em abrigos para os desamparados. Nada lhe posso dar. Você quer morrer e nada pode detê-lo. Mas, antes de se matar, me dê uma ajuda. Depois, faça como quiser."

Aquelas palavras mudaram o mundo do assassino. Alguém precisava dele: afinal não era uma pessoa supérflua e dispensável. Concordou em ajudar. E o mundo nunca voltou a ser o mesmo para o monge, que se sentia até então esmagado pelo acúmulo de sofrimento ao seu redor, e cujos esforços para minorá-lo quase não faziam diferença. O encontro casual com o criminoso deu-lhe a idéia que iria modelar todo o futuro: diante de uma pessoa na maior depressão, nada lhe pudera dar, mas, ao contrário, lhe pedira auxílio. Mais tarde o criminoso disse ao monge: "Se você tivesse oferecido-me dinheiro, ou um quarto para morar, ou um emprego, eu teria reiniciado minha vida de crimes e matado outra pessoa. Mas você precisou de mim." Eis como nasceu o movimento de Emaús, do Abade Pierre, em benefício dos miseráveis: de um encontro entre duas pessoas totalmente diferentes, que acenderam uma luz no coração uma da outra. Esses dois homens não eram almas gêmeas no sentido comum, na significação romântica das palavras e, no entanto, cada um deles deve ao outro o sentido de direção que lhes guia a vida até hoje.

Todos têm o poder, com um pouco de coragem, de estender a mão a um estranho, de ouvir e de tentar aumentar, ainda que em pequeníssima proporção, a soma de bondade e de humanidade no mundo. Mas não adianta agir assim sem lembrar que esforços anteriores falharam e que nunca foi possível prever com certeza como se comportará um ser humano. A história, com sua infindável procissão de passantes, que em sua maioria perderam a oportunidade de encontros esclarecedores, caracterizou-se, até aqui, como uma crônica do pendor para o desperdício. Mas, na próxima vez em que duas pessoas se encontrarem, o resultado talvez seja diferente. Esta é a origem da ansiedade, mas também da esperança, e a esperança é a origem da humanidade.

fim

Agradecimentos

Este livro é fruto de ajuda, estímulo e ânimo de muitas pessoas. Gostaria de agradecer aqui a todos quantos discutiram comigo sua experiência de vida; cada um aumentou, de maneira diferente, meu respeito pela espécie humana. Meus colegas do St. Antony's College, Oxford, demonstraram generosidade e boa vontade, dividindo sua erudição comigo. Jornalistas de vários países, muito mais informados do que publicamente dizem, ou escrevem, deram-me valiosas indicações para os meus inquéritos locais. Tendo passado grande parte da vida a ler livros, meu débito para com outros autores é imenso, como também com bibliotecários e livreiros que me ajudaram a localizá-los. Também devo muito a empresários, associações de voluntários, políticos e funcionários públicos que, tendo me convidado a debater seus objetivos ou estratégias, me permitiram entrar num mundo normalmente fechado a pessoas de fora e observar, em primeira mão, problemas práticos que a leitura não consegue abranger. A publicação tornou-se um prazer para mim graças a Christopher Sinclair-Stevenson, Claude Durand, Hugh Van Dusen, Christopher MacLehose, Jean-Bernard Blandinier, Eric Diacon, Roger Cazalet, Andrew Nurnberg, Robin Straus, bem como Edith McMorran e Louise Allen. Muito me beneficiaram os debates com Christina Hardyment. E, como de hábito, minha esposa, Deirdre Wilson, demonstrou uma generosidade infatigável ao fornecer-me idéias e ânimo. Não sei por que se diz que escrever é uma ocupação solitária.

ATENDIMENTO AO LEITOR E VENDAS DIRETAS

Você pode adquirir os títulos da BestBolso através do Marketing Direto do Grupo Editorial Record.

- Telefone: (21) 2585-2002
  (de segunda a sexta-feira, das 8h30 às 18h)
- E-mail: mdireto@record.com.br
- Fax: (21) 2585-2010

Entre em contato conosco caso tenha alguma dúvida, precise de informações ou queira se cadastrar para receber nossos informativos de lançamentos e promoções.

Nossos sites:
www.edicoesbestbolso.com.br
www.record.com.br

EDIÇÕES BESTBOLSO

Alguns títulos publicados

1. *O diário de Anne Frank*, Otto H. Frank e Mirjam Pressler
2. *O jogo das contas de vidro*, Hermann Hesse
3. *Baudolino*, Umberto Eco
4. *O poderoso chefão*, Mario Puzo
5. *Ramsés – O filho da luz*, Christian Jacq
6. *Ramsés – O templo de milhões de anos*, Christian Jacq
7. *Ramsés – A batalha de Kadesh*, Christian Jacq
8. *A pérola*, John Steinbeck
9. *A queda*, Albert Camus
10. *O Gattopardo*, Tomasi di Lampedusa
11. *O amante de Lady Chatterley*, D. H. Lawrence
12. *O evangelho segundo o Filho*, Norman Mailer
13. *O negociador*, Frederick Forsyth
14. *Paula*, Isabel Allende
15. *O grande Gatsby*, F. Scott Fitzgerald
16. *A lista de Schindler*, Thomas Keneally
17. *Ragtime*, E. L. Doctorow
18. *Prelúdio de sangue*, Jean Plaidy
19. *O crepúsculo da águia*, Jean Plaidy
20. *Um estranho no ninho*, Ken Kesey
21. *O império do Sol*, J. G. Ballard
22. *O buraco da agulha*, Ken Follett
23. *O pianista*, Władysław Szpilman
24. *Doutor Jivago*, Boris Pasternak
25. *A casa das sete mulheres*, Leticia Wierzchowski
26. *Uma mente brilhante*, Sylvia Nasar
27. *Getúlio*, Juremir Machado da Silva
28. *Exodus*, Leon Uris
29. *Entre dois palácios*, Nagib Mahfuz
30. *Encrenca é o meu negócio*, Raymond Chandler

EDIÇÕES
BestBolso

Este livro foi composto na tipologia Minion, em
corpo 10,5/13, e impresso em papel off-set 63 g/m² no Sistema
Cameron da Divisão Gráfica da Distribuidora Record.